이채필이 던진 짱돌 1

이채필이 던진 짱돌 1

초판 1쇄 발행 2025년 11월 11일

지 은 이	이채필
발 행 인	권선복
편 집	한영미
교정교열	권보송
디 자 인	김소영
전 자 책	서보미
발 행 처	도서출판 행복에너지
출판등록	제315-2011-000035호
주 소	(07679) 서울특별시 강서구 화곡로 232
전 화	0505-666-5555
팩 스	0303-0799-1560
홈페이지	www.happybook.or.kr
이 메 일	ksbdata@daum.net

값 30,000원
ISBN 979-11-994420-9-2 (03810)

Copyright ⓒ 이채필, 2025

* 이 책은 저작권법에 따라 보호받는 저작물이므로 무단전재와 무단복제를 금지하며, 이 책의 내용을 전부 또는 일부를 이용하시려면 반드시 저작권자와 〈도서출판 행복에너지〉의 서면 동의를 받아야 합니다.
* 잘못된 책은 구입하신 곳에서 바꾸어 드립니다.

도서출판 행복에너지는 독자 여러분의 아이디어와 원고 투고를 기다립니다. 책으로 만들기를 원하는 콘텐츠가 있으신 분은 이메일이나 홈페이지를 통해 간단한 기획서와 기획의도, 연락처 등을 보내주십시오. 행복에너지의 문은 언제나 활짝 열려 있습니다.

이채필이 던진 짱돌

①

대한민국
고용노동
개혁 시리즈 1

이채필 지음

도서
출판 행복에너지

[추천 서문]

김대환

제21대 노동부 장관 · 제11대 경제사회발전노사정위원회 위원장

  저자 이채필 전 장관의 행보가 심상치 않다. 공개 토론회에 지정 토론자로 참석하면서 족히 소책자 한 권의 분량은 됨직한 양의 토론자료를 내놓더니 급기야는 두 권 합쳐 무려 900쪽에 육박하는 이 책의 출간을 통해, 또다시 세상을 향해 짱돌을 던지고 싶은가 보다.

  짱돌은 저자가 소아마비로 인한 장애에 위축되지 않고 스스로의 입지를 확보한 방어적 수단을 넘어 중앙정부 공무원으로 평생을 보내다시피 하면서 기존 관행에 얽매이지 않고 문제를 제기하고 정책 아이디어를 제공하는 돌직구이기도 하였다. 어떻게 보면 저자는 필요할 때마다 짱돌을 던짐으로써 자신의 생을 진척시킴과 더불어 국민의 권익 향상에 헌신하는 삶을 살아온 셈이다. 때로는 스스로 아찔할 때도 있었지만 단순히 운이 아니라 뛰어난 능력에 더하여 끈질긴 노력으로 전화위복을 거쳐 최초의 고용노동부 공무원 출신 장관에까지 이른 저자의 생애는 당연히 이야깃거리가 풍부할 수밖에 없다.

  그러나 이 책은 저자의 자서전적 성격보다는 복잡다단한 노동 관련 정책의 생산과정에 대한 역사적 기록의 성격이 훨씬 더 강하다. 저자가 우수한 성적으로 행정고시에 합격하여 노동부를 택하고 이후 산업안전, 고용, 직업능력, 노사관계 등 고용노동 행정 전반을 다루면서 실사구시의 자세로 정책을 개선하고 개발함과 동시에 법제화를 위한 다방면의 노력을 있는 그대로 기록함으로써 역사적 가치를 더해주고 있다. 그 배경에는 날카로운 문제의식과 더불어 그때마다 돌직구를 던지는 배짱이 있음을 읽을 수 있으며 이는 저자가 은근슬쩍 내보이는 실력과 끈기에 의해 뒷받침되고 있음을 알 수 있다.

초임 사무관 시절 현안을 담당 과장의 처지에서 생각하라는 선임자의 주문에 대해 과장이 아니라 장관의 입장에서 생각해야 하지 않느냐고 한 것부터가 대수롭지 않았다. 아마도 처음이자 마지막인 지방 근무 시절에는 선제적으로 역학 조사를 시행하여 직업병을 밝혀내는가 하면, 이후 줄곧 본부에서 정책을 담당하면서 실사구시의 자세로 정책개발을 해 온 과정은 저자의 자취이기도 하지만 우리나라 고용노동 행정의 축적으로 보아야 할 것이다. 부서와 분야를 가리지 않고 열정과 실력으로 괄목할 성과를 기록함으로써 저자는 어느 부서에서나 우선 영입 대상이 된 걸로 알려져 있다. 업무처리가 깐깐하기로는 누구에게도 뒤지지 않는다는 평판이 자자하다.

이렇게 볼 때 저자가 '개혁의 그늘'에서 기록하고 있는 로스쿨(구치소) 경력(?)에는 이해가 닿지 않는다. 깐깐한 업무처리가 적을 만들 수는 있다고 하더라도 이른바 '적폐 청산'의 희생양이 되기에는 근거가 되지 않는다. 본인의 항변은 물론 증인의 증언도 빛을 보지 못해 그늘에 갇혀 지낸 시간은 저자 자신만이 아니라 사회적으로도 큰 손실이 아닐 수 없다. 그나마 역경을 당당하게 견뎌내고 사면 복권을 받은 것은 다행이지만, 이제 저자의 심상치 않은 행보가 이를 넘어서고도 남으리라 믿는다.

흔히들 고용과 노동문제를 대수롭지 않게 얘기하는 데 그치지 않고 전문성 없이 목소리만 높이는 경향이 있는가 하면 골치 아픈 문제로만 치부하여 걱정에서 걱정으로 끝나는 경우도 적지 않다. 전자의 경우는 이 책을 통해 귀중한 성찰적 고찰의 기회를 얻을 수 있으리라 믿는다. 후자의 경우, 고용노동 문제가 중요할 뿐만 아니라 해결되어야 하고 해결될 수 있다는 실마리를 찾을 수 있을 것이다.

반드시 문제라는 관점에서만이 아니라 우리 사회의 발전단계에서 요구되는 경제사회 정책의 차원에서도 이 책은 시사하는 바가 크다. 정책가나 연구자뿐만이 아니라 노동으로 오늘을 살아가는 만인에게 일독을 권한다.

[추천사]

이채익 한국해운조합 이사장 (前 3선 의원, 국회 행정안전위 위원장)

　이채필 장관께서는 효성이 지극하고 사람을 귀히 여기며, 순발력과 정의로운 용기, 강력한 리더십의 소유자입니다. 울산의 푸른 바다와 굳센 바람을 닮은 사람, 이채필 전 고용노동부 장관(집안 동생)은 평생을 사람과 노동의 가치를 지켜온 참된 공직자입니다.

　이채필 장관은 울산 출신으로, 어려운 환경 속에서도 늘 학문과 삶의 길을 포기하지 않았습니다. 검정고시로 고등학교 과정을 마치고 영남대학교 행정학과를 졸업하였으며, 서울대학교 행정대학원에서 석사 학위를 받으며 행정의 이론과 실무를 두루 닦았습니다.

　1981년 제25회 행정고시에 차석 합격한 이채필 장관은 노동 행정 분야에 평생을 바쳤습니다. 청와대 노동비서실, 고용노동부 산업안전국장, 고용정책관, 직업능력정책국장, 노사협력정책국장, 기획조정실장, 노사정책실장, 차관 등 요직을 두루 거치며, 대한민국 노동정책의 발전에 헌신했습니다. 특히 노동의 존엄성과 일자리의 가치를 사회 전반에 뿌리내리는 데 크게 기여했습니다.

　이채필 장관은 2011년 자신의 실력으로 이명박 정부의 자랑스러운 제3대 고용노동부 장관으로 임명됨으로써 인간 승리의 상징이 되었습니다. 현장 중심의 노동 행정을 펼친 이채필 장관의 리더십은 단호하면서도 따뜻했습니다. 정책의 목적을 '사람'에 두고, 사회적 약자를 보호하는 제도를 강화하였으며, 노사 간의 대화와 협력을 통해 사회적 갈등을 완화하는 데에도 큰 역할을 했습니다. 특히 고용노동부 장관 시절에 노사관계 선진화를 위한 복수노조 제도, 전임자 임금 지급 금지와 근로시간 면제제도를 도입하였으며, 고졸 채용을 늘리는 '열린 고용 사회 구현'에 앞장섰고, 일자리 창출을 위해 고용을 늘리는 중소기업과 취업한 청년에게 세액 공제 혜택을 제공함으로써 더불어 성장하는 기업생태계를 조성하는 데 크게 기여했습니다.

공직을 떠난 이후에도 이채필 장관은 사회적 약자와 장애인 그리고 안전 문제에 대한 관심을 멈추지 않았습니다. 자신의 신체적 한계를 넘어, 한국장애인재단과 안전생활실천시민연합, 사회복지 관련 활동을 통해 '함께 사는 사회'를 실천하고 있습니다.

이제 이채필 장관은 자신의 인생 여정을 「짱돌」이라는 자서전으로 세상에 내놓았습니다. 제목처럼 이채필 장관의 삶은 화려하지는 않지만 단단하고, 누군가의 길을 지탱해 준 짱돌 같은 존재였습니다.

어려움 속에서도 꺾이지 않는 의지, 권력보다 사람을 우선한 공직 철학, 그리고 묵묵히 나눔을 실천한 이채필 장관의 삶은, 우리 사회가 지향해야 할 진정한 리더의 모습입니다.

이채필 장관의 이야기는 한 개인의 성공담을 넘어, "사람을 위한 행정, 정의로운 사회를 향한 헌신"의 기록입니다. 이 이야기는 많은 사람들에게 용기와 희망을 줄 것이며, 이채필 장관이 남긴 발자취는 앞으로도 오랫동안 우리 사회에 따뜻한 울림으로 남을 것입니다.

권 혁 고려대학교 노동대학원 교수

노동은 인간의 삶 그 자체입니다. 노동문제는 늘 복잡하게 얽혀 있기 마련입니다. 이 책은, 바로 그 노동문제에 매달려 치열하게 고민하면서 평생을 보낸 고용노동 행정관료의 경험을 담고 있습니다.

소아마비라는 장애를 딛고 고용노동 행정을 총괄하는 고용노동부 장관을 역임했던 저자 이채필의 화려한 회고가 아니라, 아쉬움과 희망을 담담하게 풀어내는 성찰의 글로 읽힙니다. 가벼우면서도 묵직하고, 서사적이면서도 도발적인 그의 문장에서, 오랜 세월 노동 현장의 현실과 행정의 이상 사이에서 순탄치만은 않았던 시간의 흔적을 발견하게 됩니다.

이 책의 놀라운 점은 디테일입니다. 저자는 마치, 젊디젊었던 사무관 시절부터 이 책을 내기로 아예 작정하고 있었던 것처럼 이야기를 풀어내고 있습니다. 이 책에 담긴 다양한 에피소드가 그리 생생하게 다가올 수 있었던 것도 실은 섬세한 디테일 덕분입니다. 거기에다 저자의 예리한 통찰력과 지칠 줄 모르는 열정으로 추진하였던 행정 사례들을 접하게 되면서 흔히들 간과하기 쉬운 핵심 요소들을 다시 한번 되새길 수 있게 해줍니다.

이 책의 제목 『이채필이 던진 짱돌』이 새삼 흥미롭습니다. '짱돌'은 작고 동글해서 손에 쥐기 좋은 돌입니다. 그 작은 돌로 다윗은 골리앗을 쓰러뜨렸고, 대학생들은 대한민국의 민주화를 이끌어 냈습니다.

AI 시대 노동시장은 예측조차 버거울 정도로 빠르게 변화할 것입니다. 이 책에서 필자가 던진 짱돌은, 분명 우리 사회의 노동 현실에 던지는 다급하면서도 진심 어린 질문입니다. 그가 던진 '짱돌'이 우리나라 새로운 노동2.0의 시대를 앞당기는 디딤돌이 되었으면 하는 바람입니다.

이지만 연세대학교 경영대학 교수

　한번 읽기 시작하면 끝까지 읽을 수밖에 없는 도서를 추천한다. 책 장을 넘길 때마다 다음 내용에 대한 호기심이 생기는 글이다. 생생한 기억과 검증된 자료에 근거한 내용이기 때문이다. 본 도서의 저자는 1982년~2013년까지 31년간 행정공무원으로서 국가 고용노동 행정을 담당했으며, 고용노동부 공무원 출신 제1호 장관인 이채필 장관이다.

　본 도서에는 한 행정공무원 자신의 합리적 가치관과 행정 철학, 그리고 구수하면서 애틋한 삶의 향기가 조화롭게 섞여 있다. 독자의 이성을 자극하며 마음을 뭉클하게 하는 특징이 있다. 개인적 삶과 시대적 환경에서 비롯된 행정에 대한 저자의 회고를 넘어, 독자 역시 자신의 과거 경험과 추억을 현시점에 재현하고프게끔 하는 레트로(Retro)적 내용으로 가득하다.

　본 도서는 대한민국 고용노동 개혁 시리즈 [1]과 [2] 두 권으로 모두 8개 장으로 구성돼 있다. 제1장 '짱돌의 시작 - 나의 선택, 노동행정'에서는 저자의 어린 시절의 추억과 애잔함을 독자들이 편안하게 읽을 수 있게끔 한다. 저자는 넉넉하지 못한 가정 환경에서 7남매 중 다섯째로 태어났다. 세 살 무렵 소아마비 전염병에 걸린 장애인으로 주변의 편견, 그리고 좌절과 실패를 굳건히 이겨내면서 꿈과 희망을 포기하지 않는 삶과 그 과정에서 겪게 된 주변 사람들의 인정과 세상의 부조리를 해소하려는 노력을 잔잔하게 전하고 있다. 저자는 역경과 행복이 뒤섞인 자신의 삶을 '짱돌'에 비유하고 있다. 그리고 자신이 고용노동부(당시 노동부)를 선택한 이유를 부인과의 대화 내용을 통해 밝히고 있다.

제2장은 '일자리와 현장 – 정책은 사람을 향해야 한다'라는 제목에서 행정 공무원으로서 고용노동부에 재직하면서 담당한 '고용 정책'들의 입법화 배경과 에피소드를 소개하고 있다. 특히 1991년 시행된 '장애인 고용촉진법 제정', 그리고 '장애인고용촉진기금 예산 출연'과 '장애인고용촉진공단 설립' 과정에서 겪은 관계 부처의 반대와 설득 과정이 생생하게 기술돼 있다. 현재의 모성보호급여가 고용보험기금에서 부담하게 된 사연, '선(先) 취업 후(後) 진학'과 고졸 청년취업 활성화 제도 도입, 직원 위주에서 고객 중심으로 고용센터 운영 개편, 그리고 대한민국 고용 정책의 근간으로 평가되는 제100차 국제노동기구(ILO)에서 기조 연설한 '성장-고용-복지의 균형 모델'을 접하게 된다.

제3장 '소용돌이의 노사관계 – 법과 갈등 사이의 줄타기'와 제4장 '13년만의 노동 개혁 – 복수노조 시행과 노조 전임자 폐지'에서는 저자가 관여하거나 추진한 '노동 행정'에 대한 생생한 증언이 기록돼 있다. 'LP 판(板) 위의 CD : 법과 원칙의 틀 내에서 노사자율적 해결'이라는 저자의 노동행정 철학을 읽을 수 있다. 대한민국의 갈등적 노사관계 해소를 위하여 노·사·공익을 포함한 폭넓은 국민적 공감을 바탕으로 한 노사정 대타협을 통한 노동 개혁, 근로시간면제제도 도입과 노조 전임자 개혁, 그리고 복수노조 허용과 교섭창구단일화 제도 등 다양한 노사관계 개혁의 실행 과정이 구체적으로 기술돼 있다.

제5장 '안전과 정의 – 산업재해와 중대재해법의 이면'에서는 산업재해로부터 안전한 나라를 만들기 위한 산업안전·보건 관련 법 개정, 그리고 무엇보다 안전 문화·의식 확산과 중대산업사고 예방 센터 설치 관련 내용으로 가득하다. 제30차 세계산업보건대회 기조연설 '산업재해 예방 및 근로환경 개선을 위한 한국의 전략'에서 한국 산업보건의 주요 현안과 산업재해 예방 전략을 중점 소개하였다. 이 기조연설 내용을 통하여 산업안전·보건 행정의 미래와 방향을 찾을 수 있다. 그리고 현재 사회적 이슈가 되어 있는 중대재해처벌법의 사회·경제·역사적 배경과 안전한 나라를 만드는 과정에서의 형사처벌 중시법

의 한계를 명확히 했다.

제6장 '이상한 나라의 국회와 행정부 – 행정과 정치, 관료제의 책무성'에서는 행정적 절차와 법적 요건을 넘어서는 정무적 감각과 판단이 초래한 '행정이나 정책의 과도한 정치화'를 안타까워하는 저자의 심정을 느낄 수 있다. '잡월드 설립 과정', '비정규직 보호법', '최저임금 과속 인상', 그리고 '근로시간 단축' 등 다양한 행정·정책 사례에서 법과 상식을 벗어난 '선심성 포퓰리즘'과 '선심성 행정'이 초래한 사회·경제적 혼란과 부작용을 체계적으로 기록하고 있다. "정치는 51%가 동의하면 추진해도 되지만 정책은 1%만 잘못되어도 결국 실패하기 때문이다"라는 저자의 공직관은 모든 공무원에게 귀감이 될 것이다.

제7장 '개혁의 그늘 – 짱돌 이후, 성찰과 책임'은 개혁을 추진한 공무원의 퇴임 이후 겪게 된 굴곡진 삶(적폐 청산의 진면목)을 수사와 재판 과정에서의 경험과 기록 중심으로 독자에게 전하고 있다. 제8장 '우문현답 – 밑바닥 정신으로'에서 30여 년간 공직 생활을 회고하면서 다양한 에피소드를 소개하고 있다. 특히, "친(親) 노동, 친(親) 경영, 친(親) 일자리 장관" 대목에서 저자의 고용노동 정책에 대한 묵직한 신념과 철학, 국민·국가 사랑을 느낄 수 있다.

본 노서는 한 명의 고용노동 행정가의 개인적 회고록을 넘어서 좌절과 실패를 경험하고 있는 모든 사람들에게 꿈과 희망의 메시지를 전달하고 있다. 대한민국 행정공무원으로서 고민·고뇌, 굴곡·아픔, 그리고 행정의 미래 비전과 방향을 제시하고 있다. 고용노동 분야를 비롯하여 국가 정책을 다루는 행정공무원, 기업 경영 실무자, 노동조합 관계자, 그리고 관련 전문가뿐만 아니라 미래의 꿈과 희망을 가꾸는 모든 사람들에게 본 도서의 일독을 권한다. 나아가서는 본 도서가 대한민국 고용노동 개혁 시리즈이기에 조만간 후속 저서가 나오기를 기대한다.

함병호 한국교통대학교 화학물질 안전관리 특성화대학원 교수

이 책의 제목을 처음 접하는 순간, 띵~하는 충격에 짱돌이라는 단어의 함의를 다시 생각했습니다. 그제야 이 책의 줄거리를 대충이라도 가늠할 수 있었습니다.

짱돌은 던져짐으로 인해 결과를 일으키는데, 자신에게 던져진 짱돌은 스스로의 한계를 깨기 위한 노력과 고뇌의 성과를, 남에게 던져진 짱돌은 크든 작든 파문을 초래하여 변화의 실마리를 제공하여 디딤돌이나 주춧돌이 되기도 합니다.

신체적 장애를 가진 저자가 공무원 입직 전에 던진 짱돌은 자신의 처지를 한탄하기보다 "강한 신체는 정신을 강하게 만든다"는 토머스 제퍼슨의 말을 무색하게 할 정도로, 강한 정신력이 한계를 극복하기 위한 공격과 방어의 기재로 활용된 것으로 보이고, 입직 후에는 침착된 불합리를 개선하는 변화의 트리거로 작용한 결과 5급 사무관이 장관의 자리까지 올라 노동 행정의 변화를 이끌었습니다.

일반인들이 상식 수준에서 판단하기에 장관, 차관 등 고위직들은 국가행정을 실질적으로 이끌어가는 핵심 인물로 소관 사무를 결정하고 집행하는 권한을 행사하지만 큰 틀에서 정책 방향만 결정하고 세부적인 사항은 실무자들에 의해 집행됩니다.

그렇기 때문에 구체적인 내용은 잘 알지 못할 것으로 생각하지만, 이 책에 기술되어 있는 내용을 살펴보면 실무를 경험하지 않으면 언급할 수 없는 매우 구체적인 내용들이 언급되고 있다는 점에서 저자는 사무관, 과장, 국장, 실장 등의 보직을 두루 거치면서 노동 행정 전반에 대한 실무적인 내용과 절차를 누구보다 잘 이해하고 있었기 때문에 완벽할 정도로 조직을 장악할 수 있었고, 이를 기반으로 직원들이 정책이나 제도의 집행 자체에 매몰되기보다 그 취지와 본질을 충실히 구현하는 데 주력할 것을 강조하였고, 이를 통하여 자신의 철학과 현실적 판단을 노동정책 전반에 충실하게 반영할 수 있었던 것으로 보입니다.

정부 부처 중에서도 성향이나 스펙트럼이 다양한 고용노동부라는 조직시스템 안에서 여러 가지 어려운 환경을 어떻게 극복하고, 복잡하게 얽힌 고용 노동문제에 변화를 끌어낼 수 있었을까? 이는 아마도 "공무원은 인기를 먹고 사는 연예인이 아니며, 존경받는 성직자는 더더욱 아니다. 행정가는 표를 먹고 사는 정치인이 되어서도 안 되며, 국민 전체에 대한 봉사자이기에 '비록 욕을 먹더라도 할 일은 하는 사람'이어야 했다"라고 강조한 저자의 자세에 그 답이 있다고 생각됩니다.

짱돌의 신실을 기반으로 한 짱돌 같음, 삐딱 선을 탄 태도, 예측 불가한 마이웨이, 주변에 많은 사람들을 불편(?)하게 했던 본질을 꿰뚫는 생각과 소신 등 이런 구체적인 것들이 궁금하신 분들께 이 책을 강력히 추천합니다.

최상률 노무법인 최상인업 대표 · 행정(노동정책)학 박사

『이채필이 던진 짱돌』 - 이채필 장관님의 자전적 에세이 초안을 읽는 내내, 제 마음 한켠에서는 오래된 그리움과 새로운 감동이 교차했습니다. 활자로 새겨진 문장 하나하나가 살아 움직이며 제 가슴을 두드렸습니다.

  그 안에는 수많은 결단의 순간, 인간적인 갈등, 그리고 어떤 역경 속에서도 결코 포기하지 않았던 한 사람의 신념이 고스란히 녹아 있었습니다.

  평생 함께 고용노동 현장을 지켜왔던 사람으로서, 그분의 이름이 새겨진 책을 손에 쥐었을 때, 수십 년의 기억이 영화처럼 되살아났습니다.

  그날 밤, 단숨에 책장을 넘기며 제 마음에 떠오른 한마디 - "그는 진정한 고용노동 행정의 달인, 그리고 노사관계의 포청천이었다."- 사실입니다.

  이채필 장관님의 삶은 단순한 '공직자'의 궤적이 아니었습니다. 그것은 국민을 향한 치열한 헌신의 기록이자, 현장을 향한 뜨거운 진심의 여정이었습니다. 때로는 고독했고, 때로는 거친 파도에 부딪혔지만, 그는 언제나 '옳은 일'을 선택했습니다. 이 책은 그래서 단순한 회고록이 아닙니다. 한 시대를 온몸으로 살아낸 진정한 공직자의 인간 이야기이자, 대한민국 고용노동 행정의 새로운 장을 연 리더의 영혼의 기록입니다.

  그는 취임사에서 이렇게 말했습니다. "고용노동정책과 여러 부처의 정책들을 국민, 현장, 일자리의 관점에서 섬세하게 다듬고 과감히 고치겠다." "청년,

여성, 장애인, 고령자 등 취업이 어려운 계층이 잘할 수 있는 분야에서 일할 기회를 늘리겠다." 그 말은 단순한 구호가 아니었습니다. 평생 그가 몸소 실천한 '행동의 철학'이었습니다.

그의 정책은 국민 중심 행정의 교과서였고, '사람을 향한 행정'의 모범이었습니다. 그는 늘 새로운 성장동력과 선진 서비스산업에서 '괜찮은 일자리'를 창출하고, 일·학업·가정·노후·건강이 조화된 삶을 꿈꾸었습니다. 정책을 통해 '행복한 일터'를 만들려 했고, 언제나 행정을 통해 '따뜻한 나라'를 그렸습니다.

노사관계의 최전선에서 그는 언제나 균형을 강조했습니다. "노사 어느 한쪽에 치우치지 않고, 국민 전체를 위해 일해야 한다." 그 한마디는 그의 행정 철학의 축약이자, 이념보다 사람을 앞세운 실용과 상생의 리더십을 상징합니다. 그의 리더십은 냉철한 판단력과 따뜻한 인간미가 공존하는, '사람 냄새 나는 행정'의 진면목이었습니다.

그는 또한 늘 이렇게 말했습니다. "현장에 답이 있다." 그의 좌우명 '우문현답(우리의 문제는 현장에 답이 있다)'은 그의 행정 철학이자 인생의 나침반이었습니다. 비판 속에서도 그는 신념을 굽히지 않았고, "욕을 먹더라도 할 일은 반드시 하겠다"는 결기로 대한민국의 고용노동 행정을 한 걸음 더 전진시켰습니다.

하지만 이 책의 숨은 주인공은, 그의 아내이자 평생의 동반자이신 사모님이 아닐까 싶습니다. 강원도 홍천의 노동문제연구소 '개운재'에서 두 분을 뵈었을 때, 저는 알 수 없는 울림으로 가슴이 뜨거워졌습니다. 진정한 주인공은 장관님이 아니라, 묵묵히 그 곁을 지켜온 한 여성의 사랑과 헌신이었습니다.

국가를 위해 헌신한 시간 뒤에는 언제나 한 가정의 눈물과 기도가 있습니다. 그 눈물이 있었기에 그는 흔들리지 않았고, 그 사랑이 있었기에 수많은 고비마다 다시 일어설 수 있었습니다. 세 자녀를 키우며 남편의 곁을 지켜온 아내의 헌신은 이 책 속에서 고요히 빛나며 독자의 마음을 깊이 울립니다.

장관님은 이렇게 고백하셨습니다. "내 인생의 가장 큰 행운은 아내를 만난 일이다." 그 짧은 문장 안에, 인생의 진리가 담겨있습니다. 『이채필이 던진 짱돌』은 한 사람의 성공담이 아니라, 부부가 함께 걸어온 사랑과 인내, 그리고 인간 승리의 기록입니다.

또한 그는 공직을 퇴임하면서 자승자박하는 폭탄을 스스로 던졌습니다. "아름다운 여인의 모습은 자태에서 묻어나고, 물러나는 이의 모습은 뒤태에서 확인된다고 하면서, 앞으로 후배들 입장 곤란하게 하는 부담드리는 일 없이 살아갈 것"이라고 소회를 밝힌 것입니다.

그래서 그랬는지 퇴직 후 흔히들 가는 대형 로펌 근처에도 얼씬하지 않고, 대학에서 초빙교수를 하거나 친정부처와는 거리가 먼 사회단체나 기관, NGO 등에서 활동하였을 뿐, 사건처리와 관련한 부탁이나 후배들 힘들게 하였다는 소문을 여태 들어본 적이 없습니다. 그만큼 자신과의 약속을 스스로 지키려 각별히 노력한 것으로 짐작하고 있었는데, 이번에『이채필이 던진 짱돌』시리즈를 선물로 내놓아 우리를 또다시 놀라게 하였습니다.

이 책은 대한민국의 고용노동 행정이 어떻게 성장했고, 한 리더가 어떤 마음으로 국민과 마주했는지를 보여주는 살아 있는 역사입니다. 이채필 장관님이 던진 '짱돌'은 세상을 향한 외침이자, 변화를 향한 도전이었으며, 결국 사람과 사랑, 그리고 정의를 향한 신념의 상징이었습니다.

『이채필이 던진 짱돌』은 우리 모두에게 묻습니다.
"당신은 오늘, 옳은 일을 선택하고 있는가?" 이 책이 모든 공직자와 일터의 리더들에게 진심과 사명, 사랑과 헌신의 참된 의미를 일깨워주는 귀한 이정표가 되길 진심으로 바랍니다.

김종환 6223 미래포럼 수석 부위원장

　『이채필이 던진 짱돌』은 소아마비, 검정고시, 행정고시 청백리로 사시다 정치의 희생양이 되었으며, 세상의 편견을 이겨낸 불굴의 의지로 점철된 한 인간의 공직자로 걸어온 위대한 사랑의 여정이다.
　돌이켜보면, 이채필 장관님을 처음 만난 것도 경상일보 대표이사 사장을 마치고 떠나시는 날 어디서 불쑥 날아온 짱돌처럼 우리 부부를 초청하는 전화를 주셨다. 우아한 한정식집의 첫 만남에서 장관님은 근엄한 겉보기와 달리 격의 없이 포용하는 따뜻한 흡입력에 빠져서 우리 부부는 저자의 인품을 존경하는 팬이 되었다.

　『이채필이 던진 짱돌』이 책의 원고가 메일로 오고 저자께서 추천사를 써달라고 하셨다. 고용노동부 장관을 역임하신 국가 원로의 회고록이고 고용노동 개혁의 시침시라서 역대 대통령이나 장관 아니면 대학 총장의 추천사를 받는 것이 이 책의 품격에 맞다고 생각했다. 그럼에도 지방의 이름 없는 후배 어부에게『이채필이 던진 짱돌』의 책 제목처럼 추천사를 파격적으로 부탁하시니 한편으로는 영광스럽기도 하고 또 다른 한편으로는 당혹스럽기도 하여 중압감이 가슴을 짓눌렀다. 고사하다가 용기를 내어 이 책의 원고를 읽으면서 나는 깜짝 놀랐다.

　저자의 성품이 불굴의 의지로 살아온 강직하신 분이라 책 내용이 아주 딱딱하리라 예상했는데 시작부에서 저자가 겪은 인생의 우여곡절은 드라마틱한 단편소설 같았으며, 중·후반부 고용노동부 공직 생활 속에 제도 개선과 개혁 부분의 경험은 이 시대 만인의 현대판 신(新) 목민심서였다.

　이 책은 오직 저자만이 독자들에게 들려줄 수 있는 특별한 이야기들로 가득하다. 저자는 누구도 가보지 않은 길을 걸으며 쌓아온 고유한 경험과 통찰을 섬세하고 생생한 언어로 풀어냈다. 그의 회고록은 단순한 기록을 넘어, 한 분야를 개척한 공인의 집념과 열정이 고스란히 담겨 있다. 독자들은 그의 발자취를 따라가며 영감을 얻고, 각자의 삶에 적용할 수 있는 귀한 교훈을 발견하게 될 것이다.

　저자는 중증 소아마비로 장애를 평생 안고 사셨지만, 어려운 가정 환경과 장애를 불굴의 의지로 학업을 성취하고 공직의 최고봉인 장관직을 청백리로 수행하셨으며 영화처럼 아름다운 러브스토리를 간직한 주인공이다.

　이 장관님 부인이, "살면서 억울한 옥살이가 힘드셨나? 장애인으로 사는 게 힘드셨나?"라는 눈물로 얼룩진 질문에 대하여, '장애인으로 사는 게 훨씬 힘들었다'는 저자의 대답은 비장애인에게는 큰 울림으로 어필된다. 장애를 극복하고 대한민국 공직 역사에 큰 성취를 이루어 많은 사람들에게 희망과 용기를 심어준 위대한 인간 승리의 지난한 여정이 여기 담겨 있다.

　끝으로 간디가 밝힌 사회를 병들게 하는 일곱 가지로 첫째 철학 없는 정치, 둘째 도덕 없는 경제, 셋째 노동 없는 부(富), 넷째 인격 없는 지식, 다섯째 인간성 없는 과학, 여섯째 윤리 없는 쾌락, 마지막 일곱째 헌신 없는 종교라는 악덕은 여전히 개선되지 않고 있는데, 저자는 극단적인 가치체계 충돌, 인간 생명의 존엄성 상실, 비인격적 경쟁 시대에서 직접 밝히는 사랑과 지혜의 등불은 누구에게나 위기를 이겨내는 삶의 방식과 개혁의 이정표가 된다.

　그렇기 때문에 이 책은 근래에 보기 드문 참인생 회고록이며, 특히 공직에 몸담고 있거나 관심 있는 분들에게 귀감이 되는 가이드이자 필독서라고 감히 장담하며 일독을 권한다.

안상규 공인노무사 (前 고용노동부 근로감독과장)

제 영혼을 깨운 하나의 돌멩이

이채필 전 고용노동부 장관님의 책 『이채필이 던진 짱돌』에서 '짱돌'은 누군가에게는 거칠고 투박한 단어일지 모르지만, 장관님을 오랜 시간 곁에서 보아왔던 제게 그 단어는 그의 삶 전체를 관통하는 하나의 상징이자 철학으로 다가왔습니다. 그것은 불의에 맞서는 용기였고, 주어진 운명에 굴복하지 않는 저항이었으며, 차가운 현실의 벽을 깨뜨리고자 했던 공직자로서의 평생에 걸친 약속이었다고 생각합니다.

저는 1987년 9급 공무원으로 시작하여 2001년 노동부 보험제도과에서 주무관으로 근무하던 중 과장(3급. 부이사관)님으로 처음 모셨고, 이후 그분이 국장, 실장, 차관, 장관님으로 나아가시는 과정을 주욱 지켜보았습니다. 그렇기에 감히 말씀드린다면 이 책은 단순한 회고록이 아닌 장관님 스스로의 '고백록'이자, 공직자가 나아가야 할, 아니 우리 사회가 함께 나아가야 할 길을 제시하는 묵직한 제언이라고 생각합니다.

좁고 올곧은 길을 걸어간 공직자

제가 장관님을 존경하는 가장 큰 이유는 화려한 경력이나 높은 자리가 아니라, 그가 평생을 지켜온 공직자로서의 철저한 자기 절제와 청렴함 때문입니다. 이 책에 담긴 그의 공직 철학은 결코 미화된 이야기가 아닙니다. 제가 직접 보고 느꼈던 진실입니다.

한 번은, 저희가 국정감사 자료를 제출하면서 통계를 잘못 작성하여 국회에 보낸 적이 있고, 모 의원실에서 해명을 요청한 적이 있었는데, 과장님을 모시고 국회로 가면서 제가 "과장님, 저희가 국정감사 자료를 잘못 제출한 것 때문에, 이렇게 되어서 죄송합니다"라고 말씀드렸더니, "대외적인 문제나 애로사항을 해결하라고 과장이 있는 것이다. 괜찮다"라고 말씀하시는 것을 보고, 당시 15년 가까운 공직 생활을 하였던 저로서는 처음으로 진정한 리더의 모습, 책임(責任)을 회피하지 않는 진정한 리더의 진면목을 접하게 되었습니다.

또한 공직자의 진정성은 결국 그가 남긴 정책의 결과로 증명됩니다. 역대 정부에서 13년간 누구도 풀지 못했던 '복수노조 허용과 노조 전임자 문제'라는 고차방정식을 노사정 대타협으로 풀어냈습니다. 그 이후 2025년 8월 현재까지 14년간 복수노조 허용 및 시행은 우리나라 노동 현장에서 큰 갈등없이 정착되어 가고 있습니다. 이는 노란봉투법으로 불리는 노동조합법 제2·3조 개정 및 시행을 앞둔 현시점에서 시사하는 바가 크다고 아니할 수 없습니다.

이 짱돌은 누구를 위하여 던져졌는가

이 책은 자신의 한계와 싸우며 더 나은 삶을 꿈꾸는 모든 이들을 위한 용기의 기록입니다. 공직의 무게에 흔들리는 후배 공직자들에게는 꺾이지 않는 소신의 지침서가 될 것이며, 세상이 불공정하다고 느끼는 청년들에게는 원칙과 실력으로 세상을 바꿀 수 있다는 희망의 증거가 될 것입니다.

한평생, 그는 가장 낮은 곳의 목소리에 귀 기울였고, 가장 어려운 길을 피하지 않았으며, 가장 중요한 가치를 위해 자신을 던졌습니다.

부디 이 책을 통해, 한 올곧은 공직자가 자신의 온 생을 바쳐 던진 짱돌이 어떻게 우리 사회의 굳은 땅을 깨뜨리고 희망의 씨앗을 심었는지, 그 위대하고도 감동적인 여정을 함께해 주시길 간절히 바랍니다. 그가 던진 짱돌 하나가 제 영혼을 깨웠듯, 이 책을 읽는 모든 분의 가슴에도 뜨거운 용기와 희망의 파문을 일으키리라 확신합니다.

[프롤로그]
그럼에도 불구하고

행정고시 2차 시험은 하루에 두 과목씩 나흘에 걸쳐 7과목을 논술 형태로 치렀다. 고사장 부근 한옥 민박집을 숙소로 구해 저녁마다 집중적으로 공부하고 다음 날 아침이면 고사장으로 갔다. 첫날 시험을 치르고 돌아와 숙소에서 다음 날 시험을 준비하고 있었다.

그런데 하필이면 내가 머무르던 숙소 옆방에 청춘 남녀가 투숙하여 밤새 요란스럽게 뜨거운 밤을 보내는 바람에 신경이 쓰여 도무지 집중하기 어려웠다. 방음이 되지 않아 잠도 제대로 잘 수 없었다. 그러다 새벽녘에 잠이 들었으나 눈을 떠보니, 아뿔싸… 시험 시작 20여 분 전이었다.

내 걸음으로는 시간 안에 도착하는 것은 불가능해 보였다. 이쯤에서 포기하라는 신호인가? 잠시 고민하다가 어차피 여기까지 왔으니 가는 데까지 가보자는 마음으로 숙소를 나섰다. 헉헉대며 한성대학교 입구를 향해 경사진 길을 올라가는데 지나가던 승용차 한 대가 멈추었다. 후진하더니 나를 태워주는 게 아닌가? 그렇게 운 좋게 입실하여 가까스로 지각을 면할 수 있었다. 워낙 경황이 없어 내 일생의 중요한 은인임에도 고맙다는 인사조차 제대로 하지 못했다.

서두에 이 경험담을 꺼낸 이유는 나의 삶은 대체로 이런 식이었다는 것, 즉 시련이 찾아온 뒤엔 종종 반전이 일어나기도 하였음을 말하기 위함이다. 문제는 어릴 적부터 장년이 되어서도 고난과 시련의 순간이 자꾸만 반복하여 찾아왔다는 점이다.

어린 시절 나는 취학 통지서가 나오지 않아 학교에 갈 엄두도 내지 못했다.

보이지 않는 두 살 아래 동네 또래를 찾으러 우연히 학교에 갔다가 학생이 되었고, 이후 내 걸음을 흉내 내며 조롱하는 애들을 쫓으려고 길바닥에 널려 있던 돌을 주워서 던져보았다. 그 돌멩이가 아이들 옆으로 떨어졌는데 거의 명중할 뻔했다.

뒤돌아보는 아이들에게 다시 한번 바짝 옆으로 짱돌을 던지며 소리쳤다.

"까불지 마라", "또 놀리면 가만 안 둬" 그때까지 나를 따라다니던 조롱은 그렇게 거의 끝났다. 그저 한두 명에게 짱돌을 던졌을 뿐인데, 아이들 사이에 소문이 쫙 퍼진 모양이었다. 어느덧 나를 바라보는 사람들의 시선은 연민과 안타까움이 되었다.

몇 년 전 아내가 물었다. "장애로 사는 것과 억울한 옥살이 중 어느 게 더 힘든가?" 나는 두 번 생각할 것도 없이 '장애'라는 말이 튀어나왔다. 이왕이면 가고 싶은 곳 가보고, 하고 싶은 것 하며, 맘대로 움직일 수 있다면 힘에 부치는 노동이라도 뭐든 기꺼이 할 수 있을 것 같은데, 그 모든 걸 할 수 없기 때문이었다.

장애는 나에게 분명한 불가능이었고, 일생을 따라다니며 포기가 무엇인지 나를 훈련시켜 준 고약한 핸디캡이다. 학창 시절 "건강한 신체(身體)에 건전한 정신(精神)이 깃든다"라는 구호가 널리 쓰였는데, 몸이 건강하지 못하면 정신도 어딘가 부족하기 마련이라는 의미로 해석되어 나 같은 사람이 듣기엔 참 잔인한 말이었다.

대학 4학년(1980년)이 되어서야 고향 집에 전기가 보급되었을 정도로, 나는 호롱불을 켜고 살 만큼 낙후된 시골에서 자랐다. 거기에다 가난한 농사꾼 부모님에게 물려받을 유산도 변변찮은 척박한 환경에서 인생을 시작했다.

나는 결코 능력이 출중하거나 뛰어난 사람이 아니다. 다만 조금은 남다른 강단과 배짱은 있는 듯하다. 사람들은 나더러 꿰뚫어 보는 직관이나 순발력이 있다고 하는데, 스스로 보기에도 어려움을 만나면 어디에서 샘솟는지 모를 용

수철처럼 튀어 오르는 용기, 맞다고 생각하면 밀어붙이는 뚝심에, 좀처럼 쫄지 않는 편이다. 이런 성향과 기질로 인해 쉽사리 포기할 줄 몰랐고, 때때로 발현된 도전적인 아이디어가 나로 하여금 에너지 넘치는 자세로 이끌었다.

덕분에 조롱을 받던 아이가 장차 자신과 사회의 미래를 열어가는 역전의 인생을 살게 되었다. 그러고 보면 나는 하필이면 '못 가진 것이 많았다'가 아니라 '남이 갖지 못한 것을 가진' 내면의 자산가였던 셈이다. 지나고 보니 삶의 여러 길목에서 닥친 고난에도 지금의 나를 있게 한 것은, 주저앉지 않고 긍정적인 방향으로 생각하며 받아들인 덕분에 열린 미래였다는 생각이 든다.

행정공무원이 된 사정이나 고용노동 분야에서 일하게 된 데도 특별한 사연이 있다. 어릴 적 외딴 마을에 살면서 세상과 접할 수 있는 유일한 수단이 라디오였는데, 어느 날 우연히 "세상의 문제를 적극적으로 해결하는 것은 행정이고, 현대국가는 행정국가다"라는 말을 들은 나는 온몸에 전율을 느꼈다. '행정'이라는 단어에 감동을 받은 나는 대학 진학 때 법대나 의대가 아닌 행정학을 전공하고, 공무원도 행정고시에 응시하고, 운이 따라준 덕분에 행정가가 될 수 있었다.

신임 관리자 교육을 받는 동안 각 부처의 임무를 살펴보니, 일하는 사람의 문제를 해결하기 위하여 존재하는 부처가 노동부였다. 세상에 사람보다 더 귀한 존재는 없을 것이라는 생각에 가슴이 설레었다.

노동시장에 진입하여 은퇴할 때까지 생기는 고용노동 문제를 해결하는 노동부야말로, 사람의 일생(一生) 가운데 가장 황금기(黃金期)인 '청년-중년-장년기' 내내 직업생활의 가치가 높아지도록 도와주는 곳이었기에 보람이 클 것으로 생각했다.

그렇게 하여 노동 행정가의 길을 걷기 시작하여, 정부의 고용정책을 총괄하는 고용노동부로의 확대 개편을 거치며, 눈 깜짝할 사이 30여 년의 세월과 청춘을 온전히 바쳤다.

필자의 공직 인생은 시작 단계부터 사고뭉치였다. 수습이 끝나고 처음 배치된 부서에서 맞이한 회의에서 대형 사고를 치고 말았다. 간부회의를 마치며 "과장인 나는 과장 자리에 안주하지 않고 국장의 입장이 되어 일할 것이니, 사무관 여러분들도 스스로 과장이라는 생각으로 일해주세요"라는 과장님의 특별훈시가 있었다.

하늘 같은 상사의 당부 말씀을 듣고 공직자로 살아가는 데 지침이 될 만한 귀중한 말씀이라고 생각했다. 그러면서도 뭔가 2% 부족하다는 느낌이 들어 반문하고 말았다.

"제 위에 과장님이 계시지만 그 위에는 국장과 실장, 차관 나아가 장관이 최종 결재자인데 보고와 결재를 받는 단계마다 지적받거나 깨지면 되겠습니까? 그러니 과장님은 처음부터 최종 결재권자의 시각으로 일해야 하지 않습니까? 또한 사무관도 그런 입장에서 기안해야 하지 않습니까?"라고 하며 겁 없이 대들고 말았다.

예기치 않게 내뱉은 나의 말 한마디는 스스로를 가둔 '말 감옥(監獄)'이 되었고, 이후 평생을 전전긍긍(戰戰兢兢)하며 지냈다. 왜냐하면 "이 사무관, 장관처럼 해야 한다고 하더니 겨우 이 정도밖에 못했어?" 하는 지적이 돌아올까 두려웠기 때문이다. 세월이 흐르고 보니 정제되지 않은 그날의 말대꾸 한 번이 공직 인생 내내 일하는 자세와 마음가짐을 다잡아 주었다. 어디에서 무슨 일을 하든 더 깊은 고민과 더 철저한 준비를 해야 하는 신세가 되었다.

그럴수록 사회의 여러 병리 현상이나 문제점을 진단하고 해결하는 '사회의 의사'가 되기 위하여 나는 '내 일의 주인공'이라는 자부심과 책임감, 열린 시각과 아이디어로 실천에 나섰다.

필자는 사무관에서 서기관, 과장, 부이사관, 국장을 거쳐 직업공무원의 정점인 고위공무원(가급)에 이르렀다. 이후 정무직인 차관과 장관직도 역임하였지만 그렇다고 해서 늘 선두 주자로 앞서 나간 것은 아니었다. 특히 사무관이나 서기관, 과장을 맡았던 실무자 시절에는 '일하는 사람 따로, 실속 차리는 사람 따로'였던 현실 속에서 상사의 '근무 지시', '직무대리 겸직' 발령 등 일 구덩이에 빠져서 헤매기 일쑤였다.

  나 역시 한 인간으로서 때론 서운한 마음이 들고 흔들릴 때가 없었다고 하면 거짓말이다. 하지만 필자는 초심으로 돌아가려고 애썼다. 왜냐하면 공무원 임용을 앞두고 받은 채용 신체검사에서 (한쪽이 아닌) 두 다리 모두가 소아마비라는 사실을 알게 되었고, 그야말로 금수저나 은수저는커녕 흙수저 출신으로 밑바닥(zero spec)에서 출발하였으니, 단지 공직에 헌신할 기회가 부여된 자체만으로도 소중했기 때문이다.

  부처나 조직의 구성원은 자기가 하고 싶은 일을 하는 것이 아니라 부서에 맡겨진 과업을 이루기 위하여 존재 이유를 입증해야 한다. 처음부터 나는 정책을 수립하고 조정하는 본부에서 근무하기 시작했는데, 이후에도 할 일이 많은 '비인기 부서'나 현안으로 부대끼는 '기피 부서'에 배치되기를 반복했다.

  즉, 내가 원하는 업무나 부서가 아니라 현안 과제를 처리하기 위하여 조직이 부르는 곳에서 일한 경우가 대부분이었다. 그렇지만 내 눈에는 가는 곳마다 크게 주목받지는 못해도 사명감을 가지고 일해야 할 일들이 태산같이 기다리고 있었다.

  그러니 더 이상 잃을 게 없던 나로서는, 시작한 사무관으로 평생 일한다 해도 행운(幸運)으로 여긴 초심(初心)을 잊지 않으려고 각오를 다졌다. 언젠가부터 나도 모르게 스스로 맡은 일을 잘하는 것 외에는 뭘 바라거나 쪼잔하게 욕심내지 않게 되었다.

  어려움에 처할 때마다 내가 버틸 수 있었던 원동력은 '밑바닥 정신'이 아니었을까 싶다. 금수저나 은수저가 불을 만나면 녹아 버리지만 흙수저는 불로 구우면 더욱 강해져 도자기나 항아리가 된다. "세상에 헛된 고통은 없다"라고 말하듯, 시련이 나를 죽이지 못하면 더 강하게 단련시켜 주었다.

나는 거의 모든 실·국에서 실무를 맡아 사업(정책) 분야에서 근무한 경험이 축적되고, 현안에 헌신한 실적이 쌓이면서 차츰 인정받게 되었다. 부족함이 많지만 그래도 나의 진의를 알아주고 너그럽게 받아준 선배와 상사 덕분에 다양한 일을 할 수 있었다. 그러니 나는 세상에 많은 빚을 진 셈이다.

운이 닿아 행정고시(제25회) 차석 합격이라는 비교적 괜찮은 성적으로 공직을 시작하긴 했어도, 나는 스펙이 뛰어난 다른 친구들처럼 장차관이 될 꿈은 꾸어 본 적도 없었다. 단지 '무엇이 되기'(what to be) 위하여 아등바등하는 것보다, 주어진 자리에서 '필요한 일 하기'(what to do), '원점에서 해법 찾기'(how to do)에 더 익숙해졌다. 이런 성격이 일중독(Workholic) 인생의 궤적을 걷게 한 요인이었는지도 모르겠다.

커다란 조직이 나같이 작은 한 개인에게 신세를 지는 사례가 쌓일수록, 이상하게도 시원찮은 대접도 불만으로 느껴지기보다는, 남에게 빚지지 않았다는 뿌듯함이 더 크게 다가왔다.

이 책은 필자가 고용노동부 공직자로서 맡은 일을 어떻게 처리해 왔는지, 어려움에 부딪히거나 개혁을 추진하면서 돌파한 방법과 과정들을 살펴보고, 시행착오나 아쉬운 점, 그리고 우리의 미래 도약과 새로운 모색을 위한 제언을 담은 고백록이다. 또한 청와대와 관련 부처를 비롯한 행정부 내부에서의 사건들, 여의도 정치인과의 협력과 갈등 사례들, 정치적 이유로 얽히며 당한 고초 등 내가 직접 겪은 일과 인생의 궤적이 담긴 생생한 기록이다. 내 딴엔 『목민심서』나 『징비록』을 쓰는 심경으로 정리한 결과물이다.

특히 고용노동 행정을 하면서 필자가 매달린 지향점은 단순히 옳고 그름의 차원이나 선악의 문제가 아니라, 어떤 정책이나 제도 개혁이 성장-고용-복지의 선순환에 더 도움이 되느냐였다.

이 책은 고용노동 정책을 만들고 효과를 내기 위하여 주야장천 고민하고 실천한 기록이다. 모두 3부작이다. 다만 이번에 [1편] 제1장 짱돌의 시작 - 나의 선택, 노동행정, 제2장 일자리와 현장 - 정책은 사람을 향해야 한다, 제3장 소용돌이의 노사관계 - 법과 갈등 사이의 줄타기, 제4장 13년 만의 노동개혁 - 복수노조 시행과 노조 전임자 폐지, 그리고 [2편] 제5장 안전과 정의 - 산업재해와 중대재해법의 이면, 제6장 이상한 나라의 국회와 행정부 - 행정과 정치, 관료제의 책무성, 제7장 개혁의 그늘 - 짱돌 이후, 성찰과 책임, 제8장 우문현답 - 밑바닥 정신으로 먼저 세상에 내보낸다. 이에 기업에서 노사관계나 안전보건, 인적자원관리 업무를 맡고 있거나, 고용·노동 정책과 행정을 다루는 공무원, 관련 연구나 사례분석, 공사 조직의 진단과 컨설팅, 리더십 개발 등에 관심이 있는 분들에게 일독을 권하며, 도움이 되길 바란다.

이실직고(以實直告)하는 것을 소명으로 삼아 영욕의 세월과 행적까지 그대로 담았다. 개인적으로 부끄럽게 생각했던 약점까지 드러내 정직해지고 싶었다. 스스로에 취해 더러는 자화자찬도 하고, 나의 잣대로 잰 나머지 뒷담화를 하기도 했다. 단편적인 기사로 드러나지 않는 내부의 비화(秘話)는 드라마적 요소로 보이기도 하지만, 사실에 충실하려 했을 뿐 호불호를 가려 쓰지는 않았다. 독자에게 약간의 재미라도 준다면 그것도 좋겠고, 이를 통해 어떤 시사점을 얻게 되길 바라는 마음이다.

필자가 감사드려야 할 분이 많다. 청춘을 바쳐 최선을 다해 일한 고용노동부 여러 상사와 선배, 열정적으로 일한 동료와 후배들에게 고맙게 생각한다. 그렇기 때문에 함께 일하면서 받은 도움과 조언, 때로는 반면교사가 되어주신 분들의 사연들이 담겨있다. 본의 아니게 누를 끼치지 않을까 하는 심적 부담 속에서도 끝까지 마무리할 수 있었던 데에는 '노동부 내부 출신 1호 고용노동부 장관'이라는 무게감이 주는 의무감도 적지 않은 영향을 미쳤음을 고백하지 않을 수 없다.

이 책에 소개하는 사례에서 개인의 명예를 훼손할 의도는 털끝만큼도 없다.

오직 공익적 목적으로 이 글을 썼지만 세련되지 못한 표현으로 오해의 소지가 있다면, 그것은 전적으로 필자의 부족한 '필력' 탓이다. 건너뛰거나 생략하느라 줄여서 기술한 부분은 맥락과 행간으로 이해해 주시고, 부족한 점은 너그럽게 봐주시길 바란다. 그럼에도 오류가 있다면 다른 방법이 아니라 이를 바로잡는 제2, 제3의 글이 나오길 소망한다.

이 책이 세상에 나올 수 있게 흔쾌히 출판을 허락해 주신 도서출판 행복에너지 대표 권선복 회장님께 깊이 감사드리며, 원고를 꼼꼼하게 읽고 정성스럽게 다듬어 주신 한영미 작가님과 김소영 디자이너님을 비롯한 편집부 관계자 여러분에게 특별한 감사의 인사를 전한다.

또한 초고를 꼼꼼하게 읽고 이 글이 가져올 파장과 우려는 물론 구성에다 오타까지 잡아준 박도제 기자님, 정진우 기자님, 최상률 노무사님께도 감사의 말씀을 드린다. 그리고 조언과 감수를 넘어 원고를 사정없이 칼질해 준 아내 하혜숙 여사의 지극한 사랑과 보살핌에 지극히 고마운 마음을 오래오래 간직하려고 한다. 두루 감사하다.

2025년 7월 관악산 동편마을 서재에서

저자 **이채필**

목차

추천 서문 **4**

추천사 **7**

프롤로그 그럼에도 불구하고 **22**

제1장 짱돌의 시작 - 나의 선택, 노동행정

01 나는 이방인, 짱돌에서 찾은 희망 **36**

02 어머니의 외상값 받아내기 **40**

03 소 막걸리와 밀주 단속 **43**

04 감옥에 갈 뻔한 개구쟁이 악동 **46**

05 장애로 입은 좌절과 실패, 그리고 적응 **50**

06 한약 봉지와 검정고시, 그리고 대학 진학 **56**

07 행정고시를 치르던 날 **60**

08 운명처럼 만난 아내 **69**

09 내가 노동부를 선택한 이유 **75**

10 고용노동부의 임무 **83**

11 고용노동부와 소속 공무원의 역할에 대한 오해 **92**

12 시작부터 사고뭉치 **97**

13 첫 경험: 행정은 '사회의 의사' **101**

14 '취업알선장'과 '취업알선자 명단' 창(窓) 봉투 개발 사용 **109**

15 공무원도 외화를 벌 수 있다 **112**

제2장

일자리와 현장
– 정책은 사람을 향해야 한다

01 "아빠, 내일 와": 장애인고용촉진법 제정   **118**
02 누구를 위한 고용센터(Ⅰ): "이런 사무실이 좋습니다"   **144**
03 누구를 위한 고용센터(Ⅱ): 직원 위주에서 고객 중심으로   **151**
04 대통령 주재 행사 사회를 보던 중 목이 날아갈 뻔   **157**
05 외국인력 활용과 고용허가제로의 통합   **169**
06 지역 일자리 목표 공시제 도입   **181**
07 일자리 정부 천명과 대통령 주재 국가고용전략회의   **184**
08 민간 전문가들과 함께하는 '정책 포럼' 운영   **189**
09 고용보험 제도 시행 관련 부처의 반대와 대통령의 결단   **191**
10 모성보호급여를 고용보험 기금에서 부담하게 된 사연   **193**
11 청년의 창조적 도전
    : 글로벌 청년취업(GE4U)과 K–평화봉사단   **199**
12 '선(先) 취업, 후(後) 진학'과 고졸 청년취업 활성화   **202**
13 숙련기술 장려 분위기 확산   **208**
14 직업능력개발계좌제 도입
    : 수요자 중심의 직업능력개발훈련   **216**
15 제100차 ILO 총회 기조연설
    : '성장–고용–복지'의 균형이 지속 가능한 성장 이끈다   **218**

제3장 소용돌이의 노사관계 – 법과 갈등 사이의 줄타기

01 호랑이 차관에 들이받은 하룻강아지 사무관   **224**
02 임금 체불 시 지연이자 부과 제도 마련 착수   **231**
03 취약 근로자를 위한 노동변호사와
     공인노무사 합동 서비스   **236**
04 근로자의 날 변경과 노동절 :
     3월 10일에서 5월 1일(May Day)로   **238**
05 분수령을 이룬 현대중공업 장기 파업과 노사정 대응   **242**
06 무노동 무임금 원칙과 '가정통신문'   **250**
07 아버지의 심모원려   **252**
08 J 철강 노조의 파업과 '법대로', '자율로'   **255**
09 '민주노총' 창립과 지역 노사정 협력   **260**
10 "한국노총은 정치활동에 정도(正道)를 지켜라"   **262**
11 쌍용차 사태에 대한 단상: 67년 역사의 '쌍용차' 사라져   **277**
12 한진중공업 사태에 대한
     정부의 역할과 손해배상청구권 제한   **287**
13 야당 정치인들의 장관실 항의 방문   **295**
14 '국제노동기준과 한국의 노사관계'에 관한 국제토론회   **299**
15 '노란봉투법' 정치적 추진과 노동 약자에 미치는 영향   **307**

제4장 13년 만의 노동 개혁
– 복수노조 시행과 노조 전임자 폐지

01 노동계 인사의 기행(奇行): "3일만 참으면 다 지나갑니다"　316
02 LP 판(板) 위의 CD
　: 법과 원칙의 틀 내에서 노사자율적 해결　320
03 개별 노사관계에 대한 정치권의 섣부른 개입　330
04 노동조합의 운영 실태와 노동법의 비중 변화　334
05 복수노조 허용, 노조 전임자 문제에 대한 해결 의지　339
06 노동 개혁 공감대 형성과 노사정위원회 논의
　: 공익위원 합의안 도출　341
07 탁월한 리더십과 정치력을 발휘한
　임태희 장관과의 의기투합　350
08 노사정 합의 모색
　: 전임자 폐지 대안과 복수노조 시행 안전판　354
09 「2009.12.4. 노사정 합의」　359
10 험난했던 입법 과정: 환노위 위원장의 정치적 과욕　366
11 환노위 위원장의 결자해지　370
12 근로시간면제심의위원회 위원 위촉과 노동계의 꼼수 대응　380
13 근로시간면제 제도 도입과 노조 활동 실태　388
14 복수노조 허용과 교섭창구 단일화 제도 시행　395
15 복수노조 허용과 노조 전임자 개혁의 의미　410

출간후기　427

제1장
짱돌의 시작
- 나의 선택, 노동행정

01 나는 이방인, 짱돌에서 찾은 희망
02 어머니의 외상값 받아내기
03 소 막걸리와 밀주 단속
04 감옥에 갈 뻔한 개구쟁이 악동
05 장애로 입은 좌절과 실패, 그리고 적응
06 한약 봉지와 검정고시, 그리고 대학 진학
07 행정고시를 치르던 날
08 운명처럼 만난 아내
09 내가 노동부를 선택한 이유
10 고용노동부의 임무
11 고용노동부와 소속 공무원의 역할에 대한 오해
12 시작부터 사고뭉치
13 첫 경험: 행정은 '사회의 의사'
14 '취업알선장'과 '취업알선자 명단' 창(恋) 봉투 개발 사용
15 공무원도 외화를 벌 수 있다

01
나는 이방인, 짱돌에서 찾은 희망

나는 그리 넉넉지 않은 형편이었던 농부의 7남매 중 다섯째로 태어났다. 장애를 갖게 된 것은 세 살 무렵 소아마비 전염병 질환에 걸렸기 때문이다. 그 무렵 홍역이나 소아마비에 걸린 사람들이 더러 있었는데, 가난한 나라에서 유행하던 대표적인 전염병이었다. 당시 내가 살던 시골에서 접할 수 있는 의술은 고작 침을 맞는 것이었다. 하지만 수없이 많은 침을 맞아도 별 효험이 없었다.

그런 사정 때문이었는지 국민학교(초등학교)에 입학할 시기를 놓쳤다. 동네 이장이 면사무소에 귀띔하여 취학 통지를 하지 않게 되었는지 사정은 알 수 없지만, 6·25 전쟁이 끝난 지 그리 오래되지 않았으니 나라 행정이 구석구석 완벽하게 처리되지 않았을 때였다.

장애로 몸이 불편했지만 나는 못 말리는 개구쟁이 소년이었다. 하루는 동네에서 같이 어울리던 두 살 아래의 또래 친구가 보이지 않아 그 친구의 어머니에게 가서 물었더니, 학교에 갔다고 했다. 나는 심심하여 그 친구와 놀려고 비포장 길을 따라 한참을 걸어가니 큰 학교 건물이 나왔다. 나중에 알게 된 것은 우리 집과 학교 간의 거리가 10리(里)가량 되었다는 것이다.

도착한 학교 운동장에서 창가를 따라가며 주욱 살펴보니, 교실마다 아이들이 빽빽하게 가득 차 있었는데, 한 교실에 그 친구가 앉아 있는 모습을 발견했다. 나는 복도 끝으로 가 친구의 수업이 끝나기를 기다리며 앉아 있던 중, 어떤 선생님이 와서 "교실에 안 들어가고 뭐 하느냐?"라며 야단을 쳤고, 친구를 찾으러 왔다고 했더니 학교에 입학시켜 주었다. 나도 그날부터 학생이 되었다.

당시에는 학교에 안 다니는 아이들이 더러 있었기에, 선생님들은 낯선 애들이 보이면 나이를 물어보고 학교에 입학시켜 주던 그런 시절이었다. 나는 그렇게 또래보다 늦은 나이에 국민학교에 입학해, 동급생들은 대부분 나보다 한두 살 어린 친구들이었다. 만약 그날 내가 친구를 찾으러 나서지 않았다면, 어쩌면 영영 학교에 다니지 못했을지도 모르겠다. 어쩌면 우리 아버지나 어머니 세대처럼 문맹인(文盲人)이 되었을지도 모른다.

어린 시절부터 힘들었던 기억이 많다. 등하교 중에도 창피하고 민망한 일은 계속되었다. 집에서 학교까지 다니는 길은 온통 울퉁불퉁한 비포장도로였고, 친구들은 20분도 채 걸리지 않는 거리였지만, 보행이 어려운 내 걸음으로는 1시간 10분이나 걸리는 먼 거리였다.

다리를 절며 걷는 모습을 본 아주머니들이 혀를 쯧쯧 차는 소리가 내 귀에까지 생생하게 들렸다. 얼굴은 괜찮게 생겼는데 보행이 불편하니 안타까운 마음이 들었던 모양이다. 아이들은 뒤뚱거리며 걷는 나의 모습을, 몇 걸음 앞서 흉내를 내며 놀리곤 했다. 그걸 본 나는 쥐구멍이라도 있으면 들어가고 싶었다. 매일 아침 학교에 갈 때마다 사람들 앞에서 걷는 게 너무 창피했.

나로서는 사람들이 내 걸음걸이를 보고 안타까워하거나 놀려대도 어떻게 할 수가 없었다. 때로는 눈물이 찔끔 나와도 그들을 나무랄 수도 없었고, 기분이 몹시 나빴지만 혼내 줄 방법도 없었다. 왜냐하면 애들은 내가 쫓아가거나 붙잡을 수 없는 줄 알고 그런 장난을 쳤기 때문이었다.

이런 일이 반복되던 어느 날, 나는 우연히 길바닥에 깔려있던 돌을 주워 던져보았다. 그랬더니 아이들 바로 옆으로 돌멩이가 떨어졌는데, 아이들 머리나 몸에 명중할 뻔했다. 그래서 뒤돌아보는 아이들에게 다시 한번 바짝 옆으로 짱돌을 던지며 소리를 쳤다. "까불지 마라!" 하니, 아이들은 혼비백산하며 도망가기에 바빴다. 나는 큰 목소리로 "또 놀리면 가만 안 둬!"라고 외치며 애들에게 두려움을 심어주었다.

그때까지 나를 따라다니던 조롱은 거의 끝이 났다. 그저 한두 명에게 짱돌을 던졌을 뿐인데, 아이들 사이에 소문이 퍼진 모양이었다. 그 후부터 나를 놀리며 발걸음을 흉내 내는 아이들이 점점 줄어들더니 어느새 사라졌다. 늘 놀림과 조롱을 받던 나도 우연히 대응할 수 있는 무기를 갖게 된 것이다. 그렇게 '짱돌 소년'이 되었는데, 나의 인생 전반에 걸쳐 짱돌을 던지는 방식으로 살아온 것 같다.

필자가 어릴 적 걷는 모습을 흉내 내며 조롱하던 아이들에게 경고하기 위해 던진 '짱돌'의 모습

그래선지 지금도 '병신춤'이라면 나도 모르게 고개를 돌리게 된다. 아무리 공옥진 선생의 명공연이라 해도 나는 보고 싶은 마음이 들지 않는다. 그 무렵 사람들로부터 아무렇지도 않게 '병신(病身)'이나 '불구자(不具者)'로 불리던 나는 이 땅의 이방인이었다.

내가 입은 옷은 하루에도 수십 번 넘어져 무릎이 깨지면서 바지가 찢어지거나 해어졌다. 피딱지로 굳은 상처가 아물기 전에 또다시 넘어지고 피가 젖는 것은 나의 일상이었고, 어쩌다 하루에 한두 번 넘어지는 날은 운수 좋은 날이었다.

그렇지만 남의 시선을 무시하기 어려웠다. 지금 생각해 보면, 그렇게 걷다가 넘어지고 까이고 하면서 재활훈련이 되었고, 근력도 생기고 자신을 다스리는 인내심도 다져진 듯하다. 즉, 장애로 인해 겪는 육체적·정신적 고통을 그렇게 버티며 '마음의 근육'을 키운 듯하다.

당시에는 6·25 전후라 학생은 많고 교실과 선생님이 모자라, 교실마다 아이들은 콩나물시루처럼 빽빽했다. 한 반은 대부분 60명이 넘었을 정도로 '콩나물 교실'이었고, 내가 속한 반은 65명이 넘기도 했다. 그마저 오전반과 오후반으로 나뉘어 '2부제'로 수업이 진행되었다.

3학년 때 일이다. 우리 반 교실은 학교 인근에 외따로 떨어진 별도 건물이었다. 예전에 일제 강점기 시절 면사무소로 사용되던 2층짜리 작은 건물이었는데, 우리 반 교실은 2층에 있었다. 그 무렵 한동안 나는 밤에 잠을 자다가 헛소리하거나 끙끙 앓았던 모양이다. 걱정하던 어머니가 어느 날 학교에 와 보고 이런 사정을 아시게 되었다. 그래서 담임 선생님께, "채필이는 계단이 많은 2층 교실로 오르내리기 힘드니 1층으로 바꿔주면 좋겠다"라고 말씀드린 사실을, 선생님들끼리 얘기하는 걸 듣고 나도 알게 되었다. 어머니는 내가 등하교에만 2시간 넘게, 그것도 울퉁불퉁하고 포장 안 된 길을 걷느라 수없이 넘어지고 엎어져, 무릎에 피딱지가 떨어질 날이 없었던 사정까지 말씀하신 듯했다.

담임 선생님은 "채필이를 1층에 있는 다른 반으로 보낼 게 아니라, 우리 반 교실을 1층으로 바꾸자"라고 제안하였으나, 옆반 선생님은 두 반 학생 모두가 옮기면 번거로우니 "채필이만 옮기는 것으로 하자"라고 했다. 결국 나 혼자 반이 바뀌어 1층으로 내려왔다. 그동안 같이 정들었던 친구들과 헤어지는 생이별을 해야만 했다. 혼자 따로 격리되니 기분이 우울했다.

하지만 새로 맡게 된 선생님도 무척 나를 아껴 주셨다. 새롭게 같은 반이 된 학생들 앞에서 나를 소개하며 하신 선생님의 말씀 중에 "프랭클린 루스벨트 미국 대통령은 소아마비 장애가 있었는데도, 역사상 유일무이한 미국의 4선 대통령이자 대공황을 극복한 훌륭한 분"이라고 하며, 어린 나에게 용기를 불어넣어 주셨던 기억이 난다.

그렇지만 어린 시절의 나는 선생님이 인용하며 강조한 제32대 루스벨트 미국 대통령보다는 누군가에게 들었던 "국민 여러분, 국가가 나를 위해 무엇을 해줄 것인가를 묻기 전에, 조국을 위해 내가 무엇을 할 수 있는가를 먼저 물으십시오"라고 했다는 케네디 대통령의 연설이 왠지 더 마음에 끌렸다. 무슨 뜻인지도 정확히 몰랐을 텐데…. 하여간 그때 기분은 그랬다.

02
어머니의 외상값 받아내기

어머니는 5일 장이 서는 날이면, 집에서 가꾼 채소를 장터에 내다 팔았다. 어느 날, 어머니가 한숨을 쉬며 지나가는 말투로 "○○집은 외상값을 번번이 안 갚아 애를 먹는다"라고 하셨다. 마음속으로 내가 한번 나서봐야겠다는 생각이 들었다.

다음 날, 학교에서 하교하는 길에 그 집에 들러 아주머니에게 말했다.

[나] 우리 어머니 외상값 주세요!
[아주머니] 니가 누고?
[나] 교천댁 아들입니다.
[아주머니] 돈 없다. 다음에 너희 어머니한테 줄 거다.

나는 일단 물러나 집으로 왔다.

다음날은 어제보다 더 이른 시간에 집을 나서서 등교하는 길에 그 집으로 갔다. 그 집은 식당을 하고 있었다.

[나] 아주머니, 외상값 주이소!
[아주머니] 아니, 내가 다음에 준다고 안 했나? 아침부터 장사하는 집에 와서 재수 없게시리…. 퍼뜩, 가라!

하지만 그냥 포기할 내가 아니었다. 그렇게 말하는 아주머니의 모욕적인 말을 듣고 나니, 반드시 받아내고 말겠다는 오기가 생겼다. 그래서 외상값을 줄 때까지, 가급적 이른 아침에 가는 게 효과적이라는 생각이 들었다.

나는 다음 날 아침부터 문 입구에 선 채, "아주머니, 아침부터 외상값 받으러 와서 재수 없다 하지 말고, 얼른 외상값만 갚아 주세요"라고 크게 외쳤다.

드디어 아주머니는 나의 끈질김에 두 손을 든 듯, 주머니에서 돈을 꺼내 외상값을 주었다. 집으로 와서 어머니께 자초지종을 말씀드렸더니, 외상값 안 갚기로 소문난 사람한테 기어코 받아낸 나를 보고 짐짓 놀라워하시는 눈치였다.

나의 외상값 받기 작전은 아주머니 스스로 한 말에서 답을 찾았다. '아침부터 장사하는 집에 외상값 받으러 가면 재수가 없게' 느껴지도록 만드는 것이었다.

한의원 손녀의 학비 납부 심부름

어느 날 등교하던 중 장터 인근에 있던 한의원 원장의 사모님이 나한테 심부름을 시켰다. 두 학년 정도 아래인 그 집 손녀가 학교에 내야 할 육성회비를, 나더러 대신 선생님께 드리라는 주문이었다.

그 집은 아버지가 편찮으실 때 가끔 한약을 지어왔을 뿐, 친인척도 아니고 남남이었다. 나로서는 이해하기 어려웠다. 그래서 저한테 왜 돈을 맡기느냐고 물었더니, 손녀에게 돈을 주면 군것질하느라 써버리고 학교에 내지 않아서 그렇다고 하셨다.

내가 비록 학년은 더 높았지만, 혹시 내가 그 돈을 잃어버리거나 상급 학년 아이들한테 빼앗기기라도 하면 큰일 날 상황인데도, 나를 믿고 맡겨주신 것이 은근히 기분 좋았다.

이장 어른의 아버지 도장 날인 요구

어느 날 아버지가 집에 안 계실 때 동네 이장 어른이 찾아와, 어떤 서류에 아버지의 도장을 찍어 달라고 하셨다. 나는 내용이 무엇인지는 몰라도 도장을 함부로 찍어주면 안 될 것 같아, "나중에 아버지가 오시면 (도장을) 받으러 오시지요"라고 했다.

그 말을 들은 이장 어른이 "너희 아버지하고 이미 다 의논이 된 일인데, 네가 뭔데 어른을 의심하느냐?"라며 기분 나빠 하면서 가셨다.

나중에 아버지가 논에서 일을 하고 오시더니 "잘했다"라고 하였다. 지금도 그 서류가 무슨 내용이었는지는 모르지만, 아버지는 내가 도장 찍는 일은 신중해야 한다는 걸 알고 있다는 점에서 대견해하시는 듯한 느낌이 들었다.

당시에는 농지 정리나 하천 정비사업 등으로 토지가 수용되는 등 개인 재산에 변동이 많았던 시기였다. 하지만 글자를 모르는 사람이 많던 시절이라 쉽게 도장을 찍어줬다가는 이런저런 손해를 입는 경우도 종종 있었다.

필자의 부모님

03
소 막걸리와 밀주 단속

내가 살던 외딴 시골 마을에서는 새벽마다 어머니나 누나가 동네 (공동) 우물터에 가서 물을 길어, 양동이를 머리에 이고 오는 것으로 하루의 일과가 시작되었다.

우리 형제자매들도 각자 농사일에 일손을 보탰다. 남자들은 논농사와 김매기에 주력했고, 여자들은 밭작물을 심고 잡풀을 뽑거나 수확을 주로 했다.

동네 우물터에서 물을 길어오는 어머니와 누나들

나는 몸이 불편해 농사일을 돕기 어려워서 하는 일이 별로 없었으나, 모내기할 때는 학교에 결석하고 못줄을 잡았고, 그 외에는 주로 소를 돌보거나 쇠죽을 끓여서 먹이는 일을 담당했다.

시골 농가에서 소가 차지하는 의미는 대단했다. 매년 송아지를 한 마리씩 낳아야 집안 경제에 보탬이 되었다. 봄, 여름, 가을에는 여기저기 주변에 풀이 많아서 방목하다시피 소와 같이 다니며 풀을 먹이면 되었지만, 겨울철에는 그게 불가능했다. 그러니 겨울이 문제였다. 마른풀(건초)이나 수확한 볏짚을 말려서 작두로 잘라 콩 잎사귀 등을 넣어 쇠죽을 끓여 먹이로 주었다.

그런데 아무리 신경을 써도 겨울에는 살이 여위고 털까지 꺼칠해져서 보기에도 안쓰러웠다. 그러다가 어느 날, 문득 소에게 막걸리를 먹였던 기억이 떠올랐다.

사연은 이렇다. 막내 여동생이 모내기 철에 논으로 새참을 갖고 오다가 넘어지는 바람에, 막걸리 주전자가 엎질러진 것이다. 딴에는 큰일이 났다 싶었는지, 땅바닥에 고여있던 막걸리를 손으로 퍼 담아 갖고 왔던 모양이다.

서로 모내기 품앗이를 해주는 동네 어른들은 그런 사정도 모른 채, 막걸리에 지푸라기도 있고 흙도 씹히며 이상하다며 막걸리를 마시다 말고 남겼다. 고픈 배도 채우고 목을 축이던 귀한 막걸리였기에, 한 방울도 아까운 마음에 나는 어른들이 먹다 남긴 막걸리를 소에게 주어보았다. 소는 아주 맛나게 먹었고, 막걸리를 담았던 그릇까지 아주 깨끗하게 비웠다.

모내기 철 모 심는 동네 어른들

모내기하던 그날의 기억이 퍼뜩 떠올라, 소에게 술을 먹이면 좋아질 것 같은 느낌이 들었다. 그래서 나와는 띠동갑인 큰 누나에게 떼를 써 조르고 졸라, 소에게 먹일 술을 만들어 달라고 해, 쇠죽을 먹인 후에는 후식으로 술을 주곤 했다.

그랬더니 우리 집 소는 내가 보기에도 덜 말라 보였다. 동네 사람들도 지나가며, "이 집 소는 어떻게 키우길래 겨울에도 이렇게 윤기가 자르르 흐르나?"라며 부러워했다. 나는 그럴 때마다 엄청 기분이 좋았다.

그래서 겨울뿐만 아니라 사시사철 소에게 후식으로 술을 먹였고, 오랫동안 소에게 술을 보약처럼 복용시켰다. 우리 집 소는 송아지<u>누 매년 한 마리씩 쑥쑥</u> 낳았다. 나는 아주 신이 났다. 은근히, 내가 맡은 책임을 다해 좋은 결과를 얻었다는 뿌듯함이 느껴졌다.

소를 돌보던 광경 이미지

그런데 엉뚱한 문제가 터졌다. 어느 날 학교에 갔다가 집에 돌아오니, 큰누나가 걱정스러운 표정을 지으며 한숨을 쉬고 있었다.

"낮에 밀주 단속반이 왔는데, 우리 집이 걸렸어."

아무리 소가 먹는 술이라고 해도 믿어주지 않더라는 것이었다.

그러면서 이제 아버지 호적에 빨간 줄이 그어지게 생겼다고 걱정했다. 자식의 잘못으로 인해 아버지가 법을 위반하여 전과자가 된다고 하니 보통 일이 아니었다.

그동안 소에게 먹이는 술을 담그는 일에 대해 부모님에게 허락은 물론, 그런 사실 자체를 말씀드리지도 않았는데….

아버지는 평소 동네 사람들로부터 '법 없이도 살 사람'이라는 평을 들을 정도로 착실하고, 경우를 벗어나지 않는 분인데….

그날 밤 나는 불안하고 걱정이 되어서 도무지 잠을 잘 수 없었다.

뜬눈으로 궁리하던 끝에 다음 날 학교 가는 길에, 면사무소 부근에 있던 양조장을 찾아갔다. 무턱대고 "사장님을 만나 뵈러 왔다" 하고는 인사를 하였다.

그러고는 밀주 단속으로 어려움에 처한 사정을 얘기하면서, "소에게 먹일 술을 누나에게 부탁하여 담은 것이고, 아버지는 속병이 있어서 술을 못 드시는데, 그만 밀주 단속에 걸렸습니다" 하고 말씀드렸다.

그리고 "이런 저간의 사정을 알지도 못하는 아버지가 호적에 빨간 줄이 그어지면 자식으로서 막심한 불효가 되는데, 어떻게 해야 할지 걱정입니다"라며, 양조장 사장님이시니 잘 지도해 달라고 부탁하였다.

그랬더니 사장님은, "맞다, 너희 아버지는 술을 못 드시지?" 하고는 어디엔가 손가락으로 전화를 걸더니, "두왕동 442번지는 사람 먹는 술이 아니라 소에게 먹이는 술이 맞다"라고 하셨다. 나에게는 "걱정하지 말고 학교에 가라"라고 하셨다.

그렇게 해서 밀주 단속에 걸린 문제가 해결되었다. 술로 인해 생긴 문제이니, 술을 공급하는 양조장 사장님과 직접 부딪쳐서 해결하게 된 것이다.

집에 오니 누나가 말했다.

"동생아, 다시는 나한테 술 담아 달라는 소리는 하지 마라."

누나도 이번 일로 혼이 났던 모양이다. 뜻밖의 사태가 생겨서 심적으로 힘들었지만, 스스로 문제를 해결하고 나니 한편으론 뿌듯함도 느껴졌다.

04
감옥에 갈 뻔한 개구쟁이 악동

가. 치료를 위해 기차역 부근으로 이사

소아마비에 걸린 나는 한의원을 많이 다녔다. 부모님은 울산이나 울주 지역은 물론 멀리 경주나 부산에도 나를 데려갔다. 침을 잘 놓는다고 소문이 난 인근 한의원치고 내가 가보지 않은 곳이 없었다.

내 다리에는 한 번에 수십 개의 침을 놓았다. 나도 모르게 눈물이 찔끔 나왔다. 그렇지만 침을 맞기 싫다고 말하거나 억지를 부릴 수가 없었다. 어머니의 등에 업혀서 한의원에 다녔는데, 아침 일찍 집에서 출발하여 침을 맞고 돌아오면 저녁이 되기 일쑤였다.

가끔은 어머니 대신 숙모님이나 이모님이 나를 업고 한의원에 데려가기도 하여, 너무 미안했다. 나로서는 어머니에게도 미안했지만, 숙모님에게는 더 부담스럽고 마음이 편치 않았다. 그러니 아무리 싫어도 내색할 수 없었다. 침이 무서워 얼굴을 찡그리면, 어떤 날은 동그란 사탕을 주기도 했다. 지금도 나는 침이나 주사를 보면 무서워서 피하고 싶을 만큼, 어린 시절에 겪었던 통증의 트라우마가 깊게 남아있다.

당시 도로는 전부 비포장 길이었다. 우리는 종일 걸어 다녔고, 어쩌다가 먼지를 흩날리며 지나가는 빨간색 시외버스를 목격하기도 했지만, 동해남부선 기차역인 덕하역으로 가서 경주나 부산 방향으로 가는 기차를 타는 날에는 내려서 또다시 한참을 걸어야 했다.

그러다가 우리 집은 어릴 적 시골 마을을 떠나 기차역 부근으로 이사를 했다. 나의 다리 치료를 위하여 삼촌과 숙모 등 집안사람들이 모여 살던 집성촌을 떠나, 우리 가족만 따로 이사하게 된 것이다. 당시는 집안사람들이 서로 도우며 농사를 짓고 살던 시절이었기에, 아버지는 고민이 적지 않았을 것이다. 어렵지만 부모님의 결단 끝에 이루어진 이사였다.

내가 태어난 곳은 울주군의 외딴 마을인 청량면 학남리(현 울주군 온산읍 학남리)였는데, 친척들이 모여 살던 고향 집과 전답을 처분하고 기차역 부근인 울주군 청량면 두왕리(현 울산광역시 남구 두왕동)로 이사하여, 기찻길 주변 동네에서 어린 시절을 보내게 되었다.

그 무렵 사람들의 주된 교통수단은 기차였고, 증기기관차를 포함하여 매일 기차가 지나가는 시간은 일정했다. 시계가 없던 시절이라 기차 지나가는 소리는 하루의 시간을 가늠하게 해주는 일종의 시간표 역할을 했다.

그런데 지나가는 기관차의 대부분(비둘기호)이 덕하역에 정차하였지만, 간혹 경적만 울리고 통과하는 기차(무궁화호)도 있었다. 무정차 기차는 인근에 사는 주민들은 타거나 내릴 수도 없었으니, 우리에게는 아무 도움이 되지 않았다.

오히려 큰 소리로 경적만 울리며 지나가는 기차는 반갑지 않았고 시끄럽기만 했다. 게다가 그렇게 지나가는 기차는 증기기관차보다 겉보기도 훨씬 좋아 보였기에, 보는 이의 기분만 나쁘게 하였다.

나는 우리 동네를 지나가는 모든 기차가 덕하역에 정차하면 이웃 주민들도 편리해질 것이라는 생각이 들었다. 학교에서 돌아온 어느 날 오후, 한 친구와 같이 기찻길 주변에 깔려있던 작은 돌들을 주워 철로 양쪽 위에 길게 올려놓았다. 그렇게 하면 틀림없이 기차가 설 것이고, 그 이유를 알게 되면 모든 기차가 정차하게 될 것으로 믿었다.

그다음 뒷산에 올라가 소나무 숲에서 어떻게 되는지 지켜보았다. 잠시 후, 기차가 더더덕~ 소리를 내더니 잠깐 멈추었다가 그냥 지나가 버렸다. 해가 어둡게 질 녘에서야 우리는 집으로 돌아갔다. 그 사이 마을에는 역원이 조사하러 나오는 등 난리가 났다.

우리는 실로 위험천만한 일을 저질렀다. 그때 다행히도 기차가 탈선하지 않았으니 망정이지, 만약 사고로 연결되었다면 어찌 되었을까? 기차 전복을 시도한 범죄를 저지를 뻔했다. 지금도 그때 일을 떠 올릴 때마다 나의 무모함에 스스로 어이가 없기도 하다. 게다가 나로 인해 우리 부모님과 큰누나가 무마하느라 고생을 제법 하셨을 것이다. 하여간 나는 사고뭉치였던 셈이다.

어린 시절 이사 간 동네의 기찻길에 선 형제자매(필자, 두 여동생, 작은 누나)

어릴 적 침 맞으러 한의원에 다니거나, 중학교 다닐 때 기차 통학하느라 자주 이용한
동해남부선 덕하역 플랫폼(좌)과 상하행선 표지판(우)

나. 고 강재구 소령

초등학교에 다니던 무렵 청룡부대, 맹호부대의 군가 소리가 크게 울려 퍼진 가운데 월남(베트남)으로 파병 가는 국군장병들을 가득 태운 기차가 부산항을 향해 여러 차례 지나갔다. 그때마다 나는 "이기고 돌아오라, 살아서 돌아오라" 하고 목청껏 외치며 두 손을 높이 들어 흔들어 준 기억이 생생하다.

학교에서는 학생들에게 월남파병 장병 위문편지 쓰기를 숙제로 내주었고, 그때 나는 집 앞 철로가에서 "이기고 돌아오라, 살아서 돌아오라" 하며 손 흔들고 외친 사연을 부지런히 적기도 했다.

고학년이 되어 강재구 소령의 참군인 사연인 「아, 중대장님!」을 바른생활 교과서에서 읽었다. 베트남 파병을 앞둔 수류탄 투척 훈련 중 갑작스러운 사고(1965년 10월)에 대처한, 일선 지휘관 고 강재구 중대장(대위에서 소령으로 추서)의 모습이 그려져 있었다.

훈련 중 한 중대원의 실수로 안전핀을 뽑은 수류탄을 놓치는 사고가 발생했고, 중대원 쪽으로 굴러가는 수류탄을 본 그는 자기 몸을 던져 막았다. 몇 초 뒤 수류탄이 터지면서 100여 명 중대원들의 목숨은 구했지만, 그는 산산이 부서졌고 전우를 위해 목숨을 바친 그는 하늘의 별이 되었다. 자기 사명에 충실한 직업인이요, 참군인의 전형이라는 생각을 했다.

나는 나중에 커서 공무원이 되어, 독일에 광부와 간호사로 진출한 사례나 사우디를 비롯한 중동의 건설 현장으로 간 우리 국민의 힘든 사연들도 접했다. 그때 나도 모르게 어릴 적 베트남에 파병 가던 국군장병들에게 "살아서 돌아오라"라고 외치며 손을 흔들었던 기억, 자기 사명에 너무나 충실했던 참군인 강재구 소령의 모습이 가슴 뭉클하게 떠올랐다.

05
장애로 입은 좌절과 실패, 그리고 적응

가. 체력장과 입시 낙방

걷다 넘어지며 무릎이 깨지고 땅을 짚다 손발을 다치는 것은 반복된 나의 일상이었다. 하지만 학교에 다니면서 가장 괴로운 시간은 체육 수업이 있는 날이었다. 선생님은 나더러 교실에 그냥 있으라며 운동장에 나오지 않아도 된다고 했다. 그렇지만 어느 날은 나도 모르게 눈물이 나왔다. 만약에 도난 사고라도 생기면 내가 꼼짝없이 의심받을 수 있을 것 같아, 혼자 교실에 있기는 더욱 싫었.

이래선 안 되겠다 싶어, 나도 운동장에 나갔다. 친구들이 운동하는 모습을 살피다가 나는 선생님에게 "학생들의 운동 상황을 기록하거나, 경기의 심판을 맡게 해주세요"라고 말씀드렸다. 나중에는 학교 운동회를 할 때면 큰 칠판에 청군과 백군의 경기 점수를 기록하는 역할이 내게 맡겨지는 행운을 차지하기도 했다.

어릴 적 초등학교 근처에는 중학교가 있었다. 그 학교에 형도 다녔다. 그러나 나는 선생님이 권유한 대로, 시내에 있는 울산제일중학교에 입학시험을 쳐서 진학했다. 울산시와 울주군 지역에서는 제법 선망받는 지역 명문 학교였다.

필자의 중3 시절 교복 입은 모습(출처: 울산제일중학교 졸업 앨범)

"Boys be ambitious." 중학교에 입학하니 선생님이 칠판에 적어놓고, 하얀 분필로 밑줄을 '쫙~' 그으며 강조한 문구다. "젊은이들이여, 야망을 가져라. 그래야 꿈을 이룰 수 있다"라고 하며, 어린 마음에 아득한 미래에 대한 계획을 준비시켰던 선생님의 목소리가 지금도 생생하다. 아무것도 그려지지 않은 빈 도화지 위에 인생의 그림을 그리라는 동기부여가 목적이었을 것이다.

당시의 주된 교통수단은 기차였고, 같은 동해남부선 기차로 통학하며 학교에 다니는 친구들이 꽤 있었다. 다행히 성적도 잘 나와서 선생님들에게 제법, 관심받는 학생이었다. 그래서 상급학교(고등학교) 진학도 3학년 때 담임 선생님이 지도해 준 학교에 응시하기로 했다.

당시 부산의 명문 고교로 P고와 K고가 있었는데 형이 다녔던 P고가 내 마음에 더 끌렸으나, 선생님이 말씀하시길 "너는 웬만하면 만점을 받을 성적이고, 모교 출신이 K고에 수석으로 합격한 경우가 많다"라고 하면서, "이번에도 기록을 세워주면 좋겠다"라고 하셨다. 그래서 나는 선생님의 말씀을 순순히 따라 K고에 진학하기로 했다.

그러나 시험 결과는 전혀 딴판이었다. 수석 입학을 하기는커녕 낙방하고 말았다. 누구도 나의 합격을 의심하지 않았지만, 결과는 이렇게 나왔다. 나와 같이 K고에 응시한 한 친구는 만점을 받은 17명과 함께 그해 공동 수석 입학을 하였다.

나는 실의에 가득 차 집에만 틀어박혀 있었다.

한참 후 선생님이 연락해 와 알려준 사연은 청천벽력이었다. 선생님이 알아본 바에 의하면, 학력 점수와 체력 검사(체력장) 점수를 합산하여 성적을 매겼는데, 나의 학력 점수는 만점(배점 180점)을 받았지만, 그해 처음 시행된 체력장이 12점(배점 20점)으로, 합산하면 192점(총점 200점)이었다.

그런데 당시 합격 커트라인 점수가 193점이어서 1점이 모자랐다고 했다. 딱 1점 차이였다. 대부분의 수험생들이 체력 검사는 만점을 받기에, 학력 점수에만 신경을 써 진학 지도한 것이 결정적인 문제였던 것으로 드러났다.

예년에는 체력장 제도 자체가 없었고, 시험문제가 어렵게 출제되어 커트라인 점수도 -10점 이상 정도였는데, 그 해엔 하필이면 문제도 평이하게 출제되어 시험의 변별력도 낮아졌다. 그러니 고득점을 받은 아이들이 늘어나 합격 점수가 더 올라갔다고 했다.

당시 체력장 제도의 연혁을 확인해 보니, 고교 입학시험에 체력장을 반영하는 '상급학교 입시 내신 체력 검사 제도'는 민관식 문교부 장관의 지시로 1972년(1973학년도)부터 시작되었고, 종목은 7개였다. 나로서는 3개 종목(① 턱걸이 ② 윗몸 앞으로 굽히기 ③ 수류탄 던지기)은 통과할 수 있었으나, 나머지 4개 종목(④ 도움닫기 멀리뛰기 ⑤ 100m 달리기 ⑥ 1,000m 달리기 ⑦ 왕복 달리기)은 다리가 불편한 나에게는 불가능하여 넘사벽이었고, 출발선부터 공정하지 않았다.

친구들은 다들 만점을 받아 시험으로 여기지도 않던 과목이 바로 체력장이었다. 알아보니 극히 일부의 학생을 제외한 대부분 수험생은 체력장(체육 점수)에서 만점을 받았기 때문에 시험으로서 사실상 의미가 없었고, 그마저 간혹 1,000m 오래달리기에서 쓰러지는 여학생들이 생기자 1994~1995년(지역별로 시기가 다름)에 폐지되었다.[1] 한편 대학 입시 내신 체력 검사(20점 배점) 제도는 1973년(1974학년도)에 시작하여 1993년까지 시행하다 폐지된 것으로 확인된다.

한편으로는 1995학년도 이후 특수교육진흥법에 차별금지 조항이 신설되기

---

1. 〈참고〉 고교 및 대학 입시 체력장 제도
    * 1972년(1973학년)부터 '고입 내신 체력검사(체력장)', 1973년(1974학년)부터 상급학교(대학) 입시내신 체력검사 시행
        - 근거: 문교부령 제294호, 민관식 문교부 장관
        - 체력검사 종목: 턱걸이(남), 윗몸 앞으로 굽히기, 던지기(수류탄), 도움닫기 멀리뛰기, 100m 달리기, 왕복달리기, 1,000m 오래달리기
        - 점수: 20점~10점
    * 1993년(1994학년) 이후 입시 내신에서 체력검사 폐지(대입학력고사: 1993년, 고입 입시내신: 1994~1995년 체력검사 폐지)
        - 사유: 만점 사례 속출, 오래달리기 시 사고 발생, 일부 스포츠 교육학자를 중심으로 체육이 체력검사 위주로 운영되는 것에 대한 우려 표명

전까지는 장애 학생에 대한 학교 입시 지원(志願) 또는 합격(合格)을 거부(拒否)하는 것까지 허용되던 시절이었으니, 지금과는 사정이 아주 달랐다.

요즘 같으면 장애가 있는 학생에게는 오히려 배려(配慮)를 해주지만, 당시만 해도 장애인에 대한 사회적 분위기는 분리와 배제가 일반적이었다. 그간 장애인에 대한 사회적 인식도 많이 개선되어 상전벽해(桑田碧海)라 할 정도로 격세지감(隔世之感)이 들지만, 정작 중요한 것은 장애를 특별히 우대하거나 이유 없이 차별하는 것이 아니라, 장애인에게도 같은 출발선에 설 수 있는 기회(機會)를 주는 것이다.

그런데 나에게 닥친 어려움은 여기서 끝이 아니었다. 또 다른 진짜 문제가 있었다. 바로 다음 해부터 K고교에는 진학할 기회 자체가 영영 없어져 버린 것이다. 그해(1973학년도) 고등학교에 진학하지 못한 나는 다음 해에는 재수할 기회가 있을 줄 알았다. 그런데 그게 아니었다. 공교롭게도 그다음 해(1974학년도)부터 '서울과 부산 지역 고등학교 평준화' 정책이 시행되면서, '무시험 추첨제(抽籤制)'로 입시제도가 바뀌어 버린 것이다. 즉, 시험을 쳐서 고교에 입학하는 제도 자체가 없어진 것이다.

그러니 내가 진학하려고 한 K고에 진학할 방법이 사라진 것이다. 하필 나의 중학교 졸업 1년 만에 고교 입시제도가 완전히 바뀐 것이다. 선생님은 여러 차례 미안하게 되었다고 말씀하시면서 얼굴에 눈물이 맺히기도 했지만, 내겐 아무 소용이 없었고 위로도 되지 않았다.

평소에 나는 부모님과 선생님 말씀이라면 잘 듣는 착한 모범생이어서 학교와 선생님의 진학 지도에도 순종했다. 담임 선생님도 그해 고교 입시에 체력장이 반영(1973학년도)된다는 사실을 모르지는 않았을 텐데, 어째서 그런 중요한 요소를 간과했는지 이해할 수 없었다. 지금 돌이켜보면, 그저 내 운수가 지독히도 나빴던 것이라 여길 수밖에 없었다.

우리 가족이나 형제 가운데 고등학교 이상의 상급학교에 진학했거나 입시제도를 알 만한 사람은 형이 유일했다. 하필 그 무렵 형은 군에 입대하여 백령도에 근무하고 있었기에, 뭘 물어보거나 상의할 수 있는 처지도 아니었다. 결과가 이렇게 되니 학교 방침이나 선생님 말씀을 따져보거나 의심하지 않고 맹종한 나 자신이 원망스러웠다.

어쨌든 내 인생에서 결정적인 좌절을 맛보게 한 것은 어릴 적 앓은 소아마비였고, 그 때문에 일상생활에서 겪는 어려움이나 고통은 말이나 글로는 도저히 표현하기 어렵다.

첫째, 전염병에 걸린 탓에 취학통지서가 나오지 않아 또래보다 늦은 나이에 초등학교 입학한 불운이 첫 번째였고, 이것을 시작으로 또 다른 좌절과 고통의 시간들이 도미노처럼 연달아 밀려왔다.

둘째, 이 때문에 체력장(體力章) 제도가 도입된 해에 치른 고교 입시에 실패한 것이 두 번째 끔찍한 일이 되었다.

셋째, 거기에 더하여 다음 해부터 고교(高校) 진학이 무시험(無試驗) 추첨 제도로 바뀌어, 원하던 학교에 재도전할 '기회'(機會) 자체가 영영 사라져 버린 것이 나의 세 번째 어려움이자 절망의 시간이었다.

소아마비, 사스, 신종플루, 메르스, 코로나처럼 전염병 예방은 엄연히 나라의 책무이다. 그중에서 어릴 적 소아마비는 제3종 법정 전염병으로, 6·25 전후 시골에 사는 국민에게 전염병 예방주사(백신)를 맞게 하기 어려웠다 해도, 정부는 그 책임에서 벗어날 수 없을 것이다. 나라에서 국민으로부터 부여받은 사명을 제대로 하지 못하면, 그 화(禍)는 고스란히 국민에게 돌아가는 것이 현실임을 뼈저리게 느꼈다.

변호사인 한 지인은, 국가를 상대로 내 인생에 진 빚을 배상해 달라는 청구를 하자고 하면서, 자신이 나 대신 소송대리인이 되어주겠다고 제안한 적이 있다. 소싯적에는 운이 지독히도 따라주지 않았던 것인지, 도무지 풀리는 일이라곤 없었다. 하지만 이미 돌이킬 수 없는 상황에서 아무리 고민해 본들 무슨 소용이 있으랴.

  이 또한 나의 운명(運命)이겠거니 여기며, 인생살이에 잘 안될 때가 있으면 언젠가는 잘 풀리는 시절도 오겠거니 생각하며, 담담하게 받아들이려고 마음을 다잡는 수밖에 없었다.

나. 건강한 신체(身體)에 건전한 정신(精神)이 깃든다?

  과거 학창 시절엔 "건강한 신체에 건전한 정신이 깃든다"라는 말은 국가적 구호로 통용되었다. 이 말은 고대 로마의 시인인 유베날리스가 검투사들의 경기에 열광하는 시민들을 보고서, 정신은 차치하고 근육질 몸과 피 흘리는 싸움에 열광하는 시민들을 조롱하는 의미로 쓴 풍자시인데 "정신도 육체를 단련시키듯 고양시켜야 한다"라는 뜻이었다. 그것이 우리나라에 전해지며 거꾸로 건강한 신체가 더 강조되어 버린 것이다.

  그런데 나같이 애초에 한계를 지닌 사람에게는 무척 잔인한 말이다. 신체가 건강하지 못하면 정신도 어딘가 부족하기 마련이라는 의미로 해석하게 된다. 그래서 이래저래 체력장 시험은 나에게 아픔을 준 제도였다.

  한때 "하면 된다"라는 구호가 온 나라를 채운 적이 있었다. 신바람 민족이기에 실제로 여러 분야에서 우리는 많은 성취를 이루었다. 하지만 나처럼 신체적 재능이 없는 소년에게는 넘기 어려운 고개였다. 무엇보다 '하면 된다'가 아닌, '해도 안 되는', 아니 '할 수가 없는' 한계로 인해 여러 좌절을 경험하고 성숙해졌다.

호롱불을 켜고 공부하던 시절 사용한 호롱불

06
한약 봉지와 검정고시, 그리고 대학 진학

'수석 입학'이란 기대를 '불합격'이라는 날벼락으로 돌려준 극심한 좌절의 시간도 차츰 흐려졌다. 나는 쇠죽을 끓이고 농가 일손을 조금씩 보태며 지냈다.

그러다가 4월 어느 날, 아버지께서 담석증 때문에 복용하시던 한약을 싸 온 신문지에서 우연히 검정고시에 관한 기사를 보게 되었다.

나는 '바로 이거다!' 하는 마음으로 형님이 고등학교 다닐 때 사용한 교과서를 찾았다. 형은 그 무렵 해병대에 입대해 군 복무 중이었다. 나는 그 책으로 열심히 공부하여 시험을 치렀고, 친구들이 학교에 다니는 동안에 나는 고등학교 과정 졸업 학력을 검정고시로 마치니, 더 이상 학교에 매달릴 이유가 없었다.

그렇게 세월이 흘러갔다. 그러던 어느 날, 한 친구가 귀가 솔깃한 얘기를 해 주었다. 상위 1% 안에 들면 4년간 전액 장학금을 받을 수 있고 기숙사도 제공하는 대학이 있다는 것이었다. 친구 덕분에 열심히 공부하여 나도 대학에 진학하게 되었다.

그래도 나는 시대의 덕을 본 셈이다. 나보다 연배가 더 높은 장영희(1952~2009년) 선생은 1971년경, 입학시험(試驗)을 치를 수 있게 해주는 대학이 없어서 그의 아버지 장왕록 교수가 애를 먹었다고 한다. 수소문 끝에 서강대학교 영문과 학과장이었던 미국인 브루닉 신부(神父)를 찾아가 사정을 설명했다. 그때 브루닉 신부는 매우 의아해하며 이렇게 말했다고 전해진다.

"무슨 소리 하는 겁니까? 시험을 머리로 보지 다리로 봅니까? 장애(障碍)를 가진 사람이라고 해서 시험 보지 말라는 법이 어디 있습니까? 당연히 자격이 되니 얼마든지 응시하세요."

어쩌면 다른 학교에서 받아주지 않았기 때문에, 이후 장 교수는 서강대에 입학하여 영어 교과서를 집필하는 등 모교의 상징적 인물이 되어 학교를 빛내는 데 기여하게 되었다고 볼 수도 있다.

하지만 나는 대학에 응시 자체를 막는 장벽이 존재한다는 것을 상상조차 하지 못했기에, 그런 고민도 하지 않고 지원할 수 있었다. 다만, 고교 진학 시 치명적 실패를 초래하였던 체력장 점수(20점 배점)가 반영되는 예비고사(340점 배점)와 대학별로 치르는 본고사 점수 가운데, 예비고사 성적의 반영 비율이 낮을수록 나에겐 유리했다. 당시 내가 응시한 영남대학교는 예비고사(100/340점)와 본고사(350/350점) 점수를 22:78의 비율로 합산(450점 만점)하여 뽑는 방식이라 크게 부담되지 않을 것으로 생각했다.

대학에서는 내가 졸업할 때까지 장학금을 주었다. 그땐 운이 좋았는지 입학 성적이 잘 나와 합격자의 1%(23등/2,330명 입학 정원) 이내에 들었기 때문이다. 게다가 언론사의 장학 정보를 알려주면서 추천서까지 써주신 행정학과 김종섭 교수님의 배려로, 대구·경북의 5개 대학(영남대, 경북대, 계명대, 대구대, 효성여대)별로 1명씩 선발하여 등록금 전액에 해당하는 혜택(회연 장학생)까지 추가로 받아 학비와 생활비, 용돈까지 넉넉히 해결할 수 있었다.

그러잖아도 넉넉지 않은 집안 형편에 우리 형제 7남매를 키우며 고생하시는 부모님에게 장애가 있는 자식으로서 안겨 드린 심신의 수고가 어떠했을지는 능히 짐작할 수 있다. 그런 상황에서 장학 혜택을 받아 학업을 꾸려갈 수 있게 되니 부모님의 부담도 덜 수 있어 좋았다. 게다가 어머니가 나를 업고 한의원에 다니느라 바로 아래 여동생에게는 모유도 제대로 먹이지 못했는데, 그래서인지 그 여동생은 형제 중에서 제일 허약한 체질로 자랐다. 그 일이 늘 빚진 마음으로 남아있었는데, 다행히 장학금을 받으면 여동생에게 용돈도 챙겨줄 수 있었다.

외딴 마을 시골 출신의 나에게는 대학 시절이 가장 편하고 행복한 생활이었다. 시골 동네에서는 해가 지면 호롱불을 켜고 살았는데, 도시에 나오니 전깃불이 어찌 그렇게 밝은지 밤에도 아무런 불편이 없었다.

행정학 전공과목은 물론 문리대에 개설한 한국한문학을 선택과목으로 신청하였을 정도로, 나는 공부하는 모든 과목이 재미가 있어서 결석 한 번 하지 않고 성실하게 수업을 들었다. 그 외 남는 시간에는 방대한 도서를 소장한 대학의 중앙도서관에서 인문 분야는 물론 다양한 사회과학 서적을 두루 읽으며 허기진 호기심을 채웠다. 마치 꿈이라도 꾸는 듯한 기분으로 학창 생활을 하다 보니 하루하루가 쏜살같이 지나갔다. 미래에 대한 계획 같은 것은 미처 생각도 하지 못한 채, 그렇게 재미있게 대학 생활을 보내고 있었다.

아버지의 한약을 싸 온 신문지에 실린 검정고시 기사

대학 재학 시절(1977.3.~1981.2.) 독서와 공부에 열중한 영남대학교 중앙도서관 전경

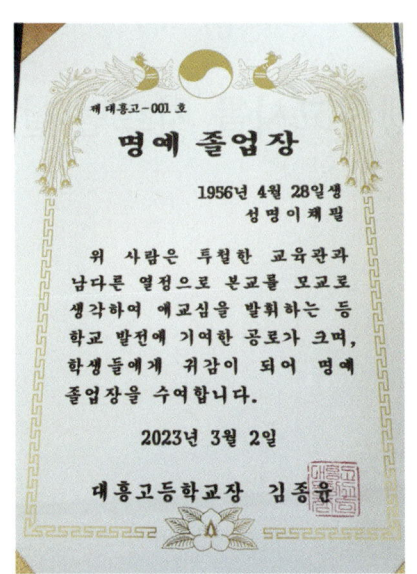

(2023.3.2.) 명예 졸업생이 된 필자와 명예 졸업장을 수여하시는 대흥고등학교 김종윤 교장 선생님 그리고 학교법인 대흥학원 육광심 이사장(가운데)

07
행정고시를 치르던 날

가. 행정고시에 도전하다

행정고시에 지원하게 된 데는 나름의 동기가 있다. 대학 4학년 때까지 전기도 보급되지 않은 외딴 농촌 마을 출신이었던 나에게, 어릴 적 세상과 소통한 유일한 통로는 라디오 방송이었다. 고향 마을에 사는 사람들은 전부 합쳐도 10가구가 되지 않을 정도였고, 지금도 여전히 편의점 하나 없는 그런 동네였다.

어느 날 라디오에서 흘러나온 얘기를 듣고 갑자기 온몸에 전율을 느꼈다. 일종의 계시처럼 내 귀에 들렸다.
"세상의 문제를 적극적으로 해결하는 것은 행정이고, 현대국가는 행정국가다."

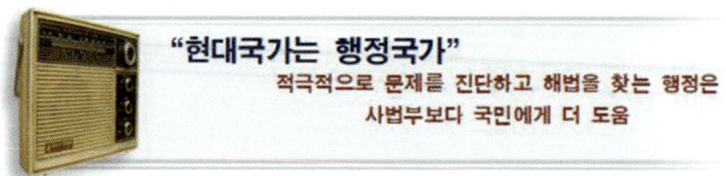

지금도 그 말이 왜 그렇게 내게 꽂혔는지 모르겠지만, 어쩌면 그것이 내가 걸어가야 할 운명이어서 그랬나 싶다. 그땐 몰랐지만, 행정은 공익목적을 달성하기 위한 공공문제의 해결, 공공서비스의 생산·분배와 관련한 정부의 제반 활동과 상호작용이다. 이런 행정의 역할이 확대·강화되고 입법이나 사법

에 비해 상대적 우위성이 보편화된 현대국가를 '행정국가'라고 말했으리라. 또 다른 한편으로 현대국가에서 행정은 경제·사회적 안정자의 기능뿐만 아니라 사회변동의 촉진자 기능까지 수행하는 현상이 일반화하면서 '행정국가'라고 지칭한 듯했다.

나는 막연히 이 말에 감동을 받아 대학 진학 시 법대나 의대가 아닌 행정학을 전공으로 선택했다. 당시 공부 좀 하는 장애인들은 대체로 사법시험을 선호했다. 하지만 장애인 가운데 행정학 전공 학생은 내가 다닌 대학에서 나 외에는 없었다. 이 전공으로 미래의 삶에 얼마나 도움이 될 것인지 구체적인 것은 잘 알지 못했다. 뭘 모르면 그렇게 용감해질 수 있는 법이다.

대학에 진학해서 좋았던 점은 중앙도서관에 가면 온갖 종류의 책을 언제든지 실컷 볼 수 있었다는 것이다. 입학하고 학교생활에 적응할 무렵, 독서 모임에 들어오라는 권유를 받아 '동양문화연구회'라는 서클(독서 동아리)에 가입했다.
주중에 읽은 내용을 주말이 되면 아지트에 모여서 함께 토의하고 유대를 다지는 시간을 가졌다. 이 동아리에서는 도서관에 없는 또 다른 종류의 책을 접하게 되어, 세상 사정에 눈을 뜨는 경험을 하였다. 그게 운동권 서클이었다.

3학년이던 1979년 8월에는 YH 사건이 일어났다. 가발수출업체의 여성 생산직 근로자들이 회사의 폐업 조치에 항의하여, 야당인 신민당 당사에서 농성과 시위를 벌인 사건이었다. 그해 9월 김영삼 의원 제명 파동과 10월 부산과 마산(현재의 창원) 일대에서 유신체제에 대항하는 부마항쟁 사건으로 이어져, 학생들은 '유신 철폐'와 '독재 타도'를 부르짖었다. 당시 10·26 박정희 대통령 피격에 따른 12·12 거사(군사 반란)와 1980년 5·18 광주사태가 발생하는 등 사회적 문제들이 우후죽순 폭발했다. 참고로 당시 광주사태는 나중에 노태우 대통령이 당선되고 인수위 대신에 구성한 '민주화합추진위원회' 광주분과위 위원이던 남재희 민정당 의원의 주도적인 제안으로 광주민주화운동으로 명명되어

오늘날까지 그대로 유지되고 있다.[2]

이 무렵 영국은 1979년 5월 마거릿 대처 총재가 이끄는 보수당이 총선에 승리하여, 영국의 첫 여성 총리로 취임하면서 재도약에 나섰던 시기였다.

한편, 대학에 입학하자 우리 학년(1977)의 행정학과 과(科) 대표(代表)를 내가 맡게 되었다. 자연스럽게 나는 수업은 물론 교내외 행사에도 두루 신경을 써야 했는데, 4학년 1학기에 그 역할을 다른 친구에게 넘기기 전까지 계속하였다.
같은 학과에서 공부하는 학우 중에는 시국사건에 대하여 굉장히 열심히 나서는 친구들이 여럿 있었다. 그 덕분에 학우들이 대자보를 작성하여 붙이고 다니며 피 터지게 싸우고 시위하는 상황도 어느 정도 알고 있었다.

나 역시 피가 끓는 젊은이로서 학생운동을 직접 목도하면서, 사회적 병리 현상이나 문제점을 적극적으로 이슈화할 때라는 생각이 들었다. 그만큼 나도 사회 문제에 많은 관심을 가지게 되었고 더 나은 세상, 살기 좋은 나라를 만드는 데 열심히 뛰어들고 싶었다.
또 다른 한편으로 나는 그들과 다른 방법으로 이 사회를 바꿀 수 있다고 생각했다. 시위나 학생운동으로 세상을 바꾸고 싶어 하는 사람들도 존재하듯, 나는 법과 제도를 고치고 문제가 되는 관행을 개선하는 방식으로 세상을 바꾸고 싶었다. 피 터지게 시위나 학생운동을 해도 반향이 없으면 소모적인 방식이 되기 쉬울 뿐만 아니라, 합리적인 사회시스템을 만들기 위해선 실제 우리 국민들에게 좋은 법과 제도가 필요하다고 생각했기 때문이다.

그렇게 지내다가 4학년이 되기 직전에서야 비로소 졸업 후의 진로가 걱정으로 다가왔다. 나의 미래는 막막했다. 그제야 나는, 졸업하면 다시 예전처럼 시골에서 소나 키우며 살 수는 없겠다는 생각이 번쩍 들었다.

---

2. 남재희, 『시대의 조정자』, 보수와 혁신의 경계를 가로지른 한 지식인의 기록, 민음사, 126~131쪽, 2023

그와 동시에 이왕 대학에서 행정학을 전공했으니 전공 분야도 살릴 겸 행정고시 정도는 합격하는 것이 지금까지 장학 혜택을 준 학교와 스승, 지역사회의 배려에 대한 최소한의 보답이라는 생각이 들었다.

그 무렵 학교 수업에는 잘 들어오지 않던 같은 과의 동기 P군이 1979년 12월 행정고시에 합격하였다. 그해(행시 23회)에 선발된 합격자 248명 중에는 영남대 출신이 17명이었다. 참고로 당시 서울대가 80명(32%)으로 전국 대학 중에서 1위, 고려대와 연세대가 각각 28명(11%)으로 공동 2위, 성균관대 25명(10%)으로 4위, 영남대가 17명(7%)으로 5위를 기록했다.

나는 사회적 병리 현상을 하나씩 치유하고 우리 사회의 문제점을 개선하는 '사회의 의사', 명의 중의 명의로 알려진 '편작의 형'과 같은 '행정가' 역할을 하는 것이 가장 효과적이겠다는 생각이 들었고, 그런 상상을 할 때마다 내 마음도 흥분되었다. 그렇게 하여 "사회 있는 곳에 문제 있고, 문제 있는 곳에 대안을 찾아보자"라는 자세로 행정고시에 도전했다. 특히 지난 3년간 행정학과 대표를 했던 나로서는 사회운동을 하는 심정(心情)으로 행정을 펼쳐야겠다는 마음을 먹었다.

그런 각오로 1979년 12월 3학년 2학기 기말고사를 마치고 겨울방학 때부터 열심히 고시 공부를 시작하였다. 그런 나의 절실한 바람을 들어주기 위함이었는지, 그 이듬해에 1차와 2차에 이어 3차(집단토의) 면접 전형까지 모두 합격해 공직자의 길을 걷게 되었다.

나. 3박 4일 2차 시험 일정과 에피소드

한편, 행정고시 2차(논술형) 시험에 응시하면서 있었던 사건을 나는 지금도 잊을 수 없다. 당시 2차 시험은 7개 과목(필수과목으로 헌법, 행정법, 행정학, 경제학, 국민윤리, 선택과목으로 정치학, 조사방법론)으로 하루에 2과목씩 모두 4일에 걸쳐 시험을 치렀다.

시험을 보러 서울로 간 나는 시험 시작 전날, 고사장(한성대학교) 부근에 어느 한옥 민박집을 숙소로 구해 매일 저녁 집중적으로 공부하고 다음 날 아침이면 고사장으로 갔다. 첫날 시험을 치르고 숙소에서 다음 날 시험을 준비하고 있었다.

그런데 내가 머무르던 숙소의 바로 옆방에 청춘 남녀가 투숙하여 밤새 요란스럽게 뜨거운 밤을 보내는 바람에 신경이 쓰여서 공부에 집중하기 어려웠다. 방음이 되지 않아 잠도 제대로 잘 수 없었다. 그러다 새벽녘에 잠이 들었으나 눈을 떠보니, 아뿔싸! 지각하기 일보 직전이었다. 내 걸음으로 30분 정도 걸리는 거리였는데 벌써 시험 시작 20여 분밖에 남지 않았다.

내 걸음으로는 정해진 시각 안에 도착하는 것은 불가능해 보였다. 여태껏 행운보다는 불행과 시련만 나를 찾아왔으니, 이쯤에서 포기하라는 신호인가? '남은 시험을 포기할까…' 고민하다가, '어차피 여기까지 왔으니 가는 데까지 가보자'라는 마음으로 나섰다. 그런데 헉헉대며 학교 입구를 향해 경사진 길을 올라가는데, 지나가던 승용차 한 대가 멈추더니 후진하여 나를 태워주는 것이 아닌가? 그렇게 운 좋게 지각을 면하고 입실할 수 있었다.

그날 만약 중도에 포기하고 말았다면 당연히 시험은 낙방이었을 것이다. 하지만 하늘이 도운 덕분에 나는 합격할 수 있었다. 그날의 상황은 수험생의 조건으로는 최악이었어도, 다행히 그해 출제된 시험문제는 "어떤 주제에 대하여 논하라"라는 단순 암기 위주가 아니라, 예년과 달리 "어떤 주제에 대하여 한국적 현실에 적용하라"라는 식의 창의력을 요하는 응용문제가 나왔다. 그러니 다들 어려워했다.

다행히 나는 대학 때 중앙도서관에서 다양한 책을 손에 잡히는 대로 읽으며 터득한 나름의 통찰력(?)으로 답안을 구성하고 썼더니, 무려 3개 과목(경제학·정치학·조사방법론)에서 (과목) 최고 득점을 했을 정도로 성적이 괜찮게 나왔다. 이처럼 상대적으로 내가 풀기 좋은 유형으로 문제가 출제되었으니, 나의 합격은 실력(實力)이 아니라 운(運)이 만든 결과였다.

그럼에도 스스로 자신 있게 생각한 과목이 행정학이었는데, 오히려 가장 낮은 점수를 받는 데 그쳤다. 나의 전공 분야인데도 허둥대던 이튿날 1교시에 답안을 쓴 여파가 아니었을까 싶다. 그해 행정고시 2차 시험에서 내가 받은 성적은 합격자 128명 중 차석이었다. 2차 시험은 과목마다 답안지 10장 앞뒷면 B5 용지(257×182mm)에 직접 펜으로 답안을 써 내려가는 논술식이었는데, 나의 악필에 비하면 성적이 잘 나왔다. 그러나 지방자치단체 수습 점수를 포함한 전 분야 종합 성적에 따른 순위는 상위 20% 안에 겨우 들어가는 수준이었다.

아무튼 숙소 옆방 커플의 밤새 요란한 청춘사업(?)으로 출발은 비극이었으나 결과는 희극으로 끝났으니, 참으로 알 수 없는 게 인생이다.

그날 나를 태워준 그분은 누구인지, 그 자제분 수험생은 어떻게 되었는지 경황이 없어 알지 못하지만, 생각할수록 고맙기 그지없다. 삶의 곳곳에서 나를 도운 많은 사람들에게 다시 한번 감사를 드린다. 돌아보면 소싯적엔 되는 것이 없다고 할 만큼 좌절의 연속이었는데, 대학 입학부터 시험장에서 만난 은인까지… 서서히 내게는 축복 같은 일들이 펼쳐진 셈이다.

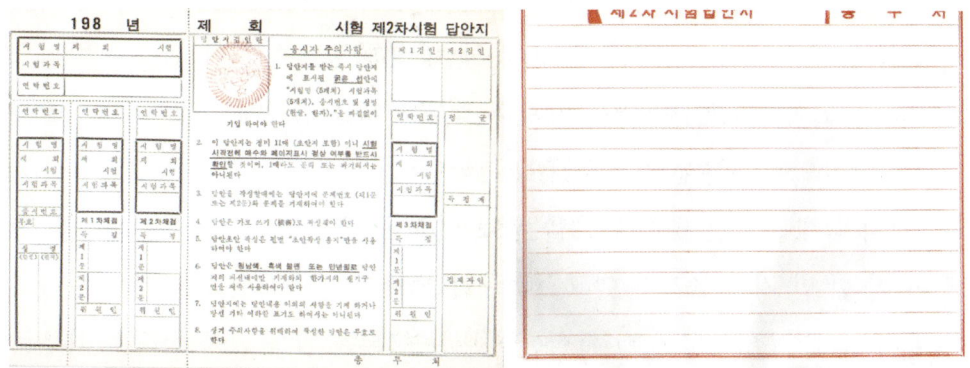

행정고시 2차 시험 답안지 표지(좌)와 속지 중 일부(우)

다. "두 다리가 소아마비네"

다음은 공무원이 되기 위한 마지막 관문이었던 신체검사를 받을 때의 에피소드이다. 3차 면접시험까지 합격한 이후, 국공립병원의 채용 신체검사 절차가 기다리고 있었다. 당시 경북대학교 의과대학 부속병원에서 내 몸을 이리저리 살펴보던 의사 선생님이, "두 다리가 소아마비네"라고 말했다.

그때까지 나는 왼쪽 다리만 그렇지, 오른쪽은 괜찮은 줄로 알고 있었기에 깜짝 놀랐다.

"정말인가요?" 물었더니, 선생님은 "내가 확인시켜 줄게" 하면서 진료대 위에 올라가 누워보라고 했다. 그러고선 조그만 나무 방망이로 나의 양쪽 무릎 부위를 툭툭 쳤다. 건강한 사람이라면 당연히 나타나야 하는 반응이 내게는 전혀 없었다. 그러니 모두 마비 상태라는 것이었다. 여태까지 나는 왼쪽 다리만 마비된 줄 알고 살았는데, 두 다리 모두 마비라니… 갑작스러운 충격에 정신이 혼미해졌다.

곰곰이 생각해 보니 그동안 나는 스스로 힘으로는 어느 다리도 들어 올리지 못했다. 손이 발이 되어 다리를 들어서 올리거나 내렸다. 대신 몸(허리)을 지렛대로 삼아 한쪽 발을 먼저 던지고 다음에 반대쪽 발을 번갈아 던지는 방식으로 움직였다. 이런 끼닭에 나는 평지나 경사가 낮은 경우에는 교대로 두 발을 던지는 방식으로 움직일 수 있었다.

그렇지만 계단 같은 곳에서 몸을 위로 던질 수가 없으니, 난간(핸드레일)을 잡고 한 발 한 발 겨우 옮겨야 했고, 매우 힘들었다. 다만 오른쪽 다리는 왼쪽보다 마비 증세가 조금 덜했고, 확실한 차이는 오른쪽 발목 근육 하나는 좌우로 움직일 수 있었기 때문에 그런대로 쉬웠다. 덕분에 그나마 오토매틱 자동차는 운전할 수 있게 되었다. 과연 "무식하면 용감하다"라는 말이 여러모로 내게 딱 맞는 말이었다.

세 살 무렵 시작된 소아마비 질병으로 생긴 증상인데, 25세가 될 때까지 내

몸의 상태를 정확히 몰랐으니 어느 면에서는 참으로 모자란 인간이기도 했다.
그런데 의사 선생님의 다음 말씀에, 다시 정신이 번쩍 들었다.

[의사] "「육체적 중노동에는 지장(支障)이 있을 것으로 사료됨」으로 적을까?"

의사 선생님은 진단서의 의사 소견을 기재하기에 앞서서 어떻게 표현할 것인지를 고민하는 듯했다. 그때 나는 의사 선생님이 내게 의견을 물어보는 줄 알고 퍼뜩 든 생각에 다음과 같이 반문했다.

[나] "「육체적 중노동이 아니면 지장이 없을 것으로 사료됨」이라고 해도 같은 뜻이 아닌가요?"
[의사] "응, 그렇지"

곧이어 발급한 진단서를 받아보니 최종 의사 소견에는 내가 말한 그대로 적혀있었다. 그리고 채용 신체검사서의 검사관(의사) 검사 결과 합격 여부에는 '합격' 난에 체크(✔) 되어 있었다.
총무처의 최종 합격 여부 판정 시 어떤 결정을 할지 모르기 때문에, 비록 의미는 비슷해도 '가능(可能)'이 아닌 '불가능(不可能)'으로 해석될 수 있는 여지를 줄여서 표현한 문구였다.
실체가 같더라도 긍정적으로 보느냐, 아니면 부정적으로 보느냐에 따라 느낌이 달라질 수 있는데, 그 의사 선생님의 유연한 사고와 정확한 판단 덕분에 공무원 임용에서 마지막 관문인 신체검사도 무사히 통과할 수 있었던 것 같다.

나는 이렇게 몇 차례 하늘의 도움으로, 우여곡절을 겪은 끝에 대학에도 진학하고 어엿한 직업도 가지게 되었다. 부모 형제에게 짐 덩어리로 남지 않고 근심거리에서 벗어나, 경제적으로 자립(自立)하고 사회적으로 홀로 설 수 있게 (自足) 된 것을 천만다행(千萬多幸)으로 생각한다.

나는 솔직히 금수저나 은수저이기는커녕 흙수저나 무(無)수저에 가까웠으니, 실은 잃을 게 없는 사람이었다. 그러니 사무관으로 평생 일한다 해도 행운(幸運)으로 여기며 살기로 가슴에 새겼다. 그런데도 때론 나도 인간인지라 공직 생활을 하는 동안 조금씩 인정을 받게 되면서, 종종 그에 상응하는 대접을 받지 못할 때는 실망하기도 했다. 그렇지만 그런 마음은 오래 가지 않았고 이때의 초심을 돌이키면서 주어진 상황에 충실하자고 스스로 다짐하기를 반복했다.

돌이켜보면 타고난 나의 배짱과 성향도 그렇거니와, 이런 연유로 인해 승진이나 영전에 목매달거나 지나친 과욕을 부리지 않았다. 그렇기에 노동 행정 관련 문제의 해법(解法)을 찾느라 깊이 고민하며, 소신(所信)껏 일하고, 양심(良心)이 시키는 대로 버틸 수 있었다고 생각한다.

공직 인생 31년간 변화한 필자의 모습
(윗줄 왼쪽부터) 공직에 첫발을 내디디며 신임 관리자 과정 교육을 받던 1982년 3월 필자, '강산도 한 번 변한다'는 10년가량 정부에서 실무자로 일해 물이 한참 오른 1992년 11월 무렵의 필자, 산전수전 공중전을 넘나들며 20년 넘게 일한 2002년 핵심 관리자 시절의 필자.
(아랫줄 왼쪽부터) 대통령께 2012년 업무보고를 하던 장관 시절 필자(2011년 12월 14일), 국무위원으로 일하던 2012년을 전후한 필자의 모습, 국회 상임위(환노위) 보고석에 서서 의원들께 인사 말씀을 하는 필자(2013년 2월)

08
운명처럼 만난 아내

노동부 본부(근로기준국 부녀소년과)에 근무하던 중, 지방사무소에 채용·배치된 두 명의 산업상담원(7급 공무원)에 대한 수습 지도 업무가 당시 주무 계장이었던 나에게 맡겨졌다.

당시 두 사람이 교대로 한 달은 지방사무소에서, 한 달은 본부에서 각각 수습하게 되었다. 그중 한 사람이 나중에 아내가 되었는데, 과장은 은근히 아내가 될 사람이 아닌 다른 사람을 더 믿음직스럽게 생각했다.

그 아가씨는 야무지고 일 처리가 분명하고 태도도 공손했다. 반면에, 나중에 나의 아내가 된 다른 이는 태도가 건들건들하고 실실 웃기만 할 뿐 말도 딱 부러지지 못했다. 무엇보다 인상적인 것은 글씨를 지독하게 못 썼다. 당시 매일 수습일지를 작성하였는데, 과장 말씀이 "이 글은 초등학교도 못 나온 사람의 글씨 같다!"라고 할 정도였다. 실제로 시원찮은 글씨는 내가 보기에도 정말 악필(惡筆)이었다.

어느 토요일 오후, 근무를 마치고 퇴근하려고 사무실을 나가 영등포 로터리 구름다리 육교를 올라가던 중이었다. 어느새 이 아가씨가 나한테 손을 덥석 내밀며 "잡아 드릴까요?" 하는 것이었다.

그때 이 사람은 여느 사람들과는 다르게 느껴졌다. 젊은 미혼 남녀 사이에서 손을 잡는 일이 조심스럽기도 하거니와, 나는 다리가 불편하다 보니 혹시 결례가 될까 봐 오히려 먼저 손을 내미는 제의는 하지 않는다. 그런데 이 아가씨는 달랐다. 그렇게 그녀는 운명처럼 내게 다가왔고, 그때부터 은근히 호감이 생겼다.

대화를 나눠보니 인문학적 지식도 상당했고 유머도 있었다. 형부 중에는 국립대학 교수도 있었고, 나보다 먼저 행정고시에 합격하여 다른 부처에 근무하고 있는 선배도 있었다. 부모님을 비롯하여 가족들의 수준도 양호한 가정이라는 인상을 주었고, 지금껏 본 인상과는 다른 면모가 눈에 들어왔다.

여러 방면에 주관을 가지고 생각하는 스타일이었고, 나보다 나이는 네 살 어렸지만 제법 얘기가 잘 통했다. 우리의 사귐은 직장에서 시작된 관계였고, 지리적으로 거리가 멀어 만남이 쉽지 않아 주로 편지 왕래를 했다. 아내는 문장이 유려하기보다는 재미있고 재치있게 글을 썼다.

결혼 전 처가의 반대는 극심했다. 설령 내가 처부모라 하더라도 나처럼 장애가 있는 사람과의 결혼에 찬성하지는 않았을 것이니, 반대는 충분히 예상할 수 있었다. 그러나 나는 고비나 위기에 처하면 자신도 모르게 어디에선가 힘이 샘솟는 스타일이다. 처가에서 극렬히 반대하자, 오히려 더더욱 이 사람과 결혼해야겠다는 오기(傲氣)가 생겼다.

우리는 우여곡절 끝에 결혼했고, 나는 살면서 종종 아내에게 "당신 고집이 나보다 더 세다"라고 푸념한다. 그럴 때마다 아내는 곧바로 받아친다.

"그러니까 당신하고 결혼했지요"라고. 겉으로 보기엔 여리고 부드러운 듯하지만, '이 길이냐' 싶으면 웬만한 일에는 흔들리지 않는 그런 사람이었다.

오랜 세월이 지난 후 그때의 일을 들려줬더니, 아내가 하는 말은 "아니, 그게 뭐가 특별하다고? 몸이 불편한 사람을 보면 당연히 도와주는 게 상식적인 행동 아닌가?"라고 했다.

훗날 국정원 정보요원(I/O)의 허위 첩보 보고로 인해 구금되었을 때, 아내는 모든 재판에 와서 방청했고, 207일간의 구금 기간 중 거의 하루도 빠짐없이 구치소 담장 안으로 편지를 보냈다. 그것이 자신이 견딜 수 있는 힘이자, 또 나에게 위안을 주는 방법이라고 생각한 것이다.

그러다 보니 나보다 아내를 더 걱정하던 지인들이 공통으로 말했다.
"예상보다 씩씩하더라!"

아내는 아이 셋을 낳아 기르고, 결혼 4년 차에 시어머니가 교통사고로 돌아가시자 홀로 되신 시아버지도 진심으로 이해하고 잘 살펴드렸다.

우리 형제들과 일가친척들이 "작은(둘째) 며느리인 데다 어린애가 셋인데도 시아버지 모시는 걸 보면 참 대단하다"라고 칭찬했다.

그러나 아내는 "큰아들과 며느리가 직장(맞벌이) 때문에 모실 형편이 안 되는데 억지로 떠맡기는 것은 자식의 도리가 아니다. 큰아들이건 작은 아들이건 모실 여건이 되는 자식이 살펴드리는 것이 순리이고 인간됨의 도리다"라고 하면서 나보다 먼저 나서서 아버지를 우리 집으로 모시자고 말했다. 그리고선 아버지를 진심으로 편히 모시고 정성껏 살피며 살았다.

아내는 "며느리만 잘해도 되는 것이 아니고 아버님도 부족한 나를 지극하게 이해하시고 편하게 해주려고 애를 쓰신다. 그런 마음을 알기에 아버님과 나는 친정아버지보다 더 잘 통한다"라고 내게 말하곤 했다. 아버지 작고(作故) 후에도 아내는 항상 "아버님 생전에 살갑게 잘 지냈기에 나는 항상 아버님이 내 가슴에 살아 계시고 또 마음을 다해서 해드렸기에 늘 뿌듯하다"라고 말했다.

여담이지만, 아버지가 생전에 당신을 보살피느라 고생하는 작은 며느리 앞으로 시골에 있는 논 5마지기(1,000평)를 물려 주고 싶다고 하셨던 모양이다. 그 논은 그린벨트에 묶여 있는 농지여서 재산 가치가 별로 크지 않았다.

하지만 아내는 "그러면 아버님이 공증해 주세요. 다른 자식들이 나중에 알면 안 믿어줄 건데요"라고 하였고, 아버지는 "뭐, 재산 같지도 않은 것을 공증까지 하냐. 그거 욕심내는 자식은 사람이 아니지"라고 하셨단다.

그러던 중 아버지는 젊을 때부터 앓아오던 담석증이 다시 깊어져 수술을 받으셨고, 퇴원을 하루 앞두고 갑작스럽게 급성심근경색으로 운명하셨다.

아내는 그동안 병원비를 감당한 형님께, 평소 빚지기를 싫어하시던 아버지의 뜻을 헤아려 아버지가 모아 두신 저금을 찾아 모두 갚아 드렸다.

여형제는 모두 다섯이었다. 아내는 "논 다섯 마지기는 아버님이 저한테 주고 싶다고 하셨는데, 그 말을 믿어주신다면 저는 (딸도 자식인데) 우리 고모들한테 각각 한 마지기씩 드리고 싶다"라고 했다.

부모가 돌아가시면 유산 다툼으로 갈등하는 주변 사례를 간혹 보기도 하였으나, 우리 형제들은 아내가 이렇게 진심을 다하니 이전보다 더 서로 도우며 우애 있게 잘 지낸다.

살갑지 못한 내 성격상, 직장의 친구들이 국장 시절 부부 동반 모임에서 아내한테 물었다.

"이 국장은 집에서도 무섭나요?"

평소 내 스타일을 볼 때 가장과 남편으로서 따뜻하게 대해주지 못할 것 같으니 그렇게 물어본 것 같았다.

나는 물려받은 유산이라곤 어릴 적 부모님과 우리 가족이 함께 살던 가옥과 전답을 형님과 공동으로 상속받은 정도다. 반면에 아내는 지방에서 사업(정미소)을 하는 부모님의 막내딸로 자라, 중학생 시절부터 부산과 서울 등 대도시 학교에 진학했을 정도로 비교적 유복한 편이었다. 차라리 나와 결혼하지 않았더라면 훨씬 여유롭고 평탄하게 살 수 있었을 것이다. 배경이나 스펙도 변변치 못한 남편이 공직 생활 중 좌절하거나 실망에 빠질 때마다, 아내는 늘 나를 일깨워 주었다.

"당신은 평생 사무관으로 살아도 감사하다고 했잖아요. 어느 부서에서 어떤 일을 맡든, 재미있게 열심히 하다 보면 충분히 뿌듯할 거예요. 스스로에게 정직하게 살면 되는 거잖아요" 하면서 위로하고 격려해 주었다. 그리고 "이채필 아니었으면 어차피 결혼할 마음도 없었어요. 그만큼 하혜숙의 남편이 되었다는 건 세상 어느 남자보다 잘난 구석이 있다는 뜻이니, 스스로 자랑스럽게 생각하세요"라고 아주 교만한 말을 하곤 했다.

이 말이 여태껏 나를 있게 한 근원이기도 하다.

또한 공무원으로 채용되어 근무하던 아내는, 같은 부처에서 일하던 나와의 결혼을 앞두고 스스로 사직하고 이후 가사에 전념하며 신중하게 처신하였다. 처음 봤던 그녀의 이미지와는 아주 많이 다른 아내와 살면서, 사람은 역시 양순해 보이는 겉모습만 보고 판단할 것이 아님을 되새기게 되었다.

나는 퇴임 이후 평탄한 삶을 살아갈 줄 알았으나, 크게 고초를 겪었다. 그때 아내가 "죄를 짓지 않았으니 우린 항상 당당할 수 있어요"라며 잘 버텨주었고, "이 사건으로 모든 것을 잃는다 해도, 당신하고 나하고 건강하게만 지낸다면 언젠가는 억울함을 벗고 편할 날이 올 거예요. 그러니 현재에 감사하며 삽시다"라고 격려해 주었다.

장애를 얻고 되는 일이 없던 소싯적 나의 미래는 암울했다. 결혼해서 가정을 꾸릴 것이라곤 상상도 하지 못했다. 그러나 이후 청년과 장년, 노년의 삶을 돌아보면 행운도 많이 찾아온 인생이다. 비록 고난은 있었으나 삶의 고난은 누구에게나 있는 법이다.

내게 찾아온 행운 중, 아내를 만난 행운이 가장 큰 축복이었다.

부부 사진(결혼 15년차, 2000년)

1986년
필자의 결혼식 때
부모님 사진

1998년 가족사진
(좌상에서 시계방향으로
아내, 상영, 필자, 혜원,
승호 그리고 아버지)

2018년 가족사진
(좌상에서 시계방향으로
혜원, 승호, 상영,
아내 그리고 필자)

09
내가 노동부를 선택한 이유

결혼하기 전에 아내가 내게 물었다.

"왜 여러 부처 중 하필 노동부에 갔어요? 누구나 당신 같은 사람은 복지부나 교육부, 문화부 같은 부처로 갈 거라고 예상하잖아요."

"노동부야말로 일하는 사람의 일생에 얼마나 중요한 부처인데…"라고 하며, 나는 질문 자체를 우문(愚問)이라고 생각했다.

아내는 "노동부는 노동자들 밀린 임금 받아주고, 법 안 지킨 사업주들 혼내고, 파업하는 노동자를 상대해야 하는, 아무래도 좀 과격하고 사나운 이미지니까 당신같이 몸이 불편한 공무원은 힘들 거라는 상상이 되잖아요."

즉, 장애까지 있는 몸으로 힘든 부처에 가는 무모한 선택을 했느냐는 얘기를 돌려서 말하는 느낌이 들었다. 특별히 영화와 오페라, 발레 등을 좋아하는 아내는 문화부 같은 데 갔으면 더 좋았을 텐데 하며 아쉬워했다.

1981년 12월 지금의 경복궁 앞에 있던 중앙청 건물에 소재한 총무처에 모여서 행정고시(제25회) 합격 증서를 받았다. 다음 해 1982년 3월 21일부터 과천시 소재 중앙공무원교육원(국가인재개발원)에서 2개월 남짓 신임관리자 과정 교육이 시작되었는데, 한때 중앙공무원교육원이 대전으로 갔다가 과천으로 다시 돌아온 직후에 첫 번째 입소한 기수가 바로 우리 동기생들이었다.

우리가 교육원에 입소하기 직전 주(週)에, 여기서 교육받은 인재들이 장차 나라의 기둥(棟梁之材)이 되도록 축복하기 위하여, 당시 국무위원 부인 간담회를 갖고 특별히 수신관(기숙사)에서 1박을 하고 머물다 갔다는 얘기를 전해 들었다. 일종의 액땜까지 미리 예방하기 위함이었음을 김형준 원장이 직접 설명해 주었고, 수신관 옆에는 그때 심은 기념식수 한 그루가 지금도 잘 자라고 있다.

이어서 지방자치단체(광역단체 1곳: 경남, 기초단체 시·군 각각 1곳: 울산시, 울주군)에서 3개월간의 수습을 거쳐, 중앙공무원교육원으로 돌아와 1주일간 보충 교육을 받고, 각자 배치된 부처에서 나머지 7개월의 실무 수습 등 1년간 시보 기간을 거쳐 본격적인 공직 수행을 준비했다.

경남도청에서 수습을 시작한 첫 주부터, 어떤 연유에서인지 나는 사회과에 배치되었다. 우리나라가 튼튼한 복지사회로 나아가기 위해 해야 할 일이 많았다. 당시 경남도청 사회과장의 요청을 받아, '도내 영세민에 대한 생활 실태와 복지 욕구 수요조사' 설문지를 설계하고, 도내 21개 시·군 직원들의 도움을 받아 실태조사 결과를 제출받아 취합·보완·분석 작업을 맡게 되었다. 이 일을 하느라 도청 앞 여관에 머물며 밤낮으로 작업을 했다. 그러다 보니 도청(당시 부산 시내에 소재)에서 수습을 받는 한 달 내내 집에 가지 못했고, 수습하는 동기들과 어울릴 겨를조차 없었다.

그런데 각 시·군에서 조사해 온 결과 자료를 정리하다가 울주군 사회복지과장을 만나 부실한 자료 보완을 요구하는 질책성 발언을 했다. 그런데 이분이 자신을 나의 중학교 동기 아버지라고 밝히셨다. 친구의 부친인 줄도 모르고…. 미안한 입장이 되었다. 나이 드신 분께 초짜 사무관이 외람된 발언을 했으니…. 세상은 넓을 것 같지만, 때로는 참 좁기도 했다. 앞으로 무슨 말을 하든 최대한 친절하게 해야겠다는 사회에서의 첫 번째 교훈이었다.

이에 앞서 중앙공무원교육원에서 교육받는 동안 각 부처의 관계관(주로 기획관리실장)이 와서 자기 부처에서 하는 일과 미래의 청사진을 소개해 주는 시간이 있었다. 이들이 가장 힘주어 강조한 부분은 우수한 인력이 자기 부처로 오도록 홍보하는 일이었고, 그것이 주목적이었다.

중앙공무원교육원에서 각 부처를 소개하는 시간을 통하여 노동부 소관 업무에 대하여 어느 정도 파악할 수 있었다. 노동부의 임무는 구직자에게 일자리를 구해주고, 근로자의 근로조건을 보호하며, 산업재해를 당하면 치료(현물)와 보상(현금)을 하는 일이었다. 또한 필요한 직업능력 개발 훈련도 지원하는 한편, 노사 간 힘의 균형이 깨지지 않도록 집단 노사관계 등을 담당하는 부처였다.

이러한 일을 하기 위하여 노동부 본부에는 기획관리실, 직업안정국, 해외근로국, 직업훈련국, 근로기준국, 노동보험국, 노정국 등의 정책 부서와 전국 곳곳에 46개의 일선 지방노동관서가 설치되어 있었다. 즉, 정책을 수립하는 단계부터 근로자를 비롯한 경제활동인구 등에게 집행하는 일선 조직을 전국에 갖춘 중앙행정기관이었다.

광역시·도(경상남도)에 이어서 시·군(울산시·울주군)에서 수습하는 동안, 나는 시간을 내어 노동부 지방사무소에 들러 직원들의 일하는 모습도 관찰하였다. 당시 지방사무소의 규모나 외관은 작았지만, 오고 가는 민원인들의 표정을 통하여 '노동부가 맡은 임무를 정말 잘해야 근로자들이 안심하고 일하는 사회가 되겠다'라는 느낌이 다가왔다.

일선 지방사무소에서 담당하는 기능은 일하는 근로자를 보호하는 역할이 주된 업무였으나, 장차 일자리를 구하는 (예비) 구직자와 인력을 구하는 구인자(기업)까지 세심하게 고려하는 노동시장 정책과, 일하다가 다치거나 죽지 않게 뒷받침하는 산업안전 행정이 강화될 필요가 있었다.

일하는 사람의 여러 가지 문제를 해결하고 직업생활의 가치가 높아지도록 하는 부처가 노동부였다. 세상에 일하는 사람보다 더 귀한 존재는 없을 터이니, 생각만 해도 내 가슴이 설레었다. 노동시장에 진입하여 은퇴할 때까지 발생하는 고용노동 문제를 관장하는 노동부는 사람의 일생(一生) 가운데 가장 황금기(黃金期)에 해당하는 '청년-중년-장년기'를 도와주는 곳이기에 보람이 클 것이라 느꼈다.

'노동'은 인간에게 없어서는 안 될 즐거움과 행복의 요소이며 진정한 삶은 노동을 통해서 완성된다. 근로자의 삶은 특정 기업이나 사업주에 종속적으로 고용되는 측면만 있는 것이 아니라, 자신의 재능을 발휘하고 사회에 기여할 수 있는 소중한 기회의 터전이다. 그러니 노동은 생계 수단만이 아니라 '자신을 성숙시켜 주는 일종의 업(業)'과 같다고 생각했다.

어릴 적 케네디 대통령의 "국민 여러분, 국가가 나를 위해 무엇을 해줄 것인가를 묻기 전에, 조국을 위해 내가 무엇을 할 수 있는가를 먼저 물으십시오"라는 연설에 매료된 나는, 국가와 사회를 위해 무언가 기여하는 것을 가치 있는 삶이라 여겼다. 이런 생각은 사회에 대한 문제의식을 갖게 된 청년 시절 이후 더욱 깊어졌다. 그러다 노동 분야에서 일하게 되면, 이러한 시대적 사명을 다하는 사회적 문제를 치유하는 행정가로서의 길을 걸을 수 있겠다는 각오가 섰다.

장래의 비전과 미션에 필이 꽂혔고, 앞으로 더 충실하게 역할을 해야 할 점까지도 떠올라, 마치 보석의 원석을 보는 것처럼 묘한 매력에 빠져들었다. 그런 과정을 거쳐 수습을 마칠 무렵, 노동부는 나의 유일무이한 근무 희망 부처로 여겨졌다.

청운의 뜻을 품고 공직을 출발한 청년이었던 동기생들은 다들 중앙부처에 근무하기를 희망했다. 노동부는 1963년부터 보건사회부의 외청(노동청)으로 출발하여 1981년 4월 8일 중앙행정기관(부)으로 승격된 이후, 우리가 맨 처음 배치되는 기수(행시 25회)가 되었다. 수석 합격(2차 시험)한 동기도 노동부를 제1지망으로 선택한다는 소문이 났을 만큼 당시 선망받던 부처였다.

부처 배치는 그해 총무처(현 인사혁신처)에서 배정한 부처별 정원(T/O)을 기준으로, 종합성적(1차·2차·3차 시험성적 및 교육성적과 자치단체 수습 성적을 모두 종합한 점수)이 높은 순위대로 부처 선택권을 먼저 부여하는 방식이었다. 당시에는 직렬 구분이 따로 없었기 때문에, 전 부처를 놓고 상위 성적자에게 선택할 기회를 먼저 주는 방식이었는데, 그 과정에서 노동부 지망자가 많이 몰려 정원을 늘려주었고, 나를 포함한 7명의 동기가 그때 노동부에 배치되었다.

그해 행정고시(제25회)에서 나의 성적은 합격자 128명 중 2차 시험에서 차석

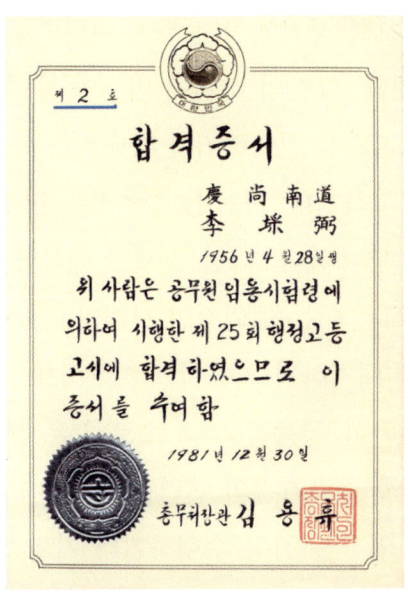

필자가 수여 받은 제25회 행정고시 합격증서

을 기록했다. 2차 시험은 과목별로 답안지 10장 앞뒷면 (B5) 용지에 논술식으로 펜으로 직접 써 내려가는 방식이었는데, 나의 실력이나 악필에 비해 성적이 잘 나왔다는 느낌이 들었다. 그러나 지방자치단체 수습 점수를 포함한 전체 종합성적 순위는 겨우 상위 20% 안에 드는 수준에 그쳤다. 솔직히 자치단체 수습 때 나로서는 꽤 열심히 그리고 묵묵히 역할을 했다고 생각했지만, 평가 결과 점수는 영 딴판이었던 것 같다.

가. 신규 업무 등을 추진하기 위한 '궁즉통'

흙수저 출신인 나로서는 국민과 나라 발전에 도움이 되는 정책과 제도를 만드는 공직이 너무나 신이 나, 힘든 줄도 모르고 딴눈 팔지 않고 업무에만 매진했다. 그러나 겁 없는 무모함이 가져올 부처 선택의 결과, 일벌레가 될 줄은 전혀 예상하지 못했다.

나는 전두환 대통령 시절 공직에 입문하여 이명박 정부에서 퇴직하기까지, 모두 6개 정부에서 일했다. 그간의 경험에 비추어 볼 때, 공무원 한두 명 늘리는 것이 정부 산하 공공기관을 신설하거나 확대하는 것보다 훨씬 어려웠다.

특히 '작은 정부'를 지향하거나 '혁신'을 강조하는 정부일수록 공무원 정원을 늘리는 것은 난제 중의 난제였다. 다만 문재인 정부에 들어와서는 공무원 정원이 급격하게 증가했으나, 이는 예외적인 사례라고 보아야 할 것이다.

밀려오는 업무 증가에 대처하기 위하여 (노동부) 직제 개정을 위하여 애써봐도 도저히 인력 확보가 안 되어 '궁즉통(窮卽通)'으로 찾은 해법은 민간에 사업을 맡기거나(예산·기금 활용), 산하 공공기관의 인력을 확대하거나 조직을 신설하는 방안이었다. 필자는 그런 업무를 직접 수행하거나 기획관리실에서 총괄 기능을 상당 기간 담당하며 노동부 산하 공공기관을 개편하거나 설립하는 데 많이 관여하다 보니 '공공기관 제조기'로 불리기도 했다. 물론 필요 최소한의 인력 증원과 조직 신설로 업무를 감당하고자 합리성과 효율성에 중점을 두었다.

그렇게 실무 작업을 하여 직접 신설한 공공기관은 3곳이다. 1990년 장애인고용공단, 2005~2012년 한국잡월드, 2010년 사회적기업진흥원 설립이 그것이다. 그 외에도 내가 확대 개편한 공공기관이 6곳인데 1999년과 2001년 근로복지공단 개편과 2010년 산재의료원 통합, 2004년 산업안전보건공단 개편, 2008년 기능대학을 한국폴리텍으로 개편, 2008년 이명박 대통령직인수위에서 추진하던 한국기술교육대 폐지를 막기 위한 전략적 개편, 2011년 한국고용정보원 개편, 2012년 산업인력공단 개편 등이다.

또한 타 기관으로 업무를 이관하거나 기관 간 기능 조정을 완료한 기관이 3곳으로, 2008년 노동교육원을 폐지하고 한기대 부설기관으로 통합 개편했고, 2011년 노사발전재단 관련 세 기관을 통폐합하고, 2012년 건설근로자공제회 업무 소관 부처를 국토해양부에서 고용노동부로 조정(이관)하며 공공기관으로 지정함으로써 정부와 업무를 분담하여 유기적인 협업 체제를 갖추었다.

2010년 7월 5일 노동부에서 '고용노동부'로의 확대 개편은 당시 임태희 장관이 주역으로 나서서 앞에서 이끌어 주었고, '일자리 정부'로 도약하는 행정 조직과 인사 혁신을 위하여 당시 차관이던 필자를 포함한 직원들 대다수가 열심히 보좌하고 실무적으로 뒷받침한 결과였다.

일하는 근로자(노동자)와 실직자의 보호에 역점을 둔 노동정책 위주의 노동부에서, 노동시장의 여러 측면을 포함한 구직자와 일자리를 만드는 기업(구인자)의 사정까지 두루 고려하며 '각 부처의 고용정책(雇傭政策) 총괄(總括)'과 '산업안전' 기능을 강화하기 위하여 고용노동부로 개편하였다.

특히 기술 혁신 등 정책 환경이 변화되어 고용 형태의 다양화와 직업능력 개발의 중요성이 커지고, 산업재해 예방을 위한 산업안전의 비중이 더해졌으며, 노사정책도 노사 간 갈등 조정에서 경쟁력 강화를 지원하는 역할이 크게 늘었다.

나. 노동부 근무에서 얻은 덤: 역지사지(易地思之)의 대가

미국의 사상가이자 시인인 랠프 월도 에머슨(1803~1882년)의 시 중 "자신이 태어나기 전보다 세상을 조금이라도 살기 좋은 곳으로 만들어 놓고 떠나는 것, 자신이 한때 이곳에 살았으므로 해서 단 한 사람의 인생이라도 행복해지는 것, 이것이 진정한 성공이다"라는 구절처럼, 나도 이전보다 더 좋은 정책과 행정을 펼치는 '사회의 의사'가 되어 더 나은 사회를 만들고 싶었다.

뜨거운 가슴으로 이상을 꿈꾼, 그러나 세상 물정은 잘 모르는 '순진한' 동기들이 선호한 부처가 노동부였다. 나도 그런 사람 중의 하나였고 현실의 냉정함을 알아보는 안목이 모자란 탓이기도 했다.

일을 하면 할수록 더 많은 어려움에 봉착하고 말았다. 그토록 가슴을 설레게 한 부처였던 노동부에 배치된 이후 우리는 의외의 결과에 직면했다. 이유는 노동부의 경우 역사가 오랜 전통적인 부처가 아니라 뒤늦게 중앙부처가 된 신생 조직이어서 조직의 규모나 인력, 예산 등 여러 여건이 제대로 갖추어지지 않은 상태였다.

게다가 일거리는 쓰나미처럼 계속 몰려오는 부처였기에 그만큼 일하기 힘든 부처 중의 하나였다.

그런데 어느 해 연말, 전 부처에서 일하는 동기생 모임에 참석해 대화를 나누던 중 확연히 느낀 점이 있었다. 그것은 노동부 근무를 통해 뜻하지 않게 얻은 '덤'이 있었다는 사실을 분명히 깨달았다는 점이다.

흔히 시중에서 하는 말로 '공무원스럽다'라는 지적이 있는데, 이는 공무원들이 고지식하다는 의미였다. 하지만 노동부에서 일한 친구들은 평소 상대방의 입장을 살피는 능력에서 분명한 차이를 보였다. 그만큼 사람을 상대하는 자세가 남달랐다. 왜 그런지 생각해 보니, 이해관계가 상반되는 노사(勞使)를 비롯하여 다양한 부류의 사람들과 업무상 접촉하는 과정에서 자연스레 균형감각이 길러진 덕분이었다.

이처럼 노동부에서 일하는 친구들은 다른 부처 동기들보다 대체로 경력 이상의 지혜를 쌓고, 자신도 모르게 역지사지(易地思之)의 대가가 되어 있었다. 이만하면 일은 좀 힘들어도 인간적으로 위안이 될 만하지 않나 싶었다. 단지 주어진 일을 열심히 한 것뿐인데, 노동부에서 근무한 결과 덤으로 터득한 귀한 선물이었다.

10
고용노동부의 임무

관련 규정을 살펴보면, (고용) 노동부의 임무(任務)는 근로자 보호를 위한 사무뿐만 아니라 실업자, 구직자, 일자리를 만드는 기업(구인자)의 입장까지 두루 고려하며 노동에 관한 사무를 관장해야 하는 중앙행정부처이다.

역사적으로 노동부의 기능은 1948년 대한민국 정부 수립 당시 사회부「노동국」으로 시작하여 1963년 출범한「노동청」이 1981년 중앙부처인「노동부」로 승격하면서 '노동정책 수립 기능'이 강화되었다. 그러나 1997년 외환위기를 겪으며 '고용정책'이라는 새로운 정책을 발전시켜 나가게 되었다. 이후「노동부」승격 29년 만인 2010년「고용노동부」로 정부 조직이 개편되어 경제·사회·복지·교육 분야 정책도 고용 친화적(Employment-Friendly)으로 추진하도록 그 방향을 주도적으로 제시하는 '고용정책의 총괄' 부처로 자리매김하였다.

따라서 노동부에서 고용노동부로의 정부 조직 개편은 단순히 부처의 명칭이나 포장만 바뀐 게 아니었다. 조직의 역량과 정책의 우선순위를 고용정책과 산업안전보건 등 패러다임(Paradigm)을 전환하고, 고용정책의 총괄부처로서 법적 위상을 확실히 함으로써 국가 고용정책에 대하여 고용노동부가 주도적인 역할을 할 수 있는 권능이 부여됐다.

* [종전] 정부조직법 제39조의2(노동부) 노동부장관은 노동조건의 기준, 직업안정, 직

업훈련, 실업대책, 산업재해보상보험, 근로자의 복지후생, 노사관계의 조정 기타 노동에 관한 사무를 장리한다. [본조신설 1981. 4. 8.]

* [개정] 정부조직법 제35조(고용노동부) 고용노동부장관은 고용정책의 총괄, 고용보험, 직업능력개발훈련, 근로조건의 기준, 근로자의 복지후생, 노사관계의 조정, 산업안전보건, 산업재해보상보험과 그밖에 고용과 노동에 관한 사무를 관장한다. [전문개정 2010. 6. 4.]

* 고용노동부와 그 소속기관 직제 제3조(직무): 고용노동부는 고용정책의 총괄, 고용보험, 직업능력개발훈련, 고용평등과 일·가정 양립 지원, 근로조건의 기준, 근로자 복지후생, 노사관계의 조정, 노사협력의 증진, 산업안전보건, 산업재해보상보험과 그밖에 고용과 노동에 관한 사무를 관장한다. [전문개정 2010. 7. 12.]

고용노동부는 근로자의 근로조건 개선과 경제적·사회적 지위 향상을 도모하고, 노동관계를 공정하게 조정하여 노동쟁의를 예방·해결함으로써 산업평화 유지와 국민경제 발전에 이바지하는 기능을 한다. 아울러 집단적 노사관계의 요체는 노사 간 힘의 균형이 유지되도록 하는 것이므로 법과 원칙에 따라 노사 자율로 대화와 타협을 통하여 노동쟁의를 자주적으로 해결토록 조력하는 기관이다.

구(舊) 노동쟁의조정법(제16조, 18조)에서 노동쟁의가 발생하면, 관계 당사자는 각각 지체 없이 행정관청과 노동위원회에 보고하여야 하며 노동위원회는 알선위원을 지명하여 '알선'을 개시하도록 하였으나, 1997년 새로 제정된 노동조합 및 노동관계조정법(제47~49조)에서는 '알선' 조항이 삭제되고, 노사 당사자가 자주적으로 조정하여 해결하고, 국가 및 지방자치단체는 노동관계 당사자가 자주적으로 조정할 수 있도록 조력함으로써 쟁의행위를 가능한 한 예방하고 노동쟁의의 신속·공정한 해결에 '조력'할 것을 강조하고 있다.

과거 권위주의 정부에서 노골적인 간섭이나 개입을 하던 시절 노동조합은 조합원들의 생계와 근로조건을 유지하는 데 급급했다. 그뿐만 아니라 조직의 힘도 미약하여 사용자와의 대등한 교섭이나 노사자율적인 타결은 생각지도 못하고 도리어 정부의 지원에 기대는 실정이었다. 그럴 때는 정부가 음으로 양으로 힘이 약한 노조를 도와야 하는 것이 현실에 맞는 정책 방향이었다. 그러나 여건이 바뀌고 제도가 달라지면 정책 역시 변해야 한다.

만약 사회적 약자를 편든다는 이유로 근로자(노동조합)와 사용자 간 힘의 균형에 눈감고 일방적으로 노동조합이나 경영자의 편에 선다면 건강한 노사관계가 위태로워진다. 기업 하기 어려운 나라에 투자하는 투자자는 세상에 없을 것이며, 글로벌 기업부터 떠나기 시작하여 국내기업도 밖으로 나가려 할 것이다.

"결국 노동시장을 이기는 노동법은 없으며 세상의 변화와 역행하는 정책은 성공할 수 없다." 왜냐하면 인간의 이기심을 활용하여 동기부여를 하지 않거나 반시장적·위선적 입법으로는 뿌리내리거나 발전하기 어렵기 때문이다.

경제학의 아버지 애덤 스미스(1723~1790년)는 인간의 타고난 이기심이 바로 '보이지 않는 손'이라고 주장했다.

"우리가 맛있는 저녁 식사를 할 수 있는 것은 정육점 주인, 양조장 주인, 빵집 주인의 자비심 때문이 아니라 그들 자신의 이익에 대한 관심 때문이다. 우리가 신선하고 맛있는 빵을 먹을 수 있는 것은 돈을 많이 벌어 잘살고 싶어 하는 빵집 주인의 이기심에서 비롯된 것이다. 개개인이 이익을 추구하는 자연스러운 행위가 개인뿐만 아니라 사회 전체의 이익과 조화를 이뤄낸다"라는 주장을 『도덕감정론』(1759년), 『국부론』(1776년)에서 설파하였다. 한마디로 사익의 추구가 공익을 낳고, 인간의 이기심이 경제 활동을 원활하게 한다는 것이다.

시장의 변화에 맞서는 노동법제는 실패를 넘어 재앙이 된 사례를 우리는 자주 보아왔다. 비정규직의 차별금지를 넘어선 지나친 사용 제한과 비정규직 제로 추진, 1만 원 공약 이행을 위한 최저임금 과속 인상과 세계적으로 유례가 없는 일자리안정자금 9조 7천억 원 보조(2018~2022년 고용보험기금 손실), 탄력적 장치가 없는 경직된 주 52시간제가 가져온 부작용이 대표적인 사례이다.

또한 2013년에 개정한 60세 이상으로의 정년 연장은 임금 조정과 연동되지 않아 기업의 인건비 증가에 내몰려 신규 채용이 줄면서 청년도 피해자가 됐다. '용감한 졸속 입법'으로 일부 有노조 대기업과 공공기관 정규직만 정년 연장과 단축근무 혜택을 봤을 뿐 더 빨라진 조기 퇴직의 피해를 가져왔다. 오죽하면 배우자와 이혼하는 것보다 직원 한 명 내보내는 게 더 어렵다고 말할 정도로 부담이 되는 고용 경직성 때문에, 고령 근로자 1명 늘어날 때 청년 근로자는 0.4~1.5명 감소를 기록한 한국은행 조사 결과도 이런 부정적인 효과를 입증하고 있다.

노동시장에서 해고가 부담스럽지 않아야 근로자의 고용이나 채용(취업)도 늘어나고, 고용이 있어야 노동(노사관계)의 기반도 만들어진다. 개별 근로자의 고용 안정성은 정부의 적극적 노동시장 정책으로 튼실하게 보장되어야 한다. 이처럼 '노동시장'에는 '노동의 유연성'이 있어야 하고, '근로자'에게 '고용의 안정성'이 보장되어야 한다.

노동부에서 고용노동부로의 확대 개편과 함께 이명박 대통령은 대한민국 정부를 일자리 정부로 천명하고, 대통령이 직접 주재하는 '국가고용 전략회의'를 2010년 한 해 동안만 10회에 걸쳐 개최하였다. 이후 고용영향평가 제도를 새로이 도입하고, 광역과 기초자치단체의 장이 지역 일자리 창출을 지원하기 위한 역량을 집중하는 일자리 목표 공시제를 시행하였다.

고용노동부 장관이 중심이 되어 중앙부처 차관과 17개 광역자치단체 부단체장이 모여 고용에 영향을 미치는 환경규제·출퇴근 교통·산업 입지·고용 세제·복지 정책 등 긍정적 요인은 더욱 키우되 부정적 요소는 제거하기 위한 '고용정책 조정 회의' 운영과 이를 실무적으로 뒷받침하는 '일자리 현장지원단' 활동으로 일자리정책을 추진하였다. 나아가 정책의 시너지 효과를 얻기 위하여 노동의 토대가 되는 일자리 창출에 고용 친화적인 정책으로 만들고자 경제5단체장과 함께 고용노동부 장관 주관으로 '민관합동 일자리 창출협의회'도 이어가며, 그 과정에서 고용노동 민간 전문가들과의 정책 포럼 운영, 정책자문회의 개최 등 다양한 의견 수렴과 개선을 위한 정책협의도 강화하였다.

우리나라 헌법은 근로의 권리와 의무(제32조)뿐만 아니라 노동3권(제33조) 보장 조항까지 직접 규정하여 노동권을 두텁게 보호하고 있다. 외국에서 노동3권은 법률로 정할 뿐 우리나라와 같이 헌법상의 권리로 규정한 경우는 보기 드문 사례다. 하지만 노동권이 국가안전보장·질서유지 또는 공공복리를 위하여 제한(제37조)될 수 있고, 본질적인 내용이 침해되어서는 안 되지만 무제한 행사할 수 있는 것은 아니다. 노동권도 재산권·평등권·재판청구권과 균형을 고려해야 하며, 정당한 쟁의행위에 한하여 면책된다.

행정을 운용하면서 기존 제도와 정책에 대한 관성이나 보편성을 지나칠 정도로 존중하는 경향이 있으나 여기에 안주하지 말고 변화하는 현실이나 구체적 사정에 탄력적으로 부응하여 현장성에 충실한 정책이 되도록 점검과 보완을 통해 끊임없이 혁신해야 하는 과제를 안고 있다. 그만큼 세상의 변화에 잘 부응해야 한다.

가. 근로자 보호를 강화할수록 영세 사업장 근로자가 차별받는 모순

고용노동 법령을 적용하거나 행정을 하면서 아쉽게 생각하는 부분이 있다. 사업 또는 사업장의 규모에 따라 (근로기준법 등을) 일괄적으로 적용하거나 배제하는 방식으로 운영되는 점이다. 예를 들면 5인 이상을 기준으로 부당해고 금지와 구제신청, 노동시간(주 52시간) 제한과 연장·야간 및 휴일 근로, 직장 내 괴롭힘, 모성 보호 규정뿐만 아니라 중대재해 처벌 등이 대표적이다.

지금까지 영세 사업장의 형편상 현실적으로 이러한 규정을 모두 지키기 어렵다는 현실 때문에 규모가 큰 사업장부터 시작하여 작은 기업으로 법령 적용을 단계적으로 확대하는 관행이 지금까지 전통이 되어왔다. 2022년도 고용노동부 '사업체노동실태현황' 조사 결과에 의하면 전체 종사자 1,884만 명 중 무려 17.7%에 해당하는 334만 명의 5인 미만 사업장(전체 규모 210만 개 사업체 중 133만 개, 63% 비중 차지) 종사자에게는 법이 적용되지 않고 있다.

영세 사업주의 부담 능력에 대한 고려뿐만 아니라 책임행정 차원에서 정부가 지도·감독해야 하는 행정력 부족도 하나의 관건이다. 2022년 2,200명의 근로감독관과 852명에 불과한 산업안전감독관 인력(역량 수준은 별론으로 하더라도)으로 133만 개에 달하는 5인 미만 사업장과 334만 명의 종사자에까지 근로기준법 준수를 감독하고, 산업안전보건법, 중대재해처벌법 등에 적용하는 것은 현실적으로 역부족이다. 그래서 근로기준법(법 제11조, 동법시행령 제7조 및 별표)을 비롯한 노동관계법의 일부 조항은 4인 이하 사업장에 적용하지 않는 것으로 정하고 있다.

양대 노총을 비롯한 노동단체 역시 약자에 대한 연대와 단결을 소리높여 부르짖으면서도 실제로는 영세 사업체나 소규모 사업장 근로자 보호에 우선순위나 방점이 그리 높지 않았다. 일정 규모 이상 사업장 위주 근로자 보호를 강화하는 규제 장치 마련에 우선해 온 결과이기도 하다. 이처럼 다수의 노동관계법이 보호를 강화하는 방향으로 개정할수록 영세 사업장의 근로자는 오히려 차별받게 되어 보호의 사각지대에 빠지게 되었다.

노동관계법을 소규모 사업장에 적용하지 않은 것은 그럴만한 사정이 있기 때문이다. 모든 사업장에 규정을 적용하려면 지킬 수 있는 수준의 내용이어야 한다. 하지만 현행 규제를 그대로 둔 채 모든 사업장에 적용하도록 하는 것은 또 다른 선심성이자 유토피아에서나 가능한 무책임한 정책이 될 수 있다. 무턱대고 확대 적용하면 노동시장에서 폐업으로 이어져('시장의 보복') 취약 근로자가 밀려나며 일자리가 사라지는 더 큰 부작용('보호의 역설')을 가져오게 된다.

2017년부터 2년간 최저임금을 30% 가까이 올리면서 취약 근로자와 전체 취업자의 20%가 넘는 소상공인·자영업자 사이에 '乙과 乙의 전쟁'을 촉발했다. 그 결과 2018년 고용 증가 폭이 10만 명 밑으로 떨어졌고, 취약계층이 오히려 노동시장에서 밀려나는 결과를 초래했다. 무리한 최저임금 인상의 부작용을 보완하기 위해 30인 미만 사업장에 정부가 임금의 일부를 보조(일자리안정자금)했지만 역부족이었고, 결국 막대한 국고 손실만 초래했다.

모든 사업장에 법 적용을 원칙으로 하려면 최소한의 규제 방식으로 법령을 정비하고, 공통으로 적용하기 어려운 조항은 재검토(삭제)하여 부담을 줄일 필요가 있다. 즉, 국민적 합의가 형성된 내용(조항) 위주로 모든 사업 또는 사업장 종사자에게 적용함을 원칙(原則)으로 해야 한다. 영세한 사업체나 노조가 없는 사업장 근로자의 보호를 위하여 '지킬 수 있는' 그리고 '반드시 지켜지는' 보편적인 법제가 될 수 있도록 노사정이 '상호 절제'하는 가운데 '냉철한 머리와 따뜻한 가슴'으로 제도를 정치(精緻)하게 설계해야 한다.

나. 근로기준법 재정비, 근로계약법 제정과 비임금 노동 보호

무릇 제도는 숨 쉴 구멍이 있어야 살아있는 그리고 사정 변화에 맞게 유연하게 대응할 수 있다. 고용노동 문제에 노사정이 취할 기본적 입장이나 자세는 발을 딛고 있는 현실을 무시한 채 당위나 이상만 좇아서는 겉돌거나 또 다른 문제를 가져오기 때문이다.

우리나라는 개별 근로관계를 규율하는 기본 틀인 근로기준법을 사업장 규모(規模)에 따라 적용 대상을 정하고 있다. 그런데 규모별 적용 방식이 5인 이상 사업장에 적용하는 조문을 위주로 법에서 규정하고, 4인 이하 사업장에 적용하는 조항은 시행령에서 구체적으로 열거하고 있다. 현행 포지티브(positive) 방식에서 네거티브(negative) 방식으로 바꾸는 것이 바람직하다.

모든 사업장에 적용할 수 있는 사항을 위주로 법에서 규정함을 원칙으로 하되, 4인 이하 등 일정 규모가 되지 않는 사업장에 적용하기 현실적으로 어려운 조항을 시행령에서 예외로 하는 방식이 바람직하다. 입법 초기부터 모든 조항을 적용하면 소규모 사업주가 감당하기 어려워 또 다른 문제가 생길 수 있다. 이에 탄력적 적용을 위하여 적용 유예 조항을 단계적으로 축소하는 것이 현실적이다.

　독일의 경우, 해고 제한에 국한하여 상시근로자 수를 기준으로 규제의 수준이 다른데, 10인 미만 사업장 고용주는 해고 제한의 규제를 받지 않는다. 상시근로자 15인을 기준으로 노동 규제가 다르게 적용되는 이탈리아의 경우, 일자리 사정이나 근로조건이 개선되지 않고 있으며 이런 추세는 더욱 악화될 것으로 전망되고 있다. 독일은 개별 근로관계 보호에 있어 사무직과 생산직 근로자를 구별하는 등 직종 및 업무 특성에 따라 적용 기준을 달리하고 있다. 미국의 경우 관리직과 전문직 등 특정 직종은 최저임금 및 연장 근로 규정의 적용을 받지 않는다. 따라서 사업장 규모별 법 적용에 안주하지 말고 직종(職種)이나 업무(業務) 특성을 고려하여 개별조항을 적용할 때 실효성을 높일 수 있는 경우가 많다.

　우리 근로기준법은 근로조건 개선 등 노동권 보호가 계속 강화되어 왔다. 외환위기 이후 비정규직의 증가와 4차 산업혁명의 도래, 인공지능(AI) 등 도전 과제에 효과적으로 대응하기 어려운 상황에 직면하고 있다. 예를 들면 경직된 노동시간 규제 등으로 국내기업이 개발에 집중하기 어려워 경쟁에서 뒤처지게 되었다.

　한편으로는 근로계약에 관한 기본적인 규칙을 설정하여 근로조건의 합리적인 결정이나 변경을 촉진할 수 있도록 「근로계약법」을 제정할 필요가 있다.

　또 다른 한편으로는 제조업의 공장제 노동을 전제로 만들어진 기존 노동관계법 적용과는 거리가 먼 프리랜서 활동, 플랫폼노동 등 「비임금 노동에 대한 보호와 지원에 적합한 제도」를 마련해야 한다.

이를 위하여 노동자(근로자)와 사용자의 전통적 개념에 구애받지 않거나 사용종속관계를 전제하지 않는 일자리 관련 입법의 다양화 요청에 부응하도록 고용노동부, 중소벤처기업부, 공정거래위원회, 금융위원회 등 관련 부처가 협업하는 가운데 실효성 있는 해법을 찾아야 한다.

위 사진은 고용노동부가 위치한 정부과천청사(1동)의 사계절
(좌상으로부터 시계방향으로 봄-여름-가을-겨울 모습, 그리고 맨 아래는 사무실 현관)

11
고용노동부와 소속 공무원의 역할에 대한 오해

고용노동부의 소관 임무를 행하는 부처와 소속 공무원의 정확한 역할에 대하여 오해의 소지가 있거나 부정확하게 비치는 발언을 하는 노동부 장관이나 환노위 의원이 있었다.

어떤 정치인 출신 장관은 '노동'을 편들어주는 것만이 고용노동부 장관의 업무임을 강조하기도 했다. 한 예로 이전 정부에서 내려진 전교조 '노조 아님 통보' 조치를 직권취소가 가능한 지 2018년 6월 20일 법률 검토해 보겠다고 말했는데,[3] 고용노동부가 엄연히 '정부' 부처인데도, 고용노동부의 '노동'을 (근로자나 취약 근로자의 근로조건 개선보다) '노동조합'이나 '노동단체' 보호 자체로 인식하고, 이들을 편들어주는 것을 고용노동부의 임무로 생각했던 듯하다. 이는 결과적으로 헌법이 정한 국무위원 또는 고용노동부 장관이 아니라 친노동 단체(친노조)의 입장에 기울어지거나 휘둘리는 행보로 일관한 셈이다.

'노동계의 마당발'로 통할 정도로 소통 능력이 탁월한 노동운동가(한국노총 상임부위원장) 출신 의원이 문재인 정부의 첫 고용노동부 장관으로 취임하였는데, 이후 그는 자신의 직함에서 '고용'을 빼고 노동부 장관으로 소개하고 공식 석상에서도 '근로자'라는 단어 대신 줄곧 '노동자'라는 표현만 썼다.

그는 2018년 9월 퇴임하면서 자신의 재임 중 노동자가 사람답게 사는 세상

---
3. 법외노조 문제 놓고 전교조와 흥정했나, 조선일보(동서남북), 2018.6.27.

을 만들겠다는 일념으로 전력을 다했다고 회고하며, "노동 존중 사회를 향한 초석을 놓았다"라는 소회를 밝혔다.[4] 하지만 역설적으로 소득주도성장을 위한 최저임금의 급격한 인상, 주 52시간 단축의 경직된 도입 등으로 2018년 7월 취업자 수 증가가 8년 6개월 만에 사상 최저치인 5,000명을 기록하는 등 고용 상황을 악화시켜 장관과 청와대 정책실장의 경질이 요구됐을 정도로 비판받기도 했다. 안타깝게도 결국에는 전문가들로부터 지나친 친노동 성향으로 인하여 고용 상황을 악화시킨 장관이라는 박한 평가를 받고 말았다.

또 다른 한편으로 노사관계 정책 기조는 '법과 원칙'의 테두리 안에서 노사가 자율적으로 '대화와 타협'으로 갈등을 풀어가도록 정부(고용노동부)가 지원하고 조력해야 함에도, 기본 바탕이 되는 법치주의는 부인하거나 소홀히 한 채 노조의 입장(이익)에 기울어진 채 대화와 타협만 강조하는 의원들이 있었다.

여의도 정치인 가운데 부처의 고유한 법적 존재 이유와 달리 생각하는 경우가 있다. 고용노동부는 오직 노동조합(노동단체)을 보호하기 위하여 존재하는 정부 부처로 생각할 뿐 실업자, 구직자 그리고 구인자를 위한 고용노동부의 역할은 무시하는 의원들도 있었다. 이는 전적으로 틀린 말은 아니지만 일부만 보았을 뿐 국면 전체를 보지 못한 우를 범한 것이다. 나무만 보았을 뿐 숲은 보지 못한 것이다.

이런 시각의 연장선에서 비정규직을 보호한다는 명목으로 2006년 12월 제정한 비정규직 보호법이 역설적으로 사용기간 2년이 도래하기 전에 비정규직의 계약 해지(해고)를 가져오는 악법이 되고 말았다. 그렇지만 정치권에서는 이런 실상과 문제점을 잘 알면서도 비정규직을 위한 (처우와 차별 개선은 강화하되) 사용 제한 규제를 폐지하는 실질적이고도 합리적인 개정은 20년 가까이 되도록 여전히 손도 못 대고 있다.

---

4. 떠나는 김영주 장관 "좋은 일자리 창출에 혼신의 힘 쏟아야", 머니투데이, 2018.9.21.

이와 같이 노동계, 야당은 물론 일부 장관까지 '탐욕스러운 자본(資本)'과 '힘없는 노동(勞動)'이라는 구시대적 이분법에 갇혀서 생각하는 경우가 있다. 분명한 것은 고용노동부는 노동조합이나 사업자단체와 같은 이익단체(利益團體)가 아니며, 국민 전체가 아닌 이들의 이익만 편들거나 대변하는 것은 '정부 부처'의 책임 있는 당국자로서 임무 수행이나 봉사자의 역할을 제대로 수행하지 못하게 되는 문제로 귀결된다.

두 가지 에피소드: 고용노동 행정의 정체성 강조

이와 관련한 에피소드를 소개하려 한다. 하나는 2017년 8월 한국노총위원장이 장관 취임 1주일 만에 한국노총을 방문한 신임 고용노동부 장관에게 주문하길 "정부에는 재계(경영계)를 대변할 경제부처들만 많다"라고 하면서, "고용노동부만큼은 한국노총의 편이 되어 노동계를 대변하는 부처가 되어주셨으면 하는 바람이 있다"라고 당부했다.

물론 이들은 같이 노동운동을 하였기에 관계 증진 차원에서 덕담을 나눈 말이라고 생각한다. 하지만 우리나라 양대 노총을 대표하는 사람 중의 한 분이 장관과 노동단체의 공식적인 상견례 자리에서 정부 부처에 대하여 노동계, 경영계나 재계 등 이익단체를 대변하는 부처라고 말하는 건 좀 의외였다. 그런데 예상외로 그렇게 생각하는 사람들이 꽤 있다는 것이 문제다.

또 다른 에피소드로 2017년 12월 21일 시내에서 전직 노동장관 오찬 모임이 있었다. 이 자리에는 장영철 장관(노태우 정부) 남재희·진념 장관(김영삼 정부), 이상룡 장관(김대중 정부), 이상수 장관(노무현 정부), 나(이명박 정부), 이기권 장관(박근혜 정부), 그리고 오찬을 초대한 김영주 장관(문재인 정부)을 비롯해 노태우 정부에서부터 문재인 정부에 이르기까지 7개의 각 정부를 대표하는 장관들이 비교적 골고루 참석했다.

이날 나온 얘기 중 "(어린 강아지가 아닌) 늙은 개가 짖으면 무시하지 말고 반드시

쳐다보라"라고 하며, 원로의 경험과 지혜를 귀담아 줄 것을 당부하는 선배 장관의 충고가 인상적으로 들렸다.

이날 필자는 다음 세 가지를 조언했다. 초대한 장관의 출신 배경을 감안하여 노동단체가 아닌 고용노동 행정의 정체성이 무엇인지를 깨닫게 하기 위한 조언이었지만, 또 다른 한편으로는 역대 장관들도 한번 재음미할 기회가 되기를 바라는 마음도 있었다.

첫째, 타워크레인 사고 등 산업재해가 빈발하는 상황인 만큼 위험 작업의 외주화에 대하여 전통적인 사용종속관계(노동자성)에만 얽매이지 말고 원청 책임하에 일정한 장소적 범위 안에 있는 모든 작업자에 대한 안전상 포괄적인 관리 체제를 갖추도록 행정 지도할 필요가 있다.

둘째, 고용노동부 장관 취임 이후 "김 장관 스스로 '노사 모두로부터 박수받는' 정책을 추진할 것"이라고 밝혔는데, 노사 모두에 박수받을 기대는 아예 하지 않는 것이 실망하지 않는 지름길이라고 말했다. 왜냐하면 노사에 공정하고 균형 있는 정책 추진은 당연하지만 그렇게 할 경우 양쪽에서 박수 대신 불만과 비난의 대상이 되기 쉬운 것이 우리의 현실이기 때문이었다.

셋째, 장관은 (노사가 아니라) 국민 전체에 대한 봉사자로서 국민에 책임을 지는 공무원이다. 따라서 국민 전체와 장래의 국익에 도움이 되도록 (필요한 경우) 악역도 마다하지 않고, 노사에 욕을 먹더라도 할 일은 하는 장관이 되어줄 것을 당부했다. 진심이었다.

〈참고〉 일부 오해의 소지가 있는 취지의 발언 사례

① 김○○ 장관: '노동(조합)'을 편들어주는 것이 고용노동부 장관의 업무이다. (2018.9.21. 장관 퇴임 시)

② 남○○ 장관: 사용자의 편에서 행정을 펼치는 부처는 많다. 노동부는 '오직 근로자와 노동조합(노동단체)의 보호를 위한 행정'을 펼쳐야 한다. (1994.7. 현대중공업 파업 시)
 * 노동부는… 노동을 억압하는 부서가 되어 버렸다. 당시 여당은… 노동계와 완전히 단절되었다. (남○○, 시대의 조정자, 민음사, 308쪽)

③ 이○○ 의원: 고용노동부는 (구인자나 구직자가 아니라) 정리 해고돼 나오는 노동자에 대한 '친노동자' 장관이 되어야 한다. (2011.5.26. 국회 환노위)

④ 홍○○ 의원: 고용노동부는 '법과 질서'를 따질 필요가 없으며, '대화와 타협을 통한 자율적인 노사관계'가 되도록 해야 하며, 고용노동부 장관의 자격은 노동조합을 존중하는 사람이어야 한다. (2011.5.26. 국회 환노위)

고용노동정책과 관련하여 부처 출입 기자들과 얘기를 나누는 이채필 장관의 모습

12
시작부터 사고뭉치

청운의 뜻을 품고 중앙부처에 근무하는 뿌듯함에다 정책 기획 업무를 하는 본부에 둥지를 틀게 되니 솔직히 기분이 좋았다. 우리 부에 배치된 동기생들은 모두 일선 지방사무소(현재의 고용노동지청) 관리과장이나 직업안정과장으로 발령이 났다. 다른 동기들과 달리 나는 본부에 배치되었는데, 그 이유는 입대를 앞둔 동기들의 사정과 종합 성적 등을 두루 고려한 결과로 풀이되었다.

그런데 공직 인생을 시작하는 단계에서부터 나는 사고뭉치였다.

1년간의 수습이 끝나고 처음 발령받은 부서에서 연거푸 사고를 쳤다. 첫날부터 기획관리실로부터 요청받은 자료를 작성하여 과장의 결재(전결)를 받아 제출하였는데, 협조문에는 관인생략 표시도 없이 결재자의 서명을 빼먹고 보내는 어처구니없는 실수를 저질렀다. 무려 1년 동안이나 실무 수습을 받았건만 행정공무원으로서 실무 수행 능력은 그만큼 허술하기 짝이 없었다.

어쩔 수 없이 과장께 추가 서명을 받았다. 당시 결재를 해준 과장은, "이 사무관이 상신할 때 결재문과 함께 협조 시행문에는 서명을 요구하지 않았기 때문에 내가 서명하지 않았다"라고 말하며 디테일의 중요성을 일깨워 주었다. 일 잘하기로 소문난 우리 과장은 소신공양(燒身供養)하듯 몸소 실천으로 가르쳐주었다. 부족함이 많은 필자는 실수를 통해 '악마는 디테일'에 있음을 절감했다.

진짜 대형 사고는 다음 주 간부회의 때 생겼다.

부서 배치 후 처음 맞이한 월요일 아침, 과장이 주재하는 회의가 열렸다. 사무관마다 지난주 실적과 이번 주 업무 추진계획을 보고하고 점검을 받으며 같이 공유하는 시간이었는데, 회의를 마칠 무렵 과장의 특별훈시가 있었다.

"과장인 나는 과장 자리에 안주하지 않고 국장의 입장이 되어 일할 것이니, 사무관 여러분들도 스스로 과장이라는 생각으로 일해주세요"라고 당부했다.

하늘과 같은 상사의 말씀을 듣고 보니, 앞으로 공직자로 살아가는 데 지침이 될 귀중한 말씀이라는 생각이 들었다. 하지만 그러면서도 뭔가 2% 부족하다는 느낌에 불쑥 떠오른 아이디어로 나는 고개를 갸우뚱하고 말았다. 회의를 끝내려는 순간, "과장님 말씀에 공감하지만 의문이 있습니다" 하며 손을 살짝 들었다. 자리에서 일어서려던 과장이 다시 앉으며 나를 주시했다.

"이 사무관, 할 말 있으면 해보세요."
"제 위에는 과장님이 계시지만 그 위에는 국장과 실장, 차관 나아가 장관이 최종 결재자인데 보고와 결재를 받는 단계마다 지적받거나 깨지면 되겠습니까? 그러니 과장님은 처음부터 (국장이 아니라) 최종 결재권자인 장관의 시각으로 일해야 하지 않습니까? 그리고 사무관도 같은 입장에서 기안해야 하지 않습니까?"라며 겁 없이 반문하고 말았다.

나는 마음속으로 우리 같은 실무자는 방송국에서 일하는 프로듀서(PD)와 같은 역할을 하는 사람이라고 생각했다. PD는 프로그램을 기획하고 구성을 총괄하는 연출가이다. 완성된 대본을 평가하고 배역을 정하며 무대 배경, 음악, 카메라 작업, 의상, 시간 배정 등을 제작진들과 함께 준비한다. 또한 촬영 일정을 결정하고 장소 섭외, 무대 설치, 소품과 장비 준비 등 전반적인 사항을 지휘한다.

그렇기에 실무자는 일방적으로 상사의 지시를 받는 부하직원에만 머물지 않고, 때로는 장차관을 포함한 상사 등 다른 사람에게도 적합한 배역을 맡겨 부처의 임무를 제대로 수행하는 데 필요한 역할과 건의를 하는 그런 시각에서 일해야 하는 사람이라고 생각했기 때문이다.

과장님은 나를 잠시 쏘아보는 듯하다가 "…그래요, 이 사무관은 장관처럼 하세요"라는 응답에 이어 침묵이 흘렀다.

이날 예기치 않게 내뱉은 나의 말 한마디가 평생에 걸쳐 스스로를 가둔 엄청난 '말 감옥(監獄)'이 되었고, 이후 필자는 평생을 전전긍긍(戰戰兢兢)하며 일했다. 왜냐하면, "이 사무관, 장관처럼 해야 한다고 하더니 겨우 이 정도밖에 못 했어?" 하는 지적이 돌아올까 봐 두려웠기 때문이다.

그럴수록 구상한 계획에 대하여 보고나 결재를 올리기 전에 나름의 검증 절차를 거치기로 했다. 그때 이후 나로서는 부득이 검증 절차를 한 가지 개발했다. 즉, 전국의 일선 현장에서 일 잘하는 똑똑한 직원 서너 명을 추천받아 공식적인 보고나 결재를 올리기에 앞서 팩스로 보내거나 전화로 내가 구상한 계획이 타당한지, 실효성은 있는지 확인하고, 부족한 점은 보완하는 방식으로 일하게 되었다.

나중에 관리자가 되어서도 나는 직원들과 자유롭게 대화를 주고받거나 의견을 개진하는 것이 대단히 중요하다고 여겨 계속 그렇게 했다. 그래서 각종 보고나 결재, 회의나 토론 시 간부들보다는 실무 직원들이 최대한 허심탄회하게 말하는 분위기를 만들려고 애썼다. "이건 아닙니다"라며 '노'(No)라고 얘기하는 직원의 심적 부담이 없도록, 일부러 "이렇게 하면 과연 문제가 없을까?" 하는 식으로 늘 문제(問題)의식을 강조하는 질문을 일부러 던졌고, 특히 평소에 별문제가 없다거나 막연히 잘될 것이라는 희망적인 검토 보고가 되지 않도록 각별히 경계했다.

세월이 흐르고 보니, 정제되지 않은 그날의 말대꾸 한 번이 공직 인생 내내 나의 일하는 자세와 마음가짐을 다잡아 준 계기가 되었다. 이후 어디에서 무슨 일을 하더라도 더 깊은 고민과 더 많은 준비를 해야 하는 신세가 되었다. 말하자면 사회생활을 시작한 초창기에 저지른 말실수 한 번이 공직 인생을 통틀어 지배했고, 그야말로 늘 장관처럼 일하게 한 대형 사고(事故+思考)였다.

무릇 시작이 끝의 원인을 잉태한다고 하였던가? 이렇게 하여 맡은 분야에서 온몸으로 부딪치며 일하는 공직 생활이 되었고, 결국엔 어떻게 하면 맡은 일을 더 잘할 수 있는가에 관심이 온통 집중되는 워크홀릭 인생이 되고 말았다.

사무관도 장관 시각에서 일해야 하지 않느냐고 반문하는 초임사무관 이채필

13
첫 경험: 행정은 '사회의 의사'

가. 근로 여성에 대한 산업상담 지원협의회, 전국에 속속 만들어져

근로기준국 부녀소년과(1983년 3월부터 1985년 9월까지)에서 내가 맡은 업무는 주로 여성 근로자의 권익 보호와 관련된 일이었다. 1980년대 초반 당시의 열악한 근로 여건에서 제대로 대접받지 못하고 직업생활에 애로를 겪는 근로 여성들을 상담하고 지원하는 것이었다. 이들 대부분은 노동조합도 결성되지 않은 작은 사업장에서 일하고 있어서 개별 근로자를 지원하는 차원에서 접근하는 시책이 중요했다.

산업상담원(6·7급 공무원)들이 상담을 통하여 발견한 여러 문제의 해결을 지원하기 위하여 지역사회의 유관기관 인사들과 협업을 해가며 접근하는 '근로 여성에 대한 산업상담 지원계획'을 수립하고, 이러한 협의회를 구성하기 위한 공문을 전국 일선 관서에 보냈다.

그런데 며칠 지나지도 않았는데 업무가 굉장히 빠르게 진척되었다. 전국 46개 일선 관서별로 산업상담 지원협의회가 설립되었다는 보고가 속속 올라왔다.

나의 조그만 그리고 소박한 구상이 정부의 공식적인 방침이 되어 전국적으로 시행이 되면서 효과가 나타나는 것을 보면서 나는 가슴에 전율을 느꼈고 신기한 기분마저 들었다.

이것이 부서에 발령받은 이후 내가 구상한 계획을 최초로 시행한 사례였는데, 행정은 그야말로 문제가 있다고 생각하면 언제든지 필요한 대책을 세우고 적극적으로 추진할 수 있음을 체험으로 확인하게 되었다. 행정은 역시 사회적 병리 현상을 진단하고 치유하는 '사회(社會)의 의사(醫師)'라는 희열감이 느껴졌다.

그런데 취약 근로 여성에 대한 행정은 주로 산업상담 공무원(총 85명)에 의하여 이루어졌고, 이들 중에는 중등학교 교사 등 상담 경험이나 관련 분야 전공자를 비롯하여 우수한 분들이 꽤 있었다. 하지만 당시 이들의 채용 자격요건은 생각보다 엄격하게 정해진 것도 아니었고, 유력 정치인의 추천이나 장관실 비서 출신이 특별 채용되기도 하는 등 효과적인 업무 수행에는 한계가 있어 보였다.

이러한 문제점을 근본적으로 해결하기 위하여 나는 곧바로 제도 개선에 나섰다. ① 응시 자격을 상담 업무와 관련된 학과 전공 출신으로 제한하고 ② 선발 전형위원회를 구성(위원: 근로기준국장, 부녀지도관, 총무과장, 부녀소년과장)하여 엄격한 서류심사(1차) 및 면접 전형(2차)을 통하여 선발하고 ③ 소정의 전형(근로기준법 등 노동법 필기시험)과 본부 및 일선 관서 각 1개월의 수습을 거쳐 최종 합격자를 해당 근무지에 배치하는 내용으로 '산업상담원의 자격 및 채용 절차'를 마련하였다. 이 방안을 장·차관에게까지 보고하고 결재받아 확정·시행하는 한편, 우리 부의 업무 규정(훈령)으로 제정하여 제도화하였다.

지금까지 인사권자의 폭넓은 재량으로 어렵지 않게 들어올 수 있던 그간의 상담원 제도를 혁신했다. 이렇게 1983년 제도를 개선한 이후에는 채용된 이들의 업무 역량도 향상되고, 일하는 분위기 또한 한층 더 긴장감이 도는 것이 역력했다. 그런데 신규진입의 통로가 엄격해지자, 제도의 변화가 이루어진 것을 뒤늦게 알고는 불만이나 원망 섞인 얘기가 들려왔다. 일종의 반발이었다. 역시 모두에게 환영받는 개혁은 존재하지 않는다는 것을 확인시켜 주었다.

나. "우리는 (언론에) 맞으면서 할 일 해"

상식과는 동떨어진 경험을 하였다. 내가 모시는 과장이나 국장은 중요한 업무라고 강조하면서 실무적인 것을 지시하였음에도, 그 위의 상사인 장·차관은 별로 관심을 보이지 않는 경우가 많았다. 나름 최선을 다하여 현황과 문제점을 분석하고, 적절한 대책을 수립하여 보고와 결재를 받으러 장·차관실에 가면, 나의 보고가 채 끝나기도 전에 서둘러 결재부터 해주는 경우가 잦았다.

처음에는 결재를 빠르게 해주니 기분이 좋았다. 나로서는 필요한 조사·분석을 하고 몇 날 며칠을 고민하여 만든 대책인데, 최종 결재권자가 거들떠보지 않거나 관심 없어 하는 경우가 생기곤 했기에 일을 해도 확신이 들지 않았고, 내가 하는 일은 서자(庶子) 취급을 받는 기분이 들었다. 반면에 내 생각에는 별것 아닌 것으로 보이는 단순한 문제인데도 윗분의 관심과 지원의 손길이 넘치는 경우를 보면서 정책이나 사안의 경중을 제대로 가리지 못하는 상사들을 이해하기 어려웠다.

그때 우리 과장께서 나의 이런 마음을 눈치챘는지, 숙제를 하나 내주었다.
우리 업무에 관심을 가질 만한 국회의원을 찾아가 직접 설명해 보라고 하였다. 당시 노동부 사무실은 영등포 로터리 인근에 있어서 다리 하나만 건너면 국회 의원회관이었다. 그런데 상사의 지시대로 해보았더니 국회발 기사로 관련 내용이 언론에 보도되기 시작했다. 하지만 보도 내용은 당국의 개선 노력을 긍정적으로 평가하기보다는, 분석한 실태와 문제점을 바탕으로 정부를 까는 '비판적인 보도' 기사로 도배되었고, 국회 상임위에서는 정부가 뒤늦게 '늑장 개선'한다는 취지로 부처와 장관을 질타하는 방향으로 열심히 일한 사람에게 화살이 되어 돌아왔다.

열심히 일하지 않거나 일부러 설명하러 가지 않았으면 이렇게 지적받을 일도 없었을 텐데 말이다. 그래도 반응은 뜨거웠다. 비판은 받았지만 결과적으로 장·차관의 관심도 높아졌고 관련 예산을 확보하는 데도 쉬워지는 등 정책을 받아들이는 사회적 인식이나 다른 부처의 태도가 확연히 달라져 일하는 효과가 배가되는 게 신기했다.

당시에 모시던 과장의 톡톡 튀는 아이디어와 지시 덕분에 나는 일하는 방식을 다양하게 구사하게 되었고 더러 욕먹을 걸 각오하고 적극적으로 나서니 은근히 묘한 재미가 있었다. 사회적으로 필요한데도 당국에서 무관심한 일을 처리하는 방법을, 이렇게 차가운 현실의 벽에 온몸으로 부딪혀 가며 하나씩 터득해 나갔다.

그렇게 일하면서 과장과 우리가 나눈 얘기는 "우리는 맞으면서 할 일 해"였다. 당시 나의 특급 스승은 상사로 모신 과장이었다.

근로 여성을 위한 업무 범위가 방대했기 때문에 근로 여성의 실태와 현황을 조사하고 전략적으로 집중 대상 업무를 설정하여 추진하는 방안이 현실적인 접근이었다. 그 1단계로 여행원과 전화교환원, 간호 종사 근로자, 기혼 취업 여성 양육지원을 중점업무로 선정하여 각각의 특성에 맞는 개선 방안을 마련하고 지도하였다.

당시 '여행원'(당시에 고졸 여자 행원을 지칭하는 용어로, 담당하는 기능이 대졸 남성인 일반 '행원'과는 달랐다)과 '행원'으로 인위적으로 구분하여 모집, 채용, 임금, 근무평정 및 교육훈련, 배치전환, 승진 등에 차별적으로 대우하는 문제에 대한 개선 방안을 검토하여 출발선에서의 동일성 확보, 차별적 승진 제한 장치, 당시 불문율(不文律)로 결혼하면 퇴직하는 '결혼퇴직제'를 폐지하게 하였다.

또한 당시 일반적인 정년이 58세였는데도, 여성이 대부분인 '전화교환원 정년'은 43세로 지나치게 짧아 사실상의 차별을 철폐하도록 개선하는 행정지도를 하였다. 심하게 벌어진 남녀 간의 격차를 개선하는 데 오랜 기간이 소요되어 잠정적이고도 과도기적 장치로 이때 적극적 고용개선(AA) 조치를 도입하였다.

아울러 간호 종사 근로자 실태와 대책, 일하는 여성의 근로 생활을 지원하는 실질적 방안이 워킹 맘에 대한 육아 문제로 판단하여 직장어린이집 설치 시범사업을 포함하여 기혼 여성 양육지원 시설의 설치 지원과 여성 근로자의 사회적 지위 향상을 도모하였다. 이 업무를 수행할 때 당시 우리 과의 고종석 전문위원이 실무적으로 많은 도움을 주었다.

다. 예산 한 푼 없이 시작한 제1회 근로자가요제

우리 사회에서 노동을 천시하는 풍조가 있었음을 부인할 수 없는 게 당시의 현실이었다. 그런 사회적 편견을 바로잡고 근로자의 사기를 진작하기 위하여 미술 분야 (회화, 서예, 사진, 수예, 공예)와 문학 분야(수기, 수필, 시, 콩트)로 나누어 매년 노동문화제를 개최하였다.

이 대회의 연원은 대학에서 미술을 전공하고 체신부에서 우표 도안사로 일한 적이 있는 한국노총 체신노조 위원장 출신의 권중동 초대 노동부 장관 주도로 시작되었다. 이후 매년 5월 서울 세종문화회관에서 미술 분야 전시회를 개최하였고, 1984년에는 국민적 관심과 환기를 위하여 담당 사무관 시절 체신부와 협의하여 특별히 이 대회를 축하하는 기념우표(70원)를 발매(1984.5.11.)할 정도로 근로자는 물론 일반인에게도 성황리에 인기가 있었다.

그런데 한편으로는 근로자의 여가 생활이나 자기 계발을 위해서는 미술이나 문학 분야 외에 특히 가무(歌舞)에 능한 신바람 민족의 특성을 감안하여 가요(歌謠) 분야가 노동문화제에 꼭 필요하다는 생각이 들었다.

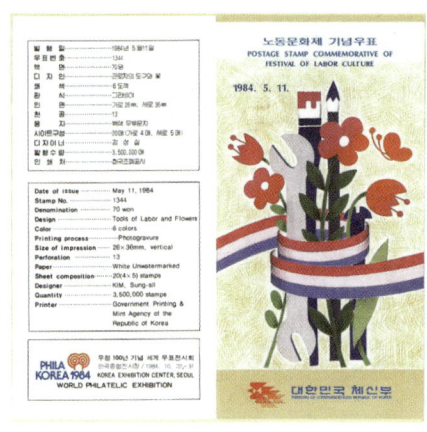 

노동문화제 행사
축하 기념우표 발매 설명자료

노동문화제 대회 개최 기념우표
1세트(1984.5.11.)

하지만 당시 이를 추진할 예산이 전혀 없었다. 그렇다고 해서 예산을 확보한 이후로 행사 개최를 미루기에는 아쉬움이 커 당시 영등포 로터리에 소재한 노동부 사무실에서 그리 멀지 않은 위치의 KBS 방송국을 찾아가 필요한 협의를 하였다.

내가 구상한 '근로자가요제' 개최계획을 예능 담당 PD에게 설명하였더니, 추진 여건은 열악했지만 그래도 같이 한번 추진해 보자는 의견으로 모아졌다.
가요제의 예선 대회 장소는 서울남부 근로청소년회관을 빌려서 사용하고, 이수인 작곡가 등 심사위원들의 (무료) 봉사와 일선 노동관서 직원들의 노력 동원을 받아 그럭저럭 대회를 개최할 수 있었다. 행사 예산은 전혀 확보되지 않았어도 자원하는 분들과 직원들의 노력 동원으로 어떻게든 꾸릴 수 있었다.

하지만 대회 우승자에게 줄 상금은 꼭 필요했기에 고민을 거듭하다 결국 장관실에 건의하여 장관 업무추진비를 할애받아 상금 예산을 마련할 수 있었다.
이렇게 시작한 대회는 여의도 KBS홀에서 공연(본선)하며 전국 TV에 방영되는 등 반응이 뜨거웠다.

우리나라 근로자 중에는 가요 관련하여 재능과 끼가 있는 직장인들이 참으로 많았다. 특히 이 대회에는 유명 가수였던 조영남, 이선희, 정수라 씨가 특별출연하여 열창을 해주었다. 이들은 과연 프로 중의 프로 가수들로 분위기를 더욱 뜨겁고 열광적으로 만들어 주었다. 당초 사전협의할 때 담당 PD에게 이들이 무료 찬조 출연을 하면 좋겠다는 희망 사항을 슬쩍 얘기하였는데, 의외로 쉽게 뒷받침해 주어 성사가 되었다. 이분들께 아직 고마운 마음을 전하지 못하였는데, 늦었지만 이 기회를 빌려 감사의 뜻을 표하고 싶다.

이렇게 하여 근로자가요제(가요·가곡·민요·창작곡 등에 대한 독창, 중창, 합창 대회)가 1985년에 신설되었고, 이때 거둔 성과를 바탕으로 예산 당국과 협의하여 다음 해 예산(1986년)에 고스란히 반영함으로써, 이후 매년 근로자가요제를 안정적으로 개최할 수 있었다. 이와 같이 노동문화제의 개최 분야로 추가되면서 나중에 노동문화제의 미술, 문학, 가요 등을 통틀어 '근로자 문화예술제'라는 명칭으로 변경하게 된다.

그런데 이 대회를 기획할 초기에는 어떻게 예산 한 푼 없이 행사를 추진할 수 있을지 엄청나게 걱정했다. 그렇지만 이미 길이 나 있는 궤도에서 이탈하지 않고 끝까지 가는 것도 의미가 있지만, 없는 길을 새로 개척하는 보람은 더욱 컸다. '뜻이 있으면 길이 열린다'라는 사실을 깨닫게 해준 하나의 계기였다.

"과장과 사무관 모두 장관의 시각으로 일해야 하지 않느냐"라는 공직 출발 초기의 말실수 하나가 자극제가 되어 이후 늘 고뇌하는 자세로 업무에 임하게 되었다. 산업상담 제도와 운영 개선, 여행원 결혼퇴직제 폐지, 전화교환원 정년 개선, 근로자가요제에서의 음악 부문까지 포함시키는 등 관성적 접근이 아니라 원점(zero base)에서 정책을 기획하고 재검토하는 자세가 몸에 배기 시작했다.

제1회 근로자가요제에 참가하여 기량을 뽐내는 어느 참가자의 모습 그림(1985년)

이날 열창하며 분위기를 더욱 뜨겁게 달구어 준 특별출연 가수(조영남, 이선희, 정수라)

14

'취업알선장'과 '취업알선자 명단' 창(窓) 봉투 개발 사용

1987년 5월부터 1988년 10월까지 국립중앙직업안정소(중앙고용정보관리소의 전신) 고용개발과장으로 근무하였을 때, 전국 지방노동관서에서 사용하는 '취업알선 업무 전산망'이 구축되었다. 이때 만들어진 취업알선 업무 전산망은 나중에 워크넷(WORKNET) 시스템으로 보완 발전하게 된다.

구인자와 구직자를 신속하게 매칭하기 위한 정보화 시스템이었는데 전산 DB에 입력되어 관리되는 방대한 구인 기업과 구직자 정보를 활용하여 알선할 수 있는 시스템이다. 특히 사무소 관할구역을 넘어 다른 지역의 구인자와 구직자까지 광역으로 연결할 수 있게 되어 담당자의 의지와 열정에 따라 업무를 훨씬 더 잘 할 수 있게 되었다. 하지만 단순한 전산상의 연결을 확대하는 것보다 더 중요한 것이 있었다. 그것은 의미 있는 실질적인 알선이 되도록 하기 위한 구직자 상담 기능이었다. 즉, 구직자의 희망 직업이나 임금, 근무 가능 지역 등 여러 조건에 대하여 제시와 수용 절차를 거듭하며 성공 가능성이 높은 추가 알선을 하려면 전산에만 의존할 때 생기는 한계를 극복해야 했다.

이를 위하여 「취업알선 업무추진 지침」과 「직업상담 업무 가이드북」을 마련 (1988.2.9.)하여 구인 구직 알선의 효율화와 직업상담 기법 개발로 비용 절감, 시간 단축 등 직업안정 서비스 수준의 향상을 도모하였다. 아울러 일선 관서에 「취업정보 제공 내실화 지침」을 제공(1988.2.15.)하여 노동력 수급 정보를 수집·전달하는 노동시장 정보관리센터 기능을 발휘하도록 했다.

그런데 ㉠ 구직자에게 채용 여부를 결정하는 면접 참석을 안내하려면 '취업

알선장' 우편물 겉봉에 구직자의 이름과 주소를 정확하게 기재해야 하고 (안에는 구인 기업체의 주소와 전화번호 정보를 안내해야 하고) ⓒ 구인 기업에는 '취업알선자 명단' 우편물 겉봉에 구인 기업과 주소를 정확하게 기재해야 한다(안에는 구직자의 이름과 취업 알선번호, 전화번호, 주소, 우편번호 정보를 안내해야 한다).

그러나 담당 직원들이 일반 행정우편 봉투에 이름과 주소(구직자 '취업알선장' 겉봉: 구직자의 이름과 주소, 구인 기업 '취업알선자 명단' 겉봉: 회사 이름과 주소)를 일일이 수기로 작성하는 과정에서 오기(誤記)가 자주 발생하거나 우편물이 도달하기까지 시간이 지체되는 문제가 있었다.

이러한 애로나 문제점을 해결하기 위하여 고민한 결과 아이디어가 하나 떠올랐다. 그것은 바로 오늘날의 '창(窓) 봉투(封套)'와 같은 것을 주문 제작하여 사용한 것이다. 전산 출력한 '취업알선장'과 '취업알선자 명단' 종이를 잘 접어서 그대로 넣기만 하면 되는 '창 봉투'는 당시 정부와 공공부문에서 최초로 개발하여 사용한 사례였다. 결과적으로 직원들의 업무 부담을 줄여줄 수 있었을 뿐만 아니라, 전산망 DB에 기록된 사업체명과 구직자 이름, 주소 등을 출력하여 투명 창에 그대로 넣어서 사용함으로써 일반 행정우편 봉투에 직원이 수기로 일일이 작성하는 과정에서 주소 등을 잘못 기재하지 않도록 예방되어 신속하고도 정확하게 업무를 처리하는 효과도 있었다.

〈창 봉투 사용 사례〉

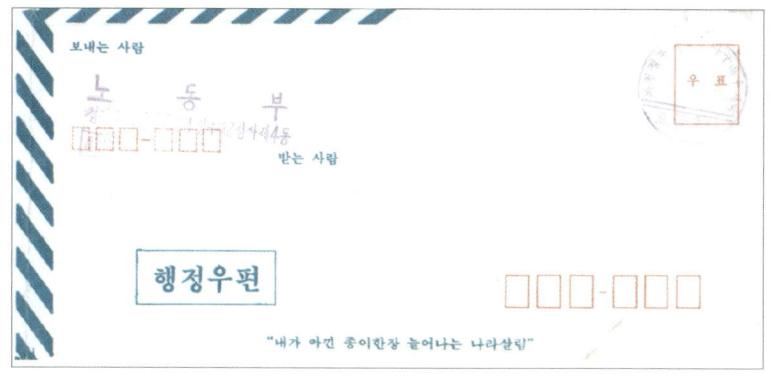

전통적인 행정우편 봉투

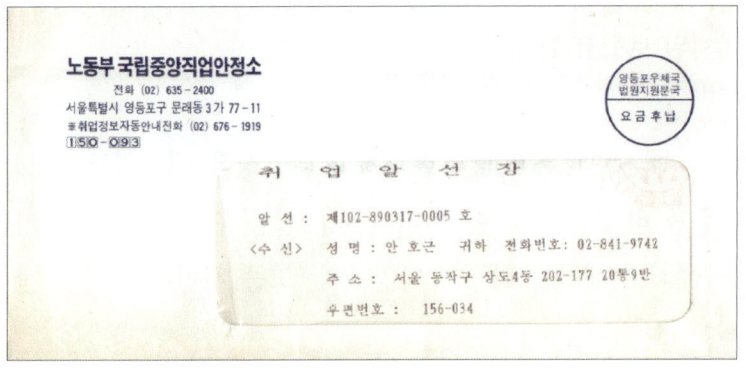
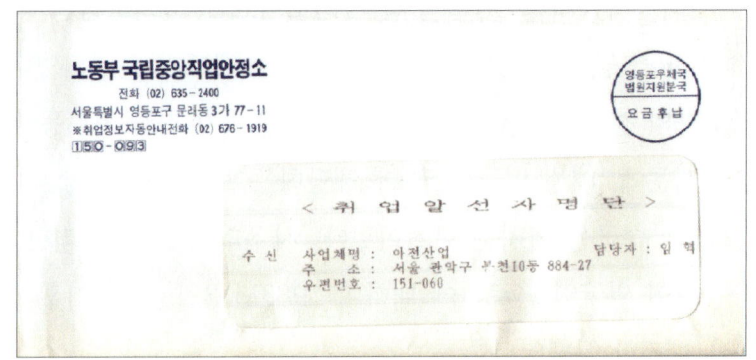

필자가 개발한 창 봉투(상)와 이를 사용한
취업알선장(중), 취업알선자 명단(하) 행정우편 발송 예시

제1장 짱돌의 시작 - 나의 선택, 노동행정 **111**

15
공무원도 외화를 벌 수 있다

가. 폐지된 보험료 환불 방안 찾아

1988년 10월부터 1989년 8월까지 직업안정국 해외지도과에서 해외근로자 지원 업무를 하였다. 당시에 우리나라는 중동 건설 붐이 한창이던 때여서 해외지도과에서 수행하는 업무가 다양했다. 그중 경험을 하나 소개하고자 한다.

사우디아라비아에서는 10년 이상 사회보험료를 사회보험청(GOSI)에 납부하고 60세가 되면 공적 보험(노령연금)을 지급하는 제도가 운영되었다. 그러나 외국인 근로자의 경우는 사우디에 취업해도 1년 내지 최장 3년 동안 근무하다가 귀국하기 때문에, 매월 임금의 5%에 해당하는 보험료만 부담(사용자 부담분 3% 별도)할 뿐 연금 수급은 어려운 현실이었다. 사우디 당국도 이러한 불합리한 문제에 공감하여 외국인 근로자에 대하여 1987년 3월 10일 이후 사회보험(연금)의 적용을 폐지한 상태였다.

그런 상황에서 관련 실태를 조사해 보니, 우리나라 근로자가 1976년부터 보험료를 납부해 오다가 1987년 3월 10일에서야 강제로 납부하지 않아도 되도록 적용이 폐지되었을 뿐, 아무런 혜택이 없는 구조에서 이미 납부한 보험료의 환불 문제 등에 대하여 고민한 흔적이 보이지 않았다.

나는 바로 이 점에 착안하여 현지 노무관(勞務官)이 우리나라 근로자가 납부한 보험료의 환불 문제에 대하여 사우디 당국과 협의하도록 제안하는 방안을 마련하여 과장의 결재를 받아 추진하였다.

협의 제안을 요청한 이후 귀추가 궁금하였고 좋은 소식이 오기를 학수고대하며 기다리고 있었다. 어느 날 외교 행랑 편으로 고시 선배인 노무관이 서신을 보내왔다. 요지는 "되지도 않을 일에 괜히 나서지 말라"라는 취지였다. 더욱이 정부에서 공문으로 요청한 사항에 대하여 노무관의 개인적 서신으로 의견을 보낸 것에서 이 사안을 미온적으로 처리하고 있다는 직감이 들었다.

당초에 이 일은 상사가 시키거나 다른 사람의 아이디어로 시작된 것도 아니었다. 나로서는 뜨거운 열사(熱沙)의 나라에서 고생한 우리 근로자들의 노고를 가볍게 해서는 안 된다는 생각에, 정부의 관련 업무 당국자로서 노력해 보지도 않고 포기하는 것은 용납되지 않았다.

그래서 나는 좀 더 적극적으로 협의에 나서줄 것을 촉구하기 위하여, 수위를 높여 장관의 결재를 받아 외교부 장관을 경유하여 정식 정부 훈령으로 다시 보내는 등 정부 차원에서 관계 부처 공동보조를 취하였다.

그렇지만 현지에서는 상당 기간 아무런 응답이 없었다. 급기야 진행 상황을 챙기기 위하여 주기적으로 국제전화를 걸어 독려하기를 반복했다. 당시에는 기관 운영예산이 적었고 국제전화 요금이 비쌌기 때문에 이 또한 사전 결재를 받아야만 했다. 나는 어릴 적 기찻길 주변 동네에서 자라 평소에 목소리가 큰 편이었는데 유독 전화 통화를 하면 목소리 톤이 더욱 높아졌다. 게다가 답답한 심정에서 나도 모르게 큰소리로 확인하기를 반복했다.

이후 얼마간의 기간이 지났을 무렵 반가운 소식이 당도했다.

사우디와의 협상 결과 "1989년 2월 사우디 왕실의 칙령(勅令)으로 '대한민국 근로자'가 기존에 납부한 사회보험료(근로자 부담분에 국한되고, 사용자 부담분은 제외)는 환불해 주기로 한다"라는 낭보였다. 우리나라에서 사우디에 취업한 많은 형님이나 삼촌뻘 근로자들이 환불받게 된 것인데, 그때 정말 내 일처럼 기뻤다.

당시 우리 근로자가 뜨거운 사막의 낯선 외국에서 힘들게 일하며 월평균

100만 원가량 급여를 받았는데, 당시 사무관 8년 차였던 필자의 월급이 38만 원 정도였다. 대략 매월 5만 원가량의 높은 사회보험료를 부담해 온 데 대하여 환불(1인당 연간 60만 원, 3년 근무 시 180만 원 부담) 받게 된 것은 현지 노무관이 끝까지 포기하지 않고 사우디 당국과 적극적으로 협의에 나서준 덕분에 가능했던 일이었다.

나. 진출업체의 유용에 대한 행정지도로 효과를 두 배로

하지만 사우디에서 이미 귀국하여 국내에 머무르는 해당 근로자들에게 실질적인 도움이 되도록 하는 것이 중요했다. 그래서 이들의 사우디 사회보험료 환불 신청을 지원하는 방안을 찾아 개인별 사회보험번호(GOSI 넘버) 파악, 신청 서류 작성 및 지원창구 설치 운영, 환불 절차 안내와 홍보 방안 등을 마련하고 그에 필요한 상담과 서비스를 하는 문제를 포함하여 해결책 강구에 나섰다.

당초 사우디 정부는 정부나 기업 등 제3자의 관여 없이 해당 근로자의 '개별 신청', '개별 환급'을 원칙으로 하였다. 그러다가 나중에는 사회보험료 환불 방침과 관련하여 한국 정부의 적극적인 역할을 높이 평가하여 1998년 2월부터 대한민국 근로자에 한해서는 예외적으로 '일괄 신청'도 가능하도록 특별히 인정해 주었다.

그 결과 당시 사우디에 취업했던 약 25만 명의 우리나라 근로자들이 1억 2천만 달러(한화 약 1,400억 원)의 외화 수익을 얻게 되었다. 이러한 환불 혜택은 나중에 미국 등 다른 나라에서도 대한민국의 환불사례를 알고 동일한 적용을 사우디에 요구하였고, 이후 모든 외국 근로자에게도 확대하게 되었다고 한다. 그러나 안타깝게도 2003년 1월 이후 사우디가 재정상 어려움에 빠져 정부 자체 구조조정을 하면서 기존에 시행해 오던 조회·확인(환불자격 유무, 기 환불 여부, 사회보험번호 등) 행정서비스가 중단되었다.

그런데 또 다른 문제가 누적되어 있었다. 환불 지원 대책을 마련하면서 깜짝 놀랄만한 비리가 숨어 있었음을 알게 되었다. 당시 사우디 진출 건설업체들이 근로자로부터 사회보험료로 원천 징수한 인원의 절반가량만 사회보험청에 납부하였을 뿐, 나머지 절반은 현지 노무관리 경비로 사용(유용)했다는 것이었다. 그 얘기를 듣는 순간 나는 피가 거꾸로 솟는 것처럼 분노가 치밀어 올랐다. 이렇게 되면 사우디에서 환불해 주어도 기업이 유용한 해당자들은 환불 혜택을 전혀 받을 수 없었다. 그것이 진짜 문제였다.

당장 사우디 진출 국내 건설업체 관계자 임원 회의를 소집하고, 1976년부터 1987년 기간 동안 사우디에 취업한 우리 근로자의 실태를 파악하였다. 특히 원천징수 보험료 미납부로 인해 사회보험(GOSI) 번호가 확인되지 않는 근로자에 대해서는, 그간의 법무부 출입국 기록 자료와 사우디 현지에서 받은 급여의 첫 달과 마지막 달 자료만 확인되면, 해당 사우디 진출 건설업체에서 책임지고 GOSI의 환불액에 상당하는 금액만큼 '조용히' 보상하도록 협조를 요청하였다. 이렇게 하여 근로자들이 실질적 혜택을 받을 수 있도록 하였다. 이렇게 적극적인 행정지도로 문제를 수습할 수밖에 없었다.

그 결과, 사우디 사회보험청(GOSI)으로부터 환불받지 못한 근로자들까지 사회보험료만큼을 돌려받을 수 있게 되었고, 실질적으로 공식 환불액의 두 배가량(2억 4천만 달러, 한화 약 2,800억 원 수익) 효과를 거둘 수 있었다.

이 사건을 처리하고 해결하는 과정에서 행정의 무궁한 가능성을 보았다.

공무원도 맡은 일을 잘하면 막대한 외화를 벌 수 있다는 점이었다. 거기에다 대국민 서비스까지 실현하는 등 행정의 매력(魅力)이 어떤 마력(魔力)처럼 나를 끌어당기는 기분이 들었다.

우리 행정이 선진 일류가 되려면 행정부 구성원들이 각자 맡은 분야에 혼(魂)을 담아 매진하는 자세가 무엇보다 중요하다는 생각이 들었고, 나부터 그런 분위기 형성에 나름 기여하는 공직자가 되어야겠다는 꿈을 꾸었다.

제2장
일자리와 현장
– 정책은 사람을 향해야 한다

01 "아빠, 내일 와": 장애인고용촉진법 제정
02 누구를 위한 고용센터(Ⅰ): "이런 사무실이 좋습니다"
03 누구를 위한 고용센터(Ⅱ): 직원 위주에서 고객 중심으로
04 대통령 주재 행사 사회를 보던 중 목이 날아갈 뻔
05 외국인력 활용과 고용허가제로의 통합
06 지역 일자리 목표 공시제 도입
07 일자리 정부 천명과 대통령 주재 국가고용전략회의
08 민간 전문가들과 함께하는 '정책 포럼' 운영
09 고용보험 제도 시행 관련 부처의 반대와 대통령의 결단
10 모성보호급여를 고용보험 기금에서 부담하게 된 사연
11 청년의 창조적 도전: 글로벌 청년취업(GE4U)과 K-평화봉사단
12 "先 취업 後 진학"과 고졸 청년취업 활성화
13 숙련기술 장려 분위기 확산
14 직업능력개발계좌제 도입: 수요자 중심의 직업능력개발훈련
15 제100차 ILO 총회 기조연설: '성장–고용–복지'의 균형이 지속 가능한 성장 이끈다

01
'아빠, 내일 와': 장애인고용촉진법 제정

1992년 11월호 여성지 『우먼센스』(189~193쪽)에는 발굴 스토리, "장애인으로 처음 청와대비서실 들어간 이채필 씨 감동 인생 36년"이라는 제목으로 다음과 같은 내용이 실려있다.

"2년 6개월 동안 쉬어본 날은 손에 꼽힐 정도로 일에 매달렸다. 노동부에 장애인고용과 직제를 신설했지만, 시간도 인원도 모자라 매일 밤늦게 집에 들어갔다가 아침 일찍 나왔다. 그러다 보니 딸 혜원(당시 4세)이는 아빠가 출근할 때 '아빠, 내일 와'라고 인사할 정도였다."

가. 국장의 특명 : 임무 완수할 때까지 올인(all-in)하라

장애인고용 법제 제정, 기금 설치, 공단 설립, 직제 마련

1989년 8월부터 2년 6개월간 직업안정국 고용대책과(장애인고용과 근무 포함)에서 장애인계는 물론 노사단체 등과 다양한 의견을 조정하고, 보건사회부, 총무처, 경제기획원 등 관계 부처 및 여야 정당 관계자와 협의하고 설명하여 장애인고용촉진법률 제정(1990년 1월 13일 공포)과 시행령, 시행규칙, 관련 고시 등 규정을 만들었다. 또한 장애인고용에 필요한 전문적·기술적 사업과 인식 개선 업무를 추진할 장애인고용촉진공단을 설립(1990년 9월 1일)하고, 이를 재정적으로 뒷받침하는 물적 기반이 될 장애인고용촉진기금을 설치하는 등의 업무를 수행하였다.

법률 제정이나 예산 확보, 직제 개정이나 인력 확보 업무는 단순히 열심히 한다고 해서 되는 것은 아니다. 여야 정당과 국회 및 관련 부처, 경제단체와 장애인단체 등 이해관계자와 협상이나 설득을 잘해야 하는 실로 간단치 않은 일이다. 여기저기 다니면서 직접 부딪쳐 해결해야 하는 경우가 많았고, 국민적 성원에 힘입어야 성과를 얻을 수 있었다.

그런데 내가 장애인고용 업무를 맡게 된 데는 앞서 중앙직업안정소를 비롯한 직업안정 분야에 근무하여 그에 대한 지식이 좀 있었고, 또한 장애인 당사자이기도 하여 다른 사람이 모르고 지나치는 부분까지 쉽게 찾아낼 수 있을 것이라는 윗분(손원식 국장)의 판단에 의해서였다.

직업안정국의 주무과였던 고용대책과 사무관으로 이 일을 시작했지만, 혼자서 모든 업무를 감당할 수 없어 장애인고용촉진 기획단(단장: 직업안정국장, 부단장: 고용대책과장)이라는 임시조직(TF)을 구성하였다. 본부 직할기관이었던 중앙직업안정소 소속 전문직 2명의 근무지원을 받아 내가 '간사'를 맡아 실무적인 책임을 지고 업무를 총괄하며 함께 진행하였다.

당시 이 업무를 총지휘한 국장이 나를 따로 불러, "이 일은 누구보다 자네가 적임자이니 임무를 완수할 때까지 올인(all-in)하라"라는 특명을 내렸다.

이때 국장은 특별한 조치까지 단행하였다.

평소에 좌고우면하느라 의사결정을 미루는 직속 상사의 행태를 알아챈 국장이, 그 상사와 함께 나를 국장실에 불러놓고는 담당 과장에 대한 중간보고와 결재 과정을 생략하고 국장에게 결재를 바로 상신하라는 지시였다. 결과적으로 일개 기안자이자 간사였던 나더러 사실상 부단장(과장)의 역할까지 겸하게 하여 업무를 최대한 효율적으로 추진할 수 있도록 길을 열어준 셈이었다.

그렇지만 나로서는 당시 국장에게 결재를 올리기 전에 반드시 과장에게 구두보고를 하고 준비해 간 사본을 한 부씩 드리며, 진행 상황을 공유하고 보완할 만한 좋은 의견이 있는지 나름 신경을 썼다.

노동부 사무실(정부과천청사 4동) 공간이 협소하여 당시 정부 청사관리소와 협의하여 부득이 청사 2동의 조그만 방을 하나 할애받았고, 책상과 의자 등 사무기기는 예산이 없어 노동연수원에서 쓰던 걸 빌려와 사용했다. 우리는 밤낮을 가리지 않고 일했다. 관계 부처나 장애계(장애 종류별로 여러 단체가 존재하여 다양), 노사단체 등과 업무협의를 하다 보면 주로 우리가 찾아가는 경우가 대부분이었지만, 먼저 제시한 우리 측 대안에 대하여 협의차 찾아오는 경우도 생겼다.

별도 사무실이었던 만큼 우리 부서를 방문한 사람들은 사무실 간판(노동부 장애인고용촉진 기획단)을 보고 얘기를 하다 보면, 협의한 결과가 노동부의 공식적인 방침이 되는 것을 확인하면서 점점 나를 기획단의 실질적인 의사결정 책임자로 받아들이게 되었다. 결과적으로 기획단의 일개 사무관이었지만, 부단장이 공석이고 단장을 겸직한 국장도 업무를 위임하다시피 한 결과, 단장 역할에 버금가는 '부처를 대표하는' 일꾼답게 열심히 일했다.

하지만 이 무렵은 내가 사무관 8~10년 차에 해당하는 시기였고, 거의 3년 가까이 이 일에 묶이면서 개인적으로 도약할 수 있는 절호의 기회를 놓친 데 대한 아쉬움이 컸다. 당시 나는 개인적으로 해외연수를 준비하고 있었는데, 국장은 "자네는 이 일을 마무리할 때까지 다른 부서로 (전보를) 가거나 해외연수는 꿈도 꾸지 말게"라고 강조하며 단호하게 못을 박았다.

당시에는 국비연수 시험에 응시(應試)하려면, 부서장의 '추천'이 필수였다(나중에 언젠가부터 상사의 추천 제도가 없어졌다). 보스였던 직속 상사가 아예 추천도 해줄 수 없다고 하여 이 일에 완전히 묶이고 말았다. 덕분에 나는 우리 부처의 몇 안 되는 대표적인 토종 '국내파' 인사가 되고 말았다.

아내는 가끔 농담 반 진담 반으로 이런 말을 하곤 했다.

"아마 고시 출신 중에 해외연수나 해외 근무를 안 해본 공직자는 이채필 씨가 상위 0.001% 안에 들 거야."

사실 고시 선배였던 바로 윗동서도 다른 부처에 근무하면서 사무관과 국장 시절 영국과 미국으로 두 번이나 국비 해외연수를 다녀왔다. 그러니 바로 가까운 곳에 비교 대상이 있는 바람에, 나는 이 얘기만 나오면 할 말이 없어진다. 결과적으로 주변머리 없는 진짜 '일만 하는 바보'가 되고 말았다.

여담이지만, 그럼에도 불구하고 후일 내가 총무과장을 하던 시절에는 관계부처(행정자치부)와 협의하여 우리 부에 책정된 해외연수 T/O에서 2명이나 더 늘려 후배들의 해외연수 기회가 거의 두 배로 확대했다. 그 무렵 해외연수 업무를 담당하던 부처 인사의 도움을 많이 받았다. 게다가 전 부처를 대상으로 공모하는 정원(T/O)도 있어서, 외국어 실력이 웬만하면 희망자는 거의 100% 해외연수를 갈 수 있는 기회가 주어졌다.

장애인의 고용 문제에 관해 본격적으로 논의하기 시작한 계기는 1988년 서울올림픽이었다. 이후 1989년 8월 28일 장애인고용에 관한 사항을 포함한 '장애자복지 대책'을 보건사회부에서 수립·발표하기에 이르렀다.

우리나라는 법 제정·공포 당시 장애인고용 환경이 열악하여 일본의 관련 법을 근간으로 출발했으나, 나중에는 일본도 놀랄 만큼 우리나라의 장애인고용 정책과 제도가 현장에 순조롭게 접목되면서 장애인고용률도 상승되었고, 장애인을 바라보는 시선도 상당히 긍정적으로 바뀌었다.

이렇게 시작하여 1991년 1월 1일부터 장애인고용의무 제도가 시행되었는데, 그전까지 고용된 장애인은 0.4%로 1만 명이 채 되지 않았지만, 30년이 지난 2021년 말 기준 장애인고용률은 3.1%로 20여만 명(207,795명)이 고용될 정도로 빠른 속도로 증가하였다. 그러나 장애인 실업률이 여전히 전체 실업률보다 2배 이상 높은 현실은 아직 우리가 가야 할 길이 멀다는 것을 의미한다.

참고로 2022년 말 기준 민간 기업에 고용된 장애인 203,138명(고용률 2.9%), 정부부문 장애인 공무원 27,998명(고용률 2.9%), 정부부문 비공무원 장애인 24,852명(6.1%), 공공기관에 고용된 장애인 22,835명(3.8%) 등 전국의 장애인 고용인원은 278,823명(고용률 3.1%)이며, 장애인고용의무 이행률은 43% 수준이다. 다만, 장애인 고용인원과 고용률은 중증장애인 2배수제를 적용한 수치이다.

하지만 중소기업보다 대기업 집단의 장애인고용률이 전체 장애인고용률 평균보다 낮으며, 장애인 고용 의무를 지키는 기업의 비중은 대체로 기업 규모가 커질수록 낮다. 2022년도 기준 민간 기업의 장애인 의무 고용률은 3.1%인데, 현재 상시 근로자 50인 이상 고용 사업주는 일정 비율 이상 장애인을 고용해야 하고, 상시 근로자 100인 이상 기업은 의무 고용률을 이행하지 못하면 부담금을 납부해야 한다.

50~99명 기업은 72%가 고용 의무를 지켰지만, 100~299명과 300~999명 기업은 60%와 50%만 고용 의무를 이행했다. 특히 1,000명 이상 기업은 36%에 그쳐 수준이 낮다. 그렇다면 이는 기업의 규모가 클수록 고용 의무 미이행에 따른 부담금의 구속력을 약하게 받아들이는 반증이다. 이를테면 300인 이상 등 규모가 있는 기업의 장애인고용을 활성화하기 위하여 또 다른 보완책이 필요한 실정이다.

하지만 초기 단계의 방식에 안주하거나 부담금 할증 등 재래식 대처를 계속하는 것은 바람직하지 않다. 공단이 전문적·기술적으로 지원하고 기업의 필요에 의한 장애인 채용으로 장애인고용이 촉진되도록 해야 한다.

따라서 장애인고용부담금 부과가 아닌 국민적 인식 개선과 다각적인 지원을 바탕으로 하는 장애인고용 정책 기조와 업무 추진이 빨라질 수 있도록 부처와 공단은 거듭 혁신해야 한다.

내심으로는 부담금 부과와 징수 등 금전적·관리적 업무에 정부, 특히 공단이 안주하게 될까 봐 관련 업무를 기관 간에 유기적으로 분장하여 부처에 맡겼고, 이 또한 일몰제로 하는 방안도 검토하였으나 그 시기는 진전 상황을 봐서 개선함이 타당할 것으로 생각하여 일단 제외하였다.

나. 심신장애자를 '장애인'으로 법률 제명(題名) 바꿔
(장애인고용법, 장애인복지법)

우리나라의 장애인고용이 좋지 않은 상황에서 이 정도로 진전을 이룬 것도 대단하다고 할 수 있다. 그러나 이 법을 제정할 무렵 장애인 관련 모법에 해당한 "심신장애자복지법"(1981년 6월 5일 제정)의 명칭을 보더라도 '심신장애자'라는 명칭이 사용되었다. 즉, 심신장애자가 법적·행정적으로 정부에서 공식 사용되었음을 알 수 있다.

장애인이라는 용어 이전에 우리나라에서는 심신장애자뿐만 아니라 불구자·폐질자·장해자·장애자 등으로 다양한 용어가 사용되었다. 오늘날 흔히 사용하고 있는 '장애인'이라는 용어는 장애인고용촉진 등에 관한 법률을 제정하는 과정에서 국회 노동위원회 법안심사 소위원회(위원장: 평화민주당 이상수, 위원: 민주정의당 김동인, 민주정의당 정종택, 신민주공화당 김병용, 통일민주당 노무현 의원)가 이를 수용하면서 비로소 법적 개념으로 자리 잡게 되었다.

이에 앞서 1988년 12월 여야 4당(민주정의당, 평화민주당, 통일민주당, 신민주공화당)이 '심신장애자고용촉진법안'이 발의된 상태였고, 이후 국회 노동위원회에서 심의하는 과정에서 1989년 5월까지 3차례에 걸친 법안심사 소위가 진행되기까지는 '심신장애자' 또는 '장애자'라는 용어가 사용되었다. 이때까지는 '장애인'이라는 용어는 전혀 나오지 않았다.

1989년 8월부터 노동부에서 이 작업의 실무를 맡게 된 필자가 '장애인'이라는 용어 사용을 바라는 장애인계의 여망을 적극적으로 수렴하여 11월 20일 국회(5차 노동위원회 소위원회)에 제안하였고, 이후 장애인이라는 명칭이 법적 개념으로 자리 잡게 되었다. 더러는 '장애우'라는 용어를 사용하기도 하지만 굳이 장애인을 친구처럼 장애우라고 하는 것은 적절하지 않았다. 과공은 비례이기 때문이다.

흔히들 피상적인 추론으로 ○○자(者)는 권리·의무의 특정 주체가 되는 개개인을 나타내지만, 자(者)는 의미상 '놈' 자를 뜻하는 데 반해, ○○인(人)은 특정 집단을 포괄하는 총체적 의미에다 사람을 존중하는 의미를 내포할 수 있다는 의견을 소개하였다. 이와 함께 사회적으로 당사자가 받는 일상적인 심리적 거부감을 고려하고, 장애인고용 촉진을 위한 부정적 선입견 해소 차원에서 전향적으로 검토할 것을 요청하였다. 또한 법안에도 '장애인'이란 신체 또는 정신상의 장애로 장기간에 걸쳐 직업생활에 상당한 제약을 받는 사람으로서 대통령으로 정하는 기준에 해당하는 사람으로 해줄 것을 설명하고 건의하였다.

이러한 제안에 대하여 당시 통일민주당 노무현 위원이 가장 먼저 지지 의사를 표명하였다. 그러자 다른 소위 위원들도 공감해 법안소위 위원장인 이상수 의원이 '장애인' 용어를 우리나라에서 처음 법에 사용할 수 있게 처리하였다.

결국 1989년 11월 27일 제7차 국회 노동위원회에서 법안심사 소위원회의 심사안대로 1989년 12월 6일 상임위 의결이 되었고, 12월 13일 국회 법사위 의결을 거쳐 1989년 12월 16일 제147회 국회 본회의에서 의결되어 장애인고용의 근거법으로 모습을 갖추게 되었다. 다만 '장애인고용촉진 등에 관한 법률'(제정)을 1990년 1월 13일 공포(제4219호, 1991.1.1. 시행)한 것은 공포일에 즉시 시행하는 통상의 개정법률과 달리, 이 법은 준비기간을 거쳐 1년 후에 시행될 예정이었기에 즉시 법률 공포 안건으로 국무회의에 상정하지 않아서 처리가 다소 늦어졌다.

장애인고용촉진 등에 관한 법률을 제정하면서 그때까지 정부가 사용해 온 '심신장애자' 대신 '장애인'이라는 명칭으로 국회 노동위원회에서 변경함으로써(1989년 11월 27일 제7차 노동위원회 소위원회) 의미심장한 결과를 가져왔다.

처음에는 우리 법 부칙에 관련 법령의 개정 조항으로 '심신장애자'로 규정된 조항은 '장애인'으로 한다는 조항을 제안하였으나, 그렇게 할 경우 장애인복지의 모법인 심신장애자복지법도 이 법에 의해 고쳐지는 문제와 장애인복지 업무를 총괄해 온 주무 부처인 보건사회부의 자존심(?)이 손상되는 점을 고려하여 다른 방안을 제안하였다.

국회 노동위원회 탁영진 수석전문위원이 가교역할을 하여 국회 보건사회위원회와 법안 심의 상황을 공유하였고, 당시 심신장애자복지법 개정을 논의하고 있었기 때문에 법의 제명과 내용을 '장애인복지법'과 '장애인'이라는 용어로 모두 바꾸게 되었다. 즉, 심신장애자복지법 개정안을 심의하는 과정에서 심신장애자를 '장애인'으로 용어를 변경하고, 장애인복지위원회 설치, 장애인 등록제 실시, 장애인복지체육회 설립 등을 내용으로 담아 개정되었다.

그 결과 이미 시행 중이던 복지법은 제147회 국회 본회의에서 개정 의결되어, 1989년 12월 30일 국무회의에서 공포·시행되었고, 1990년 1월 10일 관보정정(다른 법령에서 심신장애자복지법을 인용한 경우 '장애인복지법'을 인용한 것으로 본다는 부칙의 누락 조항도 추가) 하여 모두 마무리되었다.

두 가지 에피소드

이와 관련한 두 가지 에피소드를 소개한다.

1990년 1월 13일 '장애인고용촉진 등에 관한 법률'의 제정 공포(1991.1.1. 시행)를 위한 국무회의 안건 자료를 회의 장소인 정부서울청사에 제출해야 했는데, 뒤늦게 인쇄 잘못이 발견되었다. 그래서 다시 인쇄하여 제출하려다 보니 시간에 쫓겨 과속 운전을 하다가 하마터면 교통사고를 낼 뻔했다. 마지막 순간까지 가슴을 졸이며 온갖 위험을 감수할 정도로 전심전력을 기울인 덕분에 마감 시간 직전에서야 겨우 소임을 다할 수 있었다.

또 다른 에피소드는 당시 법안심사 소위원회 심의에서 담당 국장이 인사 말씀을 하고 나면 이후부터 실무를 담당하던 사무관이 거의 모든 질문에 답변해야 했다.

당시 노무현 위원이 소위원회 위원 중 한 분이었는데, 실무를 담당하던 나를 인상 깊게 봤던지 나중에 해수부 장관 시절 장관실로 초청하여 격려도 해 주고, 사무실 인근 식당에서 맛있는 점심을 대접해 주기도 하였다. 참 따뜻한 마음을 가진 분이라는 생각이 들었다. 가끔 그날을 회상할 때마다 기분이 좋아진다.

다. 관계 부처의 반대와 설득

이에 앞서 장애인복지 업무에 대한 주무 부처였던 보건사회부에서는 1981년 6월 5일 제정한 심신장애자복지법을 근간으로 심신장애자의 직업재활과 고용촉진을 위한 법률을 제정하려 하였으나, 그 무렵 수년째 소기의 성과를 거두지 못하고 있었다. 그 단적인 예가 바로 보건사회부에서 1984년 10월 11일 심신장애자고용촉진법 제정안을 추진(민주한국당 정정훈 의원이 대표 발의)하였지만, 별다른 호응을 받지 못하고 1985년 4월 10일 폐기될 정도로 그만큼 정부의 미완성 과제였다.

당연하다 하겠으나 장애인고용에 관한 관계 부처 및 경영계를 비롯한 이익단체와의 협의 과정은 어려움이 많았다. 특히 대의 명분상 원론적으로는 찬성하면서도, 구체적으로 각론 단계에 들어가면 본격적인 반대를 하니 경색 국면에 봉착했다. 그럼에도 수차에 걸친 끈질긴 실무협의 결과 경제기획원, 총무처, 국가보훈처 등 여타의 부처와는 어느 정도 의견 접근이 이루어졌는데, 정작 보건사회부가 가장 비협조적으로 나왔다.

보건사회부는 장애인복지 정책의 주무 부처라는 이유로 다른 부처(노동부)에서 장애인 관련 정책에 관여하거나 개입하려는 것을 싫어해 원천적으로 논의를 거부하여 실무협의 자체가 이루어지지 않았을 정도로 철벽과 같았다.

장애인복지는 보사부의 업무이며, 아울러 장애인의 취업을 위하여 노력해도 그동안 잘되지 않았는데 관련 업무를 해보지도 않은 노동부의 경우는 해보나 마나 뻔하다는 식이었다. 보사부의 그런 입장이 이해되지 않는 것은 아니었지만 그렇다고 해서 다른 방식으로 업무를 적극적으로 추진할 기회를 그냥 포기할 수는 없었다. 고민 끝에 나로서는 최후의 비상 수단을 강구할 수밖에 없었다.

행정업무는 실무적으로 협의하고 점차 상향식으로 마무리하는 Bottom-Up 방식이 대세였다. 하지만 이 방식을 계속 고수해서는 더 이상 진전이 되지 않아 다른 방법이 필요했다. 그래서 고민을 거듭하다 다분히 정치적인 접근이 필요하다는 생각에 이르렀고, 지금까지 행정을 하면서 통상적으로 생각도 하지 않던 특단의 비책인 Top-Down(하향식) 방식으로 협의에 나서기로 결심했다. 그러나 일개 사무관이 혼자 나서봐야 어느 부처든 나를 만나거나 상대해 줄 리 만무했다. 그렇다고 정부가 하는 일에 읍소 전략을 쓰는 것도 적절치 않았다.

그래서 법령안 내용과 부처 간 협의 진행 상황을 리더십이 탁월한 정동우 차관에게 보고하고, 우리 부 차관이 보사부 차관에게 연락하여 노동부 담당관을 보낼 테니 보고를 한 번 받도록 해줄 것을 건의하였다. 참 다행스럽게도 호랑이 차관으로 불릴 만큼 매사에 꿰뚫어 보기로 소문난 정 차관이 그 건의를 들어주고, 내 앞에서 즉시 윤성태 보사부 차관에게 전화를 걸어주었다. 기분이 뛸 듯이 좋았다. 하지만 한편으로는 부담도 되고 떨렸다. 왜냐하면 내가 만약 보사부 차관을 설득하지 못하면 더 이상 진전을 이룰 방법이 없어 보였기 때문이다.

나는 무거운 발걸음으로 곧바로 보사부 차관을 만나 뵙고 우리가 구상한 정부(노동부 차원을 넘어서는 범위)의 장애인고용 촉진 방향을 보고하고 부처 간 협조가 필요한 업무임을 강조하는 말씀을 드렸다. 긍정적인 반응을 보였다. 그때 나는 10년 묵은 체증이 풀린 것처럼 속이 확 뚫리는 기분이었다. 드디어 업무에 진도가 나갈 희망이 보였다. 그럴수록 나는 정신을 차리자고 다짐했다. 우리 부처로 속히 돌아와 결과 보고를 할까 하는 생각을 하다가, 내친김에 그 자리에서 보사부 차관께 다른 부탁을 하였다.

이왕 여기까지 온 김에 담당 국장에게도 보고드릴 수 있도록 해달라고 건의하였다. 만약 오늘 일정이 어려우면 보고가 가능한 다른 날이라도 기회를 만들어 달라고 하였다. 인터폰으로 그렇게 지시하는 얘기가 시작되자마자 나는 바로 차관실에서 국장실로 자리를 옮겼다.

이어서 사회국장을 만나 보사부 차관의 소개로 왔다고 하면서 장애인고용 업무의 취지와 목적, 앞으로의 입법계획을 설명하고 싶다고 서두를 꺼냈다. 그러곤 관련 실무를 관장하는 재활과 관계자가 배석한 가운데 보고드리고 싶다고 하니, 재활과장과 담당 이 모 사무관이 국장실에 들어왔다. 앞으로 장애인의 고용과 노동시장에 관한 일은 노동부에서 추진할 것이나, 장애인의 취업과 관련한 재활 정책은 보사부의 의견을 받아서 할 것이라고 제안하는 2-Track 전략으로 설명하였다. 이와 같이 단계별로 나누어 각개격파(各個擊破) 방식으로 추진했다.

최선정 사회국장은 이러한 보고를 듣고 긍정적인 반응을 보였다. 인터폰으로 차관의 연락을 받은 국장은 이미 큰 방향은 되는 것으로 심증을 굳힌 듯했다. 다만 그동안 보사부에서 심신장애자고용촉진법을 추진해 왔으나 실패한 상태에서, 노동부가 적극적으로 나오니 다른 부처 실무자끼리 불편해진 문제를 가급적 원만하게 해결하길 바라는 입장으로 보였다.

전통적인 보사부의 장애인 정책은 직업 활동을 하지 못하는 약자에게 시혜와 세금으로 삶을 이어 나갈 수 있게 하는 복지적 정책을 펼쳐온 데 반해, 노동부는 고용의 측면에서 바라보고 정책을 추진하려는 것이었기에 두 부처의 관점이 달랐다. 그래서 장애인고용은 직업 활동의 가능성을 계발하여 훈련하고 취업을 통하여 자립하게 하는 것이 목적이었다.

순수한 장애인고용 정책은 장애인에 대한 시혜성 복지 차원의 접근이 아닐 뿐만 아니라, 노동시장에서의 고용(雇傭) 문제가 핵심이자 근간이므로 경제활동인구나 노동시장 업무로 접근하는 것이 합리적임을 설득했다. 다만 실제 장애인의 특성과 현실에 적합한 정책 도출이나 추진은 부처 간 업무영역 경쟁 대신 협업을 통하여 상호 보완하는 것이 타당하다고 보았다.

장애인도 취업 활동을 하게 하여, 사회의 일원으로 자립심을 키워주고 일을 해서 돈을 벌어 자기 삶을 스스로 이어가도록 하며, 국가의 도움만 받는 복지의 수혜자에 머물지 않고 납세하는 국민이 되게 하는 일석삼조(一石三鳥)의 효과를 거두는 것이 장애인고용촉진법의 취지이자 목적이었다. 이를테면 잡은 물고기를 먹을 수 있도록 하는 것이 보사부의 복지 정책이라면, 물고기 잡는 방법을 가르쳐 스스로 자립하게 하는 것이 노동부의 고용정책 상 주된 목적이었다.

사회국장이 주재하는 회의에서도 실무자는 여전히 부정적인 입장으로 반대하는 기류였다. 하지만 보사부 재활과 사무관을 상대로, 정부 부처끼리 힘겨루기가 아닌 함께 효과적인 정책을 추진해야 함을 끈질기게 설득한 끝에 흐름이 달라지기 시작했다. 즉, 그동안 노동부가 주도하는 법 제정은 절대(絕對) 안 된다는 강한 반대(反對) 입장에서, 이제는 소극적 불반대(不反對) 입장으로 조정되었다.

이렇게 하여 관계 부처 중에서 지금까지 우리 부 안에 대하여 부정적이거나 소극적인 의견을 낸 경제기획원, 총무처 설득에 이어 그동안 가장 반대의 강도가 센 부처였던 보건사회부와도 입장이 정리되어, 이 일을 추진하는 데 마치 날개라도 단 것처럼 진도가 나가게 되었다.

물론 그 외에도 장애인고용의무 수준(기준고용률), 부담금 산정기준(부담 기초액), 공단의 임직원 중 장애인의 구성 비율 등에 대하여 의견 접근을 이루기까지 관련 부처 사이에 많은 난관이 있었다. 아울러 장애인고용의무를 이행하지 않을 경우, 사업주에 대한 일종의 사회적 제재에 해당하는 '명단 공표'의 근거를 장애인고용촉진법에서 규정하였다. 그 결과 우리나라에서 명단 공표 제도의 효시가 되었을 정도로 심도 있게 일했고 이 모든 방안은 우리 기획단 직원들이 어느 한순간도 허투루 보내지 않고 고민에 고민을 거듭한 결과였다.

이 법에서 정한 장애인고용 의무제(할당)는 ① 장애인고용 의무제 ② 실시계획 수립 및 실시 상황의 제출과 변경 명령 ③ 의무 미이행에 따른 장애인고용부담금 제도 ④ 명단 공표를 주축으로 하는 쿼터제를 기반으로 만든 제도로 사업주의 인력 운영에 대한 자율성을 침해하는 강력한 시장 외적 강제 수단이다(법 제27~33조). 특히 공공기관(지방공기업 포함) '정원'의 3%를 '매년' 신규 채용(新規採用) [기간제 등 비정규직 위주]하게 하는 청년 특별고용 방식과 달리 정원의 일정 비율만 장애인고용을 유지(維持)하면 되도록 하여 노동시장의 부작용을 줄이고자 신경을 썼다.

* 고용노동부 장관의 임무: 국가와 지자체의 장애인고용의무와 장애인공무원 채용계획 수립과 실시상황 제출 의무 및 변경 명령, 명단 공표, 사업주의 장애인고용의무와 명단공표, 사업주의 장애인고용계획 수립과 실시상황 제출 및 변경 명령(미제출이나 위반 시 과태료 1천만 원), 명단 공표 등, 장애인고용장려금 지급, 부담금 납부, 사업주의 부담금 신고납부 의무(미신고나 거짓 신고 시 과태료 2백만 원 부과)
사업주의 책임(법 제5조), 장애인의 자립 노력(법 제6조) 그리고 장애인과 사업주를 위한 고용노동부 장관(공단)의 다양한 지도와 지원 업무(법 제10~26조, 43조)를 중요한 비중으로 규정하였다.

* 사업주의 책임: ① 장애인고용에 관한 정부의 시책에 협조, 장애인이 가진 능력을 정당하게 평가하여 고용의 기회를 제공, 적정한 고용관리 의무 ② 장애인이라는 이유로 채용·승진·전보 및 교육훈련 등 인사관리 상 차별 대우 금지

* 장애인의 자립 노력 등: ① 직업인으로서의 자각을 가지고 유능한 직업인으로 자립 노력 ② 장애인에 관한 정부의 시책에 협조의무, 장애인의 자립을 촉진하기 위한 노력 의무

* 공단의 사업: 장애인 고용촉진 및 직업재활에 관한 정보의 수집·분석·제공 및 조사연구, 장애인 직업상담, 직업적성검사, 직업능력평가 등 직업지도, 직업적응훈련, 직업능력개발훈련, 취업알선, 취업 후 적응지도, 직업생활상담원 등 전문요원의 양성연수, 사업주의 장애인고용환경 개선 및 고용의무 이행 지원, 직업재활

및 고용관리에 관한 기술적 사항의 지도 지원, 직업적응 훈련시설, 직업능력개발 훈련시설 및 장애인 표준사업장 운영, 장애인 취업알선전산망 구축관리 홍보교육 및 장애인기능경기대회 등

한편으로 필자는 업무 담당 사무관이면서 동시에 장애 당사자였기 때문에 장점도 있었다. 그것은 여야 정당과 국회, 노사단체와 20여 개 장애인단체의 사람들을 만나 설명할 때마다 자연스럽게 진정성을 느끼게 되어서 그런지, 웬만한 쟁점은 어렵지 않게 납득되는 양상으로 진전되었다. 특히 장애 당사자인 내가 실무자로서 각 정당의 관계자와 의원을 만나 설명하니 의구심을 가지지 않았고, 여소야대(여당: 민주정의당 125석, 야당: 평화민주당 70석, 통일민주당 59석, 신민주공화당 35석 등) 정국을 활용하여 어느 한 정당에서 동의하면 그 결과를 다른 정당과 의원에도 알려주니 국민과 언론에 서로 장애인고용촉진법 제정을 반대하는 정당으로 비치지 않으려고 서둘러 동의하기도 하는 경향도 보였다.

한편으로는 가장 어려운 업무협의 상대는 실무적으로 이것저것 모두 따져보는 정부의 관련 부처였다. 그러니 행정이야말로 여야에 흔들리지 않고 정치적인 중립을 유지하며 모든 국민이 안심하고 맡겨준 국민의 진정한 공복이자 책임감을 가지고 일해야 하는 기둥뿌리와 같다는 느낌이 들었다.

나는 비록 장애인 당사자였지만 장애인의 입장에서만이 아니라 국민경제와 여러 경제 사회적 측면과 형평을 고려하는 제도가 되도록 법률을 입안했다. 부연하자면 장애인이었기 때문에 어떤 측면에서는 장애인이 아니면 느끼지 못하는 현실의 벽을 더 잘 알았기에 이러한 측면에서 보다 섬세하고 정교하게 반영할 수 있었다.

의견 수렴과 프로세스 관리의 중요성

나는 이 일을 하면서 장애인으로서 단지 얼굴이나 간판이 아니라, 열정으로

무장된 주역(主役)으로 부딪치며 나서니 더 많은 성과를 보태는 데 도움이 되었다고 생각한다. 세상사는 동전의 앞뒷면과 같이 빛과 어둠의 양면성이 있는 것처럼 장애가 있는 사람은 사회생활에서 아주 불리한 위치에 있을 것으로 생각했던 내가 의견 차이가 있던 여야와 노사, 특히 여러 부처 관계자를 설득하고 협의하는 데 유리한 측면도 있음을 새삼스럽게 경험하게 되었다. 역설적이었지만 그런 활동을 하는 자신도 쓸모가 있게 느껴지고 보람으로 뿌듯하기도 했다.

그런데 만약 이 법을 제정하려고 장시간 노력하였으나 성과를 거두지 못한 그 부처에 내가 소속되어 있었다면 어떻게 되었을까? 반대로 내가 없는 상태에서도 과연 노동부는 소기의 성과를 거둘 수 있었을까?

보사부에서는 평소 장애인계의 여망을 너무나 잘 안다고 생각해서 관련 단체와의 구체적인 협의 없이 법안을 작성해도 무방하다고 여긴 데 반해, 노동부는 처음 하는 일이다 보니 담당 사무관이 적극적으로 의견을 교환하는 등 자리를 만들어 협의하는 모습에서 결과적으로 불신이 해소되며 지지와 응원을 보내주었다.

업무에 조금씩 진척이 나자, 황연대 정립회관 관장을 비롯해 장애인계의 몇몇 인사들이 직접 사무실로 찾아와 "천군만마(千軍萬馬)를 얻었다"라고 말할 정도로 고마워하며, 만나는 사람들에게 우호적으로 이야기하는 등 든든한 우군(友軍)으로 받아들이는 분위기가 조성되었다.

하지만 새로운 분야의 법제와 사업(당해 연도 추경예산과 다음 연도 예산을 신규로 편성하는 사업 설계 등), 행정이었기에 장애인고용 업무에 참고할 수 있는 선례도 없었다. 머리를 싸매가며 고민하여 짜낸 아이디어를 가지고 다가가니, 보다 크고 빠른 진척을 이루어낸 셈이다.

분명한 건 당시 우리 부처 지휘관의 탁월한 용인술과 업무에 몰입하여 일하도록 지휘한 손원식 국장의 열정이 주효했다는 생각이 든다. 2년 반이란 기간 동안 그 모든 일들을 해내느라 개인적 손해도 감수하기도 했고, 막중한 격무에 시달리며 힘들었던 것은 엄연한 사실이다.

<참고> 기자 칼럼, 장애인복지신문, 1990년 4월 13일

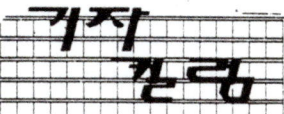

"대립과 협력"

어쩌면 가장 거리가 먼 두 단어가 알고보면 종이 한장 차이라는 사실을 실감하는 두가지 사건이 지난 주간에 있었다.

'함께걸음' 창간 2주년 기념식에 이은 장애인고용촉진법안에 대한 토론회에서 노동부측 참석자는 노동부측 시안이 마련되어 있으나 현재 밝힐수 있는 단계는 아니라는 솔직한 전제에 이어 사견임을 밝히며 장애인고용촉진법안에 대한 의견을 그날 참석한 인사들과 교환하였다.

그 자리는 서로 자신의 입장을 밝히는 가운데 서로간의 일에 도움을 주고 받는 의미있는 자리였다. 오는 14일 정립회관에서 있을 장애인복지법 시행령 개정령에 대한 공청회를 앞두고 보사부측과 공대위측은 서로 상대방의 대안을 탐색하기 위하여 신경을 곤두세우고 있었다. 개정령(안)의 공개를 둘러싸고 한차례, 개정령(안)에 대한 공개질의서를 둘러싸고 또 한차례의 논란을 벌인 공대위측과 보사부측은 서로간의 주장을 정당화하기 위한 대안들은 숨긴채 14일의 공청회를 기다리고 있는 것이다. 참으로 숨가쁜 국면이다.

이러한 두가지 사건을 놓고 대비해 볼때 우리의 결론은 단순하다.

누가 어떻게 장애인을 위하고 있는가? 그리고 행정당국의 진지함은 누구를 위한 것인가?

〈조근태 기자〉

라. 공단 설립과 기금 출연 난관

1990년 6월 28일 국회 추가경정 예산안을 심의할 당시, 불과 반년 후인 법 시행일(1991년 1월 1일) 이전에 장애인고용촉진공단을 설립하기 위하여 장애인고용촉진기금에 예산 출연(7억 원)하는 것과 관련하여, 국회 예결위 관계자(입법심의관)가 법적으로 불가능하다는 입장을 고수하는 바람에 진통을 겪었다. 하마터면 의무제 시행에 필요한 실무업무를 수행하는 공단 설립이 어려울 뻔했다.

1991년 1월 1일 이 법의 전면 시행을 앞두고, 법 부칙에는 "이 법 시행일 이전에 공단을 설립하고, 이에 필요한 예산을 지원할 수 있다"라는 경과규정을 두고 있다는 점과 법 시행일 이전에 공단을 설립하기 위해서는 입법 취지상 필요한 예산지원이 불가피하며, 아울러 국회에서 심의 의결하는 예산의 '법률적 효력'에 의하여 1990년도 중 장애인고용촉진기금에 대한 출연과 동 기금의 설치는 가능하다는 논거로 설득하였다. 그럼에도 예산심의는 계속 보류되었고, 심의 일정상 막판 시한에 쫓겨 어려움이 컸다.

나로서는 부득이 또 다른 비상 수단을 찾지 않을 수 없었다. 그것은 제3의 권위 있는 기관의 객관적 판단에 해당하는 법제처의 유권해석을 받아, 그 질의회신 공문을 국회에 제출하면 수용하기로 하자는 제안을 하기에 이르렀고, 결국 그도 그렇게 하기로 동의하였다.

　당장 1990년 7월 3일 노동부에서 법제처에 장애인고용촉진법 부칙 제2항의 규정에 의한 장애인고용촉진공단의 설립 시기 등에 관한 질의회시를 요청(노동부 법무 01255-9308호)하였고, 법제처에서는 바로 다음 날인 1990년 7월 4일 "장애인고용촉진 등에 관한 법률 부칙 제1항 및 제2항의 규정에 의하여 1991년 1월 1일 이전에 장애인고용촉진공단을 설립하고, 장애인고용촉진기금에 정부가 출연하는 것이 가능하다"는 입장(법제처 기획 02102-14호)을 밝혀 주어 뜨거운 쟁점을 겨우 해소할 수 있었다.

　당시 법제처 질의회신이 통상적으로 1개월 가까이 기일이 걸리는 게 관례였는데, 담당 법제관이 신속하게 처리하고 법제처 차장의 결재까지 당일에 받아 주었다. 그러니까 질의회시 요청 하루 만에 법제처의 질의회신을 받아낸 것이다. 덕분에 난관을 극복할 수 있었다. 그 결과 1990년도 추경예산 국회 심의 일정에 가까스로 맞출 수 있었고, 1990년 9월 1일 장애인고용촉진공단도 설립할 수 있었다.

　담당 법제관은 워낙 실력이 출중하였을 뿐만 아니라 판단도 빨랐기 때문에 이례적일 정도로 신속하게 처리될 수 있었다. 하지만 당시에 그는 법제처 안에서 실력은 출중해도 성격이 까다롭다는 평판이 나 있어서 그와 함께 법제심사나 업무 협의하는 것을 어렵게 생각하는 사람들이 꽤 있었다. 그렇지만 나는 그렇지 않았다. 사람은 천차만별이어서 개인적 인간관계와는 별론으로 성격이 좀 특이해도 실력이 있고 판단 잘하는 사람이 더 좋았다. 이렇게 어려운 고비를 하나씩 넘겼으나 또 다른 도전이 나를 기다리고 있었다.

〈법제처 질의회신 공문〉

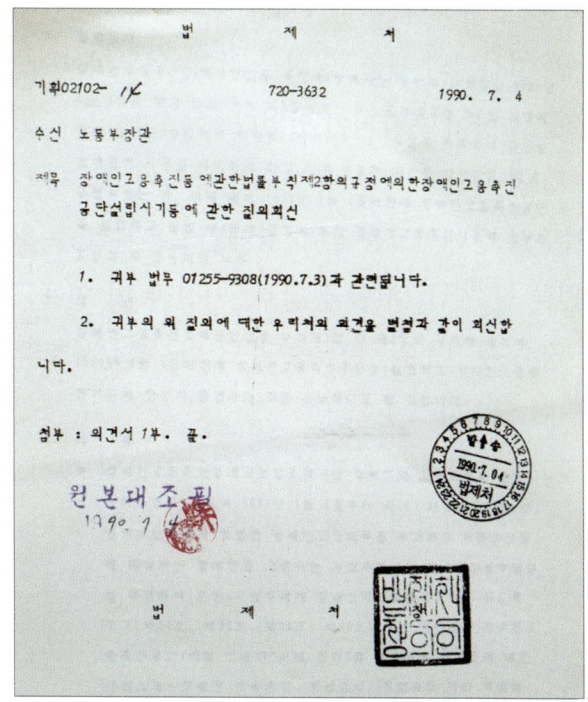

마. '쪼개기' 입법 권유와 "아빠, 내일 와"

이 법에는 ① 장애인고용촉진에 관한 기본법 ② 공단법 ③ 기금법 등의 성격을 포함한 종합법률에 해당하는 내용을 모두 담았다. 우여곡절을 겪어가며 제정 당시 이 법(제정법률)은 모두 6개 장 65개 조항과 부칙 4개 조항으로 구성되어 있었다.

제1장은 총칙 규정으로 목적, 정의, 국가 및 지방자치단체의 책임, 사업주의 책임, 장애인의 자립 노력, 장애인고용촉진 기본계획, 장애인에 대한 직업지도, 장애인에 대한 직업훈련, 취업 후 적응지도, 사업주에 대한 자료제공, 고용지도 사항이 담겨있었다(11개 조항).

제2장은 장애인고용촉진공단의 설립·운영 근거 규정으로서 공단 설립, 법

인격, 사무소, 설립등기, 정관, 임원의 임면, 임기, 직무, 결격사유, 겸직 제한, 이사회, 직원 임면, 산하기관, 국유재산 등의 무상대부, 자금차입, 공단 회계, 사업계획 승인, 결산서의 제출, 잉여금 처리, 업무의 지도 감독, 유사 명칭 사용금지, 민법준용 사항이 포함되어 있었다(22개 조항).

제3장은 장애인고용촉진의 기본 규정으로서 국가 및 지방자치단체의 장애인고용의무, 사업주의 장애인고용의무, 장애인고용계획 수립(우리나라 최초의 명단공표 제도 도입), 지원금 등 지급, 부담금 납부, 가산금 및 연체금 징수, 통지, 독촉 및 체납처분, 징수 우선순위, 서류송달, 소멸시효, 시효의 중단, 결손처분에 관한 내용이 들어 있었다(13개 조항).

제4장은 장애인고용촉진기금에 관한 것으로 기금의 설치, 재원, 용도, 운용, 관리, 회계기관, 기금계정의 설치가 포함되어 있다(6개 조항).

제5장은 보칙으로서 장애인직업생활상담원, 해고의 신고, 보고와 검사 등, 서류의 보존, 세제지원, 경비보조, 국가 및 지방자치단체에 대한 특례, 협조, 권한의 위임·위탁이 규정되어 있었다(9개 조항).

제6장은 벌칙 조항으로 벌칙, 양벌규정, 과태료, 공무원 의제 근거가 포함되어 있었다(4개 조항).

부칙은 시행일, 공단의 설립 준비, 정관의 작성인가와 설립등기, 설립위원의 사무인계 조항이 규정되어 있었다(4개 조항).

중앙부처의 공무원, 특히 본부에서 해야 하는 가장 중요한 일은 다음과 같다. 국내외 정세와 여건 변화에 부응하는 적절한 정책을 개발하고 시행하는 것인데, 그 과정에서 필요한 정책을 제도화하기 위한 법령의 제정과 개정, 예산과 기금의 확보, 직제 개편(산하기관 포함) 등이다. 그렇지만 중앙부처 공무원들이 상당 기간 본부에서 재직하더라도 ① 법률 제정 ② 예산 확보 ③ 정부 부처 직제와 ④ 정부산하기관인 공단 설립 등의 업무를 모두 처리하는 경험을 하는 공무원은 그리 흔치 않다.

그런데 나는 이 업무를 처리하면서, 사무관 시절에 이미 법률 제정, 추경 편성을 포함한 신규 예산 확보, 정부 부처 직제(1991년 3월 25일 장애인고용과 신설)와 산하기관인 공단(장애인고용촉진공단) 설립 등의 분야를 한꺼번에 모두 경험하는 행운을 맞았다. 다시 말해서 노·사 및 장애인단체는 물론이고 국회와 관련 부처 등과의 협의나 협상을 포함한 행정업무에 관한 종합 실습을 하게 되는 절호의 기회를 가진 시간이었다.

당시 공단 설립 단계에서 노동부 경력자 중 공단 전출 희망자를 모집할 때 특별한 조건을 부과하는 조치를 하였는데, 이는 주로 3년을 전후하여 공직 은퇴를 앞둔 사람 대신에 향후 10년 이상 공단에서 근무할 수 있는 50세 미만의 의욕적인 인사를 대상으로 하였다. 그것은 초창기 직원들이 적어도 강산이 한 번 정도 변한다는 차원을 넘어 중장기적 시각으로 임하도록 하기 위한 의도였다.

한편으로 이 법은 기본법+공단법+기금법의 성격을 포함한 장애인고용에 관한 종합법률이므로 1개의 법률에 모두 담기보다는 3개의 법으로 각각 나누는 소위 '쪼개기' 입법을 권유하는 선배의 조언이 있었다.

당시 정부에는 내용별로 각각 그렇게 나누어 만든 법률 사례들이 실제로 있었다. 예컨대 직업훈련 분야에 ⓐ 직업훈련기본법 ⓑ 산업인력공단법 ⓒ 직업훈련촉진기금법, 그리고 산업안전 분야에 ⓐ 산업안전보건법 ⓑ 산업안전보건공단법 ⓒ 산재예방기금법 등 각각 3개의 법이 그런 입법례였다.

물론 환경 관련 입법에도 당초 단일법인 환경보전법에서 출발하였지만, 나중에 대기환경보전법, 수질(물)환경보전법, 폐기물관리법, 폐기물처리시설의 설치추진 및 주변지역 주민지원법, 환경정책기본법 등 여러 개로 나뉘어 분법되었다.

그런 상황에서 선배 공무원들이 경험한 바를 토대로 후배인 나를 아끼는 마음으로 충고하면서 너무 업무에만 매달려 서두르거나 진을 빼지 말고 천천히 여유를 가지라고 하였다. 그래야 스트레스도 덜 받고 공적이나 성과도 3배가량 늘어나 인사관리나 승진에도 유리하다는 말씀이었다. 하지만 나의 개인적 유불리보다 국가적 과업이 우선으로 생각되어 애정이 담긴 조언이었지만 나의 양심(良心) 상 따르기 어려웠다.

더구나 법률을 제정하는 과정에서 내용을 쪼개 분법 형태로 추진하면 만약 어느 하나의 법률이나 일부 조항이 지연되거나 누락되면 관련 조항끼리 유기적(有機的)으로 작동되지 못하게 되고, 추후 장애인고용 정책 기조를 전환하거나 법령을 운영하는 과정에서도 관련 법령 간 개정 작업을 따로 할 경우 적기(適期)에 이루어지지 않거나 분절적(分節的)으로 될 우려가 뻔해 하나의 통합법률로 추진하는 것이 바람직하다고 보았다. 실제 환경법 관련하여 분법 이후 이런 문제가 발생하기도 했다.

또한 나 자신이 순진해서 그런지 몰라도, 힘들고 성과를 제대로 인정받지 못하는 한이 있어도 본질적으로 중요한 것보다 부차적인 것을 우선할 수는 없었다. 급박한 업무 추진 여건 때문에 개인적 신상 관리야 어떻게 되든 그런 문제에는 신경 쓸 겨를이 없었다. 그렇게 하여 하나의 통합법률 제정에 시행령, 시행규칙 및 장관 고시, 예규 마련 등 하위 규정까지 제정하고 1991년 신규 예산을 확보하여(1990년 추경 편성 포함), 공단 설립을 추진하느라 정말 눈코 뜰 새 없이 바빴다.

1989년 8월부터 1992년 2월까지 2년 6개월 동안 쉬어본 날은 정말 손에 꼽을 정도로 일에만 매달려야 했다. 바쁘게 현안을 처리하다 보니 이런저런 모임에 얼굴 보이는 일도 소원하게 되는 등 그 무렵 사무실에 출근하지 않은 날은 일요일을 포함하여 한해를 통틀어 열 손가락 이내였을 정도였다. 그러니 좀처럼 여유를 갖기 어려워 집안의 경조사 등에는 소홀하기 일쑤여서 하나뿐인 처남의 결혼식에도 참석하지 못할 정도로 예의조차 차리지 못했다.

겨울철에는 늦게까지 작업하다가 밤에는 사무실 난방이 되지 않아 동료와 함께 집에 와서 라면으로 간식을 먹어가며 대안을 만들기도 했다. 그렇지만 장애인단체와 노사단체 그리고 관계 부처와 협의하면서 설득력 있는 분석 자료를 제시하고 의견 접근을 이루는 등 어렵사리 협의를 마치고 나면 그때까지의 고통은 마치 봄눈 녹듯 금방 자취를 감출 때의 뿌듯함과 신비함은 하늘을 나는 것 같았다.

특히 1989년 여름부터 이 업무를 시작한 이래 장애인고용촉진 기획단 형태로 사무관 혼자 전문직 2명과 함께 하는 과정에서 법제 마련과 정책 구상, 사업계획과 예산안 작성 등 모두 처음 시도하는 신규 업무였기에 우리는 '개척자'처럼 일한 시간이었다. 그러다가 1991년 3월 노동부 본부에 장애인고용과 직제가 만들어지면서 사정은 조금 나아졌다. 비로소 이 업무를 전담 지휘하는 과장도 오셨고, 실무를 하는 사무관 1명과 주무관 2명, 실무관 1명이 추가 보강되었다.

노동부에 장애인고용과 직제를 신설했지만, 1991년부터 장애인고용 의무제가 시행된 초기였기에 국회 등에서 요청하는 자료나 보고 요구가 많아 일정에 맞추어 일이 처리되어야 했기에, 인력과 시간은 여전히 모자라 나의 퇴근 시간은 늘 깊은 밤중이었다. 그러니 아침에만 얼굴을 보는 딸 혜원(당시 4세)이가 "아빠, 내일 와" 하던 인사말이 귓가를 맴돈다.[5] 아무쪼록 완수해야 하는 업무여서 최선을 다하려 스스로 다독였다. 일과의 싸움이자 시간과의 전쟁이었다.
"미치지 않으면 미치지 못한다"라는 불광불급(不狂不及) 사자성어처럼, 나 역시 어떤 일을 하는 데 거의 미친 사람처럼 그 일에 미쳐야 목표를 이룰 수 있었다. 일할 때의 열정이나 책임 있는 자세가 그만큼 중요하다고 보았다. 그렇

---

5. 『우먼센스』 발굴 스토리, '장애인으로 처음 청와대비서실 들어간 이채필 씨 감동 인생 36년', 서울문화사, 1992.11월호 189~193쪽

게 미친 듯이 매진하고 일을 빨리 마무리한 덕분에 해당 업무에서 해방되는 시기도 조금 앞당겨진 것 같다.

한편으로는 나중에 고용정책실에서 국장(고용정책심의관)으로 일하던 시절, 어느 상사가 장애인고용촉진기금 사정에 여유가 있을 때 기금을 아낌없이 활용("다 써버려야 한다")하여 여러 사업을 추진하자는 의견을 담당 국장(고용평등심의관)에게 제안하는 장면을 목격하게 되었다.
하지만 그것은 장애인고용의무 불이행으로 징수하는 부담금 수입을 바탕으로 집행하는 것이기에, 장차 사업주의 의무 이행 수준이 개선되어 의무를 초과하여 고용할 경우 정부가 계속 지원하는 장려금 지출 소요가 늘어나 기금의 수입-지출 관리와 정책을 장기적 시각으로 펼쳐야 하는 것임을 옆에서 강조하며 거들어주기도 하였다. 그만큼 당국과 행정가의 정책 기조와 멀리까지 내다보는 정책적 시야가 중요했다.

다른 한편으로 1989년 11월 무렵, 부처 간 업무협의를 하면서 결정적 고비의 순간에 만났던 보사부 사회국장을 다시 만나게 된 것이다. 최선정 국장은 1992년 12월 대통령비서실 경제수석실, 보건사회비서관(보사부·노동부·환경처 업무 소관)으로 청와대 인사 발령이 났다.
그에 앞서 나는 1992년 9월부터 청와대 보건사회비서관실 행정관으로 이미 파견근무하고 있었기에 우리는 자연스럽게 함께 일하는 같은 부서의 구성원이 되었다. 이후에도 그분은 2000년 2월부터 8월까지 노동부 장관으로 취임해 왔기에 또다시 같이 일하게 되었다. 이 일을 하는 동안 만나는 사람들과의 인연의 소중함과 오묘함도 느꼈지만, 참으로 다양한 경험과 많은 사연이 쌓여 나의 자산이 되어갔다.

1991년 4월 20일 제1회 장애인고용촉진대회 행사를 기념하고
이를 홍보하기 위한 기념우표 발매 설명자료(좌)와 기념우표 1세트(우)

『우먼센스』 1992년 11월호(189~193쪽)에 게재된 인터뷰와 사진

제2장 일자리와 현장 – 정책은 사람을 향해야 한다

〈참고〉 최틀러 장관의 색다른 기선제압

그즈음 언론인 출신 정치인 장관이 대통령 특보로 옮기고, 1990년 12월 27일 또 다른 언론인 출신이 우리 부의 장관으로 부임했다. 첫 주에 진행 중인 업무에 대하여 장관께 보고하러 갔다.

나는 준비한 보고서를 장관께 드리고 내용을 설명하려는데, 최 장관은 보고서의 앞장을 한 번 휙 훑어보다 곧바로 뒷장을 넘기다 말고는 책상 위에 있던 연필로 (우상에서 좌하로) 두 줄을 주욱 내려긋고는 턱짓하며, 돌아가라는 눈치였다.

그동안 공무원 생활을 해오면서 이런 경험은 난생처음이었다. 물론 수긍하기 어려우면 보고를 반려할 수 있다. 내용이 시원찮으니 보완하라거나, 오늘은 바쁘니 일단 돌아가라는 것도 아니었다. 어쨌든 아무런 이유도 대지 않았다.

그분은 언론사에서 편집국장도 지냈으니 속독(速讀)이 가능했을 것이다. 준비를 많이 한 나로서는 도무지 영문을 모르니, 불안하고 찜찜했다. 어쩌면 연말연시에다 장관의 다른 일정이 있었는데도 그런 사정을 모른 채 타이밍을 잘못 택한 것이었는지 알 수 없었다. 반려하면서 그 의미가 무엇인지 가늠할 수 없는 것이 나로서는 가장 고민되는 지점이었다.

보고의 핵심은 1991년 1월부터 장애인고용 의무제 시행을 앞두고 그 준비 사항에 관한 내용이었다. 많은 고민 끝에 만든 문건이었고, 나로서는 다시 고민해 봤지만 고치거나 보완할 것이 더 이상 없었다. 어쩔 수 없이 나는 여직원(실무관)에게 새 용지에 다시 한번 타자해 달라고 해서 다음날 다시 장관께 보고드리러 갔다.

이번에는 어제와 다르게 순서를 바꾸어 보고했다. 즉, 구두로 설명을 먼저 하고, 이후에 문건자료를 드렸다. 그랬더니, 씩 웃고는 "잘 되었네~, 이대로 시행하지" 하면서 통과되었다.

사무실로 돌아와서, 어제 (장관께서 연필로 꽉 그은) 문건과 오늘 통과된 두 개의 보고서를 국장께 보여 드렸다. 딱히 할 말이 없는지 그도 웃기만 하였다.

국장실을 나오는 나를 향해, "이 사무관, 배짱 한번 좋네!" 하는 말이 나의 뒤통수를 때렸다.

그런데 실은 그렇지 않았다. 나로서는 타당한 방안을 만들기 위하여 최대한 고민한 결과였기에 달리 더 나은 대안이 없었기 때문이다. 혹시 또다시 반려되면 어쩌나 걱정하여 얼마나 가슴을 졸였는지 모른다. 자신이 있었기 때문이 아니었다.

며칠 동안 무슨 사정이 있었는지 모르고 지나갔다. 얼마 후 장관 주재 실·국장 회의 결과가 전달되면서 비로소 의문이 풀렸다. 장관 특별 지시였다.

"오늘부터 장관실에는 국장이, 불가피한 사정이 있는 경우는 과장 이상만 결재를 받거나 보고하러 올 것!"

당시 내가 비록 기획단 간사라고 해도 나의 직급은 사무관이었다. 그분은 독특한 리더십에 엄격하기로 소문난 장관이었다. 때론 최틀러('최+히틀러')라는 별명으로 불리기도 했는데, 장관 부임 초 직원들의 기선을 제압하는 나름의 지휘법을 사용한 것이었다. 실·국장 등 간부들이 중간에서 보고만 받지 말고 (실무자에게만 맡기지 말고) 제대로 챙기라는 의미였을 것이다.

02
누구를 위한 고용센터(Ⅰ)
: "이런 사무실이 좋습니다"

　1982년 서울 영등포 로터리 부근에 있던 노동부 서울남부 지방사무소에서 한 달 남짓 일선기관 수습을 한 적이 있다. 매주 월요일 아침마다 열리는 소장 주재 간부회의에도 참석했다. 각 부서장이 지난주에 처리한 업무와 그 주의 계획을 보고하며, 업무 진행 상황을 점검하고 필요한 협조를 구하는 시간이었다.
　당시 지방사무소에는 4개 부서(관리과·근로감독과·산재보상과·직업안정과)로 구성되어 있었고, 나는 1주일씩 각 부서에 머무르며 업무를 파악하거나 방문 민원인들의 반응을 확인하였다.
　당시 사무소 인근에 소재한 '도시산업선교회'를 찾아가 활동을 주도하는 인모 목사를 만나 정부의 취약 근로자 보호 정책에 관한 의견을 교환하기도 했다. 거기에 다녀온 얘기를 포함하여 안영수 소장과 김용건 근로감독과장에게도 설명하는 등 동향을 공유하기도 했다.
　직업안정과는 일자리를 찾는 구직자를 상담하고 알선하는 직업소개 업무를 하는데, 이들의 접근성과 이용 편의를 위하여 별도의 장소에 사무실(별관)을 운영하고 있었다. 주로 사업장을 지도·감독하는 여타의 부서들과는 주된 고객이 달랐고 직업안정 서비스를 제공하는 부서였기 때문이다.

　그런데 직업안정과 수습을 앞둔 월요일 간부회의가 끝날 무렵 김 모 직업안정과장이 업무 현황 자료를 건네주고는 "별관에 일부러 오실 필요는 없습니다"라고 했다. 나의 사무소 방문을 꺼리는 눈치였다. 그렇지만 나로서는 직업안정과 직원들의 일하는 모습과 사무실을 확인하고 싶어서 계획한 일정대로 방문했다. 관리과에 부탁하여 사무실 약도를 미리 구해 찾아간 별관(직업안정과)은 큰길에서는 보이지 않는 외진 골목에 위치하였고, 버스 정류장과도 상당히 떨어져 있었다.

조그만 건물의 맨 위층(5층)에 직업안정과가 있었다. 이 건물에는 승강기도 없었다. 계단 난간을 붙잡고 힘들게 올라갔다. 나이가 드신 어른이나 나처럼 몸이 불편한 사람은 이용하기에 불편했다.

응접 테이블에 앉자마자, 궁금한 것부터 묻지 않을 수 없었다. 위치가 구직자나 구인자들이 이용하기 불편해 보였기 때문이다. 직업안정과 사무실 위치와 층 배치에 대하여 노동부의 '직업안정과 설치·운영 지침'이 없는지부터 물어보았다.

김 과장에게서 돌아온 대답은 아주 의외였다.
"이런 (외진 골목길의 맨 위층) 사무실이 좋습니다"
내가 어리둥절해하자, "큰 길가 1층은 일거리만 생깁니다" 하면서 씨익 웃었다.

전혀 의외의 대답을 듣게 되니, 가슴에 총이라도 맞은 것 같은 충격을 받았다. '공무원 집단이 이래서 국민의 불신을 받는구나' 하는 생각이 들었고, 부서의 실무 책임자가 이 지경인데 직원들이 제대로 일할 것으로 기대하기는 어렵겠다 싶었다.

누구를 위하여 직업안정과가 존재하는 것인지, 의문이 들었다.

그동안 참석한 간부회의 때 어렴풋이 느낀 점은 담당 과장이 적극적으로 일하기보다는 그저 '대과 없이' 무난하게 지내는 유형의 인물로 보였다.

당시에는 나의 직업안정과 별관 방문을 꺼린 진짜 이유를 알지 못했는데 그날 실상을 접하면서 속사정을 알게 되었다. 딴에는 몸이 불편한 내 처지를 고려한 선의로 지레짐작하였으나 그 배경에는 다른 엉뚱한 이유가 있었던 것이다.

그 반면 당시 근로감독과장은 좀 지나칠 정도로 업무를 열정적으로 챙기고 있음을 듣게 되었다. 한 예로 근로자 임금체불 시 회사를 방문하여 언제까지 기일을 부여하고 그때까지 갚지 않으면 한전과 협조하여 전력공급을 끊겠다는 엄포를 놓기까지 했으니, 그야말로 행정은 종합예술처럼 느껴졌다. 나는 덕분에 두 사람의 일 스타일에서 상반되는 사례를 생생하게 공부했지만 말이다.

이날 직업안정과 별관 방문을 통하여 본부에서 아무리 좋은 내용의 업무지침을 일선 관서에 보내거나 시행하더라도 일선기관에 일하는 사람들이 그 취지를 충분히 공감하지 못하면 소용이 없다는 것과, 현장 사정을 실제로 확인·점검하지 않으면 본부에서 장·차관이 기대하는 바와 전혀 다르게 움직일 수 있음을 확실히 파악하게 되었다.

공무원들이 탁상행정을 한다거나 책상머리에서 일한다는 소리를 왜 듣게 되는지 확실히 깨달았다. 앞으로 사무관 수습을 마치고 본격적으로 일하게 되면 이 점에 각별히 유념해야겠다고 다짐했다.

<참고> 예고 없이 본부로 불려 간 사연, 어느 장관의 불시 현장점검

가. 이사하던 중 아이 낳을 뻔

양산지방사무소장으로 부임한 이후 우리 가정에도 경사스러운 일이 생겼다. 고향에서 멀지 않은 양산 관사에 거주하니 울산의 고향 집에 사는 아버지를 자주 뵈러 갈 수 있어서 좋았다. 거기에다 영남알프스 정기를 받았는지 예기치 않게 아내가 셋째 아이를 가졌다. 여기까지는 좋은 일이었다.

그런데 어느 정도 양산살이에 익숙해진 이듬해, 1996년 1월 예고 없이 갑작스럽게 노동부 본부로 와서 근무하라는 공문이 왔다. 양산에 근무한 지 겨우 1년 남짓인데 아무런 귀띔도 없이 전보인사 발령이 단행되었다.

문제는 아내의 출산이 임박한 상황이었고, 관사도 즉시 비워주고 새로 거주

할 집을 구해 이사해야 하는 상황이었다. 당장 본부(정부과천청사 소재)에 출퇴근할 수 있는 전셋집부터 구해야 했기에, 토요일에 올라와 즉시 입주할 수 있는 빈집을 구하느라 복덕방을 여기저기 돌아다녔다.

당시에는 부동산 물건을 인터넷으로 올려놓는 시절이 아니어서 여러 복덕방을 다니며 발품을 팔아야 했고, 형편상 전세보증금이 싼 집을 구해야만 했다. 그보다 더욱 급한 건 빨리 집을 구해 이사하지 못하면 열흘 정도 출산을 앞둔 아내가 혹시 이사하는 도중에 출산할지 모르는 급박한 상황이었다.

다행히 안양에 살고 있던 이종사촌의 도움을 받아 즉시 입주가 가능한 빈집을 구할 수 있었다. 그렇게 구한 집은 수도권 외곽순환도로가 지나가는 대로변이라 당시에는 방음벽이 설치되지 않아 소음이 무척 심했다. 하지만 나로서는 이것저것 따질 계제가 아니었기에 그것만으로도 감사했다.

그렇게 하여 정부과천청사를 다니는 데 크게 불편하지 않은 곳에 집을 구하여 살게 된 후, 네 번 더 인근으로 이사하여 현재 30년 가까이 안양 사람으로터 잡아 살게 되었다.

고용정보자료실 설치·운영 우수사례로 꼽히며, 내 발등 찍어

1995년 11월 노동부 본부에서 "고용정보제공 우수사례 통보"라는 제목의 공문을 받았다. 내용을 살펴보니 내가 근무하는 양산 지방사무소에서 앞장서 추진한 성과 사례를 전국에 확산시킬 목적으로 본부에서 각 일선 관서에 보낸 것이었다.

공문의 핵심은 구인자와 구직자 모두에게 효율적인 정보제공으로 비용을 최소화시킴과 동시에, 수준 높은 고용정보서비스를 제공하기 위하여 양산지방사무소에서 자체 '고용정보자료실'을 독자적으로 기획·운영한 것을 의미 있게 평가한 것이었다. 관할하는 행정구역이 양산, 김해, 밀양 등으로 나뉘었기에 각기 지역별 사정이 달라 해당 지역별 구인, 구직 정보를 집약하여 제공한 것이 주효했다.

특히 1995년 7월부터 고용보험제도의 시행을 계기로 구인자와 구직자의 다양한 요구에 부응하고, 기존의 구인·구직 정보제공 위주에서 한 단계 더 발전시킨 것이 고용정보자료실을 설치·운영한 것이었다. 따라서 종합적이고 체계적인 고용정보 자료를 제공하기 위하여 각 직업안정기관의 장(전국의 일선 노동관서)은 고용정보 제공 업무 수행 시 양산지방사무소에서 추진한 사례를 활용하여, 기관 특성에 맞게 직업안정 업무를 창의적으로 발굴하여 적극적으로 추진하라는 것이었다.

고용정보자료실에 비치하는 자료는 ① 사업체 정보와 ② 인력 정보 ③ 취업 정보 등 크게 3가지로 구성하였다.

첫째, 사업체 정보는 업체별로 정보 카드를 작성하여 사업장 개요(업종, 생산품, 자본금, 매출액 등)와 구체적인 근로조건(임금수준, 근무시간, 근무형태, 임금형태, 정년, 병역특례, 노동조합, 인사담당자 등)을 비롯해 회사 통근버스 운행코스까지도 상세히 수록하였다.

둘째, 인력 정보는 관내 대학(기능대학 및 직업전문학교, 특성화고등학교) 등 공과별 졸업 예정 인원과 취업가능 인원 및 학교안내 책자를 비롯하여 기타 직업훈련 안내 책자 등의 자료를 구비하고 있다.

셋째, 취업 정보는 취업알선 전산망의 데이터, 경제통계 등을 근거로 분기별 구인·구직 및 취업 동향을 직종별, 연령별, 규모별, 학력별 등으로 세분하여 전년 동기와 전기 대비로 분석한 자료를 비치하고 있다. 아울러 인근 지역의 정보까지 갖추어 원거리 취업 희망자들도 직접 현지에 가지 않고도 취업이 이루어지도록 한 것이다.

당시 일선 기관장은 대체로 3년 정도 보임하는 것이 관행이었다. 하지만 필자에게는 1년 남짓 만에 서둘러 직업안정국 고용관리과장으로 일하라는 전보인사 발령이 났다. 이유는 지방사무소장으로 일하면서 고용정보자료실을 설치·운영한 사례가 돋보여, 우리 부 전체의 고용정책을 발전시키려는 목적에서 발탁한 것이라고 했다.

어쨌든 젊은 사람(고시 출신)인데도 일선 기관장을 맡을 기회를 준 것도 그렇지만, 일선 기관장으로 일한 지 얼마 되지 않은 짧은 기간 만에 다시 본부로 불려 간(회수) 것도 열심히 한 결과였다. 이 또한 업무에 몰입하는 나의 성격에서 비롯된 자업자득(?)이 아니었나 싶다.

〈본부에서 일선 관서에 보낸 "고용정보제공 우수사례 통보" 공문〉

나. 장관의 불시 현장점검

1996년 가을 오후 진념 장관께서 내가 근무하고 있던 고용관리과 사무실에 아무런 예고 없이 불쑥 들이닥쳤다. 오셔서 자리에 앉지도 않고 대뜸 꺼낸 말씀은 "취업알선전산망이 어떻게 작동되는지, 직접 보러 왔다"라고 했다. 급습이나 다름이 없었다.

때마침 전산망 업무를 담당한 이상복 사무관이 자리에 있어서, 그 자리에서 실시간으로 작동하며 여러 케이스별로 구현(작동)하면서 필요한 보고를 하였다. 이 사무관이 구직 등록과 구인 상황을 PC 화면으로 구현하며 임금이나 근무 가능 지역 등의 조건을·재입력하고, 알선 가능 상태가 어떻게 되는지 하나씩 매칭하며 보여드렸다.

나는 이 사무관 옆에서, 전산망 작동으로 인한 기계적인 연결이나 신속한 알선도 중요하지만, 진짜 핵심은 취업 알선이나 상담하는 직원이 구직자의 조건이나 실태를 고려하여 심층 구직 상담을 하고 임금 등의 눈높이를 여러 차례 수정·제시하는 등 정성을 들이는 구직·구인 상담 기능이 전산망 가동과 함께 더욱 중요해진다고 강조했다.

진 장관은 실제 작동 상황을 눈으로 확인하더니 비로소 안심되는지 "그만하면 되었다"라고 말하고는, 쏜살같이 장관실로 돌아가셨다.

한편, 이날 이 사무관이 컴퓨터 작업에 아주 능통하였기 때문에 아무런 차질 없이 실상황으로 전산망을 구현할 수 있었다. 그때 만약 이 사무관이 자리에 없었다면 아주 곤란했을 것이다. 왜냐하면 나는 전산망을 능통하게 구현할 수 있는 컴퓨터 실력이 되지 않았고, 단지 말이나 글로 설명하는 수준에 불과했기 때문이다. 그 방면에 유능한 직원이 있었던 덕분에 나는 가까스로 위기를 넘겼다. 천만다행이었지만 속으로 얼마나 뜨끔했는지 모른다. 이날을 계기로 다음에는 내가 직접 전산망을 구현해 가며 설명할 수 있도록 하려고, 나도 열심히 익혔다.

그리고 또 하나 배웠다. 이날 장관의 불시 현장점검과 사실확인을 하는 진 장관의 일하는 모습을 보면서, 역시 '직업이 장관'으로 불릴 만하다는 생각이 들었다. 그냥 대가가 되는 것이 아니었다.

03
누구를 위한 고용센터(Ⅱ)
: 직원 위주에서 고객 중심으로

그로부터 20여 년 후 2005년 1월부터 고용정책심의관을 맡고 있던 중, 3월 어느 날 나는 서울 영등포에 위치한 서울남부고용센터를 불시에 방문하였다. 이 기관은 1982년 수습 사무관을 하면서 방문한 직업안정과에 해당하는데, 그동안 위치는 교통이 편리한 곳으로 이전되었고, 사무실 명칭도 고용센터로 바뀌었으며, 규모도 커져 한층 더 반듯해져 있었다.

그 사이에 고용센터의 많은 업무가 전산화되었는데, 구직자가 이용하는 서비스는 실업급여 지급과 관련된 업무가 가장 큰 비중을 차지했다. 1995년 7월부터 시행된 고용보험 제도에 따라 실업급여나 관련 서비스를 받으려면 구직자의 일할 의사를 전제로 구직 등록이 되어야 한다.

외환위기 이후 실업자가 급격하게 늘어나 실업급여를 지급하거나 고용서비스를 제공하기 위하여 전국에 고용센터를 증설하여 운영했다. '고용서비스'를 전문적으로 지원하기 위하여 만든 기관이 '고용센터'였는데 1997년 외환위기로 실업자가 급격하게 증가하여 당장 '실업급여' 지급 업무에 쫓겨 고용서비스를 제공하기 위한 고용센터가 '실업급여 사무소' 내지는 '고용보험 사무소'로 성격이 변질되었다.

인력수급의 미스매치를 줄이는 것은 정부가 해야 하는 중요한 책무이고, 구인난 속의 구직난이 심화될수록 더욱 그렇다. 취업 알선은 일자리와 일할 사람을 조건에 맞게 잘 연결하는 것인데, 처음 제시하는 구인과 구직 조건을 연결하여 취업까지 성사되기는 쉽지 않다. 초기에는 자신의 희망이나 눈높이로 제시하는 조건이어서 비현실적인 경우가 많기 때문이다.

그래서 단순히 인터넷상 제시된 조건을 기계적으로 맞추어 연결(매칭)할 경우, 깊이 있는 상담이 사라져 알선해도 성사될 확률이 낮다. 그러나 업종이나 회사의 실정 등을 알고 구직자와 마음을 열고 대화하는 가운데 상담원의 안내를 받아 조건을 수정해 가는 과정을 거치면, 서로에게 맞는 취업이나 채용이 이루어지는 경우가 많다. 그만큼 전문가의 취업 상담 서비스가 중요해졌다.

실업급여 창구의 천장에 담당 직원별 관할구역을 (무슨 동, 무슨 동으로 나열한) 표지판이 매달려 있었고, 신청자는 해당 지역 담당자의 창구 앞에 길게 줄지어 서 있었다. 어떤 창구에는 많은 손님이 길게 줄을 서서 기다리고 있는데, 어떤 창구는 대기하는 구직자가 아무도 없어 직원은 우두커니 앉아 있기도 했다.

그래서 센터 운영을 책임지는 소장에게 물었다.

"구직자들이 저리 많이 기다리고 있는데 어떤 직원은 그냥 있어도 되느냐?"

"직원들의 관할 구역별로 경제활동인구를 고려하여 공평하게 업무를 분장했기 때문에 어쩔 수 없습니다"라는 대답이 돌아왔다. 예상되는 연간 업무량을 기준으로 직원들 사이에 불만이 없도록 합리적으로 분장한 것이라는 변명이었다.

가. 수기 '대기 번호표' 교부 제도화

하지만 대기한 민원 업무를 효과적으로 처리하기에는 비현실적이었다. 고객은 줄지어 기다리는데도 같은 팀의 다른 직원이라고 해서 우두커니 앉아 있는 것은, 실업자와 같은 방문 고객이 중심이 아니라 공급자 중심의 업무에서 비롯된 결과였다. 문제가 되거나 이상해도 익숙하면 별것 아닌 걸로 인식되는 듯했다.

분명히 바꿔야 하는 방식이긴 한데 막연했다. 갑자기 아이디어가 하나 떠올랐다. 고용센터에 도착한 순서대로 백지 종이에 '대기 번호표'라도 만들어서 나눠주기(교부)라도 하면 좋겠다는 생각이 들었다.

고용센터 직원들이 각자의 담당 관할구역에 우선하여, 고용센터에 와서 기다리는 구직자들의 신청 업무부터 먼저 처리하는 방식이 어떻겠느냐고 소장에게 조언 겸 제안을 했다. 이어서 나는 본부로 돌아가 직원들과의 의견 수렴을 거쳐 대기 민원인이 많은 센터부터 '대기 번호표' 교부 방식으로 운영을 개선하는 방안을 2005년 3월부터 시행하도록 전국 고용센터에 시달하였다.

참고로 '대기 번호표' 제도와 비슷하게 운영하는 것과 관련하여 나중에 확인해 보니, ① (시중은행의 '번호표' 제도) 2006년 9월 '우리 은행'에서 간단한 입출금 업무를 처리하기 위하여 '대기 번호표' 제도가 시작되었고 ② (인천 연수구 동사무소 주민센터) 2009년 3월 인천 연수구의 일부 주민센터에서 '대기 번호표' 제도를 시범 운영하다가, 5월부터 연수구 관내 전체 동으로 확대하였으며 ③ (서울 동대문구) 2009년 9월부터 서울 동대문구에서 통합 민원에 대한 '순번 대기표'를 발급하기 시작한 것으로 확인되었다. ④ (인터넷 예약 상담 서비스) 2021년 11월 5일부터 우리은행에서는 번호표를 뽑지 않고 인터넷뱅킹을 통해 Won Time(원하는 시간에) 예약 상담 서비스를 실시하여 방문하고자 하는 영업점, 방문 일자와 시간, 업무를 예약해 상담받을 수 있도록 더욱 발전하였다.

그런데 이에 앞서 2005년 3월부터 우리 부 고용센터에서 실업급여 업무에서부터 (수기) '대기 번호표' 교부를 제도화하였으니, 당시 시중은행이나 동사무소의 경우보다 우리 부 고용센터에서 먼저 시행한 것으로 확인된다.

나. "이 국장은 직원들이 쉬는 꼴을 못 보는 상사", "이 과장은 오지랖"

그즈음 고용센터 직원 중에는 "이 국장은 직원들이 쉬는 꼴을 못 보는 상사"라고 불평한다는 소리가 들려왔다. 그러거나 말거나 무시하기로 마음먹었다.

사정을 알아보니, 우리 부 고용센터의 분위기가 좀 해이해지게 된 또 다른 사정이 있었음을 알게 되었다. 그것은 직업상담원 채용 전형을 초기에는 노동부 '본부'에서 직접 주관하며 아주 엄격하게 충원하였다. 그러다가 갑자기 외환위기를 맞아 급증한 실업급여 지급 업무 등을 소화하기 위해 고용정책실에서 직업상담원 채용을 일선 관서장 책임하에 신축적으로 선발토록 위임하였다.

그렇게 고용센터에서 자체적으로 채용한 직원 가운데 지방사무소를 비롯한 우리 부 직원의 가족 등 친인척이 일부 포함되어 있었고 이들을 비롯하여 필요한 관리 감독이 소홀해지면서 고용센터의 근무 분위기가 전반적으로 이완된 측면도 있었던 것이다. 마치 고양이에게 생선을 맡긴 것처럼 신뢰를 배신한 일선 기관장 등 관리자에겐 괘씸하고, 국민에겐 너무나 미안하기 짝이 없는 사례였다.

돌이켜보면 그 무렵 필자는 기획관리실 소속 행정관리담당관으로 근무하면서 일선 관서장 주관으로 인력을 선발토록 위임하려는 고용정책실의 추진계획에 대하여 반대(의견 별첨)하였지만, 사업 부서에서 이를 받아들이지 않으니 어쩔 수가 없었다. 기획관리실은 업무를 실행하는 계선(line)이 아니라 참모(staff) 부서였기에 기껏 의견을 내봐야 오지랖만 넓은 사람으로 비치기도 했다.

하지만 우리의 고객은 누구인가? 구직자나 실업자, 근로자, 구인자가 국민의 주인임을 잊어서는 안 되는데, 의미 있는 협조 의견을 내어본들 결국 지휘부를 설득하지 못하여 부딪친 한계였다.

다. 고용센터 인력부족 해소 위한 자원봉사자 적극 활용

필자는 장관 재임 시절, 여러 차례에 걸쳐 고용센터를 방문하는 국민들에게 '최상의 고용서비스'를 제공해야 한다고 강조한 바 있다. 그러나 현실적으로 고용센터 직원들의 업무는 지나치게 과중되어 있었고, 그로 인해 실업급여를 신청하러 온 민원인들로부터 "불친절하다"라는 불만이 잇따라 제기되곤 했다. 이는 직원 개인의 태도 문제가 아니라, 인력 부족으로 인한 구조적 한계에서 비롯된 것이었다. 따라서 이를 해소하기 위한 새로운 대안이 필요했고, 그 해결책 중 하나가 바로 지역사회 자원봉사자의 적극적인 활용이었다.

마침, 전국 최초로 원주고용센터 소장 최상률(현, 노무법인 최상인업 대표노무사)은 이러한 문제의식에 공감하며 적극적이고 창의적인 행정을 펼쳤다. 그는 29명의 자원봉사자를 모집하여 발대식을 개최하고, 체계적이고 효율적인 운영방안을 마련하였다. 그 결과 원주고용센터는 직원의 업무 부담을 줄이는 동시에, 방문 고객에게 한층 더 질 높은 서비스를 제공할 수 있었다. 최 소장의 결단과 실행력이 없었다면 이러한 변화가 가능하지 않았을 것이라는 점에서, 그의 공로는 더욱 높이 평가될 만하다

이 우수사례는 간부회의를 통해 공유되었으며, 필자 역시 깊이 치하한 바 있다. 실제로 자원봉사자와 내부 직원 모두가 만족하는 분위기가 조성되었고, 무엇보다도 고용센터를 찾는 고객들이 한결 친절하고 원활한 서비스를 체감할 수 있었다고 한다.

자원봉사자들은 단순한 보조 역할에 그치지 않았다. 일정한 직무교육을 받은 후 실업급여 설명회 지원, 직업·진로 심리검사 보조, 취업성공패키지 참여자의 멘토 등으로 활동하며 고용센터의 다양한 서비스 영역에서 실질적인 기여를 했다. 이는 인력 부족을 보완하는 수준을 넘어, 고용서비스 전반의 질을 향상시키는 중요한 계기가 되었다.

한 사람의 창의적인 행정이 조직 전체의 변화를 이끌어 낸 것이다. 원주고용센터의 사례는 단순한 실험적 시도가 아니라, 공공 서비스 혁신의 대표적 성공 사례라 할 수 있다. 자원봉사자를 적극적으로 활용함으로써 내부 직원들의 부담을 완화하고, 고객 만족도를 높였으며, 지역사회와의 협력까지 강화하

는 일석삼조의 효과를 거둔 것이다.

　이러한 성과를 높이 평가한 필자는 원주고용센터의 사례를 전국적으로 확산시키도록 지시하였다. 결과적으로 여러 고용센터가 자원봉사자 제도를 도입·활용하면서 인력 부족 문제를 완화하고, 국민에게 보다 신뢰받는 고용서비스를 제공하는 데 큰 도움이 되었다고 확신한다.

장관 재임 시절, 원주고용센터의 자원봉사 활용 성과를 전국에 전파·활용하도록 직접 지시한
'자원봉사자 우수사례 전파 공문'

04
대통령 주재 행사 사회를 보던 중 목이 날아갈 뻔

가. '고용지원 서비스 혁신보고회' 개최

2005년 4월 6일 정부서울청사 별관의 외교부 회의장에서 김대환 노동부 장관이 주관하고 노무현 대통령이 주재한 '고용지원 서비스 혁신보고회'가 개최되었다. 그런데 이 행사를 진행한 사회자가 사고를 저질렀다.

그 무렵 고용정책실에는 4명의 국장이 있었는데 참여정부에서부터 부처 간 국장급 인사 교류 방침에 의하여 타 부처(교육부, 보건복지부 각 1명)와 민간인(정부출연연구기관 박사 1명) 출신의 국장이 3명 있었다. 유일한 내부 출신 국장이자 고용정책실을 총괄하는 국장에게 업무 부담이 가중되었고, 그 임무를 맡은 사람이 바로 나였다.

당시 고용정책심의관으로서 현안을 차질 없이 처리하느라 업무 부담이 컸고, 고용서비스 혁신과 대통령 주재 보고회를 준비하느라 상당히 분주한 상황이었다.

보고회는 ① 선진화 시범센터의 업무 추진 성과와 계획 보고서 작성 및 토론회 준비 ② 대통령보고회와 관련한 행사 의전 협의와 준비 ③ 행사 개최 장소와 참석자 지원 등을 준비하느라 행사 개최 몇 달 전부터 보고회 전날까지 정말 눈코 뜰 새 없이 바빴다. 게다가 업무 추진 성과와 계획 부분은 노민기 고용정책실장이 PPT 보고를 하고, 보고회를 진행하는 행사 사회는 주무국장인 나에게 맡겨졌는데 그만 대형 사고를 치고 말았다.

행사 개시와 국민의례에 이어 김대환 장관이 '고용지원 서비스 혁신보고회' 인사 말씀을 하였다. 이어서 노무현 대통령이 모두(冒頭) 말씀을 해야 하는 차례에 맞춰 사회자가 안내멘트를 하는 것으로 순서를 구성하였으나, 장관 인사 말씀을 하는 도중 그만 나도 모르게 사회석에 선 채 깜빡 졸았다.

그러다 보니 장관의 인사 말씀이 끝났는데도… 상당히 긴 침묵의 시간이 흘렀던 모양이다.

"이어서, 대통령님께서 모두 말씀을 하시겠습니다"라는 사회자의 안내멘트가 나와야 할 순간에 진도가 나가지 않았던 것이다.

그런데 나는 졸면서도 왠지 이상한 느낌이 들었다. 김대환 장관께서도 내가 서 있는 사회자석을 향해 고개를 옆으로 돌리는 것처럼 느껴졌다. 그 옆의 가운데 자리를 잡은 노무현 대통령도 사회자석을 향해 보는 것 같았다. (그 순간, 아~ 장관님 인사 말씀이 끝났구나~ 싶어) 바로 다음 순서인 안내멘트를 하였다.

"이어서, 대통령님께서 모두 말씀을 하시겠습니다"

"휴~~"

2005년 4월 6일 정부서울청사 별관(외교부 회의장)에서 개최된
고용지원 서비스 혁신보고회 참석자들의 국민의례 장면

좌로부터 김대환 노동부 장관, 노무현 대통령, 이해찬 국무총리의 보고회 토론 장면. 이날 노무현 대통령은 선진화 시범 사업을 통해 소기의 성과를 입증하면 전국적 추진이 가능하도록 뒷받침해 주겠다는 약속을 하였다.

한편, 청와대 의전 비서실에서는 대통령이 주재하는 보고회 진행 사회는 당초 1급 공무원(실장급)이 담당해야 한다고 주장했다. 그러나 당일 업무보고를 담당하는 고용정책실장 외에는 우리 부 업무 라인에 다른 1급이 없는 상황에서 누가 사회를 볼 것인지 정해지지 않아 한동안 어중간한 상태였다. 그러다 행사 전날에서야 담당 국장인 나에게 그 역할이 맡겨졌다.

그렇게 하여 내가 사회를 맡았지만, 계속된 업무 폭주로 수일 동안 수면 부족에다 전날 저녁 밤늦게까지 행사 준비를 하고 당일 아침에도 일찍 나와 행사장에 도착하여 마무리 점검을 하였다.

그런데 웬걸, 아침 회의 개최를 앞두고 장비 전원을 켜도 우리가 설치해 놓은 장치가 하나도 작동되지 않았다. PPT 보고를 해야 하는데 노트북도 켜지지 않았고 발언자들이 사용할 마이크까지 하나도 켜지지 않았다.

한참 동안 우리 직원들 모두 멘붕 상태에 빠졌다. 그때 신호철 사무관이 이것저것 점검해 보더니 전원 장치가 차단된 사실을 발견했다. 나중에 알게 된 것은 청와대 경호실에서 전날 저녁 우리가 점검하고 On 상태로 해놓은 모든 기기의 전원 장치를 차단해 버린 탓이었다. 대통령의 안전을 이유로 한 경호실의 조치가 보안을 유지하느라 비밀리에 그렇게 된 것이다.

이런 우여곡절을 거쳐 예정된 시간 직전에서야 겨우 보고회 준비가 완료되었고 가까스로 행사가 시작되었다. 그러니 장관의 인사 말씀이 시작되면서 나는 일순간 긴장감이 확 풀린 탓에 자신도 모르게 깜빡 졸았던 모양이다.

그런데 졸았다는 사실을 다른 사람들이 미처 알아채지 못하였는지 들키지 않고 지나갔다. 천만다행(千萬多幸)이었다. 당일 행사가 모두 끝나고 현장에 있던 한 직원에게 슬쩍 물어보았다.

[국장] "오늘 행사 진행이 어떠했나요?"
[직원] "대통령 앞인데도 국장님께서 진행을 아주 '여유' 있게 해서 품위가 느껴졌습니다."
라는 대답이 돌아왔다. 의외였다.
그 직원은 평소에 아부성 발언과는 담을 쌓고 지내는 그런 직원이었다.
나는 그 말을 듣고서야 비로소 '아주 잠깐 졸아서' 다른 사람들이 눈치채지 못했다는 생각이 들었다. 목이 날아갈 뻔하다 겨우 살아난 기분이었다.

나. 대통령 업무보고 시, 졸았다고 의심받은 국장 '문책' 소동 사례

한편으로는 예전에 대통령 업무보고 시 졸음과 관련하여 문책 소동이 있었다.
청와대에서 매년 대통령께 노동부 업무보고를 하였고, 보고에 이어서 대통령의 강조 말씀이 있다. 그런데 그때 노동부의 모 국장이 (눈을 감고) '졸았으니' 문책하라는 (본관) 의전 비서실의 요청이 우리 비서실로 전달되었다.
당시 우리 비서관은 졸았다고 의심받은 그 국장에게 (이유 불문하고) 급히 대통령비서실로 와 달라며 호출했다. 그리곤 그날 대통령보고 시 나온 얘기를 기억나는 대로 얘기해 보라고 하면서, 비서관은 마음속으로 국장의 졸음 여부에 대하여 사실확인을 하였다.

그런데 무슨 영문인지 모르고 졸지에 불려 온 그 국장의 답변은 대통령의 강조 말씀 내용을 거의 토씨 하나 다르지 않을 정도로, 마치 녹음기를 튼 것처럼 그대로 기억한 대로 복기했다. 당시 행정관으로 일하던 나로서는 마음속으로 그렇게 기쁘고 다행일 수가 없었다.

그제야 우리 비서관이 부른 이유를 말해주었다.

"의전 비서실에서 대통령 말씀 중에 모 국장이 눈을 감고 졸았다고 하던데, 졸지 않았지?" 하며 조사 경위를 비로소 알려주었다.

그 국장은 "제가 윗분의 말씀을 경청할 때, 눈을 지그시 감고 듣는 버릇이 있습니다. 특히 대통령의 말씀이라서 하나도 놓치지 않으려고 더욱 집중했습니다"라고 답변했다. 이날 불현듯 예전의 그 '졸음' 문책 소동이 생각났다.

해피엔딩으로 끝났지만 대통령 앞에서 졸음을 의심받아 조사를 받은 그 선배의 사연이 새삼 떠올랐다. 그 선배는 실제로 졸지 않았기 때문에 무사히 넘어갔지만, 나는 잠깐이라도 진짜 졸았으니 들켰다면 정말 뼈도 못 추릴 뻔했다. 그러니 하늘이 도왔다. 나는 세상에 많은 빚을 졌다.

다. 대통령 주재 고용지원 서비스 혁신보고회 성과

대통령이 주재한 고용지원 서비스 혁신보고회(2005.4.6.) 행사의 배경은 구직자와의 취업 상담 시간이 선진국에서는 20~30분(OECD 평균)인데 비하여 우리나라의 경우 평균 6분에 그쳤고(2004년) 실업급여 수급자의 재취업률은 19.2%에 불과했기 때문이다.

그래서 일자리와 사람을 연결하는 고용서비스의 선진화를 국가전략 과제로 삼아 인적자원의 효율적 활용을 도모하고 공공부문의 투자 확대와 민간 부문의 육성을 추진하면서 On/Off-line에서 파트너십을 형성할 필요가 절실했다.

보고 회의 주요 내용은 인력수급 불일치 현상과 연고(緣故) 위주의 후진적 채용 관행 해소가 절실했다는 점과 고용센터에서 실업급여 등 행정업무의 비중이 높은 반면, 취업지원 서비스는 크게 미흡했다는 부분이다. 품질 좋은 고용서비스의 제공을 확산하기 위하여 개인별 재취업지원계획(IAP : Individual Action Plan)을 제공할 수 있도록 고객 중심의 서비스 기관으로 재편할 필요가 있다는 내용이었다. 그렇게 고용센터의 역량을 강화하면서 지자체와 대학, 민간 부문의 발전을 도모하려는 것이었다.

특히 이날 혁신보고회에서 노무현 대통령은 선진화 시범사업 방안으로 성과를 입증하면 전국적 추진이 가능하도록 지원하겠다는 대통령의 의지를 실어 적극적으로 뒷받침하겠다고 약속했다.

곧이어 2005년 5월 11일부터 전국의 6개 지방노동청 권역별로 각각 하나씩 고용지원서비스 선진화를 선도하는 6개의 시범센터(서울청 : 서울강남, 부산, 대구, 광주, 대전청 : 청주, 경인청 : 동인천)를 선정하고 성공 사례를 발굴하기 위한 시범운영에 착수하였다. 이러한 선진화 방안을 중심으로 6개의 시범센터에서 다양한 프로그램을 개발하고 구인자와 구직자를 지원한 결과 엄청난 성과가 있었다.

2005년 5~9월(5개월간) 전국의 구인·구직 인원은 전년동기 대비 23.7% 증가(688천 명→851천 명)하였고, 취업자 수는 47.9% 증가(96천 명→143천 명)했다.

이에 비해 시범센터의 경우 구인·구직 인원은 69.9% 증가(68천 명→116천 명)했으며, 상담 알선·행사 참여·정보제공 등을 통한 취업자 수는 174% 증가(8천 명→22천 명)했다. 센터 이용 고객의 전반적인 만족도와 특화 프로그램(청년취업 캠프, 성취 프로그램 등) 참여자들의 평가 역시 개선된 것으로 나타났다.

선진화 방안을 세부 사업별로 코드화하고 실업급여 수급자 재취업 지원, 취업지원과 직업훈련의 연계를 강화하고, 모니터링과 점검 회의를 매월 주기적으로 개최(5.11, 6.13, 7.29, 9.27)하는 등 수요자 중심의 고용정보 인프라를 구축하였다.

당시 혁신보고회에서 천명한 선진화 방안을 추진하여 상당한 성과를 거두자, 고용센터의 업무 종류는 설립 초창기였던 1998년 25개에서 2005년에는 46개 종류로 늘어나 더 많은 업무를 수행하게 되었다. 고용센터 소속 공무원도 632명에서 2년간 597명의 공무원을 추가로 증원(2006년 216명, 2007년 381명)할 수 있었다.

이것은 혁신보고회에서 밝힌 시범 사업을 통하여 소기의 성과를 입증하면 전국적 추진이 가능하도록 노무현 대통령이 뒷받침해 주겠다는 약속을 이행한 결과였다.

또한 고용센터 업무 추진을 전문적으로 지원하기 위하여 8종의 고용전산망(취업알선 워크넷, 고용보험 전산망, 직업훈련 전산망, 직업정보시스템, 외국인고용관리시스템, 자활시스템, 공공근로시스템, 고용정책결정 지원시스템)을 비롯한 국가고용정보 인프라를 총괄 관리하고, 고용정보 분석, 직업연구, 진로지도 기법 개발 등 중앙고용정보원(산업인력공단 부설기구)의 업무를 흡수하여 별도 법인으로 '한국고용정보원'(정부 출연기관)을 신설·육성하게 되었다(2005.12.30. 고용정책기본법 개정, 2006.3.31. 시행). 아울러 청소년의 종합 직업 체험을 위한 한국잡월드 운영도 연계 운영하기로 하였다.

〈참고〉 민간인 직업상담원 등장과 공무원화('직업상담 직렬') 추진

민간 직업상담원은 1996년에 신설한 노동부 '인력은행'의 주축이 되는 핵심 인력으로 처음 등장하였다. 이후 1997년 외환위기를 계기로 1998년 고용센터를 전국적으로 확충하면서 직업상담원 채용이 증가하였고 이들 상당수가 2007년에 신설한 '직업상담 직렬' 공무원으로 전환되었다.

노동부에 민간 직업상담원이 등장하게 된 배경은 (일반직 공무원) 직원들의 빈번한 순환전보 인사이동과 행정적인 업무처리 경향으로 인해 상담 서비스의 수준이 너무 낮아 구인·구직자의 수요(눈높이)에 부응하지 못하는 한계를 극복하는 방안으로 필요했기 때문이다.

초기에는 공무원 직원 중에서 소정의 교육을 받은 자를 '직업지도관'으로 지정하여 활용하는 등 전문화 방안을 모색해 보았으나 만족할 만한 성과를 거둘 수 없었다. 결국에는 상당 기간 본부와 일선에서 고용과 관련한 경험에다 고민 끝에 찾아낸 현실적인 대안이 민간인 상담 전문가를 채용하여 고용서비스 인력으로 활용하려는 방안이었다.

그 시작은 내가 1996년 직업안정국 고용관리과장으로 일하면서 전문적인 취업 상담과 알선을 위하여 시범적으로 인력은행(서울, 광주, 대구) 설립과 함께 민간 직업상담원을 최초로 채용(42명)하였는데, 당시 황보국 사무관이 동분서주하며 필요한 역할을 적극적으로 하였다.

이것이 하나의 기반이 되어 나중에 1997년 말 외환위기를 맞아 실업급여를 지급하는 등 고용 인프라가 되어 1998년 전국적으로 고용센터를 확충하고 관련 업무를 수행하기 위한 상담원 채용도 많이 늘어났다. 그 결과 전국 고용센터와 민간 직업상담원은 1998년 99개소에 1,296명이 종사하였으나 2001년 168개소에 1,949명으로 증가하였다가 이후 효과적인 통폐합 단계를 거쳐 2,005년 112개소에 1,682명이 종사하였다. 특히 실업 급증 및 고용보험 적용 확대 등으로 업무가 폭증했으나 공무원 증원이 어려워서 불가피하게 (민간인) 직업상담원 증원으로 대처해 왔다.

특히 외환위기를 계기로 일선 노동관서에 부과된 각종 노동 관련 업무가 증가하는 부작용도 있었다. 부처로서는 근로감독 등 사법경찰 업무도 처리해야 하는 상황에서 고용센터에 배치된 공무원 수는 오히려 삭감되어 (1998년 754명에서 2001년 548명으로 줄었고, 2005년 632명으로 조정) 고용센터의 인력 구성이 민간인(73%)과 공무원(27%)으로 이원화(민간인 3 : 공무원 1의 비율)되었다.

독일의 연방고용청 역시 민간 전문가와 일반 공무원으로 이원화하여 업무를 조화롭게 추진하고 있다. 그러나 우리나라의 경우 하나의 고용센터에 여러 가지 유사한 업무를 수행하면서 신분상의 차이로 공무원인 직원과의 갈등 야기에 더하여 직업상담원의 사기 저하로 이어지면서 노동부 직업상담원 노조에서 초유의 파업(2003.10.6. 1차 파업) 사태가 벌어지기도 했다.

이때 직업상담원 노조의 핵심 요구사항은 대부분 관철되었다. 한편으로는 고용센터에 근무하는 일반직 공무원의 피해 의식과 불만이 높아지는 등 부처 내 구성원 사이에 틈이 벌어지는 뇌관으로 작용하여 노동부 각 기관의 직장협의회 활동이 활발해지는 계기가 되었다.

당시에 제공하는 고용서비스의 특성에 비추어 직업상담 인력 증원의 필요성은 충분히 그럴만한 사정이 있었다. 특히 2005년 (4월 6일) 대통령 주재 고용지원 서비스 혁신보고회를 통하여 타당성이 입증되었다. 저변에는 우리나라의 노동시장 정책 관련 재정지출은 GDP의 0.7%로 OECD 평균(1.7%)의 절반 이하 수준으로 '공공고용서비스 및 행정' 관련 지출은 여전히 취약한 사정(2010년 기준 OECD 0.16%, 한국 0.01%)이라는 점도 있었다.

고용서비스의 발전을 위한 대안의 하나로 직업상담원 제도를 도입하였기 때문에 갑작스럽게 불어닥친 1997년 외환위기나 2008년 글로벌 금융위기 등의 급박한 사정에서 필요한 고용지원 업무 수행이 가능했다. 만약 이들 직업상담원을 활용하지 못하였다면 당시에 직면한 대량 실업사태 극복에 크게 차질을 빚었을 것이다.

그러나 이들 종사자의 신분을 공무원화하는 방안에 대하여 우리나라 관료조직의 전문성 기피와 (specialist가 아닌) generalist를 지향하는 경향에 비추어 서비스 마인드의 저하가 염려되었다. 이에 김대환 장관을 비롯한 당시 업무 관계자들은 상담 인력의 증원과 전문성 심화에 필요한 교육에 중점을 두었고, 고용센터 직원을 대상으로 단계별 심화학습 체계를 구축하고 실습 위주의 교육과정을 마련하기 위하여 '고용서비스 전문가 과정'을 운영(서울대 특별교육 과정 개설)하여 담당 인력의 전문성을 높이기 위하여 노력했다.

그러나 2006년 정치인 출신의 장관이 부임한 이후 고용센터 인력 구성 이원화가 고용서비스의 제공과 개선에 걸림돌이 된다고 보아 1조직 2신분 문제 해결에 주력하였고, 2007년 3월 27일 국무회의에서 민간인 신분의 직업상담원을 '직업상담 직렬'(8~9급) 공무원으로 전환하였다. 이때 노무현 대통령과 신임이 돈독했던 이상수 장관의 노력으로 관련 직제 개정에 큰 힘이 되었다고 들었다.

결국 현직 민간 직업상담원 1,567명에게 '특별채용시험' 응시 기회를 부여하고 필기 및 면접시험 등 검증 절차를 거쳐 합격한 적격자를 대상으로 직업상담 직렬의 공무원으로 임용(1,397명)하였다. 그러나 당시 상담 인력의 특별채용시험 불합격자 등은 정리하지 않고 민간인 신분의 직업상담원으로 계속 잔류하고, 이후 무기계약직 전환과 이와 유사한 인력을 다수 활용하면서 관리가 이루어지지 않았다.

그런데 직업상담원의 신분 안정화는 공무원화가 유일한 대안이 아니었다.
민간인 신분의 직업상담원 제도를 유지하면서도 적절한 보수 인상과 역량 개발, 그에 걸맞은 업무를 부여하고 동기부여가 되는 직급 체계 운영 등 적절한 인력 관리 시스템을 구축하여 직업상담 서비스를 비롯한 전문성을 고도화하는 방안이 있었다. 왜냐하면 공무원화 이후에는 상위 직급 신설이나 증원이 어렵고 보수 인상도 획일적으로 이루어지는 등 경직적으로 관리되는 반면, 민간인 신분으로 운영할 경우 당국의 정책 의지만 뒷받침되면 필요한 예산 증액이나 여건 개선 등이 상대적으로 더 용이하기 때문이다.

고용센터 종사자의 업무 협업 체제 미구축

하지만 이들의 공무원화를 통한 신분 안정화에만 주력하였을 뿐 이후 당국에서는 필요한 후속 조치들이 강구되지 않은 채 흘러갔다. 업무 고도화와 역량을 발휘할 수 있는 조직설계, 중간 관리 직급 신설 및 그에 따른 적절한 업무 부여를 뒷받침하는 인사가 이루어지지 않았다.

민간인 신분의 전문가 직업상담원 제도를 만든 사람이 볼 때에는 직업상담원의 공무원화가 소기의 효과를 거두었는지는 부정적으로 생각한다. 때를 놓치지 않고 적시성 있는 조직 관리와 직원의 전문 역량 향상 등을 위한 뒷받침이 그만큼 중요한데 때를 놓친 것이다.

공무원화 방안보다는 민간인 신분을 유지하되 충분한 예우와 전문성 제고, 적절한 인력관리 방안이 현실적 타당성이 높았을 것으로 본다. 더욱이 초기 민간인 직업상담원 업무 체제에서 직업상담 공무원 시스템으로 바뀐 이후 고용센터의 업무 추진 구조가 분절화되는 등 활력을 잃어갔다. 그럼에도 이에 대한 정책적 고민이나 보강 조치가 이어지지 않았다.

당초 8~9급으로 시작된 직업상담직 공무원의 서비스 개선과 책임성 강화, 지속적인 능력 발전을 뒷받침하려면 필요한 조치가 뒤따라야 했다. 일 잘하고 역량 있는 직업상담직 공무원들이 고용센터 팀장·소장 등으로 보임·승진할 수 있도록 종합적인 직급 체계(예시 : 4~9급)로 조정하여야 했다. 또한 고용센터의 전문적인 업무(취업지원, 직업능력개발, 실업급여 등)는 직업상담 공무원 인력이 주된 역할을 발휘하고, 고용지원 내지 행정 지원 업무(기업지원, 지원총괄 등)는 일반직 공무원이 담당하도록 하는 등 유기적인 협업 체계로 운영되는 것이 바람직하다.

하지만 그때그때 눈앞의 업무처리에만 급급하고 종사자의 처우개선, 동기부여와 사기 증진은 방치하고 말았다. 그 결과 '고용센터'는 취업 알선과 상담, 능력개발 지원 기능 등 고용서비스가 형식적인 사무 처리에 그치고, 각종 금전적 급여를 지급하는 '실업급여 사무소' 내지는 '고용보험 사무소'로 전락하고 말았다.

심지어 2015년경에는 종전 직업상담원 규정(전임→책임→선임→수석 상담원의 기존 4단계 체계)에 없던 하위 직급을 추가하고, 전문적인 직업상담원이 아닌 형태로 고용된 상담원을 '일반' 상담원으로 편입·증원하는 등 지휘부의 업무 자세나 행태에 부족한 측면이 많았고 종사자들의 업무처리도 매너리즘에 빠지거나 퇴행적으로 움직였다.

급기야 2017년 직업상담원 노조의 43일간 파업(2017.7.17.~8.28. 2차 파업) 사태를 겪었는데, 그 발단은 그동안 '일반' 상담원을 '전임' 상담원 직급으로 단순 통합하는 미봉책만 취하였을 뿐 다양한 고용센터 종사자의 협업 체제 구축을 비롯한 고용 인프라로 개선하지 못한 탓이었다.

고용센터에 근무하는 종사자(민간인 직업상담원과 일반직 공무원)들 사이에 갈등을 증폭시킨 2003년 무렵 고용관리과장의 '직업상담원 공무원화' 주장보다 이와 같은 사항들의 미진함이 고용서비스의 추락에 결정적이었다.

05

외국인력 활용과 고용허가제로의 통합

1980년대 중반까지만 해도 우리나라는 노동력의 해외 진출이 중요했다. 6·25 전쟁 이후 베이비붐 세대의 등장과 만연한 실업 문제로 피폐한 경제 상황 속에서 강력한 '가족계획' 시책인 산아제한 인구정책과 함께 '해외이주법'을 제정(1962년)하여 국민의 해외 진출을 적극 장려했다.

정부에서는 경제부흥을 위하여 독일에 광부(1963~1977년 7,936명)와 간호인력(1963~1976년 10,032명 : 간호사 5,800명, 간호보조원 4,232명) 진출, 베트남으로 국군장병 파병(1964~1973년 32만 5천 명)에 이어 1973년부터 중동 건설 현장으로 우리나라 노동력이 나가기 시작했다.

이 무렵 해외에 취업한 우리나라 건설 근로자는 1975년 6,000명에서 1978년 8만 4천여 명, 1982년 17만 1천여 명을 정점으로 해외취업 건설인력 중 93~98%가량이 중동에 진출하였을 정도로 비중이 높았다.

정부에서는 우리나라 노동력의 해외 진출을 종합적이고 체계적으로 관리하기 위하여 1978년 노동청에 '해외근로국'(나중에 직업안정국으로 통합)을 설치 운영할 정도로 노동력 송출에 매진하였으며, 중동에 진출한 건설 근로자들은 경제성장을 위한 산업 전사이자 외화획득에 첨병 역할을 했다.

사우디를 시작으로 리비아·바레인·이라크 등 1980년대 중반까지 중동에 진출했던 우리나라 근로자는 1년 단위로 계약하는 비정규직(기능공) 신분이었다. 이역만리 열사의 땅에서 고생이 심한 것으로 알려졌지만 귀국하면 채무 청산과 점포 마련, 결혼자금 저축 등을 할 수 있었기 때문에 '가난으로부터 탈출'을 꿈꾸는 젊은 남성들이 중동 진출에 줄을 지어 지원했다. 한때 우리나라 건설 취업자의 국내와 해외 급여가 무려 3.65배나 차이가 났기 때문에 1년의 단기계약은 장시간의 고된 노동을 높은 임금으로 보상받으려는 심리에서 시간외 근무인 '연장 근로'가 있는 곳으로, 연장 근로 시간이 적으면 더 많은 곳으로 이동하는 등 높은 임금 단가만큼 노동 강도가 센 현장을 선호했다.

1982년 이후 국내 임금이 상승하는 추세로 바뀌면서 국내와 해외의 임금 차이가 줄어들어 (국내외 건설 취업자 급여 격차 : 1975년 3.65배 → 1982년 1.53배) 해외 취업의 이점이 줄어들고, 중동 노동시장에서 외국인 근로자들 사이에 치열한 유입 경쟁으로 튀르키예, 파키스탄 등 인력이 우리나라 근로자들이 떠난 자리를 채운 것으로 알려졌다.

이처럼 우리나라는 불과 20여 년 만에 인력을 수출하던 나라에서 외국인력을 본격적으로 (수입하여) 활용하는 국가로 180도 바뀌었다. 그만큼 나라 경제와 국력이 신장되었기 때문이다. 필자도 인력 송출과 해외 진출 근로자를 지원하던 실무자에서 어느새 외국인력의 효과적인 활용 정책을 책임져야 하는 위치가 되었다.

그럴수록 우리가 지난날 한 명의 인력이라도 해외에 더 송출하기 위해 발버둥 치던 경험을 새기고 두루 고민하는 포용적인 자세를 견지했다. 나아가 외국인력 정책이나 제도가 합리적으로 구축될 수 있도록 하려고 무진 애를 썼다.

가. 산업연수생제도로 외국인력 도입 활용 개시

우리나라에서 외국인력의 활용은 산업연수생제도로 시작되었다. 그러나 이들의 근무지 이탈과 불법체류 증가, 인권유린, 송출 비리 등 사회문제가 야기되었다. 그런데 외국인력 산업연수생제도는 외국인력이 우리나라의 연수업체에서 일정 기간 연수함으로써 중소기업은 인력난을 완화하고 연수생에게는 기술 습득 기회를 주기 위하여 마련되었다. 이러한 외국인력 산업연수생제도는 '출입국관리법령'의 '산업기술연수' 체류자격 제도를 이용한 것이었다.

외국인력 산업연수생제도는 1991년 10월 제정된 법무부의 '외국인 산업기술 연수사증 발급 등에 관한 업무지침'을 통하여 본격적으로 이용될 수 있었다.

중소기업중앙회는 1992년 2월 외국인력 산업연수생의 연수 기간 연장과 대상 업체의 확대를 요구하여 국내 근로자들이 기피하는 업종에 연수생이 들어오게 되었다. 1993년 11월 산업연수생을 도입하기로 한 정부의 결정과 1993년 12월 28일 '외국인 산업기술 연수사증 발급에 관한 업무지침' 개정으로 중소기업중앙회도 연수생을 추천할 수 있게 되어 1994년 5월 필리핀, 중국, 베트남 등 10개국에서 21개 제조업에 20,000명이 입국한 이래 2002년 11월에는 연수생이 145,500명으로 늘어났다.

우리나라는 과거 독일이나 중동으로의 노동력 수출국이었으나, 1980년대 이후 소득수준 향상, 산업구조 고도화로 노동력 수입국(輸入國)으로 전환되었다. 특히 1988년 올림픽 이후 불법 근로자 유입이 급속도로 증가하였다. 또한 1990년대 초 주택 100만 호 건설 등은 단순노동력 부족 현상이 심각하게 나타나 3D 업종의 외국인력 수입에 대한 찬반 논쟁을 불러일으키는 계기가 되었다.

노동력 부족이 심한 부문의 사용자는 외국인력의 수입 허용을 요구하였고 노동조합은 임금과 고용 유지를 내세우며 반대하는 주장을 했다.

정부 부처도 의견이 엇갈렸다. 당시 상공부·건설부 등 산업체의 활동을 담당하는 부처에서는 수입 허용을 지지하였고, 노동부·경제기획원·보건사회부 등 노동 및 경제·사회를 담당하는 부처는 외국인력 수입을 반대하였다. 당시에 가장 큰 우려는 실업자가 넘쳐나는 국내 고용 상황에 외국인 근로자의 내국인 일자리 구축(驅逐) 효과였다.

이러한 논쟁의 와중에 정부가 현실적 요구에 부응하면서도 외국인력의 유입에 대한 적극적인 반대를 피하는 어정쩡한 절충안으로 산업기술연수생제도가 선택되었다. 그러나 다수의 산업연수생이 근무지를 이탈하여 불법체류하고 열악한 환경에서 근무하는 등 인권유린과 사회문제를 야기했고, 인력 송출에 있어서 관련국에서 많은 비리가 발생하였다.

이에 노동부는 1995년 2월 14일 외국인 산업연수생의 보호를 위하여 '외국인 산업기술연수생의 보호 및 관리에 관한 지침'을 제정하여, 1995년 3월 1일부터 외국인 산업연수생에 대해서도 산업재해보상보험, 건강보험의 적용과 근로기준법상의 강제근로 금지, 폭행 금지, 금품 청산, 근로시간 준수 등 일부 규정의 법적 보호를 받을 수 있게 조치하였고, 1995년 7월 1일부터 국내 최저임금법의 적용을 받도록 하는 등 외국인 산업연수생도 내국인 근로자의 일자리 기회를 박탈하지 않는 범위 내에서 노동법이 적용되도록 하였다.

나. 고용허가제로의 전면적 개편과 국제적 평가

그러나 산업연수생으로 입국한 후 이탈한 인원을 포함하여 불법체류 외국인 근로자가 1993년 54,583명이었으나 1995년 8만 명이 넘었고 1996년에는 무려 10만 명을 상회할 정도로 상황이 갈수록 심각했다. 이러한 폐단을 막고자 2003년 8월 16일 '외국인 근로자의 고용 등에 관한 법률'(약칭 외국인고용법)을 제정하고 2004년 8월 17일부터 시행하였으니, 어느덧 20년이 지났다.

이러한 문제점에 대하여 김대환 노동부 장관이 앞장서서 본격적인 해법을 마련하였다. 산업연수생제도의 문제점과 고용허가제 개선 방안을 마련하여 2005년 5월 11일 이해찬 총리가 주재하는 국정현안정책조정 회의에서 보고와 토론을 거친 끝에 제도 개편의 기본 방향을 확정하였다.

당시 필자는 외국인력 고용정책의 실무를 담당하는 국장(고용정책심의관)이었는데 2005년 7월 27일 외국인력정책위원회(위원장: 조영택 국무조정실장) 회의에 참석하여 산업연수생 활용의 편리함에 비하여 부작용이 너무 큰 산업연수생제도를 폐지하고, 고용허가제로의 조속한 일원화 방안을 주장하였다. 결국 2007년 1월 1일부터 고용허가제로 통합 개편하여 시행하는 것으로 관계 부처 사이에 합의가 이루어졌다.

나아가 일부 부처(법무부, 중기청)와 중소기업중앙회의 심한 반대가 있었음에도 2007년 1월 1일로 예정된 통합 개편의 실효성을 높이기 위하여 2006년 3월 1일로 미리 일정을 앞당겨서 조기에 산업연수생 배정을 중단하는 조치도 단행하게 되었다.

고용허가제는 내국인 근로자를 구하지 못하여 구인난을 겪고 있는 사업장(300인 미만 혹은 자본금 80억 원 이하의 중소 제조업체, 농·축산업, 20톤 미만의 어업, 건설업, 서비스업 5개 업종)에서 외국인 근로자를 고용하도록 허가하는 제도이며 외국인 근로자는 이 제도를 통해 자국에서의 취업보다 훨씬 많은 임금을 받고 한국기업에 취업하는 기회를 얻는 제도이다.

고용허가제는 외국인력의 도입 과정에 민간기관의 개입이 허용되지 않고, 우리나라 정부와 송출국 정부의 MOU에 근거하여 정부 산하 공공기관인 산업인력공단이 외국인력 업무를 담당하기 때문에 운영의 투명성이 높아졌고 외국인 근로자의 취업 비용도 큰 폭으로 줄여 불법체류자가 많이 줄었다. 아울러 내국인 근로자와 비슷한 대우를 통해 외국인 근로자의 인권 보호를 강화해 왔다. 언어 장벽과 문화적 차이로 어려움을 겪는 외국인 근로자가 조기 적응할 수 있도록 다양한 체류 지원 서비스를 제공하여 안정적인 고용 환경을 조성할 수 있었다.

그 결과 외국인고용법의 제정에 따라 불법체류 외국인 근로자의 비율이 2003년 8월 85%에서 2003년 12월 38%로 대폭 감소하였고 고용허가제가 시행된 이후 입국한 외국인 근로자들의 이탈률이 크게 줄어든 것으로 나타났다.

이러한 성과를 인정받아 우리나라의 고용허가제는 ① 2010년 9월 ILO(국제노동기구)로부터 '아시아의 선도적인 이주관리 시스템'으로 평가받았고 ② 2011

년 6월에는 UN으로부터 공공행정상 대상('부패방지 및 척결' 분야)을 수상하였다.

수상 이유는 고용허가제를 통해 이주노동자 도입 절차를 투명하고 공정하게 운영함으로써 송출 비리 문제를 비롯해 인권침해와 불법체류 등 이주노동자 선발과 도입 과정에서 나타날 수 있는 문제들을 개선한 점이 높은 점수를 받은 것이다. UN 공공행정상 수상으로 고용허가제가 세계적인 외국인력 도입 정책의 모델로 인정받게 됐다. 참고로 UN 공공행정상은 공공서비스 분야에서는 최고 권위의 상으로 2003년에 제정되었는데 UN이 매년 5개 분야(공공행정에서 부패방지 및 척결, 공공서비스 전달 방식 개선, 시민의 정책 결정 참여 촉진, 정부의 지식관리 향상, 성인지적 관점 전달 촉진)에 5개 대륙별로 우수 정책을 선정해 시상하고 있다.

또한 ③ 2017년 세계은행 아태지역 경제 동향 보고서에서 우리나라 고용허가제는 "국가가 노동이동을 도와 아시아태평양 지역의 경제성장을 이끄는 우수한 정책"이라는 호평을 받는 등 그 의미가 여러 차례 인정된 바 있다.

외국인 구직자 선발과 적응에 한국어능력시험 활용

고용허가제는 고용주가 필요한 외국인 인력을 신청하면 정부가 해외에서 취업비자를 받아 입국하는 외국인들을 선별·연결해 주는 것으로 합법적인 외국인 근로자의 고용을 위한 제도인데 2004년 8월 31일 필리핀 근로자 92명이 우리나라에 최초로 입국하는 등 17개 '인력송출 국가'(필리핀, 베트남, 인도네시아, 태국, 스리랑카, 몽골, 캄보디아, 우즈베키스탄, 파키스탄, 중국, 네팔, 미얀마, 방글라데시, 키르기스스탄, 동티모르, 라오스, 타지키스탄)에서 한국어능력시험 합격자들이 소정의 절차를 거쳐 우리나라의 비전문 취업(E-9) 비자를 받아 입국하게 되었다.

2005년 12월 30일 외국인고용법(제7조 2항)을 개정하여 외국인 구직자 명부를 작성할 때 선발기준으로 활용할 수 있도록 한국어 구사 능력을 평가하는 '한국어능력시험'(고용허가제-한국어능력시험, EPS-TOPIK, Test of Proficiency in Korean) 제도를 도입함으로써(2006년 7월 1일 시행) 외국인 근로자의 한국어 능력 제고와 문화적 감수성 확대를 도모하였다.

다. 사업장 변경 제한과 현실

고용허가제의 핵심은 ① 보충성 원칙 ② 투명성 원칙 ③ 단기순환 원칙(정주화 방지)이었다. 보충성이란 내국인의 일자리를 잠식하지 않도록 외국인은 보완적으로만 활용해야 한다는 것이며, 투명성은 외국인력의 도입·알선 등의 과정에서 각종 비리와 브로커 개입 등의 문제를 차단하기 위하여 정부 간 양해각서를 체결하여 공공부문이 관리하는 것이며, 단기순환 원칙은 단순 기능직에 종사하는 비전문 외국인 근로자(E-9)가 지나치게 장기간 체류하지 않도록 정주화를 방지하는 내용의 제도로 설계하였다.

고용허가제는 다수의 외국인 근로자 유입 문제와 국내 노동시장(특히 취약계층) 보호의 조화를 위해 불가피하게 외국인의 사업장 변경을 일정 부분 제한하고 있는데 대만, 싱가포르, 홍콩, 독일 등 외국에서도 자국 노동시장 보호를 위해 외국인의 취업을 자국의 사정에 맞게 일정 부분 사업장 변경을 제한하는 경우가 다수 존재한다.

이주노조와 민주사회를위한변호사모임(민변) 등 시민단체에서 2010년 3월 외국인고용법이 헌법 위반이라고 하며 위헌 소송을 제기하였다.

그러나 헌법재판소는 외국인 노동자의 사업장 이동을 3회로 제한한 구(舊) 외국인고용법(고용허가제 사업장 변경 제도)을 2011년 9월 합헌 결정(위헌 소송 기각)하였다.

당시 헌법재판소는 "이 사건 법률 조항은 청구인들의 직장 선택의 자유를 침해하지 않는다"라고 판단하였다. 해당 조항은 외국인 근로자의 무분별한 사업장 이동을 제한함으로써 내국인 근로자의 고용기회를 보호하고 외국인 근로자에 대한 효율적인 고용관리로 중소기업의 인력수급을 원활히 해 국민경제의 균형 있는 발전이 이루어지도록 하기 위함이 인정된 것이다.

이와 동시에 외국인 근로자의 사업장 변경 제한을 완화하는 방향으로 개선해 왔다. 즉, 2009년 12월부터 외국인고용법상 횟수 제한이 없는 사업장 변경 사유(事由)를 처음 규정했고 사업장 변경 기간도 2개월에서 3개월로 확대하였다.

이후 2012년 7월부터는 횟수 제한이 없는 사업장 변경 사유를 사용자의 근로조건 위반이나 부당한 처우, 입국 후 최초 사업장 배치 전 사용자 귀책으로 인한 사업장 이동, 고용허가 취소, 고용 제한 등을 사업장 변경 횟수 무제한 사유에 포함하는 등 대폭 확대하였다.

외국인 근로자가 사업장 변경을 신청하면 고용센터에 담당 직원이 지정되고 외국인 근로자와 사업주는 상호 연락하여 면접 등의 과정을 거친 후 취업·채용 여부를 결정할 수 있게 외국인 고용서비스를 보완해 왔다.

라. 시한폭탄이 될 불법체류 외국인력 활용과 외부 불경제 효과

고용(雇傭)허가제는 내국인의 고용기회를 보장하면서 합법적으로 외국인력을 활용하는 제도로서 송출비리 방지 및 외국인력 선정·도입 절차를 투명화(국가 간 MOU 체결)하고 국적·신체조건·학력·한국어 능력 등을 충족하는 적격자를 사업주가 선정하여 고용할 수 있어 '사업주'의 근로자 선택권을 보장하는 것이다.

고용허가제에 따라 외국인력은 일할 기업과 사전에 매칭되어 입국하므로 E-9 근로자는 원칙적으로 사업장을 변경할 수 없게 설계되었다. 그 때문에 법령에서 규정하는 사유가 있을 때 예외적으로 변경이 허용되고 사업주 동의를 받아야 한다. 사업장 변경 횟수도 제한돼 있어서 최초 3년간은 3회, 재고용의 경우 연장된 취업 활동 기간 1년 10개월 동안 2회까지 사업장을 바꿀 수 있다.

이와 달리 외국인력 관련 단체에서 원하는 노동(勞動)허가제는 '외국인 근로자(勤勞者)'에게 국내 취업을 허가하는 것이며, 고용(雇傭)허가제는 '내국인 사용자(使用者)'에게 외국인의 고용을 허가하는 제도이다.

그러나 이주노조와 민변 등 시민단체의 주장과 같이 노동허가제만이 사업장 이동의 자유를 보장하는 것이 아니라, 고용허가제의 탄력적인 운영과 개선을 통해 어느 정도 외국인 근로자의 합리적인 사업장 이동을 허용할 수 있다.

한편으로는 고용허가제가 우리의 산업을 저숙련 구조로 퇴행시키는 부작용이 있다. 이는 중소기업과 농어업이 지나치게 외국인 단순 노동력에 의존하는 형태가 고착화되기 때문이다. 그런 기업일수록 내국인보다 외국인을 활용하는 것이 습관화되면서 외국인 근로자의 내국인 일자리 구축(驅逐) 효과는 드러나기 어려운 현실이다.

게다가 지역별로 농촌 등 비수도권의 인력난이 심화되어 고용허가제로 도입된 외국인력의 사업장 이동 제한의 완화는 특정 기업이나 외국인 근로자에게만 이익이 될 뿐 국민 전체에 미치는 부작용을 초래하는 등 문제점이 있으므로 신중해야 하는 내재적 한계가 있다.

이와 동시에 (영세 중소기업의) 근로환경 개선을 지원하는 방안을 마련하여 고용허가제를 통한 외국인 '단순 노동력'의 '단기순환' 활용 방식에서 전환하여 성실하고 우수한 숙련인력의 국내 장기 체류를 권장함과 동시에 외국인 '전문인력'도 적극적으로 활용하는 방향으로 전환할 필요도 있다.

외국 국적 동포(F-4)와 방문취업(H-2) 제도는 사업장 이동이 자유로운 노동허가 제도와 거의 유사하다. 식당 등 서비스업, 건설업, 가사도우미, 간병인 노동시장에 들어오는 동포 외국인에 대한 불법체류자 관리에 구멍이 뚫려 고용허가제 도입 이전 수준으로 늘어나 심각한 문제가 되고 있다. 그 외에 비자 면제, 단기 방문 등 단기 체류 외국인 불법체류자가 전체 불법체류자의 70% 가까이에 이른다.

2013년 18만 명(11%)이던 불법체류 외국인이 2023년에는 43만 명(17%)으로 늘어날 정도로 급증하였다. 불법체류자가 생기지 않도록 엄정하게 관리하여야 함에도 이를 소홀히 하여 고용허가제(방문취업 포함)와 재외동포를 양대 축으로 하는 외국인 취업관리 시스템의 한 축이 무너지고 있어 안타깝기 짝이 없다.[6]

---

6. 외국인 고용허가제 새 판 짤 때, 이데일리(목멱칼럼), 2022.9.6.

고용허가제의 장점을 최대한 발휘하면서도 촘촘한 불법체류자 관리 기능이 회복되어 부작용이 최소화되는 외국인 취업관리 시스템으로 재구축할 필요성이 시급하다. 이는 고용노동부에서 고용허가제 실시 초기에 도입 인원을 나라별로 배정할 때 감안한 방식인데 법무부의 재외동포(F-4) 사증 발급에도 이를 활용하는 방식이다.

특히 시한폭탄이 될 여러 가지 사회적 우려를 안고 있는 불법체류 외국인에 대한 단속을 강화(법무부와 경찰이 합동으로 실시)하여 합법적인 외국인력 활용 국가가 되어야 하며, 불법체류자의 양산을 막기 위하여 법무부에서 재외동포 사증을 발급할 때 해당 국가의 불법 체류율과 불법체류자 수 등을 종합하여 심사하는 방안을 강구할 필요가 있다. 아울러 우리 문화에 적응력이 높고 일하면서 성실하고 우수한 인력으로 검증된 외국인에게는 한국인화를 촉진하는 개방성 확보와 한국인의 자부심을 고양하는 등 종합적인 접근이 필요하다.

마. 외국인력 활용 수익자 부담 방안 강구와 거버넌스 혁신

외국인 불법체류 문제에 대하여 법무부를 비롯한 관련 부처의 행태를 보면 인력을 구하기 어려운 실태를 감안한 탓인지 불법체류자의 단속과 활용을 어정쩡하게(좋게 말하면 : 탄력적으로) 하는 방식으로 외국인력을 관리해 왔다. 이러한 주먹구구식 대응 방식은 미래지향적이지도 않고 바람직하지도 않다.

고용허가제는 매년 업종별 인력부족률 조사 등 노동시장의 통계를 분석하고 아울러 관계 부처로부터 도입 규모에 대한 의견을 수렴하고 전문가 자문을 받아 도입 인원을 산정하고 결과에 대하여 검증한다. 이러한 내용을 고용노동부와 총리실의 소관 위원회의 심의 절차를 거쳐 결정한다. 일본의 경우 외국인력 활용은 산업연수생(기능 실습제)과 유학생 위주였다. 반면에 독일의 경우 2010년대 들어서 전문인력인정법, 기술이민법 등 숙련기술 인력과 정주화를 인정하는 외국인 노동정책으로 전환한 바 있다.

2017년 5만 6천 명, 2022년 6만 9천 명, 2023년 12만 명 수준에서 2024년 16만 5천 명의 외국인력을 고용허가제(E-9)로 공급하는데, 중소기업의 외국인력에 대한 수요는 계속 증가하고 있다. 하지만 외국인력을 활용하는 기업은 부족한 인력을 구할 수 있어서 경제적으로도 유리하다. 그러나 해당 기업 외에는 사회문화적 갈등이나 부정적 문제로 외부 불경제 효과를 초래하게 된다.

우리나라가 외국인력 활용에 있어서 근간으로 삼고 있는 보충성 원칙과 단기순환 원칙을 포기하거나, 저출산 고령화 추세상 인구정책의 대전환 차원에서 만약 고용허가제에서 노동허가제로 바꾸면 외국인의 국내 유입이 더욱 급속도로 늘어날 것이다. 게다가 사업장 변경 제한마저 없어진다면 외국인 근로자들에게 우리나라는 인기가 날개를 달게 될 것이다. 이유는 우리나라의 높은 최저임금 인상과 외국인에게도 최저임금의 적용으로 외국인 근로자들은 자국보다 임금이 수십 배 이상이거나 일본 등 다른 나라보다 임금이 높아 우리나라를 가장 선호하기 때문이다.

외국인 근로자는 국내 인력이 기피하는 일을 맡아 버팀목 역할을 하고 있지만 열악한 근로조건에 따른 사고 위험, 인권 등은 여전히 숙제다. 언어가 능숙하지 못하고 작업숙련도 낮아 재해위험이 가중되고 있다. 2023년 전체 취업자 중 외국인의 비율은 3.2%지만 산재사고 사망자 중 외국인의 비율은 10.5%로 집계되었으며, 얼마 전 외국인 18명이 희생된 아리셀 화재 참사도 이러한 위험이 도사리고 있음을 잘 보여주고 있다.

외국인 근로자 인도 및 관리를 위하여 취업교육기관(E-9) 또는 산업인력공단(H-2)의 현행 2박3일 집합교육이 사업주 맞춤형 도입에 적절한 수준인지 의문이다. 현재 고용허가제(E-9, H-2)로 입국한 외국인 근로자 및 고용허가 사업장을 대상으로 국한하여 외국인 근로자 체류 지원을 하고 있는데 실효성을 보강·확대하기 위한 방안이 요청된다.

중소기업에서 부족한 일손을 외국인력으로 해결하려는 수요가 점점 늘어나고 있다. 오롯이 특정 중소기업이 경제적 수익을 보면서 해당 기업 외에는 사회문화적 갈등이나 부정적 문제로 외부 불경제 효과를 초래하는 경우 원인자/수익자가 비용을 부담하는 방안이 필요하다. 따라서 원하는 외국인력 활용을 계속 허용하려면 한국형 외국인 고용부담금(K-Levy) 부과 방안을 검토할 때이며, 늘어나는 외국인력 수요 조절을 포함한 제반 문제 해결에도 효과적일 것이다. 나아가 정부도 중소기업의 열악한 고용 환경 개선을 지원하여 청년과 중장년의 고용 회피 문제를 완화할 필요가 있다.

현행 체류자격(비자) 위주의 외국인력 관리는 각 부처의 역할 분담이 아니라 칸막이로 분절화되어 외국인력 관리가 제대로 되지 않고 있다.

비전문 인력과 숙련 인력 등 외국인력 정책의 정합성과 효율화를 위하여 거버넌스의 혁신이 절실하다. 비자의 종류와 관계없이 외국인력과 관련된 정책은 모두 외국인력정책위원회에서 폭넓은 논의를 하는 등 국무조정실에서 통합적으로 총괄토록 제도를 개선(법 개정)하고, 세부 운영은 고용노동부와 법무부 등 각 부처에 위임하여 유기적으로 관리하는 방안을 찾아야 할 때다.

사업주는 법적·제도적으로 허용되는 범위 안에서 외국인력을 활용하고, 적법하게 국내에 들이온 외국인력도 자부심을 가지고 대한민국에서 일할 수 있도록 포용적으로 운영할 필요가 있기 때문이다. 이와 관련하여 남방 외교의 대가이자 협상의 달인으로 꼽히는 조선시대 이예(李藝)가 주도하여 체결한 계해약조(1443년, 세종)에서 오늘날 비자(VISA) 제도에 해당하는 우리 역사상 최초의 문인(文引) 발행과 운영을 중앙 정부에서 직접 관장하지 않고 (도항하는 배와 인원을 제한한 가운데) 대마도주에게 위임 관리한 사례는 고용허가제를 비롯한 외국인력 관리와 지원제도 개편에 하나의 시사점이 될 수 있다.

06
지역 일자리 목표 공시제 도입

'일자리' 문제의 해소를 위해 중앙 정부 주도로 일자리 대책을 제시해 왔으나 광역자치단체별 경제 및 고용 여건의 편차가 커서 지역 상황에 맞는 일자리 창출 및 고용서비스 제공에 한계가 있었다.

중앙 정부와 지방이 소통하면서 지방자치단체는 지역 특성에 부합하는 내실 있는 일자리 전략을 추진하고, 중앙 정부는 가장 효과적인 일자리 전략을 가진 자치단체를 집중적으로 지원해야 한다는 목소리가 커지고 있었다.

이에 고용노동부는 단순히 '구호(口號) 수준'의 일자리 공약을 넘어서서 자치단체의 특성에 맞는 일자리 창출 모델을 만들고 중앙정부와 자치단체가 협력적 네트워크를 형성하여 지역 고용을 활성화할 수 있는 대책으로 '지역 일자리(목표) 공시제'를 도입하였다.

'지역 일자리 (목표) 공시제'란 자치단체장이 자신의 임기 내 지역 주민들에게 일자리 목표와 대책을 제시하고 중앙 정부는 그 대책을 다양한 방법으로 지원하여 지역 일자리 성과를 높이는 고용 활성화 전략이다. 광역 지방자치단체(17개)의 시·도지사와 기초 지방자치단체(228개)의 시장·군수·구청장이 중앙 정부와 유기적으로 연계하여 지역 특성에 맞는 일자리정책을 추진하는 것이다.

자치단체의 장은 지역 고용심의회, 지역 노사민정협의회, 지역 고용포럼 등 지역 내 고용 관련 기구를 활용해 구체적인 일자리 목표와 대책을 수립하여 지역 언론, 기관 홈페이지 등을 통해 지역 주민들에게 공표한다.

이때 일자리 목표는 고용률 증가, 취업자 수 증가 등 통계 조사를 통해 확인

가능한 지표와 함께 추진하고자 하는 주요 사업별 일자리 창출 목표를 제시하게 되며 이를 달성하기 위한 일자리 대책은 일자리 창출, 일자리 유지와 미스매치 해소, 직업능력 개발 등 지역 특성에 맞는 구체적인 일자리 대책을 발굴하여 공시하는 것이다.

2009년 12월 14일 2010년도 고용노동부의 대통령 업무보고, 2010년 3월 4일 제3차 국가고용전략회의 시 중앙 정부와 지방자치단체가 일자리를 위해 함께 노력하는 '지역 일자리 (목표) 공시제'를 도입하고 그 추진 성과를 평가하여 우대 지원하는 방안을 대통령에게 보고하였다.

이후 관계 부처, 시·도 고용정책 담당과장, 관련 전문가 등을 대상으로 지역별 일자리 공시제 도입 관련 의견 수렴 및 협의(2010년 3월~5월), 관련 연구용역 추진(2010년 4월~9월)을 거쳐 2010년 7월 '지역 일자리 (목표) 공시제' 사업계획을 확정·공표하였다.

이어서 2010년 12월 17일 서울 교육문화회관에서 '2010 지역 일자리정책 한마당'을 개최하고, 고용부 장관-행안부 장관-자치단체 대표(광역 : 부산시장, 기초 : 천안시장) 간 지역 고용협력 MOU 체결, '일자리 대책 경진대회 우수 자치단체 시상 및 사례발표' 등을 하였다.

2010년 7월 '지역 일자리 (목표) 공시제' 도입, 실시를 위한 사업계획 확정 발표 후 자치단체 참여의향서 접수 결과 첫해인 2010년 총 244개 자치단체(광역단체 포함) 중 211개 자치단체가 참여(참여율 86.5%)하였고, 다음 해인 2011년에는 227개의 자치단체(광역 15, 기초 212)가 참여(참여율 93%)하였다.

지역 일자리 공시제는 중앙과 지방이 소통하면서 지역 특성에 부합하는 내실 있는 일자리 대책이 추진되도록 하는데 기여한 것으로 성과를 평가할 수 있다. 따라서 지역 고용정책에 자치단체 주도적인 참여를 유도하고, 지역 특성에 기반을 둔 다양한 지역밀착형 사업을 발굴하고, 일자리 창출과 능력개발에 대한 관심을 제고하여 고용 관련 주체 및 전문가의 인적 네트워크 형성을 촉진했다.

한편 '지역 일자리 (목표) 공시제'는 고용노동부 출입기자단이 매년 투표로 뽑는 2010년 '고용노동 정책 MVP' 중에서 '올해의 솔로몬 상(똑똑한 정책상)'을 수상(2010년 12월)하였고 고용노동부 자체 정책평가 결과에서도 '2010년도 우수 사업'으로 선정되었다.

〈참고〉 고용노동부 출입기자단이 선정한 '고용노동 정책 MVP'

년도	선정 분야 및 명칭	최고의 고용노동 정책 수상작
2010	올해의 고용노동 정책 MVP	사회적기업 육성 정책
	올해의 솔로몬 상 (똑똑한 정책)	지역 일자리 공시제
	올해의 선구자 상 (용감한 정책)	체불사업주에 대한 구속수사 등 엄중 조치
	올해의 으뜸 알리미 상 (이름난 정책)	사회적기업 육성 정책
	올해의 구들장 상 (따뜻한 정책)	은행계좌 압류 시 가족계좌로 입금되는 실업급여
	올해의 모르쇠 상 (홍보부족 정책)	10인 미만 영세사업장 특수건강진단 비용 지원
	올해의 허방 상 (아쉬운 정책)	직장보육시설 설치지원 확대
2011	올해의 고용노동 정책 MVP	비정규직 종합대책
	올해의 솔로몬 상 (똑똑한 정책)	일자리 현장지원단 활동
	올해의 선구자 상 (용감한 정책)	근로시간 줄이기
	올해의 으뜸 알리미 상 (이름난 정책)	열린 고용사회 구현
	올해의 구들장 상 (따뜻한 정책)	비정규직 종합대책
	올해의 모르쇠 상 (홍보부족 정책)	1350스마트폰 상담서비스
	올해의 허방 상 (아쉬운 정책)	서면 근로계약 준수
2012	올해의 고용노동 정책 MVP	장시간 근로 업종 수시 감독
	올해의 솔로몬 상 (똑똑한 정책)	열린 고용을 통한 고졸 취업 확산
	올해의 선구자 상 (용감한 정책)	장시간 근로 업종 수시 감독
	올해의 으뜸 알리미 상 (이름난 정책)	한국잡월드 개관
	올해의 구들장 상 (따뜻한 정책)	두루누리 사회보험 지원(자영업자 고용보험 확대)
	올해의 모르쇠 상 (홍보부족 정책)	기초생활수급자 운전면허과정 지원
	올해의 허방 상 (아쉬운 정책)	단기복무 장병 취업캠프

07
일자리 정부 천명과 대통령 주재 국가고용전략회의

2008년 글로벌 금융위기(유동성 위기)로 촉발된 어려운 경제 상황에서 우리 국민이 한마음으로 극복한 저력을 보여주었던 이명박 정부는 2010년 경제위기 극복을 위해 '일자리'를 최우선 국정과제로 삼아 범정부적 역량을 결집하였다.

"일자리가 최고의 복지"를 기치로 경제 운용의 최우선 과제가 바로 일자리 창출임을 밝히고 이명박 대통령 스스로 일자리 정부임을 선언하여 '일자리의 관점'에서 제반 정책들을 평가하고 고용친화적으로 정책을 재설계하였다.

이를 위해 대통령이 직접 주관하는 국가고용전략회의를 2010년 1월 21일부터 한시적으로 월 1회 회의를 개최하기로 했다. 이날 회의장의 백드롭은 "일자리, 더 많이, 더 좋게! 중앙과 지방이 함께!"로 쓰인 가운데 11월 11일을 고용의 날로 삼기로 했다.

국가고용전략회의는 이후 국민경제대책회의와 겸하여 개최하고 일자리 창출 20만 개를 목표로 일자리와 관련한 전 분야에 걸친 장·단기적인 대응 방안을 마련하기 위하여 안건별로 관련 분야 연구기관장 및 민간 전문가가 광범위하게 참여하였으며 3개 분야(고용 및 사회 안전망, 실물 경제, 교육 및 인력양성) 별로 TF를 구성하여 국가고용전략회의 운영을 지원하였다.

2010년 고용노동부 출범(7월 5일)을 계기로 각 부처의 고용정책을 총괄하여 주도하는 부처로서 '더 많은 일자리, 더 좋은 일자리' 창출에 대한 역할을 강화하기 위하여 고용친화적인 국정운영의 기본계획으로 「국가고용전략」을 중점 논의했다.

이명박 대통령이 주재한 제1회 국가고용전략회의 모습 (2010년 1월 21일)

　그 결과 6.2%에 달하는 경제성장, 32만 명의 취업자 증가 등 빠르게 회복하는 모습을 보였다. 국제사회는 우리나라를 글로벌 금융위기를 가장 빠르게 극복한 국가 중 하나로 평가하였다. 2010년에 10차에 걸친 국가고용전략회의를 개최[20]하였는데 경제·산업·노동·교육·복지 등 일자리와 관련된 전 분야의 장·단기 대응 방안을 논의한 국가고용전략회의 개최일시 및 안건 내용은 다음과 같다.

차수	개최일시 및 장소	국가고용전략회의 안건
1	2010.1.21. (청와대)	국가고용전략회의 운영 방안
		현 고용상황 평가 및 향후 고용정책 방향
2	2010.2.18. (청와대)	유연근무제 확산 방안
		인문계 대졸 미취업자 직업훈련 지원 방안
		새로운 패러다임 변화에 따른 일자리 창출 전략
3	2010.3.4. (청와대)	지역일자리 창출 활성화 방안
		사회적기업(영상물)
4	2010.4.8. (청와대)	최근 고용동향과 유망서비스 분야 일자리 창출 방향
		콘텐츠-미디어-3D산업 발전 전략
5	2010.5.12. (청와대)	최근 고용동향 및 평가
		중장기 인력수급 전망 및 정책과제
		고등학교 직업교육 선진화 방안
6	2010.5.27. (청와대)	사회서비스 육성 및 선진화 방안
		금융채무 불이행자 취업 지원 방안
		우수기능인 처우개선 방안
7	2010.6.11. (청와대)	사회적기업 활성화 방안
8	2010.7.15. (남이섬)	관광·레저산업 육성 방안
9	2010.8.19. (청와대)	청년 기술창업 지원 대책
10	2010.10.14. (청와대)	청년 내 일 만들기
		원자력발전 인력수급 전망과 양성 대책

〈참고〉 중앙부처와 자치단체의 일자리정책 협력 강화('고용정책조정회의')

고용정책조정회의는 고용노동부 주관으로 중앙부처와 자치단체 간 일자리 정책 협력의 기본 틀로 자리매김하였으며 2011년 4차례 회의를 개최하였다.

2011년 4월부터 '일자리 현장 지원단(반)'을 본부와 47개 일선 지방관서에 운영하기로 하면서 사업장 현장을 방문하여 구인 정보 및 애로사항을 발굴하고, 지역 노사민정협의회, 고용정책조정회의 등을 통해 협의 해결하고 나아가서는 현장 활동 대상을 사업자단체·학교·훈련기관 등으로 다변화하고, 업종과 지역, 인력 수요와 공급 측면을 아우르는 폭넓은 현장 지원 활동을 전개했다.

특히 애로사항 중 제도 개선이 필요한 사안에 대해서는 고용정책조정회의 등을 통해 관계 부처와 협력하여 문제를 해결해 나갔다. 이러한 노력의 결과로 개선된 대표적인 사례가 고용환경 개선금, 취업성공패키지, 직장체험프로그램, 정년 없는 사업장의 고령자 고용지원, 외국인력 활용 등이며, 특히 공단지역의 교통 불편을 해소하기 위한 대형버스 구입비용 지원과 통근버스 공동 이용 허용, 상시근로자 산정기준을 '인원'에서 '근로시간'으로 개선, 고용창출 기업에 대한 공제 한도를 확대하였다.

〈기획재정부〉
- 고용·세제 연계 : 임시투자세액공제(임투)를 고용창출 투자세액 공제로 전환

〈국토해양부〉
- 공단지역 출퇴근 교통 불편 : 여객자동차운수사업법 시행령 개정('11.12월)
  * (개선) 사업체 공동 또는 관리사무소가 통근버스 운영할 수 있게 허용

〈법무부〉
- 출입국관리사무소 관할 변경 : 근거리 소재 출입국관리사무소로 관할 변경(시화산 업단지 : 인천→안산), 법무부와 그 소속기관 직제시행규칙 개정('11.5월)

〈보건복지부〉

- 시간제 보육교사 경력인정 : 시간제 보육교사의 근무시간을 시간 단위로 합산하여 보육업무 경력으로 인정('11.7월)
- 장애인활동보조인 급여 인상 : 장애인활동보조인의 근로 여건을 고려하여 급여 지원단가 인상('11.9월)

〈고용노동부〉

- 고용환경개선 지원 확대 : 35인승 이상 통근버스까지 지원 확대('11.9월)
  * (변경 전) 중형승합자동차(16인승~35인승)에만 지원
  * (개선) 퇴사한 근로자에 대한 대체 채용 증가를 근로자 산정 시 포함하는 것으로 지침 변경('11.5월)
- 취업성공 패키지 제도 개선 : 취업성공패키지 참여자의 구직 등록 유효기간(3개월) 도과 2~3일 전에 사전 경고하여 구직 유효기간 연장토록 개선
  * (개선) 구직 유효기간(3개월)이 만료되어 고용촉진지원금 부지급되는 사례 방지
- 정년 없는 사업장의 고령자고용지원 : 정년 없는 사업장에서 일정 비율 이상 고령자(60세 이상)를 고용한 사업주에게 지원제도 신설
- 교대제 전환지원 확대 : 우선지원대상기업의 교대제 전환 지원금액 인상 및 지원기간 연장
  * (개선) 지원수준(연 720만 원→연 최대 1,080만 원), 지원기간(최대 1년→최대 2년)
- 외국인력 활용 제고 : 고용허가서 온라인 발급('11.7월), 고용센터 인터넷 방문 예약 서비스 실시('11.10월), 법무부-고용부 외국인 근로자 고용변동신고절차 일원화('11.10월), 자진 귀국한 재입국 희망자를 대상으로 특별한국어시험을 실시하고, 출국 전 최종 사업장에 계속 근무할 수 있도록 개선('11.12월)

일선 고용노동관서의 일자리 현장 지원 활동

고용노동부 직원들이 일자리와 관련하여 전사(戰士)가 되어 가슴으로 듣고 발

로 뛴다는 각오 아래 일자리 창출의 주역인 기업의 애로사항을 책상이 아닌 발로 뛰어 파악하였다. 이와 함께 지자체나 다른 기관과 협력하고 고용정책조정회의를 통해 문제를 해결하는 등 현장과의 소통을 중시하는 현장 지향적 일자리정책의 토대가 되었다.

이와 더불어 각종 기업지원 제도에 대한 홍보 효과, 다른 기관 또는 지자체와 협력 네트워크를 공고히 하고 고용정책조정회의를 통해 고용노동부의 역할이나 위상을 강화하는 계기가 되었다. 앞으로도 현장을 지향하는 정책 결정·집행을 일상화해 국민이 체감하는 고용노동 행정이 될 수 있도록 체계화할 필요가 있었다.

한편, 2011년 일선기관의 일자리 현장 지원 활동으로 성과를 이룬 대표적인 사례를 소개하면 다음과 같다.

[애로사항] 공장증설을 위한 부지 조성(산지 전용)이 허가되지 않아 생산 및 고용 차질
[해소사례] 김포시와 5개월여 지속적인 협의를 통해 공장설립 허가(공장증설로 100여 명 고용창출 예상) 〈부천〉

[애로사항] 회사 앞 도로 좌회전이 금지되어 불법 좌회전 등에 따른 교통사고 위험 노출
[해소사례] 인천북부지청과 경찰서 합동 실태조사 → 인천경찰청 규제심사 위원회 중앙선 절선 가결 〈인천북부〉

[애로사항] 청주에서 음성 소재 회사로 출퇴근하는 근로자가 많은데 교통 불편
[해소사례] 자치단체 등 유관기관과 협의하여 「청주 ↔ 음성」 간 출퇴근 시간대 광역직통버스 운행 개시 〈충주〉

08
민간 전문가들과 함께하는 '정책 포럼' 운영

 필자가 산업안전국장, 고용정책심의관, 직업능력정책국장, 노사협력정책국장, 기획조정실장, 노사정책실장 등 실·국장으로 일하는 동안 관련 분야의 민간 정책 전문가를 위원으로 위촉하고 매월 한 차례 이상 조찬회의 형태로 해당 분야별 정책 포럼을 만들어 운영하였다.

 정책 포럼을 운영할 때 5가지 기본 원칙을 세우고 최대한 유의하였다.
 첫째, 우리 국의 정책 소관 과장이 포럼의 안건을 직접 발제하고, 해당 주제 관련 현황이나 문제점을 고해성사(告解聖事)하듯 소상하게 적시하는 것을 논의의 출발점으로 삼는다.
 둘째, 그 바탕 위에서 전문가 위원(20명 내외)의 의견 개진과 난상토론 방식으로 대안을 모색하는 방식으로 논의한다.
 셋째, 해당 분야 최고의 전문가들로 포럼 위원을 모시고 참석 시 소정의 수당도 최고의 수준으로 지급한다. (포럼 초기에는 통상적인 예산단가대로 1회당 10만 원이었으나, 직업능력정책 포럼 이후 포럼에서 제시되는 알찬 의견을 감안하여 20만 원으로 100% 인상)
 넷째, 교통 사정이 편리한 시내 호텔에서 조찬 형식으로 개최하여 위원들이 참석하기 편리하게 한다.
 다섯째, 발제 자료를 사전에 이메일로 보내 꼼꼼하게 검토하고 깊이 있게 와닿는 의견 개진과 열띤 토론이 이루어지게 한다.

 직원들의 업무 부담이나 노동 강도는 높아졌으나, 전문가들과 소통하면서 관련 정책의 문제점을 공유하고 정책 형성이나 대안 모색에 참여하니, 외부 인사와 함께 내부 직원의 전문성도 깊어지고 포럼에 대한 자세나 책임 의식도 강화되었다. 외부의 교수나 전문가들도 거의 100% 가깝게 참석할 정도로 반응이 뜨거웠다.

포럼에는 최종태 서울대 경영학과 명예교수(이후 노사정 위원장 역임), 김동원 고려대 교수(고려대 총장 역임), 이지만 연세대 교수(경영대학장 역임), 이장원 한국노동연구원 박사를 비롯하여 최고의 전문가들이 참여하였다.

특히 2007년 직업능력정책 포럼에 참여한 유경준 한기대 교수는 해당 포럼 참여를 계기로 파악·분석한 문제점과 정책 아이디어를 바탕으로 후속 논문을 썼는데, 관련 학회로부터 우수 논문상 수상 등 학계에도 크게 기여했다는 반가운 소식을 전해주었다. 그 무렵 유 교수(나중에 통계청장을 역임하고 국회의원으로 선출)로부터 감사의 의미로 한 턱 쏘겠다는 제안을 받기도 하였지만 그 뜻만 새기고 사양하기로 했던 기억도 새롭다.

산업안전, 고용정책, 직업능력, 노사정책, 기획조정 분야에서 각각의 관련 정책 포럼은 정부와 민간 전문가 사이에 일종의 '정책공동체 운영'과 같았다. 각각의 포럼에 참여한 인사들은 정부의 정책 개선이나 정책 옴부즈맨(ombudsman)으로 관여한 데 대하여 보람을 느낀다는 평가였고, 정부로서는 국민과의 소통에도 의미 있는 방식이라는 생각이 들었다.

오랜 기간 중앙부처에서 근무한 경험상 민간 전문가들과 함께하는 정책 포럼 운영은 고용노동 정책 관련 정책 개선에 많은 도움이 되었다.

09
고용보험 제도 시행 관련 부처의 반대와 대통령의 결단

노동부의 숙원 사업 중 하나가 고용보험제도를 도입하는 것이었다. 1991년 3월 이후 노동부는 그동안 (실업보험이 아닌) '고용보험' 제도를 도입하기 위하여 준비해 왔지만, 많은 우여곡절을 겪어야 했다.

고용보험을 도입하는 기본 방향에 대하여는 부처 간에 큰 이견은 없었다. 그럼에도 불구하고 제도를 시행하기 위한 구체적인 작업을 진행하면 늘 반대에 부딪혔고, 주된 이유는 근로 의욕의 저하를 초래할 것이라는 문제였다.

1993년 4월 13일 소극적으로 실업급여만 지급하는 '실업보험'이 아니라, 노동부가 주관부처가 되어 적극적 노동시장 정책의 일환으로 추진하는 '고용보험' 제도의 본격적인 시행을 구체적으로 건의하는 서면보고를 대통령에게 하였다.

마침내 비서실에서 올린 보고에 대하여 김영삼 대통령이 과감하게 수용하는 결단을 하였다. 고용보험제도 도입과 시행에 대한 경제부처의 반대에도 불구하고 이를 수용하는 대통령의 중대 결단을 보좌하게 되어 나로서는 보람이 컸다. 그래서 대통령의 결단을 의미 있게 강조하기 위하여 메시지를 효과적으로 공표하는 시기와 적절한 행사 개최 등 계기를 만들고자 나름대로 고민하고 있었다.

그런데 갑자기 이상한 소문이 들려왔다.

고용보험 실시와 관련하여 이인제 노동부 장관과 이경식 경제부총리가 "고용보험의 관리 운영은 KDI(한국개발연구원)와 KLI(한국노동연구원)가 공동연구를 하여 방안이 마련되면 시행하기로 합의한다"라는 언론 속보가 떴다.

  이것은 대통령에게 고용보험 제도의 시행 방안을 이미 보고하여 내부적으로 결심 받은 내용보다 후퇴한 수준이었다. 또한 제도 도입의 시기가 오히려 늦추어지는 문제가 생길 수도 있었다. 따라서 두 기관의 연구 결과 의견 수렴이 원만하게 이루어지지 않으면 유야무야 될 수 있는 상태가 되었다.

  총론적으로는 국민에게 뭔가 진행되는 것처럼 보이지만 실제로는 미루기 위한 명분이나 우회적 방식으로 사용된 사례를 자주 봐 왔기 때문이다. 하지만 이미 언론에 'KDI-KLI 공동연구하여 방안이 마련되면 시행'키로 보도된 상황이었기에 대통령의 결단을 관련 부처에 알려주고 두 연구기관의 공동연구도 고용보험의 도입 자체보다 '효과적인 시행 방안' 위주로 준비하도록 귀띔하였다.

  결국 1993년 6월「신경제 5개년 계획」으로 고용보험의 1995년 도입 시행을 명시적으로 포함하여 대통령의 방침을 대내외에 확정했다.

  당시까지 청와대 노사고용 비서관의 인사 발령이 나지 않아 비서관 업무 대행까지 겸직하여 단기필마 행정관을 하고 있던 나로서는 대통령의 중요 결단이라 보안(保安)에 붙이고 있었다. 그런 상황에서 정치인 출신 노동부 장관이 경제기획원 장관과 합의를 서두르다 결과적으로 청와대와 부처 간 엇박자가 난 것이었다.

  비서관 없이 혼자서 일하느라 북 치고 장구 치고 하다 보니 무리가 빚어지는 등 이런저런 어려움이 많았다.

  참고로 이후 1993년 12월 국회에서 고용보험법 제정을 거쳐 1995년 7월부터 우리나라에서 고용보험 제도를 시행하게 되었다.

10

모성보호 급여를 고용보험 기금에서 부담하게 된 사연

기획관리실에서 행정관리담당관을 하던 필자는 2001년 8월 28일 고용정책실 보험제도과장으로 인사 발령을 받아 자리를 옮겼다. 그 무렵은 우리나라가 IMF 차입금을 3년 8개월 만에 모두 상환(2001년 8월 23일)한 직후였다. 그런데 가서 보니 깜짝 놀랄 만한 사건이 벌어져 있었다.

그것은 모성보호 사업을 실업 시 생계 보호와 고용안정, 직업능력 개발을 목적으로 만든 고용보험 기금에서 지출할 것을 전제로 해놓았다는 점이다. 즉, 육아휴직 제도의 시행(모성보호 장치)을 설치 목적과 용도가 다른 고용보험제도의 틀에다 억지로 갖다 붙여 놓았다.

어떻게 하여 고용보험에서 부담하게 되었을까? 이는 일반적인 정책이나 제도 형성 과정상 나타나는 협의와 절차의 예와 달랐다. 그것도 아주 서둘러 처리하였고 상당히 정치적인 의사결정이거나 밀실 협의에 치중하지 않았을까 하는 의문이 들었다.

모성보호급여를 건강보험이나 일반재정이 아닌 '고용보험 재정'에서 부담하기로 한 배경은 여러모로 석연치 않았다. 우리 사회에서 모성보호 급여가 필요하다는 점을 필자가 부인하거나 가볍게 생각하는 건 결코 아니다. 하지만 지원하는 방법이 적절할 때 비로소 제도가 지속 가능하다. 이에 필자는 어떻게 하여 모성보호급여를 고용보험에서 부담하게 되었는지 사정과 시사점을 살펴본다.

2001년 6월경 고용보험의 '실업급여' 계정에 '모성보호'(육아휴직 급여와 산전후 휴가 급여) 지급 장치를 결합하는 결정을 함에 따라 2001년 8월 14일 고용보험법을 개정하여 실업급여 계정에서 육아휴직급여와 산전후휴가급여 조항만 신설하고(제5장의 2 육아휴직급여 등), 모성보호 소요를 반영하는 실업급여 계정의 보험요율은 조정(인상)하지도 않은 채 그해 바로 시행하는 근거만 서둘러 만들어졌다.

특이한 점은 개정 조항의 시행 시점을 그해 11월로 정해놓은 점이었다.

지금까지 통상적으로 개정 6개월이나 1년 이후 또는 다음 해 1월 1일이나 7월 1일로 적용했는데 말이다. 아마도 이는 최대한 앞당겨 적용하려다 보니 보험요율 조정(인상) 작업도 생략하고, 적용 근거 조항 위주로 하는 개정만 속전속결로 진행한 결과였다.

고용보험과 건강보험은 그 출발 취지가 달랐을 뿐만 아니라, 모성보호에 대한 일반회계 재정이나 건강보험의 역할에 대한 논의와 관계 설정 없이 뭔가에 쫓기는 것처럼 서두른 움직임은 단지 의외를 넘어 많은 의구심까지 낳게 하였다.

관련 당사자의 특성과 건강보험 재정의 어려움을 감안할 때 다음 사실에서 숨은 사연이 어렴풋이 드러나 보인다. 당시 해당 업무를 추진한 당사자가 누구이며 어떤 관계였는지 알아보면 다음과 같다.

㉮ 노동부 장관은 보건사회부(현 보건복지부) 차관 출신 이기호 상관(김영삼 정부 때 보건복지부 차관과 노동부 장관을 역임하다 김대중 정부에서도 노동부 장관에 유임되었다가 청와대로 옮겨 경제수석으로 계속 근무)과 ㉯ 그 후임 최선정 노동장관(김대중 정부에서 보건복지부 차관을 하다가 노동부 장관으로 6개월 근무 후 다시 출신 부처인 보건복지부 장관을 역임) 이었으며 ㉰ 실무를 주도한 국장은 노동부 (고용보험 전반을 관장하는 국장이 아닌) 근로여성정책국장(나중에 고용평등국장으로 명칭 변경)으로 여성 근로자의 보호와 남녀 고용평등 업무를 담당한 분이다. 하필이면 그는 당시 흔치 않은 여성 공직자로서 모성보호의 필요성을 강조하던 중 직전에 실업급여과장을 담당하여 당시 건강보험의 재정 형편이 넉넉지 않은 사정을 이유로 건강보험과 직간접적으로 관련이 있던 노

동 장관을 설득한 끝에 모성보호급여를 고용보험 기금에서 끌어안는 방안을 도출한 것으로 보인다.

결국 근로여성정책국장과 보건복지부 출신 노동장관이 의기투합하여 모성보호급여를 건강보험이 아닌 고용보험에서 지출하기로 하는 의사결정에 공감대를 형성하였을 것이다. 한편으로는 2000년대 초엔 고용보험의 재정이 건강보험보다는 여유가 있는 상태였기에 당시 국장과 장관은 그런 추세가 계속될 것으로 봤을 수도 있다. 그러나 보험 재정은 경제 상황이나 경기변동에 후행적으로 작용하는 실업 수준에 따라 여러 가지 다양한 경우를 대비하여 유동적이므로 이를 고려했어야 함이 타당하다.

이 글은 어느 당국자가 사고를 친 업무를 이후에 처리해야 하는 관련 과장으로서 나름 합리적 의심을 바탕으로 분석한 것이다. 비록 어설픈 생각일지라도 당국자의 집요함이 정부 정책을 바꾼 단적인 사례에 해당한다고 생각한다.
담당 국장은 간절히 원하는 시책을 제도화하였고, 장관은 건강보험에 초래될 재정적 부담을 줄였으니 서로 윈윈한 것으로 판단하였으리라. 이후 그는 평소 돈독한 관계를 유지해 온 여성사회단체의 지원을 받는 등 2004년 국회의원 선거에서 비례대표 후보에 이름을 올리고 국회에 진출하여 의정활동(2007~2008년)을 하였다.

필자는 그런 상황이 벌어진 직후 고용정책실 보험제도과장으로 발령받아 업무를 수행하게 되면서 파악한 결과 '모성보호'의 재원은 처음부터 고용보험이 아니라 건강보험이나 정부 재정으로 소화(부담)하는 방향(지원 방법)으로 정책을 설계(계정 분리)했어야 지속 가능한 제도라고 판단하였다.
또 다른 문제는 모성보호급여 지출 규모에 대하여 낙관적으로 판단한 나머지 다가올 기금 소진 문제를 너무 안이하게 처리한 점이다. 판이 그렇게 만들어진 결과, 당시 모성보호급여 지출 규모(2002년도 예산 257억 원) 중 일반회계 전입금을 일부 확보(150억 원, 58.4%)하고 이를 확대해 나가는 방안 외에는 달리 뾰족한 해결책을 찾지 못했다.

정책 방향이 이미 그렇게 정해진 마당이었기 때문에 당장 이를 바꾸거나 다른 선택지를 찾기 어려웠다. 그러니 필자가 업무를 추진하거나 개선하는 데는 한계가 많았다. 기껏해야 2001년 12월 국회 본회의에서 모성보호급여를 일반회계와 건강보험에서 부담하도록 하는 내용의 결의문을 채택하도록 실무적으로 뒷받침하였을 뿐이다.

즉, "출산·육아는 사회 공동의 문제로 산전후휴가 급여는 장차 모든 여성을 대상으로 하고 모성보호 비용은 사회 부담이 필요하며, 정부는 비용의 일정 부분을 매년 일반회계 예산에 반영하고, 일정 연한이 지난 후에는 산전후 휴가 급여를 모든 여성을 대상으로 실시하고, 그 비용은 일반회계와 건강보험이 부담하는 방안을 강구해야 한다"라고 촉구하는 정도였다. 그야말로 누군가 사고를 치는 것은 쉬워도 수습하기는 정말 어려웠다.

수습 방안 모색 : 모성보호 계정부터 분리해야

이후 이와 관련한 기록을 살펴보면, 2010년 국회 환경노동위원회는 2011년도 예산을 의결하면서 "일반회계가 모성보호 비용 예산의 50% 수준에 이를 때까지 전년도 일반회계 전입금의 100%를 증액하기 위해 노력한다"라는 부대 의견을 달았다. 그 사이 2002~2016년 모성보호급여는 36배 급증한 반면에, 일반회계 전입금은 겨우 4.7배 증가 수준에 그치고 말았다.

상황도 당초 예상과 다르게 전개되었다. 2018년 문재인 정부 들어와 모성보호급여는 1조 원을 넘겼고, 6년 만에 이 분야 고용보험 기금 예산이 1조 9,869억 원(2024년)에 이를 정도로 2배가량 늘었다. 코로나 팬데믹을 거치며 고용보험 기금은 고갈 사태에 내몰렸지만, 모성보호급여는 여전히 고용보험 기금의 울타리 안에서 적자를 가속화시키고 있다. 이런 문제점을 의식하여 정부는 2024년 모성보호급여에 대한 '일반회계 전입금'을 (총예산 2조 3,869억 원 중) 4,000억 원 계상하여 2023년(3,000억 원)에 비해 1,000억 원이 늘었다.

2023년 말 기준으로 기금 적립금은 7조 8,000억 원인데 코로나 팬데믹 당시 발생한 적자를 메우기 위하여 공공자금관리기금에서 빌려온 예수금(10조 3,000억 원)을 빼면 고용보험 기금의 실제 적립금은 약 2조 5,000억 원 넘게 적자 상태이다.

그럼에도 턱없이 부족한 수준이므로 모성보호 지원 사업 예산액 대비 정부 분담 수준은 16%에 불과한 실정이다.

우리나라 고용보험의 계정은 ㉮ 실업급여 ㉯ 고용안정·직업능력개발사업으로 두 계정이 각각 따로 구성되어 있는데, 육아휴직 등 모성보호급여는 노사가 각각 1/2씩 부담하는 실업급여 계정에서 충당하고, 고용안정·직업능력개발사업 급여는 사업주가 전액 부담하도록 정하고 있다.

노동시장과 산업구조가 바뀌어 프리랜서(400만 명), 플랫폼노동(292만 명), 특수고용관계 종사자(165만 명) 등 비임금 분야 종사자(857만여 명)의 규모가 급격히 증가하여 고용보험에 의한 모성보호의 실효성이 사실상 사라진 상황이다. 게다가 문재인 케어 실시와 저출산 고령화 등으로 인해 건강보험의 재정 역시 어려움을 겪고 있어서 결국엔 고용보험 요율 인상이나 일반회계 전입금을 대폭 늘리는 방안으로 귀결될 것이다.

국방이든 정책이든 방어선이 한 번 뚫리거나 조그만 틈새가 벌어지는 등 잘못되면 이후 제 자리매김하는 것이 얼마나 어려운지 알기에 심히 두렵다. 더욱이 정책이나 제도가 포퓰리즘 정치와 결합하게 되면 그 파장이 얼마나 커질지 가늠하기조차 어렵다.

현행 법제를 바탕으로 하면서 육아휴직 기간을 늘리고 신청 대상 자녀의 나이도 확대하고, 배우자 출산휴가를 연장하거나 이용 요건을 확대하는 등 늘리는 방식으로 고용보험에서 육아휴직 등 저출산 고령화 지원을 강화(남녀고용평등법, 근로기준법, 고용보험법 개정)하기만 하면 고용보험 기금은 주객이 전도되고 만다.

우물 안 개구리가 아니라 눈을 밖으로 돌리면 사정을 더욱 쉽게 이해할 수 있다. 현재 실업급여 재정이 어려우므로 이를 정상화하려면 실업급여의 모럴해저드를 초래하는 근로 의욕 저하 요인을 해소하고 동기부여 장치를 강화하는 등 필요한 조치를 해야 한다. 이와 함께 고용보험 본래의 사업 취지와 다른 성격의 '모성보호' 관련 비용의 수입과 지출 구조도 재정비해야 한다.

대다수 선진국에서는 모성보호와 고용보험(실업급여 계정)은 별도 운영하고 있다. 따라서 실업급여 계정 중에서 모성보호 사업을 아예 떼어내거나, 그렇지 않으면 별도의 모성보호 계정으로 분리하여 이에 대한 일반회계 예산지원을 대폭 늘리거나 건강보험 등 별도의 재원으로 부담하도록 지원·운영하는 등 원칙과 기본에 맞게 정상화해야 지속 가능하다. 이를테면 학령 인구 감소에 비해 늘어나는 교육예산이나 담배소비세의 구조와 명칭(건강부담금)을 조정하면 건강보험, 모성보호, 국방까지도 보강하는 여지가 생길 수 있다.

하루속히 고용보험의 구조를 재정비하여 실업급여 계정에서 모성보호 계정을 분리하여 모성보호는 일반재정에서 부담하고 보험료도 별도 책정하는 방식으로 관리하지 않으면 저출산 고령화 추세와 그 대응의 어려움이 갈수록 난망해 보이는 게 진짜 문제다.

11

청년의 창조적 도전
: 글로벌 청년취업(GE4U)과 K-평화봉사단

　우리 경제의 고용창출력이 둔화됨에 따라 청년 친화적인 일자리가 지속적으로 감소하면서 청년의 해외 취업을 지원하기 위해 자치단체와 학교의 협력 모델을 선정하여 해외 취업에 유망한 전공 및 어학 능력을 갖춘 지역 내 인력풀을 확보하고 특성화된 프로그램을 설계하고 지원하는 글로벌 청년취업(GE4U : Global Employment for Youth) 사업을 추진하였다.

　이 사업은 고용노동부에서 국가·직종별 특화된 협력 기관을 선정하고 해외취업 프로그램 지원비와 운영비를 지원하고 선정된 기관은 공동으로 정부 지원액 대비 30% 이상 대응 투자하며 졸업 예정자 및 졸업생 중 미취업자를 대상으로 상담 및 테스트를 통해 글로벌 청년취업 참여자 선정한다. 또한 국내외 연수 등 특화 프로그램을 개발 및 운영하고 해외 현지 네트워크를 활용하여 취업 알선 및 취업 후 관리·모니터링 등을 실시한다.

　글로벌 취업지원은 해외취업을 통한 글로벌 고용촉진을 위하여 해외취업 연수 및 해외취업 알선 등을 추진하였는데 일정 기간(1~12개월) 국내외 연수기관에서 어학·직무연수 후 취업을 지원하는 것이었으나 일자리의 질이 낮아 한계가 있었다.

우리나라와 미국의 평화봉사단 활동

　그러나 글로벌 세계 경제에 적극 대응하고 국내 노동시장의 한계를 극복하기 위해서는 청년의 도전적인 해외 진출을 적극 지원할 필요가 있다.

우리나라는 역사상 식민지를 개척하거나 운영해 보지 않았다. 이에 자라나는 청년들에게 세계 각국을 경영한다는 기상을 고취하기 위하여 미국의 평화봉사단(the U.S. Peace Corps)을 참고하여 정부와 주요 대기업 등 민간이 기금을 형성하고 활용하는 방안을 제안한다.

미국의 평화봉사단은 케네디 대통령이 "인생의 2년을 개도국에서 봉사하여 세계 평화에 기여하자"라는 캠페인을 하면서 1961년에 설립하였는데, 25만 명의 미국 청년들에게 2년 기한으로 동남아시아·아프리카·중남미 등 저개발국과 개발도상국(141개국)에서 각종 기술을 배우도록 평화봉사단원으로 파견했다. 이들은 파견 국가에 머물며 그 나라 국민들과 비슷한 생활 수준으로 살고 평화와 우호를 증진하는데 기여하였다.

1966년부터 1981년까지 2,060명의 젊은 미국인 청년들이 한국에서 교육(영어)과 농업, 무역, 기술 개발과 의료수준 향상 등 봉사 활동을 하였다.

캐슬린 스티븐스(Kathleen Stephens, 1953년생, 한국 이름 심은경) 전 주한미국 대사(2008~2011년 역임)도 외교관이 되기 전 평화봉사단원으로 1975년부터 1977년까지 충남 예산에서 영어 교사로 봉사했는데 한국인들은 1980년대 주한 미 대사관(정무 담당관)에 근무했던 경력보다 자신의 '평화봉사단원' 활동에 더 주목했다고 밝힌 바 있다.

이처럼 평화봉사단원들이 20대 초에 한국과 맺은 인연을 바탕으로 일부는 외교관, 한국학 연구자 등으로 변신하여 두 나라의 우호 증진에 힘쓰고 있으며 한국에서 활동했던 평화봉사단원들은 이후에도 계속하여 양국간 우호 협력을 증진하고 있다. 세계 10위권의 경제 대국인 한국도 평화봉사단의 수혜국으로는 유일하게 1991년 한국국제협력단(KOICA)을 설립하여 개발도상국의 발전을 지원하는 봉사단원을 외국에 파견하는 나라가 되었다.

미국의 평화봉사단 활동을 벤치마킹하여 그 대안으로 우리도 아시아·아프리카 등 개발도상국을 중점 대상으로 일정 기간(2년 내외) 해당 국가에서 생활하며 현지 시장조사나 교육(한국어), 생활 지원 등 봉사 활동을 확대하는 K-평화봉사단 활동 방안을 적극 추진할 필요가 있다.

이때 해외 네트워크 형성을 희망하는 대기업이나 중견기업들과 청년을 매칭하여 현지 활동 보고서 제출을 조건으로 봉사 활동(교환학생, 해외 인턴, 연수 취업 등)을 지원하는 방안을 운영한다면 궁극적으로 청년의 안목과 일자리 영토(해당국 전문가 인재 육성, 창업지원 등 포함)를 넓히는 데도 크게 도움이 될 것이다. 특히 청년들이 자신감을 갖고 두려움 없이 자기 길을 개척하면 새로운 길이 열리게 된다.

'청춘, 너의 용감함을 보여줘' 청년들과의 토론회에 참가한
이채필 고용노동부 장관(2012.6.1. 서울지방고용노동청 1층 열린 마당에서)

12
'선(先) 취업, 후(後) 진학'과 고졸 청년취업 활성화

가. 스펙 초월 열린 고용 사회 구현

학력과 스펙이 아닌 능력이나 실력에 따라 일할 기회가 있고 정당하게 대우받는 스펙 초월 열린 고용사회를 구현하기 위하여 4년 앞서 취업하여 일하면서 배우고 승진하는 '先 취업, 後 진학' 고졸자의 채용 기회를 확대하는 지원방안을 마련하였다. 왜냐하면 학교에서 노동시장으로의 이행이 단선적인 사회 진출 구조에서 변화하고 있었기 때문이다.

특히 마이스터고 제도는 마이스터고 학생들에게 입학금과 수업료, 기숙사비와 학교운영지원비를 원칙적으로 면제하였는데 이명박 정부의 '취업 걱정 없는 고등학교' 정책의 결과물이었다.

2010년 개교한 21개의 마이스터고 졸업 예정자의 89.9%(2012.11월 기준)가 취업하여 직업계고 졸업생 취업률이 증가(2011.12월 40.2% → 2012.12월 46.5%)하였고 그동안 감소하던 고졸 고용률(20~24세) 증감도 2011년 하반기 이후 증가세로 전환(2011.9월 -4.7%p → 2012.7월 2.9%p) 하였고, 정부에서 고졸 취업 시책을 강화하면서 언론과 산업계의 큰 관심을 받아 대기업(2012년 상반기 고졸채용 실적 18,540명)과 금융권(2012년 고졸자 3,047명 채용) 등의 고졸 채용이 크게 늘어났다(先 취업).

취업 후 주요 대학에서 재직자 특별전형을 신설(2010년 7교 → 2013년 67교)하고 사내대학을 설치(2011년 3교 → 2013년 7교)하는 등 일과 학습을 병행하는 기회 제고와 지속적인 능력개발 기회를 확충(後 진학)하며 학력이 아닌 능력 중심으로 사회적 인식과 인사관리 관행의 변화를 적극적으로 도모하였다.

나. 그간의 추세와 역행한 문재인 정부의 직업교육 지원 : '오리'형 인재 양성 안 돼

2012년 11월 서울시교육청이 배포한 자료에 "특성화고 신입생 모집 원서 접수를 마감한 결과 전체 특성화고 71개교가 정원(1만 6,730명)을 초과했다"라고 밝혔을 정도로 특성화고 모집이 '인기 폭발'이라는 내용이 담긴 적이 있다.

하지만 "특성화고 졸업자에 취업 문이 활짝 열리면서 신(神)의 직장에 특성화고를 졸업한 선배들이 취업하는 것을 보고 성적이 우수한 학생이 주위 만류에도 소신 있게 특성화고에 지원한 것으로 분석된다"라고 했던 특성화고가 이제는 깊은 시름에 빠져 있다.

한국폴리텍 다솜(고등)학교 개교식 기념 축사하는 이채필 장관

왼쪽부터 박종구 한국폴리텍 이사장, 필자, 송석구 사회통합위원회 위원장, 최명현 제천시장 (2012.3.1.)

최근 직업계고 사이에는 고졸 취업 정책에 신경을 많이 쓴 이명박 정부와 달리 이후 정부에서는 그렇지 않아 판이하게 달라졌다는 평가이다. 즉, 고졸 일자리에 그다지 관심을 보이지 않고 있다는 시각이 짙다며 직업교육이 무너지고 있다는 목소리까지 흘러나오고 있다. 이것은 학교에서 노동시장으로의 이행이 단선적이 아니라 복선으로 다양하게 변화하는 그간의 추세와 역행하고 있어 심히 우려된다.[7]

특성화고, 마이스터고 등 직업계고의 취업률이 문재인 정부 5년을 거치며 반토막이 되었다. (2017년 50.6%였던) 직업계고 취업률이 2021년 28.6%로 곤두박질쳤고 직업계고의 입학정원이 미달하는 등 신입생 충원율도 역대 최저치로 추락했다.

직업계고의 부진 탓에 고졸 청년 고용률(63.5%) 역시 OECD 34개국 중 32위로 최하위권이다. 일자리 상황판을 만들며 '일자리 정부'를 자처하고, 청년 일자리를 강조해 온 정부에서 벌어진 또 하나의 '고용 참사'이다.

직업계고의 위기는 '先 취업 後 진학'이라는 선순환 구조가 무너진 것에서 분명하게 드러난다. 2021년 직업계고 졸업생의 대학 진학률은 45%로 5년 전 (2017년 32%)보다 후퇴하여 무려 13%p 높아졌다. 게다가 어렵게 취업에 성공한 직업계고 졸업생마저 10명 중 3명 이상이 1년 이내에 퇴사하였다. 산업현장에서 필요로 하는 인재를 길러내기 위하여 설립된 특성화고와 마이스터고의 취업률이 줄고 진학은 늘고 있는 것은 '先 취업 後 진학'이라는 본래의 취지가 무색해지는 것이다.

직업계고는 전통적으로 산업현장 인력공급의 해결사였고 지금도 마찬가지다. 특히 지방교육재정교부금이 넘쳐나 교육 현장에서는 웃지 못할 예산 소진(消盡) 전쟁이 벌어지고 있는데도 직업계고에 대한 예산 배려는 부족하다. 정부는 이의

---

7. 무너지는 '직업계고', '특단 대책 필요한데, 정부는 무관심', 뉴스1, 2022.1.30.

해결 의지나 계획이 없어 일선 학교는 재원과 교사 부족에 시달리고 있다.

청년 고용 생태계의 복원은 범용 인력 양성이 아닌 특성화된 재능을 함양하는 직업계고 활성화부터 시작해야 한다. 즉, 해당 분야의 전문성과 기술력을 갖추게 하는 것이다. 이것저것 할 수는 있지만 어느 것 하나 잘하지 못하는 '오리'형 인재 양성을 지향해서는 경쟁력을 잃고 말기 때문이다.

다. 직업에 귀천이 없다 : 'king+산직', 'god+술직'

현대자동차가 그동안 중단해 온 공개채용을 10년 만에 재개하면서 2023년 3월 초 생산 업무를 하는 기술직 400명 모집을 시작하자 지원자가 12만 명 이상 몰려 채용 포털사이트가 일시 마비되었다고 한다. 현대자동차의 고졸 기술직 신규 채용은 공고 당시부터 큰 화제를 모았으며 300대 1의 경쟁률을 기록했다. 지원이 이처럼 폭주한 이유는 명망 있는 대기업이 제공하는 높은 급여와 60세 정년 보장 그리고 다양한 복지혜택과 같은 파격적인 고용조건이 알려지면서 '킹(king)+산직'(생산직을 높여 부르는 말), '갓(god)+술직'(기술직을 높여 부르는 말)이라는 표현까지 돌았다.

그런데 이러한 움직임은 굉장히 의미가 있다. 육체노동을 천시해 온 우리 사회의 흐름이 바뀐 것이다. 젊은 세대의 직업관은 기성세대와 달리 스트레스를 받으면서 경쟁하여 승진과 출세를 하기보다 자기에게 맡겨진 일만 하면서 일과 삶의 조화(워라밸)를 통해 행복하게 살겠다는 흐름으로 달라진 것이다.

이런 현상은 육체노동과 정신노동을 차별하지 않고 각자 적성에 따라 주어진 일을 충실히 하며 그에 만족하려는 것으로 직업에 귀천(貴賤)이 없고 자기가 맡은 일을 열심히 하여 부를 창출하고 이를 통해 이웃과 사회에 기여하는 사회발전의 원동력에 부합한다.

그런 측면에서 이명박 정부는 마이스터고등학교 육성 등 직업계고 지원을 시작했다. 무조건 대학에 진학하기보다 먼저 기술을 익혀 취업하고 필요에 따라 나중에 대학에 진학하는 등 평생 교육을 받는 방법으로 지식과 기술을 개발해 가는 정책을 적극적으로 추진한 것이다.

교육과정에서 학교와 기업을 연계하여 기업에서 즉시 활용할 수 있는 인재를 양성하고 이들의 취업을 보장하였기에 우수한 학생들이 많이 몰렸다. 육체노동과 정신노동을 차별하지 않고 실용적으로 생각하는 사회적인 분위기가 계속되면 세계적으로 유례가 없을 정도로 높은 대학 진학률과 과다한 사교육비도 줄어드는 등 우리 사회가 안고 있는 여러 문제도 해결될 것이다.

라. 교대제 개편으로 장시간 근로 개선과 생산성 향상 및 일자리 창출

2012년부터 구직자가 취업에 필요한 우수 중소기업(강소기업) 현황 정보를 워크넷 취업 정보와 연계하여 스마트폰으로도 제공하는 등 현장 중심의 노력을 기울였다. 2012년 9월에 발표한 「열린 고용사회 구현방안」에 따른 고졸 취업을 활성화하기 위해 고졸 취업희망자 9,259명(326개 고교)와 구인 정보 7,089명(970개 업체)을 발굴하였고 원활한 취업 지원을 위해 「센터·기업·학교」간 MOU 체결(45개 지청, 894개소와 MOU 체결)과 지원을 강화하였다.

우리나라는 대졸 신입사원의 재교육을 위해 평균 19.5개월, 1인당 6,088만 원의 비용이 소요될 정도로 직업적 유용성이 낮은 교육으로 사회적 낭비가 초래된다는 지적을 받아왔다. 이에 정부는 근로자의 평생에 걸친 교육훈련을 지원하기 위하여 기업 및 산업계 주도로 실시하는 현장 지향 교육훈련 과정을 활성화하고 일하면서 학위를 취득하는 기회를 확대하려 하였다.

2012년 2월 29일 스펙 초월 열린 고용사회 구현에 역점을 두고 전국 일선 노동관서장과 함께 이를 공유하기 위한 보고대회를 개최하였다.

그에 앞서 이명박 대통령도 2012년 1월 13일 청와대 영빈관에서 일자리 창출 우수기업 관계자를 초청 격려할 정도로 적극적이었다.

이에 따라 교대제를 개편(3조 2교대 ⇒ 4조 3교대)하여 장시간 근로환경을 개선하고 근로 시간을 줄여 신규 일자리를 늘리는 고용 창출에 앞장서면서도 임금을 낮추지 않았고, 연령·학력 제한을 없애 고졸자와 31세 이상자를 다수 신규 채용, 정년 경과자에 계약직 계속 근무 기회 부여 및 생산성 향상을 위한 재직자 교육을 강화하는 '열린 고용'을 구현한 공로가 큰 강소기업 더블유스코프코리아(대표이사 최원근)에 2012년 12월 17일 금탑산업훈장을 수여하는 등 일자리 창출 유공자를 기리는 행사도 개최했다.

2012년 2월 29일 '스펙 초월 열린 고용 사회 구현 보고대회' 발표자
더블유스코프코리아 최원근 대표이사 사장(좌), 한국토지주택공사 이지송 사장(우)과 함께

2012년 12월 17일 개최한 일자리 창출 유공 정부포상 시상식 주요 장면

13
숙련기술 장려 분위기 확산

숙련된 인적자원의 활용을 위한 숙련기술 진흥은 1989년 4월 1일 제정(1989.7.1. 시행)된 기능장려법에서 '기능인' 용어를 사용하며 이들이 긍지와 자부심을 가지고 맡은 분야에 정진할 수 있도록 해왔다.

그러나 중립적 의미를 가진 '기능인' 용어인데도 저부가가치 노동 등 부정적으로 인식되었기에 2010년 5월 31일 전부 개정(2011.1.1. 시행)한 숙련기술장려법에서 보다 적극적인 장려 의지를 담은 '숙련기술자'라는 용어로 변경하였다.

21년 만에 '숙련기술장려법'으로 개정한 주요 이유는 장려의 대상을 '기능'에서 '숙련기술'로 확대하고, 숙련기술장려법(제18조)에서 고용노동부 장관은 숙련기술의 중요성에 대한 사회적 인식을 제고하기 위하여 숙련기술자의 성공사례 발굴 및 홍보, 학생 등에 대한 체험프로그램 실시 등 숙련기술에 대한 사회적 인식 제고에 필요한 사업을 실시할 수 있도록 규정하였다.

아울러 기존의 '명장(名匠)' 명칭도 숙련기술인을 존경하고 예우하기 위하여 국가를 대표하는 명장이라는 의미에서 '대한민국'을 상징하는 국호(國號)를 내세운 '대한민국 명장'으로 변경하였다.

그리고 2006년 8월부터 성공한 '이달의 기능한국인'을 매월 1명씩 발굴·수여하고 2012년 3월 9일 국호를 붙인 '대한민국 산업현장 교수' 제도를 만들어 현장 기술전문가 95명(신청자 955명)을 '대한민국 산업현장 교수'로 선정하는 등 숙련기술을 전수·확산하는 정책 추진에 심혈을 기울였다.

또한 산업변화에 따른 시대적 흐름에 맞게 숙련기술자와 숙련기술 민간단체의 장기적이고 체계적인 숙련기술 장려를 위해 5년마다 숙련기술 장려 기본계획을 수립·시행하도록 법제화한 것이다. 게다가 민간단체나 사업체에서 숙련기술 장려를 위한 사업을 실시할 경우, 지원의 근거를 마련하는 등 다양한 주체가 숙련기술을 장려할 수 있도록 했다.

숙련기술인과 어릴 적 꿈이 죽세공이었던 나와의 인연은 소중했다.
2011년 5월 31일 필자가 장관에 취임하고 개최한 첫 행사와 2013년 3월 11일 공직 퇴임 직전의 마지막 행사 모두 '숙련기술인과의 만남'이었다. 이는 숙련 기술과 실력만으로도 충분히 사회적으로 존중받고 경제적으로도 성공할 수 있음을 보여준 숙련기술인에 감사하는 마음이었다. 즉, 장관 취임 직후인 2011년 6월 3일(금) 17시부터 정부과천청사 후생관의 국무위원(國務委員) 식당에서 대한민국 명장, 국제기능올림픽에 참가한 국가대표 선수, 이달의 기능한국인 등 대한민국 최고의 숙련기술인과 만찬 간담회를 하였다. 그리고 2013년 2월 23일(토) 13시 20분부터 산업인력공단 대회의실에서 열린 대한민국 명장회 행사에 참석하여 마음을 담아 축사한 것이 공직을 마무리하는 나의 마지막 행사였다.

가. 울산박물관 '명장의 전당' 준공 개막

'대한민국 명장'은 산업현장에 15년 이상 종사자이면서 그 분야 최고 수준의 기능을 가진 사람을 (1986년부터) 매년 선발하여 2023년 9월까지 698명이 배출되었다.
그런데 2012년 1월 29일(일) 10시 30분 울산박물관 2층 교육 홀 벽면(가로 7.5m×세로 2.7m 규모)에 37명의 울산지역 대한민국 명장의 이름, 소속, 분야를 등재한 '울산 명장의 전당' 준공 개막식을 하였고, 나도 그 자리에 참석하여 축하하는 시간을 가졌다.

　이 자리는 당시 숙련기술 장려 업무 주무장관이었던 내가 박맹우 울산광역시장과 의기투합하여 추진한 사업으로 2011년 6월 22일 울산박물관 개관 이래 2012년이 '울산공업센터 지정 50주년'이 되는 해였기에 대한민국과 울산 발전에 기여한 핵심이 바로 장인정신을 가진 대한민국 명장과 산업 분야 최고의 기능인이었기에 그 점을 기리기 위한 것이었다.

울산박물관 2층 교육 홀 벽면에 2011년까지 울산 지역 대한민국 명장의 이름, 소속, 분야를 등재한 '울산 명장의 전당' (가로 7.5m×세로 2.7m 규모) 헌액 장면

2012년 1월 29일(일) 10시 30분 울산박물관 2층 교육 홀에서 개최한 '울산 명장의 전당' 준공 개막식 장면
(헌액된 대한민국 주요 명장과 함께 가운데 두 사람이 필자와 박맹우 울산광역시장)

이후 산업인력공단 글로벌숙련기술진흥원(2013년), 인천광역시 시청홀(2016년), 광주 김대중컨벤션센터(2021년) 등에 대한민국 명장의 전당이 헌액되었는데, 주요 시도의 박물관 등 전국에서 동참하는 하나의 계기가 되었다.

퇴임한 직후 국내 여행을 다니며 공주박물관으로 가던 중 공주문예회관 교차로 코너에 위치한 '박세리 공원'을 보게 되었다. 박세리 선수의 동상과 친필 사인 동판, 우승 일자가 벽에 새겨진 그 공원은 공주 출신이 아니었으나 그녀의 모교였던 공주금성여자고등학교의 건너편 길모퉁이에 있었다.

하지만 '숙련기술인의 탑' 같은 대형 상징물도 필요하지만 동네 소공원이나 길가의 조그만 자투리 공간 곳곳에 인연(因緣)이 닿는 숙련기술인을 기리는 동상이나 기념물을 새겨 사람들의 눈길이 닿는 명소가 되길 바란다.

사람들이 많이 다니는 길목이나 소공원 주변에 설치하면 자라나는 어린이를 비롯한 국민에게 숙련기술인에 대한 존경심이 생길 수 있다. 그 외에도 전국적으로 뜻있는 사람들이 숙련기술인을 자랑스러워하는 사회적 분위기를 조성하는 방법은 다양하게 열려 있다.

나. 숙련기술인의 사회적 기여와 계속 종사 장려

독일을 비롯한 유럽에는 장인들이 문하생을 받아들여서 숙련된 기술을 승계하고 육성하도록 장려하는 좋은 관습이 수백 년 지속되면서 자연스럽게 오늘날의 독일 등 선진국이 되었다. 그러나 우리나라의 경우에는 국가에서 적극적으로 대한민국 명장을 선정·우대하는 등 제도를 마련한 것이므로 단순히 기술 전수 차원을 넘어 사회를 위한 기여와 봉사를 더욱 넓히도록 하고 있다.[8]

---

8. 숙련기술장려법(제11조, 제12조)에 대한민국 명장으로 선정된 사람은 숙련기술을 통해 해당 산업발전에 이바지하고 다른 사람의 모범이 되어야 하며, 대한민국 명장으로서의 품위를 유지해야 하고, 이를 위반하면 선정을 취소할 수 있다.

즉, 숙련기술장려법(제4조)에서 숙련기술자는 자신이 보유한 숙련기술의 수준을 높이고 해당 산업 분야의 발전에 이바지할 수 있도록 노력해야 하고, 숙련기술자 중 대한민국 명장으로 선정된 사람은 자신이 보유한 숙련기술에 대한 전수 활동을 충실히 수행함으로써 그 숙련 기술이 산업현장 등에서 적극 활용되도록 노력하여야 한다.

아울러 숙련기술장려법(제11조, 제26조)에서 대한민국 명장이 아닌 자는 대한민국 명장 또는 이와 유사한 명칭을 사용하지 못하며 이를 위반(대한민국 명장 또는 이와 유사한 명칭을 사용)한 자에게는 300만 원 이하의 과태료를 부과하는 등 대한민국 명장을 더욱 두텁게 보호하고 있다.

이처럼 우리나라는 1986년부터 명장 제도를 운영한 이후 본격적으로 기술과 기능을 우대하는 분위기가 형성되어 왔다. 숙련 기술·기능 보유자에 대한 우대는 단지 당사자 개인에게 명예와 경제적 혜택을 누리라는 의미가 아니라, 자신이 보유한 숙련 기술에 대한 전수 활동 등 사회적 역할을 중시하고 있다.

그들은 자기 분야에서 재능을 꽃피운 인간 승리자들이기에 뛰어난 재능을 가진 숙련기술인의 재능이 사장(死藏)되지 않도록 해야 한다. 특히 초고령 사회가 진전될수록 정년 이후에도 뿌리 산업 등 제조업 분야의 숙련기술인이 후진을 양성하거나 전수를 촉진하는 제도가 활성화될 필요가 있다.

대한민국 명장은 최소 15년 이상의 현장 경력을 가진 최고 수준의 숙련기술인이어야 하므로 대부분 50세를 전후하여 명장이 된다. 그런데 자영업을 영위하지 않고 회사에 고용된 근로자로 종사하는 경우에는 60세를 전후하여 정년을 맞으면 더 이상 숙련기술을 발휘할 기회가 사라지게 된다.

따라서 개인별 활동 실적과 계획을 심사하여 이들이 일정 기간 산업현장 교수 등으로 선발·위촉되도록 하여 특성화고등학교 등 직업계 학교나 중소기업, 관련 단체 등에서 활동하는 경우 일종의 (명장) '계속종사 장려금'을 지급할 수 있도록 숙련기술장려법령을 보완(개정)하고 이와 연계한 산업현장교수 제도

를 운영하면 그 효과가 배가될 수 있다.[9]

그렇게 함으로써 쉼 없이 연구하고 개발하는 호기심과 창의성이 수반되어 숙련기술 공동체를 발전시키는 견인차가 되고 숙련기술인을 존중하는 사회적 분위기가 더욱 무르익을 뿐만 아니라 숙련기술인으로서 자부심과 스스로의 노력에 대한 뿌듯함, 뛰어난 재능을 많은 이들에게 나누는 노블레스 오블리주(Noblesse Oblige)[10]의 실천을 뒷받침하게 될 것이다.

〈참고〉 [이채필 칼럼]
기능올림픽 최다 우승국에서 기능 선진국 되려면, 경상일보, 2013.8.5.

[이채필 칼럼] 기능올림픽 최다 우승국에서 기능 선진국 되려면

근로자의 평생능력개발 참여율 높이고
현장기술·경험 우대…일터를 배움터로
일자리 영웅의 성공담 본보기로 알려야

기업 도시인 울산의 '울산박물관'에는 다른 지역에서 볼 수 없는 특별한 것이 있다. 울산 출신 숙련기술의 대가인 대한민국 명장들의 소속, 분야, 이름이 적힌 황금색 명패가 2층 교육홀 벽면에 자리 잡고 있다. 이는 인재의 중요성을 알아보는 울산시민의 안목에 힘입어 필자가 고용노동부 장관으로 재임하던 중 박맹우 시장과 함께 2012년 1월29일 전국 최초로 '명장의 전당' 제막을 추진한 결과이다.

---

9. 이채필, "대한민국 명장의 열정 그리고 멈출 수 없는 도전", 제15대 대한민국명장회(회장: 홍종흔 명장) 주관 2021년도 신임 명장 환영식 및 워크숍 특강자료, 2021.11.12.
10. 노블레스 오블리주(Noblesse Oblige)는 사회적 지위가 높거나 명예를 가진 사람에게 요구되는 높은 수준의 도덕적 의무로 로마 시대 귀족들이 투철한 도덕의식과 솔선수범하는 공공정신을 보인 것에서 비롯된 말이다.

올해 독일 라이프치히에서 열린 제42회 기능올림픽에서 한국의 입상자 41명 중 무려 7명이 울산의 젊은 기능인들로 전국의 어느 지역보다 압도적인 비중을 차지하고 있다. 특히 원현우(21·현대중공업) 선수는 세계 각국에서 참가한 1027명의 선수 중 100점 만점에 퍼펙트에 가까운 98.94점을 받아 대회 사상 최고 득점을 기록한 최우수 선수(MVP)로 선정됐다.

이렇게 해서 한국은 금 12개, 은 5개, 동 6개, 우수상 14개로 참가한 전 직종에서 수상함으로써 2007년 대회부터 4회 연속 종합우승을 하였을 뿐만 아니라, 기술 강국으로 유명한 스위스, 대만, 일본 등을 물리치고 지금까지 최다 회수(통산 18회)로 세계를 제패하였다. 이처럼 뛰어난 기량을 쌓느라 남모르게 피땀 흘리며 노력한 선수와 이들을 뒷받침한 관계자에게 축하와 감사의 박수를 아낌없이 보낸다.

기능올림픽은 근대화 이후 한국이 세계를 제패한 첫 대회였을 뿐만 아니라 6.25전쟁의 폐허 속에서 부존자원도 없는 우리 경제의 기반을 쌓은 핵심 기제로 작용해 왔다. 그래서 2011년부터 기능올림픽에서 금메달을 따면 상금도 체육올림픽과 똑같게 6,720만 원으로 대폭 인상하고 훈장을 수여하며, 관련 분야에 계속 종사하면 매년 1,200만 원씩 연금을 평생 받게 되었다.

그러나 한국이 기능올림픽으로 보면 세계 정상이지만, 기능 선진국에는 여전히 미치지 못하고 있다. 이런 문제를 개선하기 위해서는 첫째, 한국 근로자의 평생 능력개발에 참여하는 비율은 16%에 불과한 것을 OECD 평균(28.3%) 수준으로 끌어올려야 한다. 그러기 위해서는 폭넓은 생활체육의 활성화로 국민건강 증진이 향상되듯, 소수의 선수 중심으로 기량 향상에만 매달릴 것이 아니라 다수 근로자의 평생 숙련기술 장려로 이어져야 한다.

둘째, 무엇을 제대로 가르치며 배웠는지를 제시하는 국가직무능력표준(NCS)을 활용하여 학교의 이론 위주 직업교육에서 탈피하여 산업현장을 바탕으로 현장 숙련기술인을 스승으로 삼아, 일터를 배움의 터전으로 만들어 나가야 한다.

셋째, 산업현장의 경험과 자격이 학력과 스펙보다 우대받는 능력 중심의 사회 풍토가 자리 잡히도록 사회 전체가 중지를 모아가야 한다.

넷째, 대한민국 명장이나 기능올림픽 입상자 등 성공한 숙련기술인을 산업현장 교수단으로 위촉하는 등 숙련기술 전수를 잘하게 하는 일도 더욱 매진해야 한다.

한편, 작금의 청년 취업애로 상황은 대부분의 나라가 겪고 있지만 그렇다고 해서 정치권의 선심성 입법으로 일정 비율을 할당하여 채용하게 한다고 해서 풀릴 사안이 아님은 벨기에의 로제타플랜처럼 이미 시행 착오한 사례들이 말해주고 있다. 반면 독일이 중등교육단계에서 산업현장 위주의 실무교육 제도 운영으로 오늘날 고용강국이 되는 데 이바지한 것처럼 '21세기의 국제 화폐'라 할 수 있는 '숙련기술'을 사다리 삼아 딛고 올라설 수 있는 열린 노동시장을 조성하는 것이 그 해답이다.

나라 잃은 식민지 시절의 애국자는 독립운동가였다. 그러나 일자리 위기의 시대인 지금은 숙련기술의 대가와 같은 '일자리 영웅'이야말로 최고의 애국자이다. 그렇다면 이들과 같은 일자리 영웅들의 성공 스토리를 '명장의 전당'에 전시도 하고 나아가서는 출신동네 어귀나 직장 주변 등 전국 곳곳에 흉상과 같은 기념물을 만들어 세워두면 더 많은 사람들이 쉽게 접하고 알 수 있을 뿐만 아니라, 두루 보고 배우며 따르는 청년들이 늘어나고 국민적 자부심은 물론 관광명소로서의 역할도 기대할 수 있을 것이다. (서울대 행정대학원 초빙교수 전 고용노동부 장관)

14

직업능력개발계좌제 도입
: 수요자 중심의 직업능력개발훈련

2007년 1월 직업능력개발심의관(현 직업능력정책국장) 업무를 시작할 무렵에는 우리나라 직업전문학교 등 훈련기관이 중심이 되어 훈련생을 모집·선발하고 정부(고용센터)는 훈련생에 대한 사전상담이나 훈련정보 제공은 거의 미미할 정도로 직업능력개발훈련이 공급자(供給者) 중심의 전달체계로 실시되어 왔다.

그러다 보니 직업훈련 참여율이 낮았고(중소기업 근로자의 직업훈련 참여율 13.5%), 참여기회도 대기업·정규직 근로자 중심으로 양극화되고 산업현장의 수요와도 괴리되어 취업률도 미흡한 상황이었다.

직업능력개발훈련의 성과를 높이고 훈련시장을 활성화하기 위해서는 공급자 중심의 규제에서 탈피해야 하고 훈련에도 시장 기능이 작동되어 개인별 훈련 수요(需要)에 따라 이루어지는 훈련시스템이 절실히 필요했다.

이에 따라 훈련 수요자(需要者)인 훈련생에게 훈련 선택권(選擇權)을 부여하고 훈련시장에 대한 진입장벽과 규제 완화로 시장의 활성화와 훈련의 질을 향상시키고, 정부에서는 훈련 상담과 정보제공 등 고용지원 서비스와 연계하여 훈련성과와 자원 배분의 효율성을 높이는 '직업능력개발계좌제'를 도입하기로 하고 준비를 시작했다.

오랜 기간 계속되어 온 훈련 공급자 중심의 실업자훈련 체계를 수요자 중심으로 개편하는 데에는 훈련기관이나 훈련생 모두 적응할 수 있는 연착륙 과정이 필요했고 안정화 방안으로 2008년 대구·광주 지역에서 시범운영을 거쳐 2009년 3월부터 전국으로 1인당 연간 100만 원, 5년간 300만 원 한도에서 직업능력개발계좌제(내일배움카드 제도)를 확대하였다.

직업능력개발계좌제를 시범실시한 결과(2009년)를 보면 계좌제 훈련 과정이 모듈화되어 1인당 평균 훈련 기간은 2.7월로 기존 실업자훈련의 5.1월에 비해 2배 정도 감소하였으며 꼭 필요한 훈련 과정만 선택하여 수강한 결과로 사중손실을 예방하는 효과를 거두게 되어 더 적은 예산으로 더 많은 사람에게 직업훈련 기회를 효과적으로 부여할 수 있었다.

훈련의 필요성이 인정되는 개인별 훈련계획서(Individual Training Plan)에 따라 계좌를 발급하는 내일배움카드 제도는 2009년 예산의 30%에 불과하였으나 2010년에는 실업자훈련 물량의 무려 70%를 차지할 만큼 큰 비중으로 운영하게 되었다.

이후 2011년부터 기존 '물량 배정' 방식의 실업자훈련은 폐지되고 직업능력개발계좌제(내일배움카드 제도)가 실업자훈련 지원의 기본 틀이 되었을 뿐만 아니라 2011년 9월에는 재직자 개인훈련 지원까지 확대되었다.

15

제100차 ILO 총회 기조연설
: '성장-고용-복지'의 균형이 지속 가능한 성장 이끈다

2008년 글로벌 금융위기로 촉발된 침체에서 벗어나지 못한 가운데 주요 선진국이 유로 지역의 재정위기로 불확실성이 커지면서 새로운 경제 질서에 대한 요구가 높아진 2011년이었다. 특히 '중동의 봄'에 이은 '월가의 가을' 등 일련의 사태를 겪으면서 전 세계적으로 함께 성장하는 새로운 사회, 양질의 일자리가 보장되는 지속 가능한 미래에 대한 열망이 고조되었다.

국제사회에서도 이러한 분위기가 반영되어 ILO, G20에서 '양질의 일자리 창출', '일을 통한 복지' '일을 통한 지속 가능한 성장' 등이 주요 이슈로 집중 논의되었다.

2011년 6월 13일 개최한 제100차 ILO 총회에서 '사회정의의 새로운 시대(New Era of Social Justice)'를 기치로 각국 장관의 연설이 진행되었는데, 나는 우리나라를 대표하여 '일을 통한 따뜻한 공정사회' 실현을 위하여 일자리를 국정의 최우선 과제로 정하고, '일자리를 더하는 노동시장'과 '일자리를 더하는 노사관계'로의 발전에 역점을 둔 기조연설을 하였다.

한 마디로 '성장-고용-복지'의 선순환과 일을 통해 함께 잘사는 사회를 만들기 위하여 노동시장과 노사관계의 발전으로 글로벌 경쟁력을 갖출 것을 역설한 것이다.

국회 환노위에서도 위원 대표로 6명의 여야 의원(여야 각 3인 : 한나라당 강성천, 손범규, 조해진, 민주당 이미경, 자유선진당 김용구, 민주노동당 홍희덕)이 제100차 ILO 총회 기조연설과 독일 연방고용청 방문에 함께 참석하였다.

장관이 되고 나서 첫 해외 출장이었는데, 장관은 1등석 항공권을 탈 수 있다는 보고를 받았지만, 나는 예산도 아낄 겸 비즈니스석을 탔다. 동행하는 의원들의 기분도 배려하는 마음에서 같은 수준으로 낮췄다. 타 보니 장거리 여행에도 그만하면 적절했다. 국민의 혈세로 굳이 요금이 두 배가량 되는 값비싼 퍼스트 클래스를 탈 필요가 없었다. 이후에도 나는 해외 출장을 오갈 때 비즈니스석을 이용했다.

이어서 2011년 9월 파리에서 개최된 G20 고용노동 장관회의에서도 '경제위기 이후 고용 중심의 경제정책 운용'이 중점적으로 논의되었다.

이들 주요 회의를 통해 우리 정부가 추진 중인 일자리 중심의 경제정책 사례를 공유하였고, 특히 고용노동부가 중심이 되는 범부처적 일자리 협의체인 '고용정책 조정회의'에 대해 많은 회원국의 관심을 받았다.

결과적으로 우리 노사민정이 합심하여 추진한 일자리 중심의 국정운영(한국 정부의 일자리 예산 확대, 제제 및 복지제도 개혁, 고용 중심의 국가적 거버넌스 구축 등)에 대하여 ILO가 이례적으로 「ILO 한국 고용정책보고서」를 편찬하고 회원국에 보급하였다.

이러한 노력은 글로벌 고용노동 정책을 선도하는 본보기가 되어 글로벌 금융위기, 유럽 재정위기 속에서도 다른 나라보다 빠르게 그리고 위기 이전보다 더 고용 사정이 개선되었다는 평가를 국제노동기구(ILO), 경제협력개발기구(OECD), 세계은행(World Bank) 등으로부터 받았다.

제100차 ILO 총회 기조연설('11.6.13)

〈참고〉 G20 2012 국제콘퍼런스 기조연설
: 일을 통해 함께 잘사는 사회 만들어야, 공정한 고용·복지시스템 구축이 해답

"일을 통해 함께 잘사는 사회 만들어야,
공정한 고용·복지시스템 구축이 해답"

이채필 고용노동부 장관(사진 왼쪽 첫 번째)이 러시아 모스크바에서 열린 국제콘퍼런스에 참석해
기조연설을 하고 있다

이채필 고용노동부 장관이 "성장과 복지를 동시에 해결하는 유일한 방법은 일자리를 통한 공정한 고용·복지 시스템 구축"이라고 말했다.

이채필 장관은 현지시각으로 지난 11일 오후 러시아 모스크바에서 열린 '양질의 일자리 국제콘퍼런스'에 참석해 기조연설을 하면서 "한국은 1998년과 2008년 두 차례의 큰 위기를 겪으면서 이러한 인식을 하게 됐다"고 밝혔다.

이 장관은 "고용·복지 정책은 생산 과정에서 분배의 실현뿐 아니라 인적자본 및 소비기반의 확충, 사회적기업 등 새로운 일자리 창출, 출산 등 노동력 공급확대에

있어 중요한 역할을 할 수 있도록 해야 한다"고 강조했다.

그는 한국의 경우 '2020 국가고용전략'을 수립·시행하면서 성장·고용·복지 선순환으로 '일을 통해 함께 잘사는 사회' 구현에 힘쓰고 있다고 소개했다.

이 장관은 "최근 심화되는 양극화와 고용불안에 대응해 각국 정부는 성장-고용-복지 선순환 체계를 구축해야 하는 도전에 직면해 있다"며 "노동시장 참여율(고용률) 확대를 위해 수혜와 부담, 권리와 의무, 성장과 고용·복지가 조화된 공정한 분별주의에 기반한 맞춤형 고용·복지를 추진할 때"라고 말했다.

한편 양질의 일자리 국제 콘퍼런스는 주요 20개국(G20) 의장국인 러시아 정부 주최로 이날부터 이틀간 모스크바에서 열렸다.

러시아·프랑스 등 60여 개국 노동부 장관과 가이 라이더 국제노동기구(ILO) 사무총장 등 각국 노사정 대표와 국제기구 관계자들이 참석했다.

이들은 이틀에 걸쳐 '경제성장의 사회적 과제'를 주제로 미국 재정절벽(fiscal cliff)과 유럽발 재정위기 지속, 중국의 성장률 둔화와 같은 불확실성에 직면한 가운데 지속적인 경제성장을 이루기 위한 사회적 과제로 △일자리 창출 △노동기준 준수 △사회보장 확충에 관한 정책과제를 논의했다.

매일노동뉴스 기자명 김봉석

입력 2012.12.13 09:00 김봉석 seok@labortoday.co.kr

제3장
소용돌이의 노사관계
– 법과 갈등 사이의 줄타기

01 호랑이 차관에 들이받은 하룻강아지 사무관
02 임금 체불 시 지연이자 부과 제도 마련 착수
03 취약 근로자를 위한 노동변호사와 공인노무사 합동 서비스
04 근로자의 날 변경과 노동절: 3월 10일에서 5월 1일(May Day)로
05 분수령을 이룬 현대중공업 장기 파업과 노사정 대응
06 무노동 무임금 원칙과 '가정통신문'
07 아버지의 심모원려
08 J 철강 노조의 파업과 '법대로', '자율로'
09 '민주노총' 창립과 지역 노사정 협력
10 "한국노총은 정치활동에 正度를 지켜라"
11 쌍용차 사태에 대한 단상: 67년 역사의 '쌍용차' 사라져
12 한진중공업 사태에 대한 정부의 역할과 손해배상청구권 제한
13 야당 정치인들의 장관실 항의 방문
14 '국제노동기준과 한국의 노사관계'에 관한 국제토론회
15 '노란봉투법' 정치적 추진과 노동 약자에 미치는 영향

01
호랑이 차관에 들이받은 하룻강아지 사무관

1992년 7월 장·차관이 주재하는 가운데 본부 실·국장, 과장 및 사무관 등 100여 명의 간부 직원이 참석한 가운데 '노동정책개발 토론회'(7월 11일~12일)가 노동부 회의실에서 열렸다.

우리 부처의 정책 전반에 걸쳐 재검토하고 개선·보완할 사항을 토론하기 위해 이연택 장관과 정동우 차관을 비롯하여 내로라하는 선배들이 거의 다 모였다.

허심탄회(虛心坦懷)하게 토론하는 기회가 되도록 하자는 이연택 장관의 모두 발언이 있었지만, 비판적인 지적은 회피하려는 분위기가 역력했다.

근본적인 문제점일수록 누군가 수면 위로 올려놓고 공론화해야 우리 부의 해묵은 과제를 발전시킬 수 있다는 생각에 순진한 나는 겁도 없이 '질문' 형식으로 다음과 같이 건의하게 되었다.

"차관님, 노사분규는 법(法) 테두리 안에서 노사(勞使)가 자율(自律)적으로 해결해야 하는 것 아닙니까? 지금까지 분규가 발생하면 정부(政府)가 '감 놔라, 배 놔라' 개입하고 있는데 노사분규에 정부가 해결사로 나서기를 반복하면 '노사(勞使)관계'는 실종되고 '노정(勞政)관계'로 바뀌지 않을까 우려됩니다. 노사 당사자가 자율적으로 문제를 풀기 어렵게 될 것 같습니다. 노동쟁의조정법 내용이나 노사관계 원칙에 비추어 볼 때 이것은 의문이며, 우리 부의 노사관계 대응 기조를 재검토할 때가 되지 않았습니까?"라고 하며 입바른 소리를 하고 말았다.

'하룻강아지' 사무관이 '호랑이 차관' 무서운 줄 모른 채 폭탄을 날렸다.

다들 '호랑이 차관'이라고 무서워하는 상사였는데 내가 무슨 배짱으로 나설 수 있었는지 모르겠다.

정 차관은 우리 부에서 노사관계 업무를 오랜 기간 주도적으로 끌고 온 노정국장 출신이자 최장수 차관으로 카리스마 넘치는 상사로 유명했다. 하지만 "좋은 지적이다"라고 하며 아주 짧게 코멘트하였을 뿐, 그 외 국장이나 과장 등 누구도 납득할 만한 설명을 덧붙이거나 아니라고 반박하는 사람도 없었다.

1990년대에 들어와서 민주노총이 출범(1995.11.11.)하며 노조 활동이 강성 투쟁 일변도로 흘러갔다. 한국노총도 세력(조직)을 뺏기지 않으려고 강성 노조위원장을 선출하기도 하는 등 노동계는 기업과의 공존보다 전부 아니면 전무(All or Nothing)와 같은 대립과 투쟁 양상으로 치달았다.

민주노총은 우리나라에서 '강성노조', '이념노조' 또는 '노동귀족'이라는 별칭이 붙은 지 오래되었다. 노동조합은 취약한 근로자를 위한 연대와 단결의 정신에서 출발한 존재인데도, 자체 조합원의 이익 추구를 우선해 비정규직이나 노조에 가입하지 못한 노동자를 자신들의 안전판으로 삼을 뿐 실질적으로 보호해 주지 않았다. 심지어 자사 노조 가입을 거부하기도 했다.

게다가 비정규직 제로(0), 임금체계 개편이 없는 가운데 정년 연장, 일자리 세습 공약 등으로 좋은 일자리가 줄어드는 정책과 노조가 기이하게 공동합작(Collaboration)하는 양상이 되어 결혼과 출산을 이어가야 할 청년들이 일자리를 찾지 못하고 에너지만 허비하고 있다.

그래도 일개 사무관이 감히 차관, 그것도 불같은 성정으로 소문난 상사에게 들이받는 쓴소리를 했는데도 다행히 핍박하거나 응징(?) 조치는 없었다.

노사관계의 복잡한 현실을 모르는 '하룻강아지 사무관'의 단순한 외침으로 생각하여 무시했는지 모르겠다.

부드러운 카리스마를 발휘한 훌륭한 상사의 리더십 덕분이 아니었을까 싶

1992년 7월 11~12일 이연택 노동부 장관과 정동우 차관이 주재하고
본부 실·국장, 과장 및 사무관 등이 참석한 가운데 가진 '노동정책개발 토론회'를 마치고 기념 촬영한 모습

다. 그럼에도 나의 외침은 돌아오지 않는 메아리에 불과했고, 솔직히 허공에 대고 헛 주먹질한 기분이 들었다.

가. 이후 우리나라 노사관계 정책 기조

나중에 1996년 12월 노동법 파동을 거쳐 1997년 3월 13일 만들어진 노동조합 및 노동관계조정법에서 노사분규 시 노동위원회가 노동관계 당사자에게 '알선(斡旋)'할 수 있던 조항이 삭제되었음에도 정부 행태는 크게 달라지지 않았다.

노동조합 및 노동관계조정법(옛 노동쟁의조정법 포함)상의 원칙은 1953년 제정된 이래 40년 넘게 지켜지지 않는 '장식품'에 불과했다. 이런 행태가 누적되니 진정한 '노사관계'는 사라지고 오랜 기간 정부가 주도하는 '노정 관계' 위주로 바뀐 업보(業報)가 되지 않았을까 싶다.

법은 처음부터 끝까지 노사자율적 해결을 강조한다.

노동관계 당사자가 노사협의나 단체교섭으로 근로조건 기타 노동관계에 관한 사항을 정하고 노동관계에 관한 주장의 불일치를 조정하며 이에 필요한 노력을 하는 것을 방해하지 않게 하는 '자주적 조정 노력'을 규정한다(제47조).

노동관계 당사자는 단체협약에 노동관계의 적정화를 위한 노사협의 기타 단체교섭의 절차와 방식을 규정하고, 노동쟁의가 발생한 때에는 이를 자주적으로 해결하도록 노력해야 하는 당사자의 책무까지 정하고 있다(제48조).

국가 및 지방자치단체는 노동관계 당사자 간에 노동관계에 관한 주장이 일치하지 않으면 노동관계 당사자가 이를 자주적으로 조정할 수 있도록 조력하게 되어 있는데도 우리 노사관계와 노정관계의 현실은 법 규정이나 취지와 다르게 작동되었다. 법과 원칙에 따라 노사가 자율로 해결하도록 정부는 기다려 주어야 하고, 교섭이 중단되거나 원활하지 못하면 이를 조력(교섭 주선 지원)하면 되는데도 오지랖 넓게 너무 많은 개입을 해왔다.

때로는 정부 당국자가 노사와 함께 손잡고 나와서 분규 타결에 큰 역할을 한 것처럼 떠벌리고 사진까지 찍어가며 등장하기도 해왔다. 이는 어쩌면 주요 사업장의 쟁의행위에 당국이 자의적 개입(알선)을 즐겨왔다고 표현할 수도 있다. 이처럼 정부의 잘못된 개입(과유불급) 관행이 반복되니, 노사 당사자가 자주적으로 타결하기 어렵게 된 것이다.

그러니 파업을 서둘러 끝내기 위하여 파업 중 임금 보전, 해고자 복직, 민형사·손배소 취하 등 노사가 원칙을 깨거나, 이면(裏面) 합의, 정부나 외부(희망 버스)에 기대어 노사의 자율적 해결을 무시하는 행태를 버리지 않으면 전투적(戰鬪的) 노사관계의 악순환을 끊기 어렵다.

오랜 세월이 흐른 후 내가 노사관계 업무를 본격적으로 다룰 때 내가 던진 질문과 같이, '법 테두리 안에서 노사자율적 해결 원칙(법치·자치·협치)'을 정부의 노사관계 정책 기조로 공표하고 현실화할 수 있었다.[11]

이후 장관이 누군지에 따라 다소 차이는 있었지만 결과적으로 원칙이 지켜지지 않았다. 심지어 문재인 정부의 노사관계 정책은 노동단체('노동조합')에 크게 기울어진 노정 관계가 되기도 했다.

노동조합이 합법의 영역을 넘어선 불법 집회까지 막무가내 무대뽀로 강행해도 이낙연·정세균·김부겸 국무총리를 비롯한 문재인 정부 당국자와 공권력(검찰·경찰)은 민주노총의 행보를 관망할 뿐 지도·단속하는 모습은 찾아보기 힘들었다. 속수무책(束手無策)에다 점입가경(漸入佳境)이었다. 단적인 예가 코로나 팬데믹으로 온 국민은 방역수칙(防疫守則)을 지키는 가운데 민주노총은 치외법권(治外法權)의 영역처럼 보였다.

올바른 노사관계는 경제만 아니라 일자리 창출과 유지에 지대한 영향을 끼치는 문제이기에 정상화되어야 근로자와 기업 모두에 좋다. 노사갈등은 법과 원칙을 준수하면서 노사가 상대방의 입장과 처지를 생각하며 자율적으로 풀어가되 법과 원칙의 틀 내에서 자율적 해결 기조가 현장에서 정착되도록 하는 것이 중요하다.

또한 '불법행위에의 엄정 대응'은 특별한 경우가 아닌 한 분규 진행 중 불법행위에 공권력(公權力)을 집행할 경우 노조에 불필요한 피해 의식을 자극하거나 노조 탄압을 강화하는 것으로 오해할 우려가 있다.

---

11. ① (법치) 법 테두리 안에서 정당한 노조 활동을 보장하고, 위반 시 노사가 상응하는 책임을 지며, 불합리한 단체협약·노사 관행을 개선하고, 노동권과 인사경영권을 상호 존중하는 法治(Law & Principle) ② (자치) 노사분규 해결에 정부가 직접 개입하지 않고, 노사 스스로 대화와 타협으로 풀도록 지원하는 自治(Compromise & Dialogue) ③ (협치) 노사가 상생 협력하는 디딤돌 노사관계를 형성하여 경쟁력 향상과 시너지 효과를 더하는 協治(Win Win)

그렇기 때문에 사태 종결(終結) 후 노사를 막론하고 엄정한 잣대로 법과 원칙에 따라 조치하는 관행을 정착시켜야 하며, 그 경우에도 피해에 상응하는 적정(適正) 수준의 대응에 그쳐야지 손배소를 남용하거나 징벌(懲罰)적 방안으로 사용되지 않도록 유의해야 한다.

따라서 때로는 분규 중 공권력이 개입될 경우 (노사협상은 팽개친 채) 정부 의존적 해결이 반복될 우려가 있으며, 특히 사측이 이를 빌미로 악용(조장)할 소지도 있어 긴급조정 등 특별한 사정이 없는 한 노사 스스로 법 테두리 안에서 해결하게 하는 기조를 견지해야 한다.

나. 1984년 대처의 영국 노동 개혁

1984년 3월 6일부터 1985년 3월 3일까지 1년 가까이 영국의 대처 정부와 탄광 노조와의 대치에서 대처 수상은 파업찬반투표도 거치지 않고 무리하게 벌인 파업을 원칙적인 입장으로 대응하였다. 정부의 이러한 대응 기조에 대하여 이전까지 친노동자 국민이 많았던 영국인들이 추위에 난방이 곤란하여 떨면서도 끝까지 참아준 덕분에 탄광 노조가 손을 들게 되었다.

이후 '영국병'(英國病)은 치유됐고, 영국인은 노조와도 거리를 두는 등 변화하기 시작했고 노조의 패권은 이후 더 이상 발호하지 못하게 되었다.

당시 노조 대표와 대처 수상 간에 오간 대화는 원칙의 단호함을 보여주었다. 노조 간부였던 아서 스카길이 대처 수상을 찾아가 "파업 현장에 기마병까지 동원한 것은 너무 과한 것 아닌가?"라고 하자, 대처 수상은 이렇게 응수했다.

"네, 제가 잘못했군요. 다음에는 탱크를 보내겠습니다."

당시 경찰은 불법을 저지른 노조원 1만여 명을 실제로 구속했다.

대처 수상의 회고록에 이렇게 적혀있다.

"탄광 노조의 파업이 실패함으로써 영국은 파쇼 좌익(the Fascist Left)이 무정부 상태로 만들도록 용납하지 않음을 확인해 주었다. 마르크시스트들은 법이 지배하는 나라에 도전함으로써 경제 법칙을 무너뜨리려 했으나, 그들은 실패했다.

그럼으로써 자유시장 경제와 자유로운 사회는 상호의존적임을 증명했다. 누구도 잊을 수 없는 교훈이다."

02
임금 체불 시 지연이자 부과 제도 마련 착수

우리나라에서 근로자들이 제기하는 노동 관련 민원 중 가장 큰 비중을 차지하는 것이 임금을 제때 지급받지 못하는 임금 체불 문제였다. 특히 일본 등 다른 나라에 비해 우리나라의 경우 유난히 임금 체불 사례가 많은 것이 특징이다.

우리나라에서는 제때 임금을 지급하지 않으면 이례적으로 형사 처벌하는 제재 규정까지 있는데도 그렇다. 매년 1조 원(2011년)이 넘는 임금체불이 30만 명 넘는 근로자에게 발생하였다. 그러나 체불액 대비 50% 이하 벌금형이 91%이고, 설령 기소가 되어도 징역형은 3% 이내에 불과한 현실이다. 그러니 임금을 체불하고 잠적해 버리면 사업주에게 오히려 이익이 되어온 상황이다. 결국 행정지도와 근로감독을 통한 처벌 등이 있긴 해도 근로자의 입장에서는 여전히 미흡하다.

영세한 사업체의 미지급 임금에 대하여 정부가 사업주를 대신하여 임금 등을 먼저 지급(추후 사업주에 변제금 청구)하는 체당금(대지급금) 제도(1998.2.20. 임금채권보장법 제정)가 만들어졌으나, 일정한 요건을 충족해야 하고 소정의 절차를 거치느라 상당한 시일이 걸리는 한계가 있었다. 임금체불 사업주 명단공표 장치도 만들었지만, 도주한 뒤 폐업하면 실효성도 없어진다.

이처럼 부당하게 경제적 이득을 노리는 사업주에 대한 근본적인 대처는 인신을 구속하기보다 경제적으로 부담을 가중시키는 제재 방법이 더 효과적일 것으로 판단해 근로기준국에 근무하던 1999년 5월 무렵 새로운 방안을 찾았다.

즉, 사업주가 14일 이내에 임금이나 퇴직금 등 금품을 청산해야 하는 법정 기일을 넘길 경우, 근로자에게 이자(利子)까지 부가하여 주도록 하는 체불임금 지연(遲延)이자를 부과하는 방안을 장관께 보고하였다. 그러던 중 이기호 장관이 청와대 경제수석으로 자리를 옮긴 후 '생산적 복지' 대책을 논의하는 관계부처 회의에서 이 방안을 포함하기로 의견이 모아졌다.

그러나 1997년 말에 닥친 IMF 경제위기 사태와 이를 극복하는 과정에서 경제단체의 반대로 이 방안은 흐지부지되고 말았다. 상당한 세월이 흐르고 경제 여건도 나아진 2005년 3월에서야 비로소 미지급 임금의 지연일수에 대한 지연이자를 추가 지급토록 하는 근로기준법이 개정되었다. 많은 우여곡절을 겪은 끝에 하나의 제도가 만들어지고 시행될 수 있었다.

임금체불 방지를 위한 체불정보 활용 관련, 박병원 전국은행연합회장과의 협약 체결 장면(2012년)

〈참고〉 [이채필 칼럼] '벼룩의 간' 빼먹는
고의·상습 임금 체불, 경상일보, 2013.9.30.

[이채필 칼럼] '벼룩의 간' 빼먹는 고의·상습 임금체불

근로자 생계 위협에도 솜방망이 처벌만
명단공표·신용제재로 고용질서 재정립을
지연이자 지급제 등 확실히 불이익 줘야

밀린 임금을 받기 위해 사업주에게 폭력을 휘두르거나 다니던 직장에 불을 지르는 사례가 종종 발생하는데, 임금체불은 가족이 살 수 있는 생계의 원천을 끊어버리는 결과를 초래하기 때문이다.

정부는 고의·상습 체불 사업주에 대해서는 구속수사를 확대하는 등 사법처리를 강화해 오고 있지만 기소되더라도 대부분 몇십만 원 정도의 벌금이 부과되어 솜방망이 처벌로 여겨지고 있다.

이런 문제를 해결하기 위하여 상습적으로 임금을 체불한 사업주의 성명, 주소 등 개인정보와 인적 사항을 고용노동부 홈페이지(www.moel.go.kr), 공공기관 게시판 등에 공표하거나 금융거래상의 신용평가에 반영하여 제재를 받게 하고 있다.

이 제도는 2011년 12월 근로기준법을 개정하여 근거를 마련하고 은행연합회와 체불정보 활용 협약을 체결하여 그동안 실무적 준비를 거쳐 올 추석을 전후하여 사상 처음 시행하게 된 것인데, 명단 공표는 지난 3년간 2회 이상 임금체불을 하고 1년간 체불액이 3,000만 원 이상인 경우 3년간 국민들에게 공개하고, 신용제재는 3

년간 2회 이상 임금체불을 하고 1년간 체불액이 2,000만 원 이상인 경우 7년간 금융기관에서 신용정보를 집중 관리하게 된다.

기업을 운영하다 보면 어려운 대내외 사정에 직면할 수 있겠지만 안타깝게도 매년 28만여 명에 달하는 근로자들이 1조 원이 넘는 임금체불의 피해를 당하고 있다.

우리 기업들은 금융권으로부터 돈을 빌리고 상환하는 일에는 사운을 걸다시피 하면서도 생계의 원천이 근로소득밖에 없는 근로자의 임금을 떼먹는 것을 아무렇지 않게 생각하는 것은 큰 문제라 하지 않을 수 없다. 특히 임금체불이 경영상 애로로 인한 휴폐업 사업장에서 생기는 비중은 적은 반면에, 80% 이상이 정상 가동 중인 사업장에서 발생하고 있다.

이처럼 사업주의 그릇된 인식에서 비롯되거나 심지어 임금 지급을 계속 미루어 근로자 스스로 견디다 못해 퇴사하게 만드는 몰지각한 사업주도 있다 하니 가히 '벼룩의 간'을 빼먹는 잘못된 관행이라 할 수 있다.

독일이나 영국 등 선진 외국에서는 근로자의 임금체불 발생 건수가 거의 없어 발표되는 통계자료가 없을 정도이다. 그에 반해 한국의 고용노동 일선관서의 근로감독관들은 신의성실의 원칙에 반하는 기초적인 고용질서가 산업현장에서 지켜지지 않는 데서 기인하는 임금 등 금품체불 사건(2012년 318,934건)이 전체 노동관련 신고사건(320,582건)의 99.4%에 달할 정도로 많아 이러한 사건처리에 평소 업무역량의 대부분을 쏟아붓고 있는 실정이다. 그래서 근로자의 근로조건 보호를 위한 기획 근로감독이나 예방적 지도가 한계에 부딪힐 수밖에….

고의 · 상습 체불 사업주에 대하여 임금을 제때 주지 않는 것은 근로자의 밥줄을 끊는 살인행위나 다름없는 것이므로 기초 고용질서를 세우고 미리 예방할 수 있는 방안을 살펴보자.

첫째, 예기치 못한 사정으로 생기는 불가피한 일시적 임금체불이 아니라 고의로 재산을 은닉한 채 근로자의 임금을 체불하는 악덕 사업주에 대해서는 엄정하게 책임을 묻고, 또 임금 지급이 늦어진 기간의 이자까지 더해서 근로자에게 주도록 해야 할 것이다. 즉 더 가지기 위해 남의 것을 가로채는 사람에게는 그로 인해 얻는 이익보다 더 큰 불이익이 돌아가야 하고 이를 통해 예방효과가 생기는 것이다.

둘째, 여러 차례 도급으로 행해지는 사업에 있어서 근로자의 임금체불 연대책임을 귀책사유가 있는 모든 상위 수급자에게 확대하고, 특히 임금을 주기적으로 미루어 지급하는 소위 '유보임금제'를 운영하는 건설근로자에 대하여는 처음부터 공사비에서 노무비를 따로 구분하여 관리되도록 철저히 감독하며, 그럼에도 체불하는 건설업체에는 각종 공사 입찰 시 불이익이 확실히 부과되도록 운영해야 할 것이다.

셋째, 업체가 도산하여 임금체불이 된 경우 일시적인 경영난으로 인한 경우에는 체불 사업주에게 청산을 지원하기 위한 융자도 실효성 있게 충분히 해주어야 할 것이다. (이채필 서울대 행정대학원 초빙교수 전 고용노동부 장관)

03
취약 근로자를 위한 노동변호사와 공인노무사 합동 서비스

직업생활을 하면서 애로를 겪는 취약 근로자들과 가까이하며 고충을 파악하고 해결을 도와주는 현실적인 방안이 필요했다. 임금 체불 등 근로자들의 개별적 권리분쟁과 관련하여 제기되는 민원은 계속 증가(2007년 26만 건 → 2011년 30만 건)하는 상황에서 근로감독관을 통한 사법처리로는 분쟁 해결에 한계가 있었고 신속한 서비스를 제공할 수도 없었다.

그래서 늘어나는 개별 노동분쟁(임금 체불, 해고, 산재보상 등)에 효율적으로 대응하고 근로자들의 다양한 행정수요에 부응하려고 1999년 근로기준국에서 1인 3역으로 근무(임금복지과장 겸 근로기준과장 겸 근로기준국장 직무대행) 할 때부터 구상한 방안이 공익 변호사와 노무사가 현장에서 합동으로 서비스를 제공하는 것이었다. 이 역시 실천하기까지 상당한 시간이 걸렸다.

2012년 8월 14일 전국의 법학전문대학원(로스쿨) 학장협의회 관계자와 간담회를 하였는데 우리 부의 이러한 방안에 대하여 로스쿨 학장으로부터 긍정적으로 평가하는 얘기를 들었다. 이어서 8월 21일 한국공인노무사회 회장 등 관계자와 간담회를 거쳐 일선 관서에서 개별 분쟁을 상담·조정하는 가운데 해결을 돕는 공인노무사 채용계획을 수립하고 공개채용 과정에 들어갔다.

이에 2012년 10월 26일 전문적인 법률 지식을 갖춘 노동변호사 46명과 함께 노동 분야 전문가인 공인노무사 44명을 각각 채용하여 연수와 현장 실무 수습을 거쳐 전국의 일선 노동관서에 배치하였다. 이들에게 공무원 신분이나 직급을 부여한 것이 아닌 계약직 직원이었고 대우도 만족스럽게 해주기는 어려웠다.

장관으로서 이들과 대화를 나누면서, 무엇이 되는가보다 무엇을 제대로 하는지가 더 중요함을 강조하였다. 현장에서 이들이 일하며 겪는 생생한 경험은 장차 어디에서 무슨 활동을 하든 유익한 자산이 될 것이며, 나아가 노동 이슈에 대한 전문성과 문제의식이 전국적으로 확산되는 계기가 될 것으로 기대됐다.

이날 나는 새출발하는 이들과 마주하면서 공직을 출발했을 무렵의 모습이 떠올랐다. 모두가 현장에서 협업하며 실무에 능숙한 훌륭한 전문가가 되기를 빌면서 말이다.

그렇게 고용노동부에서 취약 근로자를 위한 지원 역할을 하는 전문가 풀을 만들어 현장 서비스를 제공하게 되었다. 말하자면 취약 근로자의 권익 보호를 위하여 정부가 사실상 공익 로펌을 운영하여 노무사와 연계한 합동 서비스 제공에 주안점을 둔 것이다.

그동안 변호사 특채 사무관을 포함하면 고용노동부에 소속한 변호사 인력이 60여 명에 달하여 당시 국내 로펌 순위를 살펴보면 10위권 정도가 된다는 얘기도 있었다. 여담으로 이러한 시도에 대하여 전국 법학전문대학원 학장협의회 회장, 권재진 법무부 장관도 늘어나는 변호사의 진로가 다양해지고 사회진출에 도움이 되는 등 모범적인 사례라고 하면서 나에게 고맙다는 인사를 건네오기도 했다.

2012년 10월 26일 취약 근로자의 고충 해결을 현장에서 합동 서비스로 지원하기 위하여 신규 채용한 노동변호사(46명)와 공인노무사(44명)의 전국 46개 일선 노동관서 배치를 앞두고 가진 '장관과의 대화의 시간' 기념사진

04
근로자의 날 변경과 노동절
: 3월 10일에서 5월 1일(May Day)로

근로자의 날을 3월 10일에서 5월 1일로 변경한 것은 노동계 대표의 건의와 김영삼 대통령의 전격 수용으로 이루어졌다. 1994년 1월 13일 (노동부의) 대통령 업무보고에 이어 노동계를 격려하기 위해 준비한 1월 19일(수) 대통령 초청 노동계 대표와의 오찬 간담회에서 근로자의 날을 5월 1일로 변경해 달라는 건의가 있었다.

김영삼 대통령은 박종근 한국노총위원장을 비롯하여 각 산별연맹 위원장과 시·도 지역본부 의장 등 노동계 대표 앞에서 많은 근로자가 원하는 날을 존중하는 차원에서 노동계의 건의를 공개적으로 수용했다. 청와대에서 이 행사를 실무적으로 준비한 나로서는 노동계의 염원을 존중하는 김 대통령의 결단으로 가슴이 뿌듯했다.

뒤이어 1월 25일 당정 협의를 거쳐 2월 23일 개정 법안이 국회에 제출되었고 3월 3일 국회 본회의를 통과하는 등 근로자의 날을 변경하는 법안 개정 작업이 일사천리로 진행되었다.

원래 '근로자의 날'은 '메이데이(May Day)'에서 유래되었다. 1886년 미국 시카고에서 노동시간 단축을 요구하는 근로자들의 대규모 시위가 벌어졌던 5월 1일을 기념하고자 3년 뒤 1889년 5월 1일부터 기념일로 공표한 이래 세계의 다수 국가에서 이날을 기념한 것이다.

하지만 May Day 제정의 원조였던 미국은 9월 첫째 월요일을 Labor Day(노동절)로 기념하고 있었다. 그동안 5월 1일로 바꾸려는 노동계의 시도가 있었지만 국제 사회주의 운동이 미국에서 확산할 수 있다는 우려가 있어 무산됐다. 참고로 뉴질랜드는 10월 넷째 월요일, 일본은 11월 23일을 기념일로 하고 있다.

우리나라에서 '근로자의 날'에 관한 연원은 해방 후부터 1957년까지 우리 노동단체들이 5월 1일을 기념해 왔으나, 한국노총의 전신인 '대한노총'의 자체 결성일이었던 3월 10일을 1958년부터 기념일 행사로 치러왔다. 이후 1963년 4월 17일 '근로자의 날 제정에 관한 법률'을 제정하여 3월 10일을 '근로자의 날'(명칭)로 기념해 오다가 1994년 3월 9일 개정법을 공포하여 5월 1일로 날짜를 변경하여 현재에 이르고 있다.

한편으로는 1948년 제헌헌법부터 '근로' 또는 '근로자'라는 용어를 사용해 왔으며, 노동관계법에서도 '노동'이라는 용어와 함께 '근로' 또는 '근로자'라는 용어가 병행하여 사용되고 있으므로 '근로자의 날'이라는 표현에 불온(不穩)한 의미가 담겨있다는 일부 주장은 사실이 아니다.

그에 앞서 조선왕조실록에도 근로(勤勞)는 615회, 노동(勞動)은 354회 등장하였을 만큼 수백 년 전부터 사람들은 노동보다 근로를 더 익숙하게 사용해 왔다.[12] 따라서 '근로자'라는 표현은 우리 헌법과 노동관계법에서 유래한 것이다.

결론적으로 다수 국가에서 5월 1일이 국제근로자의 날로 통용되고 있는데 많은 근로자가 원하는 날을 존중하자는 차원에서 근로자의 날을 5월 1일로 변경한 것이다. '근로자의 날 제정에 관한 법률'(약칭 : 근로자의 날 법)은 "5월 1일을 근로자의 날로 하고, 이날을 「근로기준법」에 따른 유급휴일(有給休日)로 한다"라

---

12. 박돈규 칼럼, "근로자의 날, '근'(勤)은 억울하다", 조선일보, 2023.5.1.

고 규정한 법문이 전부인데, 이 법은 1,572개(2023.3.31. 현재)의 우리나라 법률 중에서 본문이 가장 짧은 법률(근로기준법의 특별법)이다.

또 다른 한편으로는 북한에서도 '노동'이나 '근로'라는 용어를 실제로 병행하여 사용하고 있다. 북한 노동법에서 '노동'을 사용하고 있으나, 노동자·사무원·협동조합원을 포괄하는 경우 '근로자들'로 표기하고 있다. 그러니 근로는 노동과 거의 같은 뜻을 지니고 있다.

'근로'와 '노동'의 용어에 대하여 많은 사람들이 오해하고 있다.
노동계와 일부(좌파) 진영은 근로는 '부지런히 일한다'라는 뜻이라며 사용자(사업주)의 이익을 대변한다는 이유로 단어 사용을 기피하고, 노동이 가치 중립적이라고 강조하기도 한다. 특히 냉전과 분단으로 '노동'이라는 용어가 불온시되어 '근로'로 대체된 것이라고 주장하면서 우리나라 법령에 나오는 '근로'를 모두 '노동'으로 바꾸어야 한다는 움직임(법안 발의)이 벌어지기도 했다.

그런데 '노동'은 오로지 자신의 신체가 가진 노동력 말고는 가진 게 없는 사람이 하는 일로서 자본주의 사회에서 생산 수단(生産手段)을 소유하고 있지 않은 사람을 의미하는 무산계급(無産階級)인 프롤레타리아트(Proletariat)와 같은 계급적 사고에서 유래되었다. 하지만 지식(知識)이나 자격(資格)을 바탕으로 일하거나 일정한 자산(資産)을 가지고 있는 근로자가 늘어나고 있는 현실에서는 '노동자'보다 '근로자'라는 표현에 부합하는 사람들이 훨씬 많다. 따라서 '근로'라는 용어를 일제히 '노동'으로 변경하는 것은 올바른 개념 정의에 맞지 않으므로 이념적으로 오도하는 접근이 아니라면 미래지향적으로 신중하게 고려할 필요가 있다.

그리고 '날'은 '각종 기념일 등에 관한 규정'에서 명시된 기념일에 통상 사용하는 용어이다. 그리하여 근로자의 날을 노동계가 바라는 시기(時期)로 변경하면서도 명칭(名稱)을 '노동절'로 하지 않은 것은 명절(名節)의 준말인 '절'(節)은 국가와 국민 전체가 중요하다고 생각하는 기쁜 날로서 '국경일에 관한 법률'에 규정된 국경일(3·1절, 제헌절, 광복절, 개천절, 다만, 한글날은 순한글로 표기하기 위한 예외적 조치)에 한해 사용하기 때문이다. 특히 추석, 부처님오신날, 기독탄신일도 '~절'이라고 하지 않는 상황에서 법에서 '노동절'이라는 명칭으로 정하기에는 당시까지 국민적 컨센서스가 형성되었다고 보기는 어려웠기 때문이다.

항간에서는 정부에서 보수 진영의 동의를 이끌어내기 위하여 '노동절'이 아닌 '근로자의 날'을 유지한 것이라는 주장도 있지만, 실상은 전혀 그렇지 않다.
일상생활에서 추석을 중추절로, 기독탄신일을 성탄절로 국민들이 임의로 부르는 것까지 막은 것은 아니므로 법률의 명칭 자체가 본질은 아니다. 근로자의 날이나 노동절이나 명칭에 상관없이 내용은 다르지 않기 때문이며, 단지 정치적 제스처나 포장에 높은 가치를 부여할 것은 아니라고 생각한다.

1994년 근로자의 날 변경으로 2003년 법의 날 바뀌어

근로자의 날을 5월 1일로 변경하면서 '법의 날'과 같은 날이 되었다. 겹쳤다. 어쩌면 근로자의 권익도 보호하고, 이와 함께 법을 지키는 노동운동을 지향하는 의미에서 두 가지의 기념일을 5월 1일 동시에 삼는 것도 괜찮다고 보았다. 그러나 10년을 넘기지 못하고 '법의 날'이 다른 날로 바뀌었다.

원래 법의 날은 미국 아이젠하워 대통령이 사회주의 국가들의 기념일인 노동절에 대항하는 의미로 1958년 5월 1일을 '법의 날'로 처음 제정하였다.
우리나라에서도 국민의 준법정신을 함양하고 법의 존엄성을 고취하기 위하여 1964년부터 5월 1일을 법의 날로 정하였으나, 1994년 변경한 근로자의 날과 중복된다는 여론에 따라 우리나라에서 근대적 사법제도를 최초로 도입한 '재판소구성법'(1895년)의 시행일에 맞춰 2003년부터 4월 25일로 법의 날을 다시 바꾸게 되었다. 결국 근로자의 날을 변경한 불똥이 법의 날 기념일에 튄 셈이다.

05
분수령을 이룬 현대중공업 장기 파업과 노사정 대응

청와대에서 무노동 무임금 원칙의 준수를 천명하고 노사를 상대로 강조한 가운데 현대중공업 노사분규는 장기 파업 끝에 자율 타결하는 선례가 만들어졌는데, 이는 현대중공업 최초로 노사가 자율적으로 타결한 사례였다.

현대중공업이 1994년 6월 24일부터 8월 25일까지 63일간의 장기 파업(회사 직장폐쇄 기간 포함)을 겪은 이후부터 2013년까지 무려 19년이라는 최장기간에 걸쳐 무분규를 기록하였다. 2019년 현대중공업이 대우조선해양 인수를 위한 물적 분할을 추진하는 과정에서 노사갈등이 다시 빚어지긴 했다.

청와대의 입장도 김일성 주석이 사망하기 전까지는 북핵 문제 해결을 위한 남북정상회담에 (노사분규가) 미치는 부정적 영향을 최소화하기 위해 조기 수습하는 것이 당시의 방침이었다. 그러나 7월 9일 12시 김일성의 사망 발표 이후 청와대에서 긴급조정권 발동 방안은 더 이상 검토할 이유가 사라진 것이다. 왜냐하면 남북정상회담 자체가 무산되어 제약사항이 없어졌기 때문이다.

7월 13일부터 7월 16일 기간 동안 박재윤 경제수석과 함께 노사고용 비서실에서는 현대중공업 노사분규 해결 방안을 집중적으로 재검토하였고, 그렇게 정리한 결론은 법 테두리 안에서 노사자율적 타결 원칙이었다. 즉, 파업 기간 중 무노동 무임금 원칙 준수와 불법행위 주동자에 대한 사후 예외없는 처벌을 원칙으로 하는 '근원적 대처' 기조였다. 7월 18일 대통령께 보고하고 이 방안을 정부 입장으로 확정했다.

이어서 다음날인 7월 19일(화) 1994년 하반기 국정평가 보고회에서 김영삼 대통령이 노사분규의 자율적 해결을 강조하는 '특단의 조치'를 밝혔고, 특히 무노동 무임금 원칙의 준수와 불법행위에 대한 사후 사법처리 방침을 강조했다. 그러나 당시 노동부 장관은 정부의 공식 입장과는 다른 주장을 하였다.

7월 23일(토) (시내 모 호텔에서) 박 수석이 노동 장관과의 조찬 회동을 갖고 이러한 방향을 설명하며 협조를 당부하였다. 이날 좀 색다른 방법도 사용되었다. 그것은 조찬 도중에 연결된 김 대통령과의 전화 통화를 통하여 장관에게도 대통령의 뜻이 그와 같음을 재확인해 준 상황도 수석에게 들었다. 물론 조찬 중 대통령의 전화가 연결되도록 미리 의전비서관과도 준비한 결과라는 사실까지 포함하여.

그러나 7월 23일부터 시작된 노사협상에서 노조는 해고자 복직을 강력히 요구해 협상이 결렬되었고 7월 25일부터 (8월 17일까지) 교섭이 아예 중단되었다. 이에 7월 28일 강봉균 노동부 차관이 현대중공업 현장을 직접 방문하여 정부 입장을 설명하는 등 이해하기 쉽게 전달하기도 하였다.

한편 정부에서는 7월 28일 현대중공업 파업의 장기화를 우려하며 파업의 근본적 해결을 촉구하는 장관 호소문(담화문)을 발표하기로 하고 초안을 준비하였다.

초안의 요지는 해고자 복직과 같은 노조의 무리한 요구 등 잘못된 관행과 회사 측의 정부 의존적인 안이한 자세로 인해 매년 노사분규가 반복되어 장기적 안목으로 노사관계를 근본적으로 해결해 나갈 것과 파업 중 무노동 무임금 원칙 준수, 불법행위에 대한 사후 사법처리 방침에 관한 정부의 당부를 담은 내용이었다.

그러나 장관은 내용이 마음에 들지 않았는지, 실무적으로 준비한 정부의 담화문 발표를 전격 취소하였다. 또 다른 한편으로는 8월 3일 현대중공업은 긴급조정을 포함한 정부의 적극적인 개입을 요청한 것으로 보도되었고(한국경제, 매일경제) 8월 9일에는 현대중공업 협력업체 지원 대책을 수립하고 8월 12일(금:말복) 현대중공업의 지원 부서에서 정상조업을 촉구하는 결의와 8월 15일 중장비부서 반장협의회에서 정상조업을 촉구하는 서명이 있었고, 8월 16일 김정국 사장이 (7월 20일 시작한) 직장폐쇄를 8월 17일 자로 철회할 것임을 일방적으로 발표하였다.

이에 8월 19일 경제수석이 노동부 장관에게 다시 무노동 무임금 원칙을 노사가 철저히 준수토록 요청하였다. 그즈음 8월 22일 조선 부문 조합원 등 정상조업을 촉구하는 서명(조합원의 61.4%)과 즉각적인 정상조업 촉구 대회로 노노(勞勞) 갈등이 심화되는 가운데 파업 열기도 가라앉아 노조원(22,000여 명) 중 파업에 참가한 인원은 1,500명 수준으로 크게 줄었다.

8월 23일(화) 국무회의가 열린 당일(파업 61일째, 직장폐쇄 시작 35일째, 직폐 철회 7일째) 저녁 20시 30분에 현대중공업 노사가 잠정 합의하였고 8월 25일(파업 63일째) 노조는 찬반투표를 거쳐(찬성 55.4%) 분규가 타결되었다.

정부는 노사에 파업 기간 중 무노동 무임금 원칙의 준수와 노사를 막론한 불법행위자 사후 사법처리 원칙을 일관되게 강조하였고 결과적으로 이것 때문에 노조의 강성 투쟁에 대한 조합원들의 태도가 달라졌다. 결국 22,000여 명의 전체 조합원 중 29%인 6,480여 명이 파업 기간 중 임금을 한 푼도 손에 쥐지 못하여 파업 중 근로자의 임금손실액은 482억 원 규모에 달했다.

11월 2일 현대중공업 노조위원장 등 노조 핵심 간부 15명이 구속되는 등 사법처리가 되었고 130여 명의 노조원들이 회사 측의 징계를 받았다. 당시 주역이었던 노조위원장은 9월 6일 단식농성을 하고 9월 7일 대의원 중심의 1일 파업을 하기도 하였으나, 나중에 민주노총 위원장을 거쳐 울산 동구청장 선거에 출마하여 당선되는 등 정치적 행보를 걸었다.

현대중공업 노사분규와 관련하여 그간의 활동을 종합하고 정리하는 자리가 열렸다. 8월 31일 저녁 7시부터 박재윤 경제수석이 한식당에서 현대중공업 파업과 관련하여 수고한 관계자(강봉균 노동차관, 박운서 상공차관, 김시형 총리실 행정조정실장, 최환 대검 공안부장, 조성빈 경찰청 정보국장, 이문조 공보처 제1기획관, 박원구 노사고용비서관, 추준석 산업통상비서관, 강운태 내무행정비서관, 이승환 치안행정비서관, 배재욱 사정Ⅱ 비서관, 노사고용비서실 행정관이던 나)를 초청하여 평가회를 겸한 만찬으로 그간의 노고를 위로하며 마무리하였다.

그런데 그날 만찬 시 목격한 뜻밖의 에피소드가 하나 있다.

대검 공안부장이 만찬장 안팎과 화장실을 자꾸 들락거리다가 나와 마주쳤다. 그는 술을 잘 마시지 못하는 사람이었지만 만찬 분위기를 깨지 않기 위하여 폭탄주를 받아마시고는 목구멍에 실을 매달아 즉시 화장실을 오가며 토해내길 반복하고 있었다. 당시 검찰에서는 흔히들 낮술로 폭탄주를 한다는 얘기를 들었으나 그런 검찰의 분위기에 적응하기 위하여 생존 투쟁을 해왔던 모양이다. 그렇게 세상은 겉으로 알려진 이미지와는 상당히 다른 측면이 있었다.

그날은, 진짜 열심히 일하는 사람은 낮과 밤을 가리지 않고 치열하게 살고 마지막 순간까지 거의 목숨을 바칠 정도로 최선을 다하는 그런 삶의 현장을 색다르게 체험하는 순간이었다.

〈참고〉 정부의 대처 기조와 따로 움직인 노동 장관

1994년 현대중공업 노조는 5월 26일 쟁의 발생을 결의하고 6월 23일 쟁의행위 찬반투표를 거쳐 6월 24일 파업에 돌입했다. 정부에서는 현대중공업 분규 과정에서 '긴급조정권'을 발동해야 한다는 여론이 비등한 가운데서도 '노사 자율적 해결'과 '무노동 무임금' 등 노사관계의 기본적인 원칙을 지키려는 노력을 일관되게 견지했다.

정부의 이 같은 일관된 대처는 무엇보다도 민간 기업의 파업에 대하여 단기적인 미봉책으로 대응하기보다는 자율 타결과 무노동 무임금 원칙을 준수토록 하였다는 점에서 과거 대형 분규 해결 시 보여주었던 대응과 달리 보다 성숙된 모습으로 새로운 장을 열었다는 사실에 큰 의미를 찾을 수 있었다.

현대중공업 사태는 우리에게 여러 가지 교훈을 남겨주었다. 회사 측은 평소에 노사관계 개선 노력이 얼마나 중요한지를 다시금 절감하였고, 노조 집행부는 투쟁 일변도의 노동운동에 대한 한계를 인식하게 되었다. 비록 크나큰 대가를 치렀으나 분수령을 이룬 현대중공업 사태의 해결로 법과 원칙의 토대 위에 이루어낸 '노사자율적 타결의 관행'은 우리 노사관계에 새로운 지평을 열었으며, 앞으로 어떻게 정착시키고 전국에 확산시켜 나가느냐 하는 긍정적 교훈이 하나의 과제로 남겨졌다.

그런데 당시의 노사관계 주무장관은 정부 내각의 일원으로 보폭을 맞추어 움직이지 않았다. 자신의 견해를 설득하여 정부의 공식 입장으로 정리했더라면 좋았을 텐데 비중 있는 원로의 처신이어서 그랬는지 독자 행보를 이어 나갔다. 나의 식견으로는 가늠할 수 없을 만큼 큰 인물이라 진의를 정확하게 알 수는 없었다.

① 6월 2일 예정한 노사분규에 대한 3부 장관(노동, 경제, 상공) 합동 담화에 대하여 장관은 그 시기와 내용에 동의하지 않았고
② 6월 8일 노동부 기자간담회를 자청하여 제3자 개입 금지를 밝혔다.
③ 6월 25일 소위 현대중공업 등이 가입한 현총련, 전노협(전국노동조합협의회), 전노대(전국노조대표자회의) 등 소위 민주노총의 전신들이 법률적으로 '노조'가 아닌 임의단체였음에도 불구하고 이들을 (노조법상 설립신고필증 교부 이전에 실체를 갖춘 노조에 대한 법적 호칭인) '법외노조'로 규정하며 우회적으로 합법화를 강조하는 취지의 언론 기고(한국일보)를 하였다.

④ 7월 19일 1994년 하반기 국정평가 보고회에서 김영삼 대통령이 노사분규의 노사 자율 해결을 강조하는 차원에서 "특단의 조치"를 취할 것을 밝혔다. 여기서 언급한 특단의 조치는 (공권력 투입과 같은 강경 진압이 아니라) 파업 기간 중 무노동 무임금 원칙의 준수와 불법행위에 대한 사후 사법처리 방침이었다.

그러나 당시 장관은 "무노동 무임금 원칙, 노조 간부의 사법처리 문제는 '회사의 방침'이라기보다 '정부의 지침'에서 비롯되었기 때문에 '정부의 잘못'이라고 하면서, 정부가 이 원칙을 철회(포기)하면 문제해결이 쉽게 된다"라고 강조했다. 이어서 "노사협상이 있으니 결과를 보아 사태가 장기화되거나 폭력이 난무하면 그때 관계 부처 회의를 열어 대책을 강구하겠다"라고 여지를 남기며, 한 발을 빼는 아주 노회한 발언까지 덧붙였다.

장관은 회사가 한두 가지의 양보안을 마련(하도록 정부에서 개입)하면 해결이 가능할 것이라고 하면서, 정부가 견지하려는 법과 원칙에 의한 노사자율적 타결 기조는 거들떠보지도 않았다. 이것은 파업 기간 중의 급여도 보전해 주고, 불법행위를 한 노조 간부의 사법처리도 하지 말자는 노조 측 (고소·고발 철회) 주장을 그대로 옮긴 것과 마찬가지였다.

말하자면 예전에 정부가 적당히 개입하여 노사분규를 해결해 오지 않았느냐? 매년 그렇게 분규를 되풀이한 것인데도 정부가 예전 기조(사실상 정부에 의존한 타율적 해결) 그대로 하면 된다는 자세였다. 그래도 만약에 문제가 풀리지 않거나 사태가 잘못되면 그때 다른 (공안) 기관에 공을 넘겨 (공권력을 투입하고), 빠지는 전략으로 짐작되었다.

이날 회의에서 ㉠ 이영덕 국무총리는 노동 장관의 발언 중 자꾸 "정부 때문에"라는 표현은 맞지 않으니, "법 때문"이라고 바꾸어 표현함이 맞다고 지적하면서 노동 장관을 나무랐다. ㉡ 서청원 정무1장관도 노동 장관의 발언 중 자꾸 "정부 탓"으로 돌리는 논리는 타당하지 않다고 지적하였으며 ⓒ 이원종 서울시장도 무노동 무임금과 불법행위 주동자 사법처리, 해고자 복직에 대하여 정부가 지금까지 유지해 온 기조가 흔들려서는 안 된다고 언급했다.

⑤ 또한 정부에서는 7월 28일 현대중공업 파업의 장기화를 우려하며 파업의 근본적 해결을 촉구하는 장관 호소문(담화문)을 발표하기로 하고 초안을 준비하였다. 그러나 해고자 복직과 같은 노조의 요구 등 잘못된 관행과 회사 측의 정부 의존적인 자세로 인해 매년 노사분규가 반복되므로 장기적 안목으로 노사관계를 근본적으로 해결해 나갈 것과 파업 중 무노동 무임금 원칙 준수, 불법행위에 대한 사후 사법처리 방침에 관한 당부를 담은 내용이 장관의 마음에 들지 않았는지, 실무적으로 준비한 정부의 담화문 발표를 전격 취소하였다.

⑥ 8월 23일 국무회의 시에도 노동 장관은 지난 7월 19일 얘기한 것과 같은 내용의 발언을 반복했다. 이후 7월 23일 장관과 수석이 조찬 회동까지 하며 대통령의 방침이나 기조를 설명했는데도 이날 장관의 현대중공업 관련 발언 어투는 주무장관으로서 적절치 못한 반응이라는 생각이 들었다.

박 수석에게서 이런 상황을 전달받았지만, 필자의 상식과는 거리가 있었다. 미심쩍어서 당일 국무회의에 배석한 비서관에게 확인해 본 결과 역시 그랬다. 관계 부처 차관을 통해 현대중공업 노사분규 대처 기조를 충분히 공유하였음에도 주무장관이 이와 다른 목소리를 낸 것은 강봉균 차관을 비롯한 실·국장들과도 소통이 원활하게 이루어지지 않은 분위기와도 관련되었다.

당시 장관은 나중에 언론과의 인터뷰 등에서 "94년 현대중공업 파업 때 청와대에서의 강경 진압에 반대해 극한 사태는 피할 수 있었다"라며 노동부 장관 재직 시 김영삼 대통령에게 현대중공업의 파업 현장에 공권력을 투입하지 말도록 건의한 적이 있음을 밝혔다.

그렇지만 김일성 사망 이후 정부에서 현대중공업 노사분규 해결에 공권력을 투입하는 등 강경 진압하려는 계획 자체가 존재하지 않았다. 결국 청와대와 관계 부처의 '근원적인 파업 대처 기조'에 노사가 부응하여 자율적으로 타결되었다. 이는 분명한 사실이다. 하지만 뭔가 크게 오해한 것인지 그렇게 주장한 영문을 나로서는 알 수가 없었다.[13][14]

1994년 현대중공업 파업사태 시 당시 장관은 "사용자의 편에서 행정을 펼치는 부처는 많다. 노동부는 '오직 근로자와 노동조합(勞動組合)의 보호를 위한 행정'을 펼쳐야 한다"라고 강조해 공정한 균형자 역할은 별로 중시하지 않았다.

노동부 장관이자 국무위원으로서 근로자의 개별적인 노동관계는 한 치 억울함이 없도록 철저하게 보호해야 하지만, 집단적 노사관계는 노사 간 힘의 균형을 유지하기 위하여 어느 일방을 편들지 않고 법 테두리 안에서 노사자율적으로 해결하는 것이 헌법과 노동조합법이 상정한 노사관계의 지향점이다.

그는 발언의 무게가 센 원로 장관이었기에 이 점을 충분히 강조했더라면 우리 노사관계가 좀 더 빨리 노정관계에서 탈피하고 노사자율적 관계로 진전할 수 있었을 텐데 하는 아쉬움이 남는다. 어쩌면 원로 언론인이자 비중있는 정치인 출신으로 자칭 '체제 내 리버럴리스트'(liberalist)여서 그랬는지도 모르겠다. 자본주의를 새롭게 개선하고 혁신하는 것을 최선의 길로 생각한 듯했다.

---

13. 책과 사람 좋아 상아탑에 몸담아, 노동일보, 1999년 8월 24일 (인터뷰)
14. 김일성 사망 以後 현대중공업 노사분규에 긴급조정권을 발동하는 방안은 더 이상 검토하지 않았다. 무노동 무임금 원칙과 불법행위 주동자 사후 사법처리라는 근원적 해결 기조가 김영삼 대통령과 박재윤 경제수석의 입장이었으며, 이러한 기조는 관계 부처와도 공유되었다. 당시 청와대비서실에서 이 업무를 직접 뒷바라지한 실무당사자로 경험한 바에 의하면 그렇다. 참고로 당시의 장관이 저술한 책(남재희, 아주 사적인 정치비망록, 민음사, 2007, 177~181쪽, 남재희, 『시대의 조정자』, 보수와 혁신의 경계를 가로지른 한 지식인의 기록, 민음사, 2023, 300~305쪽)에는 이러한 사실관계에 대한 언급은 찾지 못했다.

06
무노동 무임금 원칙과 '가정통신문'

현대중공업 노조에서 무노동 무임금 원칙 파기, 해고자 복직, 고소·고발 철회, 징계위원회 노사 동수 구성을 요구하는 파업을 하였으나, 회사는 파업 기간 중 급여를 지급하지 않았고 직장폐쇄(7월 20일부터 8월 16일까지)를 하였다.

직장폐쇄는 민법상 노무 수령 지체에 해당하지 않아 임금 지급의 의무가 없다는 이점이 있지만 파업 기간에 대한 무노동 무임금 원칙을 엄격히 적용하면 직장폐쇄와 같은 효과를 얻을 수도 있다. 그런데 현대중공업의 경우 직장폐쇄를 단행하게 된 또 다른 이유로는 직장폐쇄 전 현장의 조업 여부가 전적으로 노조 측에 의해 좌우되고 있었던 점이다. 즉, 노조는 매일 오후 쟁의대책위원회를 개최하여 익일 또는 2~3일간의 조업 여부를 결정해 왔고, 회사 측은 이에 따를 수밖에 없어 매일 끌려다니는 실정이었다.

이 같은 상황에서 회사 측이 직장폐쇄를 단행하자 노조 측은 조업에 대한 주도권을 상실하게 되었고, 자연히 노조 집행부의 영향력이 감소하게 되었다. 그렇지만 회사 측은 직장폐쇄가 장기화할 경우, 근로자들의 임금손실로 인한 비난이 회사 측에 돌아올 우려와 함께 노조 집행부의 결정과 관계없이 일하고자 하는 근로자가 점차 늘어나고 연관된 업체(2천여 회사와 4만 6천 명의 근로자)의 피해가 심각하게 됨에 따라 직장폐쇄를 철회하게 되었다.

다행히 직장폐쇄 철회 직후인 8월 17일부터 노사 간에 협상이 재개되어 7차례의 협상 끝에 8월 23일 노사 간에 잠정합의에 도달하게 되었다. 이 잠정합의의 주요 내용은 노조 측은 무노동 무임금 원칙을 수용하고, 회사 측은 고소 고발을 취하(총 138명 중 회사측 고소인 48명)하는 것이었다.

이 무렵 현대중공업에서 '가정통신문' 제도를 처음 만들어 운영하기 시작했다. 이때 회사는 노사교섭 상황과 노조의 파업 실태 등을 노조원과 그 가족들도 상세히 알 수 있도록 직원들이 회사에서 재직 근로자에게 제공한 사택을 가가호호(家家戶戶) 방문하여 사내 가정통신문을 보냈다. 파업이 장기간 지속되자 회사에서 제공한 사택(社宅) 퇴거명령도 가정통신문을 읽고 가족들도 알게 되었다.

한편, 평조합원들이 강성 노조 집행부만 믿고 파업할 경우 손실을 볼 수도 있다는 반성의 기회가 되어, 상당수 조합원들이 조업에 참여하거나 심지어 노조를 탈퇴하기도 하는 등 노사 양측에 교훈을 줌으로써 현대중공업은 물론이고 타 기업을 포함한 우리나라 노사관계 개선에 하나의 계기가 되었다.

참고로 8월 25일 조합원 찬반투표를 실시하여 잠정합의안이 가결됨으로써 63일 만에 자율 타결에 이르게 되었다. 그럼에도 서명 예정일인 9월 1일 노조 측은 '상여금'에 대한 무노동 무임금 적용에 이견을 내며 서명을 거부하는 등 진통이 계속되자 조합원들의 노조 탈퇴가 늘어나 노조 집행부를 곤욕스럽게 만들었다.

자동차 공장처럼 어셈블리 라인(조립공정)은 잠시라도 파업하면 생산에 큰 타격을 입게 되나, 조선소는 이 경우와 달리 용접 산업이어서 무더위 철에는 좀 쉬어도 괜찮고 주문 기간도 넉넉하다면 느긋한 입장이 될 수도 있었다.

하지만 이때 처음 등장한 사내 가정통신문은 현대중공업에서 사원들의 아내를 비롯한 가족의 애사심을 기대한 일종의 심리전(心理戰) 역할에 효과를 더해주었다. 이후 현대중공업 노사관계는 온건 실리를 표방한 노조 집행부가 들어서 1995년부터 2013년까지 19년간 무분규 임단협의 신기원을 이루는 이정표를 세웠다.

07
아버지의 심모원려

2년 2개월간(1992.9.~1994.11.)의 청와대 파견근무를 마친 나는 원소속 부처로 복귀했다. 대통령의 국정운영을 보좌하는 일은 한순간도 긴장되지 않은 적이 없었다. 특히 당시 청와대는 최소의 인력으로 비서실을 운영해 노동 강도가 심했기에 비서실 직원들은 오래 버티지 못하고 대체로 6개월 내지 1년마다 원소속기관으로 복귀하는 분위기였다. 게다가 나는 1993~1994년 기간 청와대 경제수석실의 노사고용 비서실에서 행정관이 딱 1명뿐인 단기필마(單騎匹馬)로 혼자 일하느라 힘들었다.

청와대에서 부처로 복귀할 무렵 신재면 노동부 총무과장으로부터 희망하는 부서를 묻는 전화가 왔다. 나로서는 청와대에서 해방된다는 것만으로도 어떤 부서에 가든 상관이 없다고 했다. 사실 어디에 배치가 되든 청와대에서처럼 이른 아침부터 밤늦게까지 근무하지는 않을 것이니 발령을 어디로 내든지 무방한 것이 나의 진짜 솔직한 입장이었다.

그런데 경제기획원 출신으로 1994년 10월 노동부에 부임한 김태연 차관이 당시 일선 노동 기관장(機關長)에 (젊은 사람들은 제외한 채) 나이가 지긋한 인사들로만 배치하는 관행은 문제가 있다는 지적을 했다는 소식도 전해주었다. 그러면서 일선기관 운영을 혁신하기 위한 시범 사례로 30대였던 나를 먼저 일선 기관장에 배치할 것이라고 하면서 울산지방사무소 소장이 어떻겠느냐 하는 의향을 타진해 왔다.

김 차관은 개인적으로 나와는 전혀 알지 못하는 사이였는데 아마도 당시 울산 지역의 복잡한 노사관계 상황과 나의 고향을 감안한 조치로 짐작되었다. 이후 예상치 못한 방향으로 돌아갔다.

그 사연은 이렇다. 뜻밖의 인사 방침을 전해 듣고 시골에 홀로 계시는 아버지에게 전화를 걸어 이 소식을 알려드렸다. 나로서는 효도할 수 있는 절호의 기회라는 생각이 들었기 때문이다.

5년 전 사고로 어머니가 돌아가신 이후 아버지가 살림을 꾸려가고 있었기에 이번에 아내와 함께 가서 모실 생각을 하니 가슴이 설레었다. 들뜬 기분에 아버지에게 울산지방사무소장으로 근무하게 될 것 같다는 소식을 말씀드렸다. 하지만 아버지의 반응은 내 예상과는 전혀 달랐다.

"오지 마라. 여기 오면 친인척에다 선후배들에게… 눈에 밟히는 게 아는 사람들 천지인데, (공정하게) 제대로 일할 수 있겠느냐?" 하며 반대하시는 게 아닌가.

연고지 근무에 따라 혹시라도 불편해질지 모를 아들의 입장을 걱정한 아버지의 심모원려(深謀遠慮)였다. 그렇게 나는 아버지의 뜻에 따라 '향피제'(鄕避制) 의견을 총무과장을 통하여 차관께 다시 보고드렸고, 당시 선호하는 지역 기관장이었던 울산지방사무소장을 마다하고 인근 양산지방사무소장(현재의 양산고용노동지청장)으로 부임하게 되었다. 하지만 양산은 울산과 가까운 만큼 아버지를 자주 뵐 수 있어서 두루 좋은 선택이었다.

양산지방사무소는 경남 양산, 김해, 밀양, 부산시 기장군에 이르는 넓은 지역을 관장하였는데[15] 울산지방사무소보다는 양적·질적으로 사업장의 규모나

---

15. 기장군 지역은 교통이나 생활권이 부산권인데도 석연찮은 이유로 관할 관서가 양산지방사무소로 되어 있어서 근로자와 회사, 구직자 모두 불편한 상황이었다. 그래서 기존 관할구역을 타 관서로 이관하자는 필자의 제안에 대하여 일부 간부와 직원들이 반대하였으나 국민과 민원인의 입장에서 생각하자고 설득하여, 기장군의 5개 읍면 지역을 부산동래지방사무소 관할로 넘기는 행정구역 개편 방안을 마련하여 본부에 건의해 1995년 11월 4일 직제 규정이 개정 시행되었다.

숫자, 직원이 적었다. 하지만 나로서는 중앙부처의 정책을 일선 현장에서 직접 접목하며 기관을 운영하는 경험을 한 귀중한 기회였다.

당시까지 일선 기관장은 나이 지긋한 분들이 중심이었다. 이들은 한 기관에서 대부분 3년 정도 안정되게 보임하였고, 이어서 또 다른 지역의 기관장으로 순환 배치하는 형태로 인사가 운영되었다. 고시 출신 선배 중 과거에 일선 소장을 맡은 경우가 있기는 하지만 나처럼 이른 나이(30대)에 일선 기관장을 맡긴 것은 상당히 드문 사례였다.

필자가 양산지방사무소장으로 근무하다 본부로 복귀한 이후부터 젊은 사람들도 일선 기관장으로 발령하는 인사가 자주 이루어졌고 이때부터 선후배들도 본격적으로 일선 소장으로 배치되기 시작했다. 어쩌면 시범적으로 젊은 사람에게 일선 기관장 임무를 맡겨본 결과 필요한 역할을 성공적으로 해냈기에, 이후 우리 부처의 새로운 인사 관행을 만드는 데 기여하게 되었다는 자긍심도 생겼다.

08

J 철강 노조의 파업과 '법대로', '자율로'

1995년 5월 양산에 소재한 100명 남짓 규모의 J 철강에서 노사 간 교섭은 하는 둥 마는 둥 건성으로 하다가 파업을 개시하였다. 노조에서 행하는 최후의 대항 수단이 파업(쟁의행위)인데, 이 회사는 노조에서 쟁의발생 초기 단계부터 실력을 보여주는 맛보기 수단으로 연례행사처럼 파업을 사용해 왔다.

나는 일선 기관장으로서 노사 당사자를 만나 각각의 입장을 확인했다.

노조의 불법적인 파업은 하나의 관행이자 전통이었지만, 회사는 대응하는 것이 현실적으로 쉽지 않다면서 정부에 대한 원성(怨聲)과 불만이 컸다.

반면에, 노조위원장은 나에게 아무 걱정도 하지 말라고 하면서 어깨에 힘이 잔뜩 들어가 있었다. 그는 (늘 그래왔듯이) 정부가 적당한 시기에 노조의 손을 들어주는 절충안을 적당히 제시해 주면 바로 그날 파업을 끝낼 것이라고 했다.

그러니까 J 철강 노조의 파업은 조합비를 내는 노조원들에 대한 (노조 간부의 존재가치나 활동 실적을) 보여주기 위한 쇼 같은 행사 그 자체였다.

당시 양산 군수를 비롯해 유관 기관장들과 만나는 간담회 자리가 매주 있었다.

나는 그 시간을 활용하여 관내 노사관계 상황을 설명하고 이 파업은 '법대로'(법과 원칙에 따라) '(노사) 자율로' 해결되도록 할 것이니, 노동 사무의 소관 기관장인 나를 믿고 응원해달라고 당부하였다. 특히 시간이 좀 걸리더라도 너무 조급해하지 않도록 재차 안심시켰다. 한편, 지역 기관장들은 노사분규 사태의 장기화를 우려하면서도 돌아가는 상황과 노사관계의 원칙을 매주 알려주니 그들은 나의 뜻을 존중하며 신뢰해 주었다.

그러나 노동부 윗선에서는 이와 달랐다. 예전의 관행처럼 소장이 직접 개입하여 분규를 조기에 해결하라는 지시가 내려왔다. 여전했다. 초기에는 차관이 전화로 지시하였다. 그러더니 며칠이 지나도 진척이 없자 부산지방노동청장이 (차관의 지시를 받아 본부 보고용이라 하면서) 양산지방사무소를 방문했다.

그렇지만 나더러 빨리 수습하라고 일종의 종용을 하거나, 해당 사업장에 찾아가지는 않았다. 지방청장과 나는 프로선수이니 굳이 서로 말하지 않아도 처한 사정을 잘 알기 때문이었다.

본부에서는 그동안 해온 관행처럼 노조와 회사 측을 만나 적당한 선에서 회사가 양보하는 절충안을 소장인 나더러 제시해 빨리 해결하라는 오더였다.

그러다 보니 우리 노사관계의 현실은 '노동쟁의 ⇒ 불법 파업 ⇒ 정부 개입 ⇒ 타율적 해결(노사관계의 노정 관계화)' 악순환이 반복되어 왔다.

그렇지만 나는 "(소관 업무를 지휘하는 기관장인) 저에게 맡겨 달라" 하고는 노사의 협상 내용에 대하여 감 놔라 배 놔라 하는 식으로 개입하거나 관여하지 않기로 했다. 대신 노사 당사자를 수시로 만나 입장을 경청하고 노사분규 해결에 대한 법과 원칙, 노사자율적 해결을 계속 강조하였다.

"정부가 예전처럼 노사갈등에 직접 개입하거나 절충안을 제시하지는 않을 것이며, 법 테두리 안에서 노사자율적 해결의 원칙과 파업 기간 중 무노동 무임금 원칙이 지켜지도록 할 것이다. 그리고 시간이 걸리더라도 노와 사가 자율적으로 타협할 때까지 기다려주고 교섭이 계속되도록 지원할 것"이라는 입장만 밝혔다.

말하자면 정부가 나서서 일부러 특정 방안으로 종용이나 지도는 하지 않을 것이니 노사가 법 테두리 안에서 자율적으로 처리하자고 당부한 것이었다.

노조 위원장과 회사 사장은 나에게 거꾸로 반문했다.

노조 위원장은 "노동부가 정말 그렇게 할 수 있습니까?", "(노동부가) 끝까지 그렇게 할 수 있는지, 어디 두고 봅시다"라고 하였다. 거의 조롱하는 듯했다. 노조는 나의 입장이 번복되기만을 기다리며 시간을 버티고 또 버텼다.

반면에 회사는 나의 스탠스에 대하여 상당히 불안해하는 눈치였다.

나의 태도가 언제 조변석개(朝變夕改)하며 바뀔지 믿어지지 않는 모양이었다. 그동안 지방사무소에서 잦은 개입과 어정쩡한 처신으로 인해 어느 정도 신뢰를 잃은 상황이었다.

그러기를 한 달이 지나가고 두 달이 되어도 파업 대오는 그대로 유지되는 듯하였다. 그러나 파업한 지 3개월 가까이 되자 노조원들의 동요가 심해지며 폭발하기 시작했다. 노조에서 파업하는 동안 급여가 지급되지 않았고 때마침 여름 휴가비와 상여금도 나오지 않았다.

그러니 파업 참가자들이 건설 현장을 다니며 다른 일을 하느라 노조 집행부의 독려에도 불구하고 파업에 동참하는 대오가 흩어지며 인원이 점점 줄어들었다. 예년과 달리 파업 기간 중 급여와 상여금이 나오지 않으니 파업 동력이 확 떨어진 것이다. 급기야 법과 원칙에 따른 소장의 우직한 행보에 노사가 마침내 양보안을 제시하는 노사협상을 하기 시작했다. 결국 노사가 대화와 타협을 했고 스스로 파업을 풀고 정상으로 되돌아왔다.

차관과 부산지방청장은 직속 상사였기에 필요한 지시(指示)를 할 수 있다.

그러나 하늘 같은 상사라고 해도 내가 움직일 수 있게 설득(說得)하지는 못했다. 무엇보다 노조법의 취지에 맞지 않았기에 기관장으로서 법대로 자율로 원칙으로 소신껏 인내했다.

이후 이 회사와 근로자는 노조 집행부의 지나친 강성 투쟁 방식에 휘둘리지 않았고, 별다른 분규 없이 수년을 이어갔다. 이렇게 하여 1995년에는 타결이 되기까지 시간이 꽤 걸렸지만, 그동안 연례행사처럼 반복되어 온 그간의 불법적인 노사분규가 원칙에 맞게 해결되었다. 노사 모두에 학습하는 시간이자 교훈이 된 기회였다.

정부가 원칙대로 노사 간에 교섭을 지속하도록 분위기를 만들고, 노사가 자율적으로 수용가능한 접점을 찾아 서로 타협할 수 있도록 참고 기다리면 결국에는 자주성을 가지고 노사가 스스로 해답을 찾아가는 것이 그리 어렵지 않았다.

나로서는 1994년 현대중공업 노조의 파업사태 해결 지원(대통령비서실 행정관)에 이어서 양산의 J 철강 파업도 이러한 기조가 타당함을 현장에서 재확인(양산지방사무소장)할 수 있었다.

정부는 그렇게 되도록 조력과 지원을 아끼지 않아야 하는 기관이다. 노사가 법령으로 정해진 룰에 따라 겨루는 노동쟁의에 대하여 함부로 개입하거나 칼을 휘둘러서는 아니 되는 존재이다.

법대로, 자율로

노사관계에 임하는 기본 입장은 노사가 법대로, 자율로 하는 것이다. (고용)노동부는 취약한 노동자들의 보호가 소홀하거나 노조의 힘이 약화되어 제 자리에 서지 못하게 해서는 안 된다. 이와 동시에 노사 양측에 대하여 법의 잣대를 공정하게 적용하는 정부 부처이다. 반면에 노조의 힘이 지나치게 비대해져 횡포를 부리거나 기업의 인사경영권 행사가 어려워지면 일자리가 줄어드는 후유증이 발생하므로 노사 간 힘의 균형이 유지되게 하는 역할 역시 노동부가 존재하는 이유이자 정부의 임무였다.

그래서 노동부는 사회 분야만이 아니라 경제 분야에 속하는 부처이다. 즉, 고용은 경제와 밀접하게 맞물려 돌아가기 때문에 경제 파트의 역할도 중요하다. 노사 문제가 법대로 그리고 노사 자율로 돌아가지 않으면 예측할 수 없는 불확실성이 증가하고, 노사가 힘을 합쳐 움직이는 기업활동이 원활하지 못하여 일자리가 늘어나지 못하거나 사라지게 된다.

(고용)노동부는 취약한 근로자와 구직자 및 구인하는 기업을 위한 고용노동 관련 정책을 추진하는 부처이다. 개별 근로자는 법적으로 충분하게 보호받아야 한다. 그러나 노동부는 오직 노동자의 보호를 위해 존재하는 부처인데 정부에서 회사 측을 왜 때려잡지 않느냐고 항변하는 사람도 있었다.

필자가 현직에 있을 때 일부 노동계 인사로부터 비난을 듣기도 하였는데 이유는 분규 시 정부가 끼어들어 회사에 압박을 가해 무조건 노조에 유리하게 편드는 타협을 종용해 주지 않는다고 해서 반(反)노동으로 치부되기도 했다. 심지어 대기업과 공공기관 노조를 포함한 모든 노동조합을 무조건 약자로 생각하는 인사들도 있다. 아마도 이것은 집단적인 노사관계에서 노 사간 교섭력의 균형을 유지하게 하는 것이 아니라, 노동조합(勞動組合)이라는 노동단체를 무조건 일방적으로 편 들어주어야 하는 것으로 오해한 것으로 보인다.

따라서 노사관계는 법대로 자율적 해결이 기본인데 간단한 원칙이 정착되지 못하고 있다. 13년간의 유예로 천신만고 끝에 개정 시행된 2010년 노조법이 문재인 정부 이후 크게 후퇴하거나 유명무실하게 되어 노동시장 이중구조와 노사관계 개혁이 더욱 절실하다. '법대로, 자율로'는 선심성 정치 논리에서 벗어나려는 의지가 중요하다. 그 의지는 국가의 미래와 국민의 행복 증진을 위한 충정으로 뒷받침되어야 가능하다.

09
'민주노총' 창립과 지역 노사정 협력

양산지방사무소장으로 근무하면서 나는 노사관계 당사자들과 대화하는 자리를 자주 가지려고 노력했다. 1995년 8월 7~8일 김종국 한국노총양산지역본부 의장과 김중경 양산상공회의소 회장을 비롯한 양산 지역의 기업체 250여 명의 노사 관계자들과 함께 노사협력을 위한 합동 연수회를 개최하였다.

노동정책 방향에 관한 소장의 특강을 시작으로 노사 화합을 결의하고 협력을 다지는 시간이었다. 그 자리에는 손유섭 초대 양산 군수도 멀리 지리산 자락의 행사장까지 직접 와서 축사해 주었다.

하필이면 그날 새벽부터 큰비가 내려 날씨가 좋지 않았다. 양산에서 지리산 자락까지는 당시 왕복 6시간이나 걸리는 장거리 행보를 하였는데, 5분 남짓 짧은 축사를 하기 위하여 움직였던 양산 군수의 모습을 지금도 잊을 수 없다. 손 군수는 1995년 선출직 초대 기초단체장이어서 그런 측면도 있겠으나 진지한 대화와 정성을 기울여야 사람의 마음이 움직이는 노사관계의 특성과 스킨십의 중요함을 놓치지 않았던 것이다.

이후에 민주노총이 창립되었다. 당시 862개의 단위노조가 민주노동조합총연맹에 가입하였고 조합원 수는 42만여 명이었다. 초대 민주노총 위원장은 권영길, 수석부위원장은 단병호였다. 비합법 조직으로 시작하였으나 고도의 정치적 결정으로 1997년에 합법화되었다.

1995년 11월 11일 (이념 지향적인) 민주노총의 출범 움직임에 따라 양산 지방 노동관서장이었던 나로서는 다음 날인 11월 12일 양산 지역 200여 기업체의 노사 관계자들과 함께 영남알프스의 유서깊은 간월산 배내고개에 모여 노사 화합 대회(노사 한마음 등산대회)를 개최하고 노사협력을 통해 무한경쟁 시대를 이겨나갈 것을 다짐하였다.

전국 단위 민주노총의 출범에 따라 양산지방사무소, 양산군, 한국노총 양산 지역지부, 양산상공회의소가 함께 뜻을 모아 지역단위 노사협력을 더욱 굳건히 하기 위한 대회를 개최하였다. 왜냐하면 건강한 노사관계는 법과 원칙에 의한 법치와 노사자율적 타결을 위한 자치 그리고 노사민정이 상호 협력하는 협치가 필요했기 때문이다.

이와 관련한 비사(祕史)를 하나 소개하자면, 양산 지역에는 KBS나 MBC의 지역 방송국이 없었다. 뿐만 아니라 방송사별로 취재 구역(KBS는 부산방송총국, MBC는 울산MBC)이 다르고 가시청 권역과도 일치하지 않아 일종의 사각지대가 되어 취재원에 대한 거리가 있었다.

그렇지만 예전에 본부와 청와대에 근무하면서 알고 지내던 인사의 도움을 받아 특별한 관심을 가지고 현지 취재를 나온 덕분에 전국적인 방송 송출이 가능하게 되었다. 그 결과 지역방송에만 나오지 않고 11월 12일 저녁 9시 전국뉴스로 송출되었다. 한편, 이 무렵 언론 보도를 통해 지역 노사협력 활동을 파악한 노동부 본부에서 노사협력관으로부터 격려하는 전화를 걸어오기도 했다.

10
"한국노총은 정치활동에 정도(正道)를 지켜라"

가. 한국노총과 민주당의 조직 통합 추진에 대한 일침

2011년 12월 16일 민주당·시민통합당·한국노동조합총연맹이 통합하는 민주통합당(민주당)으로의 출범을 선언했다. 이날 민주당, 시민통합당, 한국노총은 국회에서 '야권 통합 수임기구 합동회의'를 열고 통합을 의결했는데, 한국노총 조직 자체가 민주당의 한 세력으로 들어가려고 한 것이다.

손학규 민주당 대표는 "오늘은 또 하나의 새로운 역사를 쓰는 날"이라고 밝혔다. 이용선 시민통합당 대표도 "민주당을 비롯한 진보정치세력과 시민통합당의 시민정치 세력, 한국노총의 노동 세력이 통합해서 하나의 당으로 결집한 것은 전례가 없는 의미 있는 날"이라고 강조했다.
이용득 한국노총위원장이 민주당, 시민통합당과 함께 민주통합당으로 합당을 의결하기 직전에 민주통합당과 한국노총의 합당은 "노동운동사에 한 획을 그었다"라고 힘주어 말했다.[16] [17]

그런데 한국노총과 민주당의 조직 통합 추진에 대하여 노동자의 권익을 대

---

[16]. 새 야권통합당 명칭 '민주통합당'으로, 경향신문, 2011.12.16.
https://www.khan.co.kr/article/201112161738201
[17]. 민주통합당, 한국노총과 함께 총선공약 만든다, 민주당 정책브리핑, 2012.2.8.
https://theminjoo.cdn.ntruss.com/main/sub/news/view.php?brd=13&post=90004

변하는 노동조합이 특정 정당에 예속(隷屬)당해서는 안 된다고 보아, 나는 그 주무장관으로서 노조법 제2조가 정하는 대로 "한국노총은 정치활동에 정도(正道)를 지켜라"라고 경고하였다.

한국노총과 민주당의 조직 통합 추진에 대하여, 2012년 1월 16일 고용노동부 장관이 "근로조건의 유지·개선과 근로자의 경제적·사회적 지위 향상이 목적인 노동조합과 책임 있는 정치적 주장이나 정책을 추진하고 공직선거의 후보자를 추천 또는 지지함으로써 정치적 의사 형성 등 정권 획득이 목적인 정당은 그 목적이나 정치적 이해관계가 근본적으로 달라 조직 통합 이후 한국노총이 정당으로부터 팽(烹)당할 수 있고 노동운동 발전에 부정적 영향을 미칠 수 있다"라고 지적한 바와 같이 우려하는 기사가 났다. (2012.1.19. 서울신문, 2012.2.14. 연합뉴스, 2012.2.22. 중앙일보 등)

곧이어 나는 또한 기자간담회를 열고,
"정치의 계절을 맞아 노동계가 정치적인 접근을 하고 정치권도 노동자의 표를 의식하여 가까이하려는 측면이 있다.
1997년 노조의 정치활동 금지조항이 삭제되었지만 노조법(제2조 4호 마목)에는 주로 정치운동을 목적으로 한 노조는 노조로 볼 수 없다고 규정하고 있다. 당시의 한국노총과 같은 정치(정당)활동의 방식과 절차는 국민이 볼 때 도(度)를 넘는 것"임을 밝혔다.

특히 이용득 한국노총위원장이 민주통합당의 여러 명의 최고위원 중에서 한 명의 최고위원으로 겸직하는 수준에 불과하여 한국노총과 민주통합당의 통합은 특정 정당에 노동조합이 예속(隷屬)당하는 그런 양상이었다.

또한 2011년 초 한국노총위원장 선거를 전후하여 개정 노동조합법의 재개정 요구를 하는 것과 관련하여 1997년부터 2010년까지 13년간 법 시행이 유

2011년 12월 16일 국회에서 '민주당, 시민통합당, 한국노동조합총연맹은 야권 통합 수임기구 합동회의'를 열고, 민주당·시민통합당·한국노총이 민주통합당(민주당)으로의 통합 출범을 선언했다.

보되었다가 2010년 국민적 합의로 개정된 노조법을 제대로 시행도 하지 않은 상황에서 재개정하자는 것은 일부 노조 간부의 기득권 유지를 위한 퇴행적 현상이라고 하며 반대하였다.

나. 특정 정당 옵서버 조직이 된 노동단체 : 국회와 정치권, 노동계 논란

야당은 강하게 반발했다. 신경민 민주당 대변인은 "월권을 행사한 이채필 장관을 공직선거법 위반으로 고발을 검토할 것"이라 하였다. 그야말로 입법 취지나 기본 정신을 지키자고 하는 장관의 바람과 요구에 대하여 공직선거법 위반 운운하는 협박성 발언이었다. 그러나 실제 고발 조치는 없었으며 단지 말 폭탄에 불과했다.

노동단체에 대한 경고에 이어 2012년 2월 17일 오전에 열린 경제단체 연찬회에 참석한 필자는 노동조합 대표자의 정치활동을 둘러싼 공방에서 "선진 외국에서 노조와 정당은 자주성(自主性)을 유지하고 있으며 정당과 노조의 통합이나 노조의 주요 현직(現職) 간부가 정당의 고위당직을 겸직하는 사례는 현재 찾아보기 어렵다"라고 설명하였다.

과거 "독일 사민당의 빌리 브란트 수상이 1951년 인쇄·제지노조의 지부인 언론인지부 설립 발기인으로 참여한 바는 있으나 그렇다고 해서 노조위원장 신분으로 활동한 사실은 확인되지 않는다"라며 "사실 여부를 차치하더라도 (한국노총이) 60여 년 전 외국의 사례를 마치 선진국의 대표 사례인 것처럼 주장하는 것은 적절치 않다"라고 지적하였다.

이용득 한국노총위원장은 자신이 민주통합당 최고위원직과의 겸직을 고용노동부 장관이 비판(批判)한다고 비난했다. 하지만 이는 노동조합이 주도권을 가지고 정치세력화하는 방식이어야 노조의 자주성 유지와 노조로서 권능을 행사하는 데 문제가 발생하지 않음을 강조한 것으로, 1997년 노동조합법 개정으로 주로 정치운동을 목적으로 하는 경우 노동조합의 결격사유가 되는 조항이 신설됐기 때문이기도 했다. 외국 노조들의 정치활동 겸직 사례 여부에 대한 관점의 본질이자 핵심은 노조의 자주성을 담보하는 주도성이었다.

노조의 정치세력화는 두 가지 방안이 있다.
① 하나는 노동조합이 노동조합의 지지를 기반으로 (노동자) 정당을 직접 설립하여 운영하는 방안이고 ② 또 다른 방안은 기존 정당과의 연대를 통하여 지지와 요구를 상호 선택하게 하는 방안이다. 우리나라는 두 번째 방식이 대세였다. 장관의 주장에 대하여 노동계는 "노동자 정치참여의 본질을 호도하고 있다"라고 비판했다. 한국노총 대변인은 "노동자들은 스스로의 요구를 관철하기 위하여 특정 정당에 참여할 수 있고 노조 대표가 정당 활동에 직접 개입하는 것은 문제 될 게 없다"라고 하면서 "노동부가 이용득 위원장을 깎아내릴 목적으로 억지 주장을 펴고 있다"라고 비난했다.

노동조합이 주도(主導)하여 정당을 만들거나 정당(政黨)의 대표(代表)를 맡는다면 주도권이나 정체성을 유지할 가능성이 높다. 하지만 정당이 주도하면 예속되는 단체에 불과한 노조는 들러리와 같은 존재로 전락하고 만다.

헌법상의 노동기본권과 근로자 보호단체인 노동조합에 대한 조세의 면제, 조합비 세액공제 혜택, 보조금 지원 등 재정지원을 받는 노동조합이 특정 정당에 편입(編入)되면 당론을 준수해야 하는 의무 때문에 근로자나 노동계의 목소리 대변이 어려워진다. 이는 단순히 노조의 정당예속화에만 그치지 않고 여야를 막론하고 제2, 제3당 내지는 군소정당으로 약화되거나 소멸되면, 노동조합의 영향력 행사 자체가 어려워지는 등 노조 자체의 운명(運命)까지 비극적으로 될 수 있음을 직시하지 않을 수 없었다.

노조 스스로 정당을 만들거나 노조가 주체가 되어 끌고 가는 것은 노조의 자주성을 지키는 가운데 정치세력화가 가능하므로 문제가 없다.
하지만 노조가 특정 정당에 편입되어 정당의 뜻에 끌려가는 형태로 객체화되는 것은 노조 지도부가 조합원들의 여망을 무시하는 처사임을 환기시키기 위하여 이용득 위원장에게 노동운동의 정도를 지키라고 한 것인데, 그들은 애써 나의 진의를 듣지 않으려 했다.

이 위원장은 이러한 전통적인 방식과는 전혀 다르게 접근했다. 특정 정당으로 노조를 편입시켜 버리는 종속적 통합이라는 편법적인 방안을 추진했다. 노조가 주도하는 창당도 아니었고 기존 정당과 횡적인 정책연대를 강화하는 것도 아니었다.
조합원 차원의 대중적 지지를 바탕으로 하는 노조(한국노총) 중심의 독자적인 정치세력화가 아니라 기존 정당에 들어가서 국회의원이나 당직자로 진출하는 전략이었다. 이는 굳이 분류하자면 제3의 방안이라 할 수 있지만 그 배경에는 한때 한국노총이 추진한 노동자정당 설립과 원내 진입 실패에 따라 기존 정당에 편승하는 전략이었다. 즉, 2004년 총선을 앞두고 이남순 한국노총위원장이 독자적인 정치세력화를 위하여 녹색사민당을 출범시켰으나 원내정당이 되지 못했기 때문이다.

2011년 2월 한국노총위원장으로 세 번째 취임한 그는 여러 정치인을 만난 끝에 한국노총이 한나라당과의 정책연대를 파기하고 2011년 12월 제1야당인 민주당과 시민통합당, 한국노총의 3자 통합적(통합민주당) 관계를 구축했다.

자신이 밝힌 바와 같이 한국노총이 민주당 조직으로 들어가 최고위원회의에 한 명의 위원이나 대의원회의에 15%까지 진출할 수 있는 지분을 확보하여 영향력을 행사하려 했다고 하는데, 이는 제1노총의 자주성을 스스로 포기하고 짓밟았음을 자백한 것과 같다. 이유는 한국노총이 최고위원회의에서 나머지 88%, 대의원회의에서 85%의 정당 영향력에 지배받을 수밖에 없는 조직으로 전락시켰기 때문이다.

국회에서 한국노총 출신의 한 의원이 정부 당국에 책임을 돌리는 주장을 하며 호도하는 과정에서 이런 문제점을 스스로 실토한 바와 같이 이 위원장이 추진한 노동단체의 정치세력화는 노동운동과 정치의 기형적인 콜라보(collaboration)로 이상한 방식이었다. 한 마디로 노조의 자주성은 지속 가능하지 않을 뿐 아니라 제1노총을 특정 정당에 바치는 사례로 귀착될 게 뻔한 방식이었다.

이러한 우려와 예견은 안타깝게도 결국 현실이 되고 말았다.
2023년 8월 김은경 더불어민주당 혁신위원회에서 '대의원제도'를 무력화하거나 사실상 폐지하는 방안을 발표하자 박홍배 더불어민주당 전국노동위원장은 대의원제도 폐지 논의에 신중할 것을 지도부에 당부했다.
박홍배 위원장은 "민주당은 2011년 12월 16일 당시 민주당과 시민통합당, 한국노총의 합당 선언으로 만들어졌다"라며 "지금의 한국노총과 민주당의 영구적·항구적인 정책연대 관계는 대의원제도와 노동 권리당원에 의해 뒷받침되고 있다"라고 강조하면서 "대의원제도 폐지는 한국노총과의 정책연대 파괴 가능성이 높다"라고 말했을 정도로, 정당의 의사결정 구조 변화가 통합을 추진한 노동조합에 미치는 영향이 크다는 점에서 노조의 종속적 행보였음이 확인되었다.

민주당은 2011년 12월 11일 전당대회를 개최하여 한국노총 및 시민사회단체 등과 합당하는 통합을 추진하는 등 세력 규합에 나섰다. 이후 12월 16일 '민주통합당'이 시민사회단체와 한국노총 등과의 조직 통합을 결의(決議)하면서 정당법상 노동단체와는 통합이 허용되지 않는 법적 문제가 있음을 뒤늦게 발견하여 그렇게 하지는 못했다. 결국 노동단체로서 민주당(통합수임기구)의 옵서버(Observer), 사실상 예하(隷下) 조직(組織)으로 참여하였다. 이후 활동 양상이나 관계를 볼 때 당시의 통합 추진 결정 방침은 여전히 유효한 것으로 보인다.

다원화 사회에서 노동계 출신 인사가 정계에 진출하는 등 정치활동을 제한하여서는 안 된다. 다만, "주로 정치운동을 목적으로 하는 경우 노동조합의 결격사유(노조법 제2조 4호 마목)가 될 수 있다." 이러한 경고에 대하여 일각의 비판이 나올 게 뻔했는데도 지적한 이유는 노조가 정당을 지휘하는 것이 아니라 노조가 정당에 예속돼 노조의 정체성과 자주성을 상실할 우려가 있음"을 당국자의 직업적 양심상 지적하지 않을 수 없었다.

그렇게 민주당과 통합을 추진한 한국노총이 얻은 것은 무엇이었나? 당의 대표(代表) 자리도 아닌 여러 최고위원 중의 한 자리와 대의원 지분(15%), 그리고 기껏해야 의원직 한두 명 공천이었다. 이처럼 한국노총이 정당에 끌려가는 구조였는데도 그들은 "어째서 '흡수통합'이나 '예속통합'이라고 주장하느냐?"라며 필자더러 근거를 대보라며 추궁하였다.

헌법상 정당과 노동조합의 근본 목적이 서로 다르고, 당시 김진표 민주당 원내대표 스스로 "우리 당(黨)의 예하(隸下) 조직인 한국노총이…"라고 발언한 사실을 한 예로 들자, 급기야 "우리 당 (원내) 대표(代表)가 그렇게 발언하면 그게 정답(正答)이냐?"라고 대꾸할 정도로 앞뒤가 맞지 않는 횡설수설로 억지 주장을 하였다. 그런데 '예하(隸下)'란 표준국어대사전에 의하면 무엇을 주도하는 것이 아니라 '지휘관이나 우두머리의 지휘 아래 또는 그 아래 딸린 사람이나 조직'을 일컫는 뜻으로 '휘하(麾下)'와 다름이 아니다.

근로자의 권익 보호를 위한 노동조합의 본령을 지키자는 장관의 간곡한 호소에도 그들은 마치 민주당과 손잡은 것 자체를 문제 삼은 것처럼 애써 어깃장을 놓으려 에둘러 말하다가 스텝이 꼬여버렸다.

그렇게 몸부림쳤지만, 민주통합당은 19대 총선에서 과반에 못 미치는 127석에 그쳤고, 새누리당은 152석을 얻어 과반을 유지하자 한명숙 민주통합당 대표는 사퇴하기에 이르렀다.

다. 노동조합과 정당의 관계

노사관계 주무 부처의 책임자이자 노사정의 한 파트너로서 한국노총이 여야를 막론하고 특정 정당과 지지(支持)나 연대(連帶)를 뛰어넘는 '도를 넘는' 정치활동은 하지 말고 정도를 지킬 것을 주문하였고, 결론적으로 정당과 노동조합의 통합은 정당법상 문제가 있다는 지적을 받고서야 당초 자신의 계획대로 진행하지 못하고 다른 형태로 우회하게 되었다.

즉, "우리(한국노총)는 정당이 아니기 때문에 통합을 할 수 없어서 야권 통합 정당에의 참여와 지지 결의를 하고 통합수임기구에 옵서버로 들어간 것"이라

하였다(2012년 7월 26일, 국회 환경노동위원회 속기록). 이것은 법적으로 위반이 되니 부득이 취한 대안이자 편법임을 진실로 고백(告白)한 것이었다.

노동조합은 근로조건의 유지·개선과 근로자의 경제적·사회적 지위 향상을 위하여 노동조합의 생명력(정체성)을 유지하는 것이므로 특정 정당을 지지하거나 정책 연대(連帶)를 제한하는 명문 규정은 없다. 그러나 노동조합이 지향하는 목적과 정당이 추구하는 목적(책임 있는 정치적 주장이나 정책을 추진하고 공직선거의 후보자를 추천 또는 지지함으로써 정치적 의사 형성 등 정권 획득)이 근본적으로 다르다.

그렇기 때문에 노동조합은 사용자(使用者)와 정부(政府)뿐만 아니라 정당(政黨)을 비롯한 정치권으로부터도 독립해야 노동조합의 생명(정체성)인 대외적 자주성(自主性)과 대내적 민주성(民主性)을 유지하므로 특정 정당에 종속적인 예하 기구로 전락한 것은 스스로 자기 무덤을 파는 것과 다름이 없었다. 따라서 노조와 정당의 통합(統合)은 법이 허용하는 노조의 정치활동 범주를 넘어서는 문제다.

그럼에도 이번 일은 그동안 "정부가 제대로 잘했으면 이렇게 하지도 않았다"라고 말하며, 공무원의 정치적 중립 의무 위반과 선거 개입을 주장하며 공격의 화살을 거꾸로 나에게 겨누었다.

여기서 '정부가 제대로 잘하지 못했다'라는 것은 13년간 3차례나 유예된 노동조합법을 우여곡절을 겪으면서도 끝내 시행하여 노동조합의 자주성(노조 전임자 폐지)과 민주성(복수노조 제도 시행)을 바로 세울 수 있게 노동 개혁을 추진한 데 대한 노동계의 불만이었으니, 국민 입장에서 안타깝고 한심한 발언이라 하지 않을 수 없다. 이마저 민주당 출신의 추미애 환노위 위원장이 법 개정을 의결한 것인데도 말이다. 적반하장(賊反荷杖)이었다.

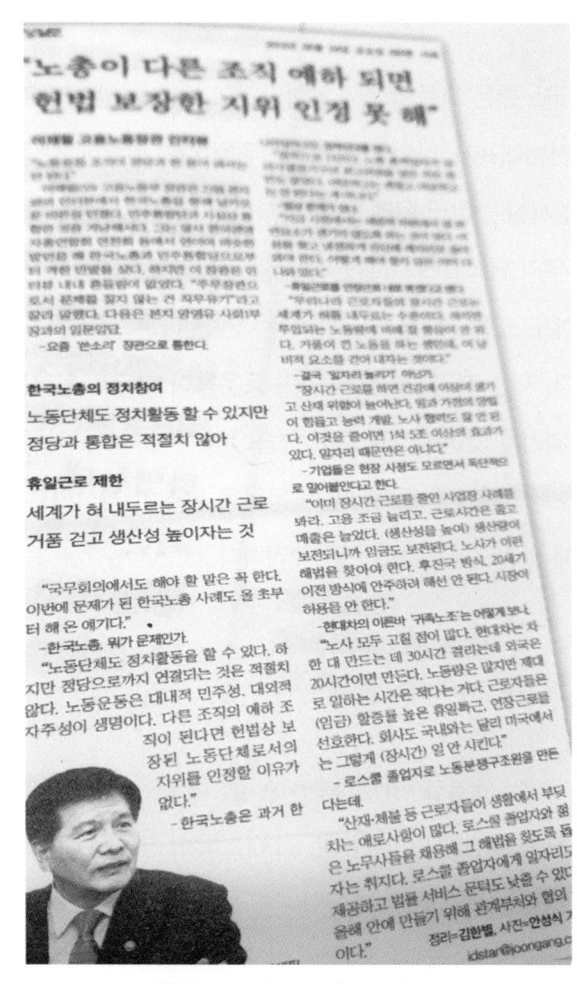

중앙일보, 2012.2.22. 관련 기사 보도

통합 추진 당시 당 대표였던 한명숙 환노위 위원은 의원들의 이러한 강변이나 질의응답의 한가운데에서 위원으로 참석하고 있었으나 침묵으로 일관하였다. 이를 지켜보다 끝내 묵과할 수 없었는지 김성태 의원이 나섰다.

그는 정치인이 되기 전 한국노총에서 사무총장을 지냈기 때문에 누구보다 노동단체의 내부 사정을 잘 알았기에 정치권과 노동운동의 퇴행적 행태에 대한 반성과 새누리당의 입장을 다음 요지로 강조하는 발언을 하였다.

[김성태 위원] 한국노총은 그동안 민주통합당과의 통합 지분 15%로 통합을 결정했다고 한국노총 산별대표자 회의와 중앙정치위원회를 비롯한 각급 회의에서 노총 지도부하고 통합 사실을 여러 차례 보고한 사실이 있는데… (중략)

저는 얼마 전에 우리 당 대표최고위원이신 황우여 대표위원에게 연말 대선을 앞두고 어떠한 경우에도 노동단체를 줄 세워서는 안 된다는 입장을 당 지도부에 전달한 적이 있습니다. 저는 지금 대한민국의 노동운동이 한국 노동운동 역사 66년 동안 가장 최대의 위기를 맞이했다고 보고 있습니다. … (중략) … 이 주문한 이유가 더 이상 정치권에 노동단체가 휘둘려서는 노동운동 본질이 사장되고 말 것이라는 그런 위기감 때문에 이런 결심을 하게 된 것입니다. (2012년 7월 26일, 국회 환경노동위원회 속기록 중에서)

그런데 이러한 노동 개혁을 시행(2010년 노조법 개정)하기까지 2008년부터 2011년까지 노사관계선진화위원회 운영과 지원, 노사정 대화와 합의에 대한 실무적인 뒷받침 그리고 근로시간면제 제도의 도입과 복수노조 교섭창구 단일화 제도의 시행에 이르기까지 업무 당국자(국장, 실장, 차관, 장관)로 필요한 역할을 함께 하는 등 노조법 개정의 정부 측 당사자 중의 한 사람이 바로 나였으니 그 불만은 더욱 컸을 것으로 이해되었다.

그들의 편법적 대응과 정치적 오만함에 대하여 정부의 행정 당국자로서 피할 수 없는 상황이라면 정면으로 부딪쳐서라도 제대로 돌아가게 해야만 했다.
그런데 공교롭게도 19대 총선을 앞둔 시점에서 민주당과 노동조합의 통합 추진에 대하여 장관의 육성으로 직격탄을 날렸으니, 미운털이 단단히 박힌 모양이었다.

라. 노조 권력과 언론의 실상

한편, 이와 관련하여 2012년 2월 3일 KBS '일요 진단' 대담에서 필자는 정당과 노조의 조직 통합에 관한 문제점을 제기했다.

그렇지만 객관적 사실관계에 따라 정치적으로 중립적인 주장인데도 KBS 앵커는 노동단체의 반발을 감당할 수 없다면서 이 부분 방영(2월 5일 8시)은 곤란하므로 (스스로) 삭제할 것이라고 하였다. 당시 KBS의 간판 앵커로 꼽혔던 그가 이토록 조심스러워하는 모습을 보면서 우리 (방송) 언론이 노조 권력에 얼마나 취약한지 적나라하게 느꼈다.

지레 자기검열(自己檢閱)까지 하였을 정도로 '알아서 기는' 형국임을 현장에서 목격하는 순간이었다. 노조 권력이 치외법권 지역인 소도(蘇塗)라도 되는 것처럼 우리 언론의 수준이 과연 이 정도밖에 안 되는지 한심한 기분이었다.

〈참고〉 제309회(임시회) 국회 환경노동위원회 회의록, 2012년 7월 26일

- **고용노동부장관 이채필** 노동조합이 정당과 연대하거나 지지하는 것은 얼마든지 가능하다고 생각합니다. 법으로도 보장되어 있습니다. 다만 문제가 되는 부분은 원래 노동조합이 근로조건의 유지·개선을 목적으로 근로자들이 자주적으로 결사한 단체가 되겠고, 이 경우에 노동조합은 사용자로부터도 독립되고 정부로부터도 독립되고 정당으로부터도 독립되는 것이 자주적 지위를 유지하고 위원님 말씀하신 대로 근로조건의 유지·개선, 경제·사회적 지위 향상이 가능하다고 생각합니다.

  다만 문제는 이러한 법으로 허용된 정치활동의 범위를 벗어나서 노동조합과 정당이 조직적 일체성을 가진다든지, 현직 노조 간부가 정당의 간부가 된다든지 하는 인적·조직적 통합의 문제로 갈 경우에는 결국에는 노동운동 조직과 정당 조직의 우선순위에 있어서 차이가 발생할 수 있다 라는 측면을 우려한 것입니다. (중략) 저는 노동조합이 정책적으로 연대를 맺고 있는 정당이 여당이든 야당이든 개의치 않습니다. 다만 연대와 지지의 단계를 넘어서서 그리고 조직적·인적 통합을 할 경우에는 대단히 중요한 위상을 갖고 있는 노동조합의 정체성에 대해서, 자주성에 대해서 문제가 될 수 있고, 그런 의미에서 정도를 지켜 달라라는 말씀을 드렸다 라는 것이고. 외국의 예전 사례는 노동조합이 자주성을 유지하는 사례이고요. 지금의, 지난번 문제 됐던 사례는 노동조합이 정당에 흡수 통합된 사례이기 때문에 경우가 다르다, 이렇게 말씀드릴 수 있습니다.

- **한정애 위원** (한국노총이) 결정을 했던 게 참여와 지지 결의예요, 참여와 지지 결의. 통합한다고 했습니까? 통합을 할 수가 없어요, 우리는 정당이 아니기 때문에, 통합이 불가능하기 때문에 통합수임기구에 옵서버로 들어간 것입니다. 왜냐? 한 주체 세력이기 때문에, 왜? 그동안 당이 공식적으로 노동 부문을 받아들이지 않았는데, 노동 부문을 받아들였기 때문에 들어간 것입니다. 그것을 명확하게 아시고 정치적 발언을 하셔야지요.

- **고용노동부장관 이채필** "한국노총이 특정 정당의 의사결정에 '참여'했다"라고 하였습니다. "특정 정당의 의사결정을 '주도'한 것이 아니라 '참여'하였다"라고 했습니다. 그러면 그 정당의 의사결정에 따라야 할 의무도 한국노총은 생기는 것입니다. 정당이 목적으로 하는 근본사항과 노동조합의 목적사항은 다를 수 있습니다.

- **홍영표 위원** 민주당과 한국노총의 통합, 저는 통합이 용어상으로 맞다고 봅니다. 통합을 했습니다.

- **고용노동부장관 이채필** 통합과 연대는 다릅니다. 여당이든 야당이든 상관없이 특

정 정당과 노동조합 조직이 통합하는 것은 우려의 문제가 있다 라는 것이지요. (중략) 노동조합 조직이 원래의 본질을 유지하게끔 하는 것은 대단히 중요한 사항이라고 생각합니다. 그런 의미에서 노조 활동과 주로 정치운동을 하는 정당활동 간의 구분이 어려워서 노조법에 저촉될 수 있는 우려가 있다 라는 지적을 하면서 그런 상황으로 진전되지 않도록 각별히 노력해 달라고 당부를 드리는 것인데요, 정부가 노동운동 조직에 재정지원을 많이 합니다. 그런데 정당과 일체화가 될 경우에는 결과적으로 정부가 지원하는 재정이 정당에 지원하는 결과를 초래할 수도 있는 상황이기 때문에, 그런 측면에서 저의 소임이었다 이렇게 이해해 주시면 되겠습니다.

- **고용노동부장관 이채필** (자료를 들어 보이며) 그리고 아까 통합이 아니다 라고 했는데, '통합수임기관' 이렇게 나와 있는 것은 무엇입니까?

- **위원장대리 김성태** 통합이 공식적으로 맞습니다, 통합입니다.

- **김성태 위원** 한국노총은 그동안 민주통합당과의 통합 지분 15%로 통합을 결정했다고 한국노총 산별대표자 회의와 중앙정치위원회를 비롯한 각급 회의에서 노총 지도부하고 통합 사실을 여러 차례 보고한 사실이 있는데… (중략) 본 위원이 다시 정확하게 정리하겠습니다. 한국노총은 민주통합당과 15% 지분참여 형식으로 통합한 것입니다.

저는 얼마 전에 우리 당 대표최고위원이신 황우여 대표위원에게 연말 대선을 앞두고 어떠한 경우에도 노동단체를 줄 세워서는 안 된다는 입장을 당 지도부에 전달한 적이 있습니다. 저는 지금 대한민국의 노동운동이 한국 노동운동 역사 66년 동안 가장 최대의 위기를 맞이했다고 보고 있습니다. 본 위원은 지난 7월 18일 날 대정부 정치 분야 첫째 날 질의에서 한국노총이 노동운동 본연의 단체로 되돌아가야 하고 기존 정치권에서는 더 이상 한국노총을 정치적으로 줄 세워서는 안 된다는 취지의 제안을 한 사실을 노동부장관은 알고 계십니까? (중략) 저는 새누리당에서 상당한 노동 문제의 전문가로서 당 지도부에게 상당한 중요한 발언을 하고 있습니다. 또 중요한 위치에 처해 있는 사람입니다. 이번 연말 대선을 앞두고 저희 새누리당 같은 경우는 절대 노동운동 본연에 충실해야 될 노동단체를 정치권에 줄을 세우는 그런 행위는 하지 말아 달라고 나는 우리 지도부에게 강력하게 주문했습니다. 이 주문한 이유가 더 이상 정치권에 노동단체가 휘둘려서는 노동운동 본질이 사장되고 말 것이라는 그런 위기감 때문에 이런 결심을 하게 된 것입니다. 그런 결심에 대해서 장관의 견해는 어떻습니까?

• **고용노동부장관 이채필** 저는 한국노총·민주노총 또 국민노총 그리고 각종 경제단체와 함께 파트너십을 가지고 필요한 협력, 필요한 뒷바라지를 잘하고자 하고 있고요. 누구보다도 제가 한국노총을 사랑하는 사람이기도 합니다. 그것은 근로자의 보호를 위한 사항이지요. 그런데 오늘 노동조합의 정치활동 관련해서 상당히 제가 오해를 받는 듯한 상황인데요. 저는 노동조합의 정당한 정치활동을 결코 문제라고 생각하지 않습니다. 그리고 문제를 삼을 생각도 없습니다. 정당에 대한 지지, 정책연대, 정계 진출, 정치활동은 얼마든지 가능하고 존중돼야 한다고 생각합니다. 또 그동안 제가 언급해 온 부분은 노조법의 취지에 맞지 않는 정치활동의 방식인 것입니다. 그래서 주로 정치운동을 목적으로 하는 경우에 해당될 수 있는 우려 사항이 있기 때문에, 그 부분을 주무장관으로서 말씀을 드린 것이고, 제가 정치 개입을 할 의사도 또는 위치에 있지 않습니다.

11

쌍용차 사태에 대한 단상
: 67년 역사의 '쌍용차' 사라져

67년 역사의 '쌍용차'는 2023년 3월에 사라졌다.

쌍용자동차는 67년 동안 경영권이 6번이나 바뀌고 경쟁력을 잃어 회생을 위한 구조조정이 불가피하다 보니 법적으로 인정된 경영상 해고를 노조에서 반대하였고, 법원의 퇴거명령에도 불응하며 77일간의 불법 점거 농성 등 극한 투쟁을 하였다.

핵심 쟁점인 경영상 해고의 정당성 여부·회계 부정 여부 등은 사법적 판단 결과(경영상 해고 : 正當, 점거 농성 : 不法)를 존중해야지, 국정조사와 같은 정치적 개입으로는 의견 차이만 커 풀 수 있는 사안이 아니었다.

조속한 경영정상화를 위해서는 노사가 신뢰하는 가운데 합심 노력하는 것이 중요하며, 정부는 경영상 해고자·희망퇴직자들이 겪는 어려움과 고통을 지원하여 위기를 기회로 바꾸어 재고용할 수 있도록 해야 한다.

쌍용차는 우리나라에서 가장 오랜 역사를 가진 자동차기업이다. '코란도 신화' 등 명성을 누렸으나 2009년 먹튀 논란이 일던 상하이자동차의 철수와 대량 해고, 옥쇄파업으로 점철된 쌍용자동차는 애증(愛憎)이 교차하는 아픈 역사와 기억이 트라우마처럼 남아있다.

이후 인도 마힌드라 그룹에 매각되고 점진적 안정화의 길로 접어들며 마지막 해고자까지 복직되면서 다시 살아나리라는 기대가 커졌으나 2020년 마힌드라 그룹의 철수 결정으로 쌍용차는 다시 백척간두에 서게 되었다. 누적된 적자와 글로벌 경쟁력 하락 등으로 독자 생존에 의문부호가 붙은 쌍용차는 2021년 10월부터 회생절차가 진행되었다.

쌍용차 인수 작업이 순조롭게 진행되어도 예전의 쌍용차는 사망 선고를 받았다 할 수 있다. 쌍용차가 인수되면 고용 승계는 되겠지만 노사관계는 넘어야 할 또 다른 산이다. 실제 전기차에 들어가는 부품 수는 내연기관차의 60% 수준에 불과하여 생산공정은 줄어들 것으로 전망된다. 일본 닛산자동차가 1만 명, 폭스바겐이 5,000명, 혼다자동차·르노·포드 등이 1,000~2,000명 규모의 인력 감축을 발표한 것도 같은 맥락이다.

어쩌면 이번이 쌍용차에 주어지는 마지막 회생의 기회일지 모른다. 쌍용자동차가 위기를 전화위복의 기회로 삼아 새로운 자동차 강자로 부상하기 위해서는 자본과 조직, 능력, 열정 면에서 부족했던 점을 겸허히 인정하고 구성원들의 환골탈태가 요구된다. 쌍용차 구성원 모두가 뼈를 깎는 노력으로 화답해야 한다.

쌍용차 구성원들은 2009년 파업 이후 12년간 무분규 노사관계를 유지하며 회사를 회생하기 위해 노력해 왔다. 쌍용차 노조는 민주노총을 탈퇴하고 설립한 기업별 노조이다. 스스로 단체협약 주기를 2년에서 3년으로 늘렸고, 작년에는 임금 20% 삭감을 제안하고 무급 순환휴직으로 한 달 일하고 한 달은 무급이며 복지 중단에도 합의했다. 원활한 매각을 위해 심지어 체불임금 유예까지 동의했다.

경영 상황이 어렵게 되니 놀라울 정도의 결단을 하였다. 안타깝지만 파업에 이르기 전 노사가 협력하였더라면 이런 사태는 오지 않았을 것이다. 그럼에도 쌍용차 얘기를 하면 과거 민주노총 금속노조 지부 시절의 파업 이야기가 뒤따라 나온다. 2023년 3월 KG모빌리티로 바뀐 '쌍용차'는 역사 속으로 사라졌지만 늦게나마 뼈를 깎고 후회하는 글로벌 기업 쌍용차와 노동조합에 애정 어린 관심을 보내주어야 할 듯하다.

〈참고〉 쌍용차 구조조정을 둘러싼 노사관계

2009년 2월 6일부터 법정관리 중이던 쌍용차는 4월 8일 경영정상화 방안을 발표(2,646명 감원 등)하자, 노조는 4월 24일부터 경영상 해고계획 철회를 요구하며 5월 22일부터 8월 6일까지 77일간 파업 및 평택공장 점거 농성을 하였다.

IMF 외환 위기가 일어나기 전까지만 해도 우리나라 근로자들은 '종신고용제'로 회사에 한 번 들어가면 특별한 사유가 발생하지 않는 한 마음대로 해고할 수 없었다. 그러다가 국가부도 사태에 직면한 김대중 정부에서 국제통화기금의 지원을 받는 조건으로 위기를 모면코자 '정리해고' 제도가 도입되었는데, 경영 사정이 어려워진 쌍용차에서 이를 시행하려 하자 노조의 파업이 벌어졌다.

6월 8일 회사 측은 희망퇴직자 1,670명을 제외한 경영상 해고 계획(976명)을 밝혔다가, 8월 6일 1차 노사 합의(경영상 해고 165명, 희망퇴직 1,904명, 무급휴직 468명, 분사 83명, 자연 퇴사 26명, 1년 경과 후 생산 물량에 따라 무급휴직자 복귀) 및 농성 해제, 합의에 따른 인력조정을 실시하고, 희망퇴직 등을 거부한 165명에 대해 최종적으로 경영상 해고를 하였다.

9월 8일 노조는 민주노총 금속노조에서 탈퇴하고 대다수 노조원은 기업별 노조(노조원 3,430명, 위원장 김규한)를 설립하고, 이후 기존 금속노조 쌍용차지부는 100여 명의 해고자를 중심으로 활동하게 된다.

산별노조 체제에서 개별 기업노조로 변신한 쌍용차 노조는 이후 회사와 함께 경영정상화에 매진해 왔다. 이는 1995년 민주노총 출범 이래 완성차업체가 민주노총의 정치투쟁 대열에서 처음으로 벗어난 일대 '사건'으로 쌍용차 노조는 한국 노동운동의 역사를 새로 써왔다.[18]

가. 경영상 해고에 대한 노사 입장 및 정치적 선심

2012년 9월 20일 국회 환노위에서 쌍용차의 회계조작 의혹과 정리해고 관련 청문회를 개최하였고, 2012년 11월 20일부터 한상균(전 금속노조 쌍용차지부장, 2014년 12월 민주노총 위원장 당선, 2020년 5월 쌍용차 복직) 등 쌍용차 해고 관련 3명은 집회·단식·농성(송전탑 또는 대한문 앞)을 계속하며 국정조사 및 정리해고 문제의 사회적 이슈화를 계속했다.

2013년 1월 10일 쌍용차는 경영 사정이 어려운 상황에서도 노사 간 상생과 협력을 바탕으로 2차 노사 합의하여(2013년 3월 1일 자로 무급휴직자 455명 전원 복귀) 생산라인 운영 방안과 인원 배치 등 복귀 관련 제반 사항은 노사 실무협의에서 결정하는 것으로 진전을 이루었다. 즉, 고용관계가 남아있는 무급휴직자는 빠른 경영정상화가 그 해법이라는 의미였다. 그럼에도 정치권에서는 1월 31일 쌍용차 관련 협의체를 여·야 동수(새누리당 3, 민주당 3명)로 구성하고 5월 말까지 매주 회의를 개최할 것을 요구했다.

국회 환노위는 지난해 9월 청문회에 이어 2013년 10월 국정감사장으로 이유일 쌍용차 사장과 함께 김규한 쌍용차 노조위원장을 증인으로 또다시 불러냈다. 이날 정의당 심상정, 민주당 한명숙 한정애 의원 등 야당 환노위 의원들이 해고자를 복직하고 채용을 늘리라고 요구했다. 이 사장은 "이미 태스크포

---

18. 쌍용차 노사에 보내는 갈채, 머니투데이, 2013.7.29.

스를 구성했으며 생산계획이 확정되는 대로 복직 규모와 시기를 검토하겠다"
라고 답변했다.

그런데도 의원들이 희망퇴직자와 해고자 복직 문제를 물고 늘어지자 김 위원장은 기업이 존속해야 직원들의 일자리도 지킬 수 있다고 항변했다. 그러면서 "노사문제는 노사 자율에 맡겨 달라"라고 호소했다. 김 위원장은 "쌍용차는 지난 4년간 힘든 시간을 거쳤고 아직 안정이 안 됐다. 희망퇴직자와 경영상 해고자 복직 문제, 주간 연속 2교대제 시행 등 적지 않은 난제들이 있는 만큼 내부적으로 잘 해결할 테니 이제 그만 좀 불러주셨으면 한다"라고 말했다.[19]

정치권이 쌍용차 노사문제에 관심을 가질 수 있다. 하지만 희망퇴직자와 경영상 해고자 복직 문제까지 감 놔라 배 놔라 하는 것은 지나친 경영간섭이다. 노사가 한목소리로 자율에 맡겨달라고 하면서, 정치권은 이제 "국감에 그만 부르라"라는 노조위원장의 호소를 막고 정치권이 끼어들어 발목을 잡을 필요가 있는가. 노사가 힘을 합쳐 회사의 위기를 어떻게 극복하는지를 보아가며 문제가 있으면 그때 따지면 되는 것이 일의 순서이다. 금속노조 쌍용차지부만 있는 게 아니다.

나. 경영 상황 및 소송, 손해배상 청구

2011년 매출 2조 7,731억 원, 영업손실 1,553억 원, 당기순손실 1,124억 원이고, 2012년 3/4분기 매출 2조 524억 원, 영업손실 692억 원, 당기순손실 659억 원으로 경영 상황이 개선되지 않았으며, 2012년 12월 평균가동률은 83%로 주간조 3개 생산라인 중 1개 라인만 정상 가동되었을 뿐 1개는 일

---

19. "국감에 그만 좀 부르라"는 쌍용차 노조위원장의 호소, 동아일보, 2013.10.16.

시 휴업을 반복하는 등 사내 유휴인력(35명)이 대기하는 상황이었다.

2010년 9월 금속노조 쌍용차지부가 쌍용차 구조조정 관련 회계조작 의혹을 제기하고 회계법인 삼정KPMG를 업무상 배임 혐의로 중앙지검에 고소하였으나 12월 불기소(혐의없음) 처분하였다. 경영상 해고자 중 156명이 해고무효 확인 소송을 제기하였고, 사측과 보험사(메리츠화재)는 금속노조 쌍용차지부 등에 손해배상(289억 원)과 가압류(39억 원)를 청구했다. 이후 엄청난 파장을 초래하였지만, 상급단체인 금속노조나 민주노총은 이에 대한 손배 책임을 함께 부담하지 않았다.

다. 실직자 등에 대한 정부의 지원

2009년 8월 6일부터 2013년 1월까지 고용노동부는 평택고용노동지청(평택고용센터)을 중심으로 노사 관계자 120여 차례 면담 및 공문 지도를 통해 무급휴직자 복직과 협력업체 취업방안 마련 등 다각적인 대책을 강구하였다. 이후 8월 13일 고용노동부 장관이 평택시를 '고용개발촉진지역'으로 지정하여 지역 맞춤형 일자리 창출지원 사업 등을 통해 실직자의 고용안정을 지원하였다.

고용노동부에서 사업주와 구직자 등에게 지역고용촉진지원금 등 1,205억 원의 자금을 지원하고 쌍용차 고용대책 T/F를 통해 직업훈련·취업 알선 등 재취업 서비스와 심리안정 지원 프로그램을 운영(와락센터 지원)하는 등 2012년 12월 현재 퇴직자 2,152명 중 1,245명(57.9%)의 재취업과 임금체불 생계비(2,500여 명, 156억 원), 긴급생활자금 융자(85명, 6억 원) 등을 지원했다.

쌍용차 사태를 계기로 2013년 1월 1일 고용보험법을 개정하여 근로자의 신규 고용이 아닌 무급(無給) 휴업·휴직자에 대하여도 지원할 수 있는 근거 규정을 마련하여 쌍용차 사업장의 휴업·휴직 조치에 따른 고용유지지원금으로 84억 원을 지급하였다.

라. 경영정상화 지원 : (정치적인) 해고자 복직 개입 vs '쌍용차 사주기' 운동

2013년 1월 9일 쌍용차 노조(기업별 노조)의 조합원이 자살을 시도하면서 유서에 국정조사를 하려는 정치권과 영업을 방해하는 정리해고자를 비난하는 내용을 남겼다. 경영정상화를 바라며 묵묵히 일하는 다수 근로자(4,789명), 협력업체 종사자(11만 명)의 일자리와 목소리에 관심을 가지고 귀를 기울일 필요가 있었다.

이와 같은 상황에서 국정조사 실시 등 정치적 개입은 경영정상화에 걸림돌로 작용하여 사태의 장기화를 야기하는 등 문제 해결을 지연시킬 우려가 있었다.

우여곡절을 겪어가며 경영정상화를 위한 노사의 노력이 성과를 거두어 무급휴직자 복귀에 합의하는 등 단계적 해결이 진행 중이었으며, 정부도 무급휴직자의 생계 안정과 조속한 복귀를 위한 고용보험법 개정 등 지속적 관심을 가지고 필요한 지원을 하려 무던히 애를 쓰고 있었다.

쌍용차 국정조사 실시 요구에 대하여 (2013년 2월 13일) 환노위에서 당시 장관의 견해를 물었을 때 다음과 같이 (반대 취지로) 발언하였다.

"쌍용차 국정조사 실시 여부는 국회에서 결정할 사안이나, 그간 국회 상임위, 국정감사, 청문회 등을 개최하며 충분히 조사·논의한 바 있으나 도움이 되지 않았다. 무엇에 대한 조사가 더 필요한지 국정조사를 통해 어떻게 문제를 해결하겠다는 것인지 알 수 없으며, 지난 청문회에서도 회계조작 의혹 등 주장만 무성할 뿐 또다시 국정조사를 하더라도 정치적 공방만 되풀이할 가능성이 농후하므로 개별 노사갈등에 대한 정치적 개입은 당사자들의 문제 해결 노력과 노사관계의 발전을 오히려 후퇴시킬 우려가 있다."

한편, 이에 앞서 필자는 2012년 4월 경기도 평택 쌍용차를 직접 방문하여 이유일 사장과 김규한 쌍용차 노조위원장을 만났고, 7월에는 정부과천청사에서 파완 고엔카 마힌드라 사장(쌍용차 이사회 의장)을 만나 휴직자의 조속한 복귀를 촉구하였다. 이에 대하여 고엔카 사장은 "경영정상화가 이뤄지는 대로 무급 휴직자를 순차적으로 복귀시킬 예정이지만, 정리해고자들의 복직은 어렵다" (2012년 10월 22일 국정감사)라는 사정이어서 경영정상화만이 근본적 해결책이었다.

2012년 10월 22일 출석한 환노위 국정감사에서 "(국정조사 실시를 요구하는 마음처럼) 국회의원 300명이 쌍용차를 100대씩만 팔아준다면 무급휴직자 대다수를 당장 복귀시킬 수 있다"라며 장관으로서 정치권의 동참을 호소했다.

아울러 "(차를 바꾸게 되면) 나부터 쌍용차를 사겠다"라고 밝히는 등 '쌍용차 사주기 운동'에 불을 당기며 국민적 동참을 호소했다.[20]

"예전에는 쌍용차에 관심이 하나도 없었다"라며 "지금 쌍용차를 사주자고 제안하는 것은 무급휴직자와 경영상 해고자가 하루라도 더 빨리, 한 명이라도 더 많이 복귀하도록 돕는 해법은 경영정상화 지원이기 때문"임을 강조했다.

그러나 해고자(解雇者) 중심의 금속노조 쌍용차지부는 "경영진이 휴직·해고자 복직계획과 의지를 먼저 밝혀야지 쌍용차 사주기와 같은 경영정상화 지원 방안은 차후에 논의할 사항"이라 하여, 이들은 쌍용차의 회생(回生)을 위하여 모든 노력을 기울이자는 노사정 및 지역사회의 여망과는 거리가 멀다는 것을 확실히 보여주었다. 그랬기에 (동료인) 이들의 투쟁 활동에 대하여 회사나 근로자들이 차갑게 외면(外面)하는 행태가 비로소 납득되었다.

쌍용자동차 해고자와 근로자의 잇단 죽음으로 무급휴직·정리해고자 복직

---

20. 이채필 장관 "나부터 사겠다" … 해고·휴직자들 "경영진, 복귀계획과 의지부터 밝혀야" 매일노동뉴스, 2012.10.26.

문제가 사회적 이슈로 떠오른 가운데 '쌍용차 사주기(팔아주기) 운동'으로 우선 경영정상화를 모색해야 한다는 주장이었다. 이에 대하여 쌍용차 휴직·해고자들은 "쌍용차 사주기가 대안 중 하나일 수 있다" 하면서도 "노사 간 신뢰 회복이 선결과제이고, 정리해고 문제는 또 다른 해법이 필요하다"라고 하여 회사의 경영정상화보다 당장 정리해고자 복직 문제에만 집착(執着)했다.

이들은 노사 간 신뢰를 회복하기 위한 노력이나 동참은 거부하였고, 회생에 앞장서는 근로자와 회사를 누워서 침 뱉듯 비난하며 상대방의 양보와 희생만 일방적으로 강요했다. 그만큼 문제 해결을 바라보는 안목이 근시안적이었다.

그런데 필자의 '쌍용차 사주기 운동'을 통한 경영정상화 지원과 무급휴직자 등 조기 복귀 지원 주장에 대하여 환노위 은수미 의원도 반대하였다.

그는 고용노동부 장관이 '해고자' 복직에는 앞장서지 않고, 경영정상화를 통한 '무급휴직자'의 복직 등에 주력하는 것은 경영자를 대변하는 친 경영 반 노동 장관이라고 비난했다. 하지만 자신은 해고자 복직을 부르짖는 질의에 앞장섰을 뿐 그들에게 실질적 도움이 되는 활동으로 무엇을 하였는지 알 수 없다.

이후 고용노동부와 우리 부처 산하기관에서 업무용 차량을 교체하는 수요가 생기면 쌍용차를 우선하여 구매할 것을 권장하였고 이후 퇴직하기 전까지 수요의 70%에 해당하는 17대를 쌍용차로 구입한 것으로 확인되었다.

'쌍용차 사주기 운동'에 동참한 직원의 피해

한편, 쌍용차 사주기 운동으로 인해 불이익을 입은 직원이 발생하는 안타까운 사태가 벌어졌다. 경영 상황이 좋지 않은 시기일수록 사람들은 해당 회사의 차를 사지 않으려는 경향이기 마련이다. 그래서 과거 기아차·쌍용차도 관내 주요 인사의 자사 차량 구입 시 할인가(20% 인센티브)를 적용하는 관행이 있었다고 한다.

그런데 어느 지청장이 10년 넘게 탄 차를 교체할 무렵 그런 제안을 활용하여 쌍용차를 구입할 당시 공직자의 신분으로 이런 특혜를 받았다는 이유로 징계처분이 따르고 말았다. 그는 자신의 공직 인사상 결정적 순간에 '주의'(승진 유예) 조치를 받아 35년간 청춘을 바쳐 일한 공직 인생에 씻을 수 없는 한(恨)을 남긴 채 퇴직했다.

경영정상화 지원을 통한 휴직자 등 조기 복귀를 위한 '쌍용차 사주기 운동'에 동참한 그는 장관의 권고를 적극적으로 따르다 제재까지 받았으니, 내 마음이 무거웠다. 특정인에 국한된 혜택(특혜)이 아니라 해당 조건이 충족되면 모두에게 부여하는 회사의 영업 전략이었다고 하는데도 이를 받아들여 주지 않았으니 그렇다.

그것도 내가 장관에서 퇴임한 직후 환노위 의원이 감사원 감사를 청구하였으니, 문제로 삼은 시점도 이상했다. 비겁하게 느껴졌다. 민간인이 된 나로서는 그런 사정을 알지 못하여 진상규명이나 구명 활동에도 아무 역할을 하지 못하는 상황이 되었으니 말이다.

비록 선한 동기로 시작한 일이었지만 세상일은 결과가 좋아야 시작한 동기나 의미도 아름답게 된다. 그런 측면에서 불이익을 입은 그에게는 인간적으로 안타깝고 아쉬웠으며, 이를 문제로 삼아 감사청구를 한 그 의원은 참으로 야속했다.

12
한진중공업 사태에 대한 정부의 역할과 손해배상청구권 제한

가. 구조조정 및 노사 합의

한진중공업은 2010년 12월 15일 매출과 수주 감소를 이유로 인력조정(400명 감축) 계획을 발표하자, 노조(금속노조 한진중공업 지회)는 12월 20일부터 인력조정 계획의 철회 등을 요구하며 파업에 들어갔다.

2011년 1월 6일 김진숙 씨가 크레인 고공농성에 돌입했다. 그는 1981년 10월~1986년 7월 14일 대한조선공사에서 근무하다 징계 해고되어 1987년 4월 27일 부산지법 정당해고[기각] 판결을 받았고, 2009년 11월 민주화운동보상심의위원회의 복직 권고를 사측이 수용 거부하여 고용관계 부존재로 확인된 민주노총 부산본부 지도위원이다. 2011년 1월 17일 법원에서 사측의 퇴거 및 출입금지 가처분 신청을 인용하여(불응 시 1일당 1백만 원 지급) 크레인 고공농성이 불법행위로 확인되었다.

2011년 2월 14일 사측은 170명에 대한 경영상 해고 및 직장폐쇄를 단행하였다. 170명 중 76명은 이후 경영상 해고를 수용하고 위로금을 수령하였지만, 94명은 거부했다.

2011년 6월 11일부터 10월 9일까지 시민단체 등은 한진중공업 앞 등 부산에서 5차례에 걸쳐 집회를 개최하였고, 국회 환노위는 (6.29., 8.18.) 청문회를 실시했다. 한편, 2011년 6월 12일부터 15일까지 스위스 제네바로 ILO 총회 출장을 다녀왔다. 다음 날 아침인 6월 16일 고용노동부 장관으로서 부산 한진중공업 현장을 방문하고, 노사에 법 테두리 내에서 자율 해결과 회사 정상화를 위한 노력을 당부했다.

이후 6월 20일부터 노사 비공개 집중 교섭(6.20, 6.21, 6.24, 6.25)을 거쳐 6월 27일 노사 대표가 노조 파업 철회 등 '노사협의 이행합의서'를 체결하였다(1차 노사 합의).

1차 노사 합의의 주요 내용은 노조 파업 철회 및 업무 복귀, 해고자 중 희망자에게는 희망퇴직 위로금 지급, 형사 고소·고발·진정 취하, 징계 등은 면책 노력, 손해배상·가압류 최소화, 김진숙의 퇴거는 노조에서 책임진다. 그러나 크레인 농성자와 상급 노동단체였던 금속노조 및 정치권 등은 합의 주체 등을 문제로 삼아, 이 합의를 무효라고 주장해 갈등이 지속됐다.

한진중공업 노사는 정리해고 등 노사협조에 관한 사항을 노사협의회를 통해 협의하기로 결정하고, 근로자참여 및 협력증진에 관한 법률 제15조의 정족수에 따라 의결하였으므로 법적 효력이 있다.

특히 근참법에는 노사협조에 관한 사항에 대하여 폭넓게 협의할 수 있는 근거 규정(제20조)이 마련되어 있고, 대법원도 정리해고에 관한 사항은 노사협의회의 협의 사항이 될 수 있다는 입장(대법원 1997.9.5. 선고 96누8031)이므로 한진중공업 노사 간 합의는 법적으로 하자가 없는 상태였다.

그럼에도 불구하고 금속노조는 임금이나 단협에 관한 사항에 대하여 노사협의회 안건으로 상정할 수 없다는 규정(규약 제73조)을 근거로 '6.27 노사 합의'가 무효라고 주장하였으나, 노조 규약은 소속 조합원을 규율하는 일종의 자치 규범으로서 효력을 가질 뿐 그 내용이 강행법규에 위반되어서는 안 되는 제한이 따르므로 그 제한에 위반되는 자치적 법규범은 무효이다(대법원 2002.2.22.선고 2000다65086). 그러므로 6.27. 노사협의 이행합의서는 (노조법상 단체협약은 아니지만), 노사협의회 의결사항으로서 유효하고, 또한 의결된 사항에 대하여는 성실이행 의무(근참법 제24조)가 발생하므로 불이행 시 벌칙(1천만 원 이하의 벌금)이 적용된다.

이어서 2011년 8월 3일 야 5당이 한진중공업 문제해결을 위한 합의문(한진중공업 청문회 재개, 한진중공업 및 교사·공무원 정치기본권 확대 관련 야 5당 정책협의회 구성, 조남호 의혹 규명 등)을 발표하였고, 8월 5일부터 9월 7일 기간 9차에 걸친 노사정 간담회를 실시하였으나 1차 합의 외에 추가로 의견 접근이 이루어지지 않자, 8월 18일 국회 환노위에서 한진중공업 청문회를 특별히 개최하는 등 사측에 최대한의 정치적 압박을 가했고, 한진중공업은 이러한 정치권의 압력에 굴복한 나머지 2011년 11월 10일 해고자 재취업 등에 노사가 합의하고 크레인 농성도 해제하게 되었다(2차 노사 합의).

2차 노사 합의의 주요 내용은 경영상 해고자에 1인당 생계비 2천만 원 지급, 1년 내 재취업하며, 노사 간 형사 고소·고발 쌍방 취하하고, 민사상 손해배상(가압류 포함) 최소화하되, 합의서의 효력은 크레인 농성자 전원이 퇴거한 날부터 발생한다는 것이었다.

2012년 1월 11일 기업별 노조(한진중공업노조, 노조원 558명)가 신설되었고, 9월 26일 노사가 임·단협에 합의하였다(3차 노사 합의). 3차 노사 합의는 기본급 15% 인상, 휴일 축소, 경조금 인상, 경영위기 극복 노사 공동선언을 하고 고용안정에 합의하였다.

이후에도 전년도 2차 노사 합의에 따라 사측은 부득이 2012년 11월 9일 합의(4차 노사 합의)한 바와 같이 경영상 해고자 92명(1명은 정년퇴직, 1명은 타사취업) 전원을 특수선 부문에 발령 조치하였으나, 일감이 없어서 11월 12일 또다시 휴업에 들어갈 수밖에 없었다.

한진중공업 영도조선소는 2006년 20척, 2007년 15척의 선박 수주가 있었으나 2008년 9월 이후 수주 실적이 전혀 없어 상선 부문 인력을 모두 특수선으로 조직 개편하였으며, 2012년 말 당시 가동률은 56%에 불과한 상태였고, 2013년 1월 전체 근로자 1,338명 중 29%에 해당하는 383명(생산직 356명, 행정·기술직 27명)이 휴업하였다. 한진중공업의 당기순이익은 2009년 519억 원 ⇒ 2010년 -517억 원(순손실) ⇒ 2011년 -1162억 원(순손실) ⇒ 2012년 3분기 -783억 원(순손실)을 기록했다.

회사 측은 손배·가압류 중 근로자 개인에 대한 부분은 취하하여 노조에 대한 손배소(158억 원)만 남겨 두었다. 기업별 노조는 2013년 1월 14일 외부단체 및 정치권의 개입을 반대한다는 입장을 발표하고, (1월 18일) 금속노조 지회가 기업별 노조와의 문제 해결 협의를 거부하고 있다는 발표를 했다.

이와 같이 한진중공업 사태는 노사 대표 간 여러 차례에 걸친 합의가 있었는데 이는 외부에서 개별 기업의 노사문제에 일일이 개입하여 정치·사회적인 이슈화로 해결이 지연된 것으로 작용한 측면이 다분하다.

나. 한진중공업 경영상 해고의 정당성

근로기준법 제24조에 의한 경영상 해고가 정당하기 위해서는 ① 긴박한 경영상의 필요성 ② 해고 회피 노력 ③ 해고 대상자 선정에 있어 합리적이고 공정한 기준 ④ 근로자대표에 대하여 50일 전에 통보하고 성실히 협의하여야 하며, 근로자대표와의 협의는 다른 요건을 모두 충족하고 성실한 협의 의무를 다했다면 합의나 동의가 없더라도 정당성이 인정될 수 있다(대법원 판례 2002.8.27.).

한진중공업 경영상 해고의 정당성 여부에 대한 법적 판단은 노동위원회와 법원인데, 부산지노위는 사측의 경영상 해고를 정당하다고 판정(2011.5.6.)하였으며, 부산지법도 '퇴거 및 출입금지 가처분 결정'에서 같은 취지로 판단(2011.6.13.)했다.

구체적인 사정을 보면 ① 긴박한 경영상의 필요성 인정 ② 2009년 12월~2011년 2월까지 636명의 희망퇴직 실시, 성과급 반납과 임원 급여 삭감, 복리후생 축소와 토지·건물 등 3,439억 원의 자산매각 등 해고회피 노력 인정 ③ 해고대상자 선정에 있어 연령과 부양가족, 배우자 소득 및 근무성적, 근무태도, 학력 등을 고려한 합리적이고 공정한 기준 인정 ④ 근로자대표와의 협의도 2010년 1월 14일부터 2010년 2월 22일까지 16차례 노사협의 소위원회를 개최하였고, 2010년 10월 25일부터 2011년 2월 10일까지 14차례 노사협의 개최를 제안하였으나 노동조합은 3차례만 참여한 상황이며 ⑤ 특히 '해외공장 특별단체교섭 합의'(2007년 3월 14일)에서 인위적 구조조정을 하지 않는다는 특별합의가 있었으나, 이 합의가 체결된 지 4년이 경과하였고, 합의 당시 예상치 못하였던 사정변경이 있어 협약의 효력을 유지하는 것이 객관적으로 부당한 경우에 해당하는 것으로 부산지노위와 부산지법이 판단하였다.

아울러 근로기준법 제25조에서 정리해고 이후 회사 측에 우선 재고용 의무를 규정하고 있으므로, 영도조선소가 3년 이내에 정상 가동되면서 (해고 당시 담당했던 업무와 같은 업무를 할 근로자를 채용하고자 할 때에는) 해고된 근로자들이 원한다면 경영상 해고자들을 우선적으로 고용해야 하므로 정리해고된 이들이 우선 복직되어야 한다.

다. 한진중공업노조 파업의 정당성

한진중공업노조의 파업(2009.6.10.)은 처음에는 임금교섭 관철에서 시작되었으나, 2010년 12월 20일 전면파업 돌입 후 여러 정황상 구조조정 반대가 주된 목적으로 볼 수 있다.

쟁의행위의 목적은 근로조건의 유지 개선에 관한 사항이어야 하며, 목적이 여러 가지이고, 그중 일부가 정당하지 못한 경우에는 주된 목적 내지 진정한 목적에 따라 정당성 여부를 판단(대법원 91누5204)한다.

그런데 구조조정은 경영 주체에 의한 고도의 경영상 결단에 속하는 사항이므로 단체교섭의 대상이 아니라는 것이 판례의 일관된 입장인 점을 감안하면 한진중공업노조의 파업은 목적의 정당성을 인정하기 어려운 사정으로 보였다.

라. 정부의 역할과 손해배상청구권 제한

정부는 2010년 12월 27일부터 2011년 8월 10일까지 부산지방노동청을 중심으로 노사와 수시로 면담하면서 노사 모두가 법을 지키면서 대화로 문제를 해결토록 지도해 왔다. 또한 현장을 방문(55회)하거나 면담 지도(14회)를 통해 정리해고 최소화, 근로자와의 토론회 권고, 양보교섭 지도 등을 해 왔다.

고용노동부 장관도 2011년 6월 16일 한진중공업 노사를 직접 만나 법 테두리 내 자율 해결과 협력을 당부하였고, 교섭협력관(2명)을 보내 노사 집중 협상을 지원하였다.

2011년 11월 노사 합의 이후에도 노사의 조속한 경영정상화와 우선 재고용

노력을 지원하고, 임·단협이 노사 자율로 마무리될 수 있도록 대화 및 교섭을 지속 주선하고 해고자 문제는 법적 구제 절차에 따르도록 지도하였다.

한진중공업 퇴직근로자 고용안정 대책을 수립 시행하여 구조조정 대상자 등 실직자에 대한 고용안정 지원을 강화하고 실업급여 지급(374명) 및 취업알선과 직업훈련을 실시하여 고용조정대상자(희망퇴직자·정리해고자) 400명 중 70명의 재취업과 심리안정프그램 참여를 지원하였다.

노사 합의사항이 이행되도록 지원하였고 노사의 불법행위 중지 및 추가 불법행위가 발생하지 않도록 지도하고 노사가 제기한 고소·고발·진정 사건을 면밀히 조사하여 법에 따라 엄정 조치하였다. 노조는 사측이 부당노동행위를 하였다고 주장하였으나 관련 증거를 제출하지 않았고, 임금 등 근로조건 관련으로 제기한 신고사건도 모두 3건이었으나 철저히 조사한 결과 혐의가 없는 것으로 확인된다.

그러나 부당해고에 대한 벌칙조항이 삭제(2007년 1월 26일 근로기준법 개정)되고, 노동위원회의 구제신청 절차에 따르도록 하여(노동위원회의 구제명령에 불응할 경우, 복직시까지 2년간 최대 8천만 원의 이행강제금을 부과) 노동부에서 직접 경영상 해고 사업장을 지도하는 것에는 일정한 한계가 있었다.

한편, 구조조정과 관련하여 노사갈등으로 인한 불법 파업이 손배·가압류 등으로 이어져 사회적인 관심의 대상이 되고 있는데(한진중공업 175억 원, 쌍용차 288.7억 원, 현대차 사내하청 208.3억 원), 특히 근로자의 생계와 관련되는 문제인 만큼 안타깝기 짝이 없는 현실이었다.

이와 관련하여 손해배상 청구에 있어서 노조에 대한 가압류 자체를 금지해야 한다는 노동계의 주장이 있다. 노조법상 정당한 쟁의행위에 대하여는 민·

형사상 면책이 되며 정부도 노조의 정당한 활동을 보호하고 있다.

그러나 불법행위로 손해를 입은 자는 그 손해를 보전받을 수 있는 것이 사법제도의 대원칙이며, 정부는 불법 파업의 사전 예방에 주력하여 원천적으로 손해배상 책임이 발생하지 않도록 노력하는 것이 중요하다.

가압류 제도는 손해를 보전하기 위한 민사상의 일반적인 절차임에도 (불법적인 쟁의행위라도) 노사관계에 대해서 제한하는 것은 특정 행위에 대하여 특권적인 면책을 허용(개인에 대한 압류는 급여의 1/2 이내)하는 것이며 국민의 재산권 행사를 과도하게 제한하는 점에서 위헌의 소지가 있다. 하지만 손해배상액이 확정되더라도 받을 재산 등이 없거나 모자라게 되면 사용자의 손해배상청구권 자체가 형해화(形骸化)되고 만다.

13
야당 정치인들의 장관실 항의 방문

"당사자가 문제를 풀 수 있도록 싸움을 부채질하지 말고 정치인이 도와야"

한진중공업 사태에 대하여 2011년 6월 27일 노사 당사자가 합의하였음에도 불구하고 김진숙 민주노총 부산지역본부 지도위원의 크레인 농성과 '희망버스' 행사가 계속되었고, 7월 13일 김영훈 민주노총 위원장이 단식농성에 돌입하였다.

그러자 2011년 7월 14일 9시 민주당 정동영, 홍영표, 문학진 의원과 민노당 권영길, 홍희덕 의원, 진보신당 노회찬, 심상정 상임고문 등 야당 의원들과 친노동 정치인 7명이 정부과천청사(1동 사무실)의 고용노동부 장관실(2층 소회의실)을 항의 방문하였다.

2011년 7월 14일 9시부터 정부과천청사(1동)의 고용노동부 장관실(2층 소회의실)을 항의 방문한 민주당 정동영, 홍영표, 문학진 의원과 민노당 권영길, 홍희덕 의원, 진보신당 노회찬, 심상정 상임고문 등 정치인들과 1시간 30분 넘게 이를 취재하는 고용노동부 출입 기자 등

정동영, 홍영표 의원 등은 지난 7월 11일 장관 기자 브리핑에서 한진중공업 사태에 대하여 외부 세력은 개입을 자제해달라는 발언에 대하여 사과를 요구했다. 이들은 한진중공업 노사분규에 대하여 노조원을 직접 만나고, 크레인 농성장을 방문하거나 전화 통화를 하며 정치·사회적 쟁점화를 시도하고 있었다.

그러나 "개별 노사분규에 대하여는 법 테두리 내에서 노사 당사자 자율 타결이 노사관계의 기본 원칙이며, 노사가 이미 합의한 상황에서 외부 세력이 개입할 경우 사태 해결을 어렵게 할 우려가 있음"을 재강조하며, 일전의 기자 브리핑 발언 취지를 다시 설명해 주었다.

이들은 "한진중공업에 첨예한 정치 사회 현안이 됐는데도 '외부 세력 개입을 자제하라'는 장관의 발언이 과거 '제3자 개입금지 조치'를 연상케 한다"라면서 사과를 요구했다. 지난 11일 기자간담회에서 "한진중공업 노사 문제를 정치 쟁점화하면 부산 시민에게 고통을 가져다줄 것"이라며 시민들과 정치인들이 참여한 2차 '희망 버스'에 대해 우회적으로 '외부 세력'이라 표현한 데 대한 항의였다.

정동영 민주당 최고위원은 "이번 정부가 한진중공업 사태를 치안 사태로 보지만 실상 인권과 고용의 문제인 만큼 노동부 장관이 책임 있게 대처해 달라"라고 말했다. 노회찬 진보신당 상임고문은 "외부 세력 개입 자제라는 발언이 과거 군사정권 시절 '제3자 개입금지 조항'을 연상케 한다"라면서 "노동부가 아니라 해고노동부로 변모하고 있는 것이냐?"라고 말했다.

심상정 진보신당 상임고문은 "장관이 외계인이냐?" 되물으면서 "한진중공업을 위해 1만 명 넘게 모인 시민들이 외부 세력이냐?"라고 반문했다. 이어서 "사회 현안으로 떠오른 한진중공업 사태 해결을 못 하면 옷 벗을 각오로 임해야 하는 게 아니냐?"라고 지적했다.

홍영표 의원은 "민노총을 외부 세력이라고 보는 거 자체가 문제이자 상급단체와 외부세력 개입 구분도 못하냐?"라고 하는 등, 홍 의원 자신의 행위를 합리화하기 위해 노동계나 노동계 지지 인사 모두 당사자인 듯 목소리를 높였다.

이에 대하여 나는 "한진중공업 노사 문제가 장기화되는 것을 안타깝게 생각한다"라면서 "노사 당사자가 6월 27일 합의하고 풀어나가는 중이므로, 회사가 조기에 정상화되고 근로자도 빨리 일터로 돌아가게 되길 바란다"라고 강조했다.

또한 김진숙의 크레인 농성 해제를 위한 장관의 역할을 주문한 데 대하여 "농성을 한다고 안 될 게 되고, 농성을 안 한다고 될 게 안 된다면 그것이야말로 문제"라고 하였다. 또한 크레인 농성을 해제하도록 많은 사람들이 노력하였음에도 아직 내려오지 않는 사태는 안타까운 일이지만, "크레인 농성을 하든 안 하든, 될 건 되고 안 될 건 안 돼야 이치에 맞는 사회 아닐까요?" 하며 반문하였다.

'외부 세력 개입 자제 발언'과 관련하여 "과거의 '제3자 개입금지'와 같은 뜻으로 말한 것이 아니다"라며 "오해가 있는 것 같다"라고 해명했다. 이어서 "한진중공업을 찾은 정치인들의 의정활동은 존중한다"라면서도, "당사자가 문제를 풀 수 있게, 싸움을 부채질하지 않도록, 정치인들이 도와 달라"라고 주문했다.

그리고 "정리해고와 관련한 법적 쟁송이 진행 중이니, 이에 대한 판단은 법원이 해야 한다"라면서 "정부는 당사자 간 협의 결과가 이행되고 조기 복직과 취업 지원, 고용안정 등을 뒷받침하는 노력을 할 것"이라고 말했다.

이날 의원들의 질타는 가히 국정조사를 방불케 할 정도였다.
1시간 30분이 넘는 대화에서 의원들의 항의에 대하여 해명하고 "오해 푸시라"라고 요청했을 뿐, 사과할 만한 내용이 없었다. 정치권에서 노사 간의 간격을 벌려가며 희망 고문(복직 시기와 위로금)이나 압박을 가하는 건 쉬워도 의견 접근에 도움이 되지 않았다. 마지막으로 나는 "(장관으로서) 할 일을 하러 가겠다"라고 하며 집무실에 가려고 자리에서 일어서자, 정동영 최고위원을 비롯한 그들 역시 (멋쩍어서 그랬는지) 하나둘씩 일어나더니 삽시간에 자동 해산되었다.

한편 장관 비서실과 노사정책실을 비롯한 직원들은 환노위 의원을 비롯한 '야당 정치인들이 고용노동부 장관실 항의 방문과 장관실(소회의실) 점거 사태'는 일찍이 유례가 없던 초유의 일이라 어떻게 수습할지 걱정이었던 모양이다.

그런데 국회의원들의 집단 항의와 비판적 지적에 대하여 장관으로서 사과 발언이나 유감을 표명하기는커녕 설명에 이어 장관으로서 "할 일 하러 가겠다"라며 일어서려 하면서 모든 상황이 종료되니, 의외로 싱겁게 느껴진 모양이었다.

그동안 "그대 앞에만 서면, 나는 왜 작아지는가?"(노래 가사 '애모'에 나오는 것처럼) 하는 장관들의 모습을 보아온 직원들 입장에서는, 의원들이 단체로 항의하러 왔는데도 별로 주눅 들지 않고 차분하게 대하며, 제 발로 돌아가게 하는 모습에 짐짓 놀라는 눈치였다.

하지만 이렇게 대한 것은 장관이 대단했기 때문이 아니라 상식과 원칙을 무시한 처사에 눈감아주기 싫었고, 전문성이 있다고 자부하는 프로행정가로서 '시류에 편승'하지 않고 소신을 펼쳤을 따름이었다.

14

'국제노동기준과 한국의 노사관계'에 관한 국제토론회

앞서 2002년 6월부터 노사정책과장을 하던 중 '국제노동기준과 한국의 노사관계'에 관한 국제토론회에서 노사의 불법 활동을 견제하는 방안으로 형사상 사법 조치보다 경제적 제재 활성화 방안을 강조한 적이 있다.

2002년 11월 29일 서울 여의도 63빌딩에서 국제노동기구(ILO)와 한국노동연구원(KLI)이 공동 주최한 '국제노동기준과 한국의 노사관계'에 관한 국제토론회가 열렸다. 그날 토론자로 참석한 김 모 민주노총 정책실장이 "900명에 육박하는 노동자들이 구속됐다"라고 하면서, "현 정부의 노동 탄압을 상징함과 동시에 우리나라 노동관계법과 실정법이 국제노동기준을 위반하고, 노동자의 단체행동권을 제약하고 박탈하는지를 보여주는 것"이라고 주장했다.

노사정책과장이었던 필자는 토론자의 한 사람으로서 우리 노사관계 상황을 평가하면서 국민적 합의로 만들어진 노동관계법 등 관련 법령을 지키지 않아 제재받는 사태가 없기를 바란다고 입장을 밝혔다.

그래서 노사가 불법행위를 하여 결과적으로 구속되면 희생 경력을 마치 별(star)이라도 단 것처럼 인정해 주는 관행은 유감스럽다고 하면서, "향후 노사의 불법행위에 따른 제재를 체포나 구속 등 인신의 자유를 제약하는 형사상 조치보다 손배소·가압류 등 경제적 제재의 활성화 방안을 논의해 보자"라는 발언을 하였다.

당시 정책 담당자로서, "노사가 법을 위반하여 결과적으로 구속되면 희생 경력을 마치 별(star)이라도 단 것처럼 인정해 주는 노동운동 분위기가 문제"라고 지적하면서, 향후 노사의 노동관계법 위반 시 "손배소·가압류 등 경제적 제재를 활성화하는 방안"이 오히려 현실성 있는 대안임을 강조하였다.

그런데 다음 날 민주노총에서는 내가 마치 "노조 간부들이 '경력을 쌓기 위하여' 체포 구속된다"라고 발언한 것처럼, 토론 시 발언 내용을 왜곡하여 노동계가 들썩이도록 선동했다. 전후 사실관계를 뒤바꾼 것이다.

따라서 언론에 보도된 "노조 간부가 그런 경력을 쌓기 위해서 구속된다"라는 주장은 민주노총에서 나의 발언을 의도적으로 왜곡 선동한 것이다. 말하자면 토론회에서 제안한 대안에 토론 당시 어떠한 의견이나 반론도 주장하지 않은 채, 토론회가 끝난 이후 민주노총 측이 임의대로 나의 발언을 가공한 자료를 만들고 이를 언론에 제공한 것이었다. 이것은 자신들에게 부담되는 토론 메시지(message)에 대한 대응보다는 메신저(messenger)를 변칙적으로 공격하는 성동격서(聲東擊西) 전략이었다.

이런 내용으로 기사가 보도되자, "힘없는 공무원이 언론에서 비판받으면 살아남기 힘든네, 아직도 목이 붙어있는지? 잘 만져 보라!" 하며 법제처 법제관으로 근무하는 동기를 비롯하여 다른 부처에 근무하는 지인들로부터 위로의 전화가 걸려 오기도 하였다.

민주노총의 왜곡된 일방적 주장을 그대로 기사화한 언론 보도에 대하여, 우리는 사실과 다른 보도를 바로 잡아달라는 요청을 하였다. 그러나 언론에 사실 보도를 요구하는 문제 제기나 공직자의 명예를 훼손하지 말라는 요구에 대하여, 공무원은 공적인 존재라는 이유로 받아주지 않는 '기울어진 운동장'이 대한민국의 언론 현실이었다.

직장 생활을 하다 보면 정작 업무가 많아서 겪는 어려움보다 이와 같이 언론을 활용한 불합리한 행태로 공직자를 몰아세워 힘 빠지게 사기를 저하시키는 것이 훨씬 더 힘들었다. 노동계와 정치권에서는 이후 이날의 토론회 발언을 자신들이 왜곡 선동한 내용으로 나중에 장관 인사청문회 등에서 집중적으로 공격하는 소재로 삼기도 했다.

이날 토론회에서 노동계는 정부를 공격하려다가 정부에서 단순 방어가 아닌 다른 대안을 적극적으로 제시하자 오히려 수세에 몰리게 되었다. 그렇게 공수가 바뀌게 된 나의 제안에 대하여, 토론 당시에는 한국노총이나 민주노총을 비롯한 노동계에서 아무런 반론도 제기하지 못했다. 아무래도 토론자로 참석한 국제노동기구(ILO) 관계자 앞에서 국제적으로 통용되는 합리적인 나의 주장에 대하여 그들로서도 마땅히 항변하기는 어려웠을 것이다.

누구든지 불법 활동을 할 경우 정부에서 형사처벌을 자제하려면 효과적으로 제어하는 다른 수단이 필요한데, 불법행위에 대하여 어쩔 수 없는 대응 방안이 손배소나 가압류이다. 1987년 이후 이러한 경제적 제재방안이 활용된 적은 더러 있지만, 그렇게 많지는 않았다. 이날의 제안이 직접적인 계기가 되었는지 그 여부는 알 수 없으나, 노무현 정부 이후 법 위반 시 실효성 있는 대응 방안으로 현실화되는 데 영향을 끼친 것은 부정하기 어렵다.[21]

이날의 국제토론회 때문인지는 모르겠으나, 점차 노사(노조와 노조 간부 포함)가 불법행위를 하면 신체의 자유를 구속(인신구속)하는 '자유형' 책임을 묻기보다 '경제적' 제재로 손해배상이나 가압류 제도를 활용하는 사례가 늘어났다.

정부는 법과 원칙을 어기면 그 책임(민·형사. 징계)이 따름을 강조하되, 조합원

---

21. 노동은 왜? 470억 원대 3,500만 원, 전자신문, 2022.8.31.

의 최소한의 생계를 보장하기 위하여 소득의 1/2 이내로 손배소나 가압류 한계를 설정하였다. 또한 손배소나 가압류 금액은 청구자의 요구에 기초하되, 실제 피해와 노사 간의 제반 사정을 고려한 사법적 심사 결과 인정되는 금액의 범위 안에서 절제된 형태와 수준으로 행사되는 것이 중요하다.

ILO(국제노동기구)는 쟁의행위는 어떤 경우에도 일하고자 하는 근로자의 근로할 권리를 침해해서는 안 됨을 파업의 원칙으로 내세우고 있으며, 파업하는 근로자는 노동시장의 약자이지만, 이와 더불어 파업에 불참하고 돈을 벌어야 하는 근로자도 약자이다. 그렇기 때문에 불가피한 경우 파업을 하더라도 주요 생산시설 등 사업장을 점거하여 업무를 마비시키거나, 일을 하고자 하는 근로자를 일하지 못하게 막고 협박하는 행위는 불법으로 다스려지고 손해배상의 책임이 따른다. 왜냐하면 모든 근로자는 귀하기 때문이며, 불법을 하면 그에 따른 상응하는 책임도 져야 한다. "No Work, No Pay", "No Pain, No Gain" 정신을 재확인할 필요가 있다.

소선(小善)은 대악(大惡)과, 대선(大善)은 비정(非情)함과 닮아

많은 시행착오를 겪고도 여전히 '착한 정책'에 집착하는 정치인들에게 최근 작고한 '경영의 신' 이나모리 가즈오 교세라 명예회장(1932~2022년)이 남긴 금언을 곱씹어 보았으면 좋겠다.

"작은 선함(小善)은 큰 악(大惡)과 닮았고, 큰 선(大善)함은 비정(非情)함과 닮아있다."

어쨌든 이날의 국제토론회 개최로 인하여 민주노총의 고의적인 왜곡 날조와 이에 편승한 비난 보도로 실무를 담당하였던 공무원은 세찬 역풍을 맞았다.
자신의 모든 것을 태울 때까지 어둠을 밝혀야 하는 양초 같은 신세였다. 공무원도 국민이고 엄연히 존중받아야 할 인격이 있는데도 말이다.

가. 불법행위에 대한 책임 범위

한편, 일부 학계에서는 불법행위를 둘러싼 노사의 행태에 대하여, 법을 아랑곳하지 않는 노동운동 관행과 감옥 가는 것도 두려워하지 않는 민주노총의 폭주를 견제할 유일한 수단이자 아킬레스건은 손해배상이기 때문에 징벌(懲罰)적으로 행사해야 한다는 주장도 있었다.[22]

그렇지만 근로자의 단체행동권은 다수의 근로자가 사회적 약자라는 점을 고려하여 단체교섭에서 일방적으로 불리해지지 않도록 특별히 인정하여 노조의 합법적인 쟁의행위에 업무방해죄 등 민·형사상 책임이 면제되도록 노조법 제3조(손해배상 청구의 제한)와 제4조(정당행위)에 명문화된 취지를 존중해야 한다. 그러니 발생시킨 손해액의 범위 내에 그쳐야지 과한 징벌적 행사를 해서는 안 된다.

노동기본권의 정당한(적법한) 행사가 부정당하지 않도록 손해배상·가압류가 남용되거나 징벌적으로 행사되지 않게 하는 것은 중요한 과제이다. 헌법이 보장하는 노동권(제33조)이나 재산권(제23조), 평등권(제11조), 직업선택의 자유(제15조), 재판청구권(제27조), 대한민국의 경제 질서(제119조)는 특정 진영의 누구만을 보호하기 위한 권리가 아니다. 대한민국 국민 모두의 자유와 공익을 위함이기 때문이다.

불법행위에 대하여 실효성 있는 책임을 묻지 않고 방관하여서도 안 된다.
독일의 법학자 루돌프 폰 예링은 『권리를 위한 투쟁』에서 "권리 위에 잠자는 자는 보호받지 못한다"라는 말을 남겨 유명한 법언(法諺)이 되었다. 권리를 주장하지 않으면 그 권리로 인한 혜택을 누릴 수 없다는 의미에서 자신에 대한 의무인 동시에 사회 공동체에 대한 의무 사항이기도 하다.

---

22. 김대일 서울대 경제학과 교수, "경제위기, 노동 개혁으로 돌파", 『일자리연대 정책토론회』 발제, 2022.7.26.

2022년 9월 23일 매일경제신문이 전·현직 고위 법관(고등법원 부장판사급 이상) 15명과 노동법 전문 변호사 5명을 대상으로 노란봉투법(노조법 개정안)에 대해 설문조사 결과, 설문 대상 20명 중 설문에 응답한 14명 모두 개정안 입법에 반대 의견을 제시했다. 특히 응답자 14명 모두 개정안에 위헌 소지가 있다고 지적했다.[23]

2011년 선고된 대법원판결(2007도482)에서 파업이 형법상 업무방해죄에 해당하려면 "전후 사정과 경위 등에 비춰 사용자가 예측할 수 없는 시기에 전격적으로 이뤄져 사용자의 사업 운영에 심대한 혼란 내지 막대한 손해를 초래하는 등으로 사용자의 사업 계속에 관한 자유의사가 제압·혼란될 수 있다고 평가할 수 있는 경우에 업무방해죄가 성립한다"라고 판시하여 불법 파업에 대한 형사상 업무방해죄 적용은 이미 무력화됐다.

나아가 ILO 협약의 추가 비준으로 정치적 파업에 나서더라도 노조가 파업 계획을 사측에 고지하면 전격성이 상실돼 업무방해죄를 적용할 수 없게 된다. 또 '막대한 손해'의 기준도 모호해 해당 판례가 나온 이후로는 불법 파업에 대한 형사처벌이 형해화(形骸化)됐다.

법조인들은 민주당이 다수 의석을 내세워 불법 파업을 조장할 수 있는 입법을 강행하면 노조는 10여 년 전 형사책임에 이어 민사책임까지 면제받는 셈이고, 기업은 노조의 불법행위에 대한 민형사상 방어 수단을 모두 잃게 될 우려가 크다는 것이 법조인들의 의견이다.

한 고위 법관은 "민형사상 방어권을 모두 잃은 기업이 과연 한국에서 사업

---

23. 법조계 "파업 손실 생겨도 기업 속수무책… 헌법에 정면위배", 『전현직 고위법관·노동법 변호사들이 본 문제점』, 매일경제, 2022.9.23.

을 하고 싶어 하겠나"라며 "기업은 해외로 나가려 할 것이고, 결국엔 일자리가 줄어들어, 노조는 자기 밥그릇을 깨는 셈"이라고 지적했다.

나. 불법 쟁의행위에 대한 손해배상 소송 결과

고용노동부는 지금까지 국내에서 판결이 나온 63건의 선고 결과와 행위 양태별 법원의 판단을 분석하여 제시했다.[24] 63건 중 인용 판결은 39건, 기각 판결은 24건이다. 39건 중 28건은 불법 쟁의행위, 11건은 불법행위로 판단돼 손해배상 책임을 인정했다. 손해배상 청구 인용률은 67.1%다.

법원은 불법 쟁의행위이더라도 손해와 상당한 인과관계가 있는 경우에만 손해배상 책임을 인정했다. 일반 조합원의 경우 단순히 노무 제공을 멈춘 것만으로는 공동불법행위 책임을 인정하지 않았다. 손해배상 책임이 인정되더라도 사용자의 귀책 사유, 불법행위 동기 등을 참작해 책임이 경감되었다.

손해 발생의 가장 큰 원인은 '사업장 점거'로 조사됐다. 손해배상 청구 원인의 절반 가까운 49.2%(31건)가 사업장 점거에 의한 생산라인 중단이었다. 이어 집회·시위·농성 22.2%(14건), 불법 파업 17.5%(11건) 순이었다. 사업장 점거 사건의 인용률은 90.3%로, 금액상으로는 전체 손해배상 청구 인용액(332억 2천만 원)의 98.6%(327억 5천만 원)에 달했다.

2009년부터 2022년 8월까지 제기된 손해배상 소송은 총 151건으로 민주노총을 상대로 제기된 사건이 전체의 94%(142건)에 달했다. 청구액으로는 99.6%, 인용액으로는 99.9%가 민주노총이다. 불법 쟁의행위로 손해배상 책

---

24. "불법 쟁의행위 면책 해외사례 없어… 사업장 점거도 위법" 연합뉴스, 2022.10.21.

임이 인정된 경우 주로 '수단'이 문제였다. 부당한 수단을 이유로 쟁의행위의 정당성이 부정된 경우가 89.3%였는데, 이중 위력 등을 사용해 사업장을 점거한 경우가 88%에 달했다.

법원은 쟁의행위는 헌법과 법률의 범위 내에서 이뤄져야 한다는 원칙하에 사용자에게 불법 쟁의행위에 대한 손해배상 청구 권리가 있다고 보는 것으로 조사됐다. 아울러 손해배상 청구액이 많다는 사정만으로 회사가 오로지 근로자에게 고통을 주고 손해를 가하려는 목적으로 소를 제기했다고 단정하기 어렵다고 파악됐다.

따라서 노조법 개정안은 진짜 약자는 외면하고 기득권 보호를 강화하는 위선적 내용에다 노사 간 교섭력의 균형을 잃은 법안을 다수 의석을 무기로 민주적 토론 절차도 사실상 무시한 채 일방적으로 통과시킨다면 토론을 전제로 하는 다수결 원리에도 맞지 않는 입법 독주라 할 것이다.

15
'노란봉투법' 정치적 추진과 노동 약자에 미치는 영향

근로자의 노동3권과 노동조합의 정당한 활동은 적극적으로 보호받고 충분히 보장되어야 한다. 그럼에도 불구하고 노사를 막론하고 누구든지 '불법' 행위에는 응분의 대가가 따라야 한다. 이것이 바로 사회정의이며, 그래야 불법 행위가 조장되거나 반복되지 않는다.

그런데 노조의 불법 파업으로 피해를 주는 경우 손해배상을 제한하는 법 개정을 추진한 적이 있다. 일명 '노란봉투법'이라 불리는 노동조합 및 노동관계조정법 개정안은 손해배상 책임이 면제되는 '합법 파업'의 범위를 확대하고, 근로자(개인)에게는 사실상 손해배상이나 가압류를 청구하지 못하게 하여 불법 파업에 면죄부를 주겠다는 취지에서 시작되었다. 폭력이나 파괴만 아니라면 불법 파업이라도 손실에 대한 책임을 면죄시켜 주자는 것이었다.

이러한 내용을 담기 위한 법안은 17대 국회에서 민주노동당 단병호 의원이 최초로 개정안을 대표 발의하여 2005년 2월 21일 국회 환경노동위원회(위원장 : 이경재)에 상정되었고, 2006년 12월 1일 환노위 법안심사소위원회(위원장 : 우원식)에서 심의하였으나 법 체계상 맞지 않다고 보아 유보하는 결정을 하였고(합의), 2006년 12월 8일 환경노동위원회(위원장 : 홍준표)에서 이 조항의 개정은 제외하는 것으로 최종 의결된 바 있다.[25]

---

25. 이날(2006년 12월 8일) 국회 환경노동위원회에서 복수노조 허용과 노동조합 전임자 급여의 지원 금지 규정 시행 시기를 2009년 12월 31일까지 또다시 3년 더 유예하기로 의결하였다.

이후에도 쌍용자동차 노사분규를 계기로 2015년 4월 제19대 국회에서 은수미(새정치민주연합) 의원 등 34명이 법안을 재발의하는 등 제20대 국회에서도 개정안이 나왔다. 쌍용차 파업 근로자에게 성금을 모아 보낸 노란 봉투 캠페인 때 당시 문재인 의원은 손배소와 가압류는 노동3권을 무력화시키므로 '노란봉투법'을 꼭 관철시키겠다는 편지를 보낸 적이 있다. 그렇지만 2017년 대통령이 되어서 절대적 다수를 차지하는 거대 의석 여당과 정부였던 동안에는 이 법을 개정하거나 정당한 파업의 요건 완화, 손배소·가압류에 관한 법 통과에 노력했다는 얘기를 들어보지 못했다.

헌법상 노동권과 재산권 행사의 조화 등 그럴만한 이유가 있으므로 이들 법안은 국회 임기만료와 함께 모두 폐기된 것이다. 그런데 21대 국회에서 다시 노란봉투법을 민주당에선 강병원, 임종성, 이수진(비례대표), 강민정, 양경숙 의원 등이, 정의당에선 강은미 의원이 노동조합법 개정안으로 각각 대표 발의했다. 거대 야당이 이 법을 '약자를 위한 정의로운 입법'이라며 역점법안으로 지칭하여 재논의하였는데, 이는 다분히 대통령의 거부권 행사를 염두에 둔 정치공학적 접근이기도 했다.

노란봉투법의 시작은 벼랑 끝에 몰린 근로자들을 위한 것이었지, 대기업 강성노조의 불법 활동에 날개를 달아주기 위한 목적은 아니었다. 따라서 노란봉투법에 대한 찬반의 핵심은 근로자 편을 어느 정도까지 드느냐가 아니라, 과연 불법을 정당화하는 것이 옳은 가에 대한 물음에 솔직해야 한다.

2022년 윤석열 정부로 바뀐 이후 본격적으로 제기된 노란봉투법의 핵심 내용은 다음 세 가지였다.

첫째, 사용자의 범위 확대에 대한 문제다. 기업이 근로자와 근로계약이 없더라도 근로자의 근로조건에 대하여 실질적이고 구체적으로 지배·결정할 수 있는 지위에 있는 자는 사용자가 된다고 규정한다. 추상적인 표현으로 규정되면 구체적으로 특정되지 않아 법의 해석을 둘러싸고 분쟁이 야기될 수밖에 없다.

이런 내용의 노란봉투법이 통과하면 하청업체 근로자들은 "이게 다 원청 책임"이라며 단체교섭을 요구할 수 있게 된다. 하청이나 특수고용 업무 종사자들이 원청기업을 대상으로 직접 교섭(交涉)을 보장하는 내용으로 넓혀 합법 파업의 범위를 대폭 확대하려는 것이었다.

둘째, 노동쟁의(勞動爭議)의 대상을 기존 '근로조건의 결정(決定)'에 관한 분쟁에서, '근로조건'에 관한 주장의 불일치로 인하여 발생한 분쟁상태로 확장하려는 것이었다. 기존에는 임금협상 등 단체교섭을 대상으로 파업할 수 있었으나, 근로조건의 이행까지도 쟁의 대상으로 만들어 이를 이유로 파업할 수 있게 확장하는 내용이었다. 또한 해고자 복직이나 부당노동행위 철회, 정상적인 사업장 이전이나 투자 결정과 같은 경영상 판단까지도 쟁의 대상으로 만들어 이를 이유로 파업할 수 있게 확장하는 내용이었다.

노조법 제2조 개정의 진짜 폭탄은 '이익분쟁'뿐만 아니라, 법원이나 노동위원회의 심판, 사법적 구제 대상인 '권리분쟁'까지 포함하는 등 이른바 '합법 위에 떼법'을 조장하는 것이 된다.

셋째, 노조법 제3조가 개정되면 손해배상의 범위를 구체화하기 위하여 배상 의무자별로 귀책 사유와 기여도에 따른 책임 범위와 엄격한 증명 책임, 신원보증인에 대한 배상책임을 면제하게 된다. 결국 노조 활동에 따른 손해배상 책임 범위를 축소하여 손배 청구를 제한하는 내용으로서 최후 수단이어야 할 파업을 우선적 수단으로 사용하는 법이 된다.

이 경우 명찰 떼고 마스크를 쓴 채 CCTV를 가리면 불법행위자를 식별하기 어렵다. 불법 파업에 대한 손해배상 책임을 묻기 어렵게 하여 사실상 손해배상 청구를 포기하라는 것이 되어 불법 파업을 조장할 우려가 있다.

법안 발의 초기에는 불법 파업 시에도 손배 청구를 무조건 막으려 하였으나, 거센 반대 여론이 제기되자 관련 내용을 교묘하게 기술적으로 수정하였다. 다른 공동불법행위와 달리 노조의 불법행위에 대한 손해배상을 청구할 때는 연대책임의 원칙(민법 제760조)을 부정하고 그 예외로 노조원 개인별로 책임의 내용과 범위를 정하는 것으로 제안한 것이다. 그러나, 이는 불법행위의 가담 정도와 손해배상에 대한 개인별 입증이 사실상 쉽지 않은 점을 악용하여 실질적으로 손배 청구를 어렵게 하고, 불법행위를 한 가해자(加害者)를 불법의 피해자(被害者)보다 강하게 보호하려는 '꼼수' 법안이라 할 수 있다.

참고로 2023년 11월 9일 민주당 단독으로 국회 본회의 의결이 있었고, 이에 대하여 12월 1일 대통령의 재의요구(거부권 행사)로 12월 8일 재표결에서 특별 의결 정족수(재적 의원 과반수 출석과 출석의원 2/3 찬성) 미달로 부결됨으로써 법안이 폐기되었다. 2005년 최초의 법안 발의 이후 주기적으로 제기된 법안이지만 18년 넘게 변치 않는 기본이자 상식의 재확인이라 할 수 있다.

더 세진 노란봉투법 부작용 : 중소기업에 더 충격, 일자리 기반 축소 우려

그런데 2024년 6월 22대 국회에서 노란봉투법은 더욱 세진 내용으로 박해철, 김태선, 이용우, 김주영 의원 등이 대표로 5건의 법안으로 재발의하는 등 거침없이 밀어붙였다. 종전까지 노란봉투법이 노조원 개인의 불법성 및 책임에 대하여 그 입증책임을 사용자에게 부과했으나, 한발 더 나아가 노조원 개인에게는 아예 책임을 묻지 못하게 하는 법안도 나왔다.

야당과 노동계는 기업의 보복 목적 소송 남용을 막고 근로자의 투쟁과 보호를 위한 조치라고 주장한다. 그렇지만 경영계는 노조에만 예외를 인정한 이런 조항은 법적 형평성에 어긋날 뿐만 아니라 불법 파업을 조장할 것을 우려한다.

이뿐만이 아니다. 개정안에서 확대한 근로자와 사용자의 범위는 노사분규의 상시화를 가져올 수 있다. 개정안은 '노조를 조직하거나 가입한 자를 근로자로 추정한다'고 했다. 사용자의 개념도 넓혀 '근로계약 체결의 당사자가 아니더라도 근로자의 근로조건에 대하여 실질적이고 구체적으로 지배·결정할 수 있는 자'로 규정하여 하청·협력업체 직원이 원청업체나 대기업을 상대로 교섭이나 쟁의행위에 돌입할 수 있도록 제안했다.

이렇게 되면 개인사업자 신분인 특수 고용관계 종사자나 프리랜서, 해고자도 자신의 고용계약 당사자가 아닌 기업에 교섭을 요구하거나 쟁의행위를 할 수 있게 된다. 자칫하면 수많은 협력업체와 협업 관계로 얽힌 자동차, 조선, 건설, 유통업 등의 경우 개정안의 후폭풍이 만만치 않을 것이다. 사용자성 여부를 놓고 법원으로 달려가 '진짜 사장'을 가리는 솔로몬식 재판이 이어지는 동안 법적 불확실성 때문에 기업경영은 주저하거나 위축될 수 있다.

하청 근로자에 대한 차별을 막고 노동3권을 보장하겠다는 노란봉투법의 취지는 이해할 수 있다. 그러나 법적 정합성과 현실적 타당성이 부족한 채로 처리하는 것은 또 다른 차원의 문제를 야기하게 된다. 노란봉투법은 노조의 불법 파업으로 회사가 피해를 보더라도 궁극적으로 손해배상 청구를 제한하는 것으로 대기업 근로자 중심의 대형 산별노조를 지원하려는 속내가 담겨있다. 대기업은 파업의 피해 규모가 상대적으로 크기 때문에 손해배상을 허용하면 노조 활동이 더 위축된다는 논리다.

과연 현장에서는 어떻게 될까? 언뜻 보면 중소기업 소속 근로자나 특수고용직 종사자들이 원청 대기업과 직접 교섭할 수 있으니 중소기업 경영자의 부담이 줄어들거나, 중소기업 근로자들이 대기업 못지않은 복지혜택을 누리게 될 것이라는 기대를 하게 된다. 그러나 대기업은 강성노조가 있는 중소기업과의 거래를 기피할 가능성이 크다. 하청 기업 근로자들이 원청기업을 상대로 단체행동을 허용해 주는 조항도 중소기업은 곤혹스러워진다. 중소기업으로서는 기껏 기술력을 개발해 놓아도 노조가 세다는 이유로 판로가 막히게 될 수 있기 때문이다.

노란봉투법은 대기업과 공공부문 사업장의 노동조합에 날개를 달아준다. 법적 대응능력과 자금력이 취약한 중소기업들은 손해 배상 청구 카드마저 없어진다면 노조의 완력 행사에 더 휘둘리고 자칫 파업 한 번에 문을 닫아야 할지도 모른다. 그러니 정작 큰 충격을 받는 곳은 아이러니하게도 중소기업과 그 소속 근로자가 된다. 결국 노동 약자가 더 불리해지고 만다. 우리나라가 현재 로봇 사용 밀도 세계 1위인데, 노란봉투법으로 '진짜 사장' 찾으려다 AI와 같은 '진짜 로동자(로봇+노동자)' 만들기로 전환될 수 있다.

쟁의행위의 범위도 근로자의 경제적·사회적 지위 향상에 관한 분쟁까지 확대되면 '정치파업'의 길도 활짝 열리게 된다. 자칫 헌법상 보장된 경영상의 고유한 의사결정에 대하여도 근로조건과 관련지어 노사가 공동으로 결정하려는 시도로 보이기도 한다. 법의 사각지대에 있는 진정한 노동 약자가 보호되어야 하지만 소송의 남발은 바람직하지 않다.

불법행위에 대한 빕직 책임은 지지 않으면서 기득권을 지키려는 노조의 정당한 쟁의행위가 아닌 경우까지 면죄부를 주는 것은 글로벌 스탠더드에 맞지 않다.
사업장 점거 등 불법행위나 폭력(暴力)을 외주화하는 등 불법 파업이 늘어나고 책임을 물을 방법도 손발이 묶이면 어느 기업이 투자와 고용을 계속할 것으로 기대할 수 있는가? 국경을 넘나드는 기업이 해외로 눈을 돌릴 때 진정으로 우리나라 근로자와 구직자를 위한 일자리를 누가 창출하는가? 노·사 갈등을 부추기며 산업현장의 혼란과 경쟁력 약화가 우려된다.

2024년 6월 국회 환노위는 15일의 숙려기간도 생략한 채 전체회의 안건으로 기습 상정한 뒤 법안소위로 회부했다. 지난번 노란봉투법의 내용으로 정부와 대통령의 재의요구권(거부권)이 행사되었는데도 대선에서 거대 여당이 된 다수당이 더욱 센 강도로 법안을 밀어붙이고 있다. 집권 초기일수록 과도한 의욕으로 검증되지 않은 제도나 정책을 성급하게 추진하는 경우가 많다. 따라서 사회적 약자를 짓누르게 되거나 우리 경제의 발목을 잡는 흉기가 되지 않도록 신중해야 한다.

노동시장 이중구조를 해소하는 것이 목적이 되어야지 노동시장의 작동 원리를 무시하면 일자리의 기반이 사라질 수 있다. 다른 법도 아니고 노사관계의 근간이나 체제를 흔드는 법안은 노사정이 공감하고 여야가 합의를 이루어야 갈등의 증폭을 최소화할 수 있다. 여야가 토론을 통하여 중지를 모아야 함에도 다수 의석의 힘으로 밀어붙이면 '보호의 역설'이 쓰나미처럼 몰려와 카오스(Chaos)에 빠지는 한국 노동이 되지 않을까 심히 우려된다.

이것은 단순히 옳고 그름이나 선악의 문제가 아니다. 어떤 정책이나 개혁이 실익이 있느냐인데, 어떻게 하는 것이 성장-고용-복지의 선순환에 더 도움이 되는가에 답이 있다. 고용노동 행정의 궁극적인 지향점이 바로 여기에 있다.

노조법 2·3조 개정안 주요 독소조항

법안 및 내용	예상 문제점
2조 2호 사용자 범위 확장	원청의 책임 무제한 확대·산업현장 혼란
2조 4호 노조 가입 제한요건 삭제	근로자가 아니어도 쟁의 행위 참여
2조 5호 노동쟁의 대상 확대	경영상 필요 조치도 파업 대상 가능
3조 1항 손해배상 청구 제한	사업장 점거 등 불법 행위 방조
3조 3항 배상 의무자별 책임 제한	불법 행위에 대한 책임 입증 불가능

노란봉투법 주요 쟁점과 우려 요소, 한국경제, 2024.8.11. 보도

제4장
13년 만의 노동 개혁
- 복수노조 시행과 노조 전임자 폐지

01 노동계 인사의 기행(奇行) : "3일만 참으면 다 지나갑니다"
02 LP 판(板) 위의 CD : 법과 원칙의 틀 내에서 노사자율적 해결
03 개별 노사관계에 대한 정치권의 섣부른 개입
04 노동조합의 운영 실태와 노동법의 비중 변화
05 복수노조 허용, 노조 전임자 문제에 대한 해결 의지
06 노동 개혁 공감대 형성과 노사정위원회 논의 : 공익위원 합의안 도출
07 탁월한 리더십과 정치력을 발휘한 임태희 장관과의 의기투합
08 노사정 합의 모색 : 전임자 폐지 대안과 복수노조 시행 안전판
09 「2009.12.4. 노사정 합의」
10 험난했던 입법 과정 : 환노위 위원장의 정치적 과욕
11 환노위 위원장의 결자해지
12 근로시간면제심의위원회 위원 위촉과 노동계의 꼼수 대응
13 근로시간면제 제도 도입과 노조 활동 실태
14 복수노조 허용과 교섭창구 단일화 제도 시행
15 복수노조 허용과 노조 전임자 개혁의 의미

01
노동계 인사의 기행(奇行)
: "3일만 참으면 다 지나갑니다"

가. '노발대발'과 노동귀족

예전에 노조법 개정을 위한 집중 협상 과정에서 있었던 일이다. 당시 노조 전임자 제도 폐지를 위한 노동 개혁의 연착륙 장치로 근로시간 면제 제도를 하나의 잠정적 대안으로 내가 제안하였을 때, 노동계의 한 관계자는 정색하며 다음과 같이 말했다.

"공무원은 신분이 보장되니, 딱 한 번만 눈 질끈 감고 욕먹으면 되지 않습니까? 신문이나 방송에 (악평으로) 보도돼도 딱 3일만 참으면 다 지나갑니다. 그러니 우리가 원하는 대로 해주세요."

정부가 근로자의 근로조건과 권익 보호, 취약한 근로자를 철저히 보호하는 것은 당연하다. 이와 더불어 노사간 힘의 균형을 유지하고, 국민 전체의 입장에서 일해야 하는 것 역시 공무원의 자세이다.

노사관계는 상대방이 있는 것이 본질인데, 노동계에만 유리하거나 '노조'의 이익만 우선하여 '딱 한 번만 눈 질끈 감고' 해달라고 하는 것은 공무원더러 본연의 자세에서 일탈할 것을 태연하게 요구하는 행태였다.

또 다른 한편으로 문재인 대통령이 2017년 10월 24일 오후 5시 30분부터 청와대 본관에서 우리나라 양대 노동단체의 한 곳을 대표하는 한국노총위원장을 비롯한 관계자들과 함께 만찬을 하면서 '노발대발' 구호를 건배사로 외쳤다.

이날 한국노총위원장이 건배하면서 '노발'을 선창하고, 문 대통령을 비롯한 참석자들은 '대발'을 외쳤다. "노동자(근로자)가 발전해야 대한민국이 발전한다", "(한국) 노총이 발전해야 대통령도 발전한다"라는 구호를 서로 주고받으며 참석자들 사이에는 웃음꽃이 피어나온 것으로 알려졌다.[26]

그런데 우리 노사관계 안팎의 사정이나 역사에 정통한 인사의 설명에 의하면 원래 '노발대발'이라는 구호의 의미는 '노사관계가 발전하면, 대한민국이 발전한다'라는 뜻으로 통용되어 온 것으로 들었다.

하지만 이들은 이날 아전인수식으로 '노사관계'를 '노동자(근로자)'와 '(한국) 노총'으로, '대한민국'을 '대통령'으로 바꾸어 구호를 제창했다. 대통령도 그 자리에서 '노사관계 발전'이 아닌 "노동(조합)이 존중받는 사회를 만들겠다"라고 화답한 것으로 보도되었다. 노동귀족을 향하여 그들은 이렇게 힘차게 달렸다.

나. 노동운동가의 공직 진출 직진(直進)과 노동운동의 미래상

양대 노총 위원장은 우리나라 노동운동가를 대표하는 상징적인 인물이다.
노동계는 근로자의 권익 보호를 부르짖으며 경영계를 강하게 비판하는 것은 물론 여당이나 정부에 반대의 목소리를 내는 것이 일상이다.

'노동조합'이라 함은 근로자가 주체가 되어 자주적으로 단결하여 근로조건

---

26. 文 대통령-노동계 만찬, 건배사는 '노발대발'…무슨 뜻? 머니투데이, 2017.10.24.

의 유지·개선 기타 근로자의 경제적·사회적 지위의 향상을 도모함을 목적으로 조직하는 단체 또는 그 연합단체를 말한다. 다만, 주로 정치운동을 목적으로 하는 경우 노동조합으로 보지 않도록 결격사유로 규정하고 있다.

노동운동을 하면서 근로자들의 권익 보호라는 노동조합 본연의 역할을 넘어서 노사 문제를 지나치게 정치·사회적으로 이슈화하는 등 정쟁화하거나, 이를 빌미로 정치·이념 투쟁으로 비화시키는 정치운동을 전개하며 진정으로 조합원의 근로조건 개선이나 지위 향상을 위한 활동인지 의문스럽게 하는 경우가 있었다.

노동자의 권익 보호를 위한 투쟁과 활동을 앞세우던 노동운동 대표가 임기 끝나자마자 특정 정당의 비례대표나 지역구 의원으로 전략공천을 받기도 했다. 심지어 한국노총위원장과 민주노총위원장이 노동단체의 수장으로 재임하면서 양대 단체의 쌍벽으로 서로 겨루던 관계의 A 이사장은 상대였던 B 이사장의 지휘를 받는 모(母) 기관—자(子)회사 책임자로 임명되었는데도 개의치 않는 모습에 공생관계의 비밀이 살짝 들추어졌다. 개인의 정치적 입신양명을 위하여 노동운동을 이용하는 행태였나 보다. 소리높여 투쟁하거나 서로 비난하기도 하던 양대 노총 지도자들이 나란히 정부 산하기관장으로 옷을 바꿔입는 게 현장 노동운동가니 근로자들의 눈에는 과연 어떻게 비칠까?

이렇게 하여 공직이나 공공기관장이 특정 진영 위주의 낙하산 인사 대상으로 인식되는 moral hazard의 new normal 현상이 만들어졌다. 2015년 노동시장 개혁을 앞두고 노사정 합의가 이루어지기도 전에 어느 노동계 출신 인사를 산하기관장으로 임명한 이후 2017년 5월 새 정부가 집권하면서 고용노동부 장관, 노사정위 위원장(경사노위 위원장), 산하 공공기관장 등에 노동계 출신 인사가 대거 등장하면서 노동운동가의 공직 진출에 가속이 더해졌다.

국민은 직업선택의 자유가 있으므로 노동운동을 하다가 무엇을 하든 그 선택은 존중되어야 한다. 그러나 20년 넘게 노동운동에 투신한 그들의 (공직 진출로 직진한) 뒷모습이 과연 아름답고 이상적인 노동운동가의 표상으로 자리매김하였을지, 그것이 노동운동의 미래상이었는지 의구심이 들지 않을 수 없다.

아이러니한 것은 노동단체 출신의 한 인사는 대외적으로는 노사관계 전문가로 알려졌지만, 기관장 재임 시 자신은 노사 담합을 한 것으로 알려졌다.

노조에서 원하는 사람을 비공식적으로 추천받아 요직에 발탁하였다가 노조와 불편한 사이로 변하자, 해당 기관의 인사 관행상 2급 간부가 배치되는 지사에 1급 간부(총무국장)를 좌천시키는 등 인사 질서와 업무 기강을 무너뜨리기도 했다.

또 다른 산하기관장은 이면(裏面) 합의를 통하여 기관을 변칙 운영한 사례가 발각되어 임기 만료 직전에 사실상 직권 면직되기도 했다.

02

LP 판(板) 위의 CD
: 법과 원칙의 틀 내에서 노사자율적 해결

    2010년을 전후한 5년 동안 노사관계에 거는 국민의 우려와 기대가 크게 교차했다.

    그 무렵 필자는 노동부 노사협력정책국장(2008), 기획조정실장(2009), 노사정책실장(2010.3.10. 직제 신설)과 차관(2010) 및 고용노동부 장관(2011~2013)을 하는 동안 노조 전임자 폐지와 근로시간면제 제도 도입, 복수노조 제도 시행 등 새로운 법·제도를 만들고 작동되도록 하는 데 전심전력을 기울였다.

    이때 개별사업장의 노사갈등은 "법 테두리 내에서 노사가 책임지고 스스로 풀어야 한다"라는 법과 원칙에 기반한 노사자율적 해결이라는 노사관계 정책기조를 확립하였고, 이를 지키기 위하여 노력했다.

    '법과 원칙'(Law & Principle), '대화와 타협'(Compromise & Dialogue) 관련하여 어디에 방점을 두느냐 하는 점에서 우선순위가 중요하다. LP가 실종된 가운데 CD만 강조하여 대화와 타협을 법과 원칙에 우선하느라 파업 중 임금 보전, 불법행위에 대한 민형사상 책임까지 면제하는 경우가 있었다. 요체는 튼튼한 LP 판(板) 위에 양질의 CD를 올려놓아야 하는데, 불행히도 LP는 무시된 채 CD로 풀면 문제가 다 해결되는 것처럼 거꾸로 움직인 경우가 문제였다.

    1987년 6월 항쟁으로 정치적 민주화와 노동자 대투쟁이 이루어진 '1987년 체제'를 거쳐 1997년 외환위기를 계기로 세계화 시대의 민주주의로 신자유주의가 자유민주주의와 결합한 '1997년 체제'로 바뀌면서 정치·경제·사회적으로 포퓰리즘(대중영합주의)이 성행했다. 포퓰리즘이 횡행하면 국정운영의 원칙과 전문성은 무시되고 법치주의가 후퇴하게 된다.

정부는 권위주의 시절부터 노사분규에 직접 개입하여 처리하는 방식으로 해결사(解決士) 역할을 해 왔다. 민간기업의 근로자 또는 사용자가 운동경기(競技)를 치르는 선수(Player)에 해당한다면, 정부의 역할은 공정한 심판자(審判者)여야 한다. 따라서 정부가 특정 당사자의 입장을 대변하거나 옹호하는 해결사가 되면 노사관계의 자율적인 생태계가 결국에는 깨지고 만다.

가. 노사분규 대응 관련 노 대통령의 입장 전환이 변곡점

그에 앞서 2002년 12월 노무현 대통령 당선 이후 2003년 3월 첫 대통령 업무보고에서 "노사분규는 법과 원칙에 따라 당사자가 자율적으로 풀어나가도록 대응"하겠다는 노동부의 노사분규 정책 기조를 대통령께 보고했다.
이날 노무현 대통령은 "법과 원칙에 따른 대응, 오늘 이후 앞으로 다시는 이런 식의 보고를 하지 말라"라고 지시했다.

노 대통령은 자신이 펼쳐나갈 국정운영에 대하여 노동계가 계속 지지와 협조를 하는 우군이 될 것으로 기대하는 듯했다. 당시 노사정책과장으로서 업무보고에 배석하였는데, 우리 부에서 설정한 기조에 대하여 노 대통령은 강하게 반대하며 질책한 것이다. 심정이 착잡해졌다.
특히 "앞으로 다시는 이런 식의 보고를 하지 말라"라는 것은 단순한 경고가 아니라 노사관계 업무에 임하는 정부의 자세를 대전환하라는 주문이었다.
변호사나 국회의원 시절에 노 대통령이 노동 친화적이었다는 전력은 이미 알고 있었지만, 일부 집단이 아닌 국민 전체와 나라를 생각해야 하는 대통령의 공익적 입장은 얼마든지 달라질 수 있고 달라져야 한다고 나는 믿었다.

그런데도 아직 과거의 입장에서 한 치도 달라지지 않은 대통령의 지시를 받았으니, 앞으로 부닥칠 걱정이 태산과 같았다. 보고서의 골격을 짠 실무 과장으로서 실망스러웠고 앞날이 캄캄했다.

한편 '국민의 정부'에서 '참여정부'로 정권이 이양될 무렵, 2003년 1월 9일 두산 중공업 노조원 배달호 씨가 노조 탄압을 중지하라고 외치며 분신하였다. 이에 참여정부 임기 시작과 함께 대통령직 인수위원회 사회문화여성분과 간사 출신의 신임 노동부 장관이 부임하자마자 두산 중공업 노사분규 현장에 중재자로 직접 내려가 분신 63일 만인 3월 12일 합의를 이끌어 냈다.

권 장관은 창원 두산중공업 노사분규 현장에 머무르며 노사 합의를 종용한 이후 노동계로부터 상당히 후한 점수를 받았다. 당시 합의한 내용은 개인 손배·가압류 소급 취하, 조합비 가압류 40% 적용(60% 해제), 해고자 5명 복직, 2002년 47일간 파업 무단결근 처리 50% 보존 등 노동계의 입장에 상당히 기울어진 결과였다.

그에 앞서 2002년 말에 창립한 화물연대가 면세유 지급과 노동기본권 인정 등을 요구하며 새로 출범한 참여정부와 협상을 벌이다 2003년 5월 총파업에 돌입했다. 화물연대는 고속도로 저속 운행, 동시 톨게이트 진입 등 새로운 투쟁 방법으로 물류 동맥을 흔들었다. 이들은 자기 소유의 트럭을 가지고 운송업을 하는 일종의 자영업자(개인사업자)였지만 운수회사에 매여 지입료를 내야 하는 사실상 화물운송 노동자(특수형태 업무 종사자)였다.

이 무렵, 노사분규에 대한 노무현 대통령의 입장(시각)에 큰 변화가 찾아왔다. 2003년 5월 노무현 대통령이 취임하고 처음 미국을 방문, 정상회담에 이어서 미국 경제인에게 국내 투자 유치를 제안하던 중이었는데 하필이면 그때 화물연대의 집단 운송 거부 사태가 발생했다. 당시 화물연대는 "물류를 멈춰 세상을 바꾸자"라는 무시무시한 구호를 내걸며 포항, 부산항 등 수출·입을 막아 주장을 관철하려는 방식에 대하여 노무현 대통령은 화를 많이 냈다.

특히 부산항 수출입 화물의 육로 수송률이 절대적이고, 철도에 의한 수송 분담률이 얼마 되지 않는 상황에서 대응이 어려워 화물연대의 1차 파업은 노조의 요구를 거의 모두 들어주는 선에서 타결됐다. 이때까지 화물연대의 물류 거점 봉쇄에 정부는 완전히 두 손을 든 결과였다.

그로부터 석 달이 지나 화물연대가 2차 파업을 다시 벌였다.

노무현 대통령은 2003년 8월 26일 화물연대 파업사태를 다루기 위해 청와대에서 국무회의를 주재하면서 화물연대의 무리한 파업에 더 이상 온정적으로 대할 수 없다고 하며 군(軍) 대체인력 투입까지 검토할 것을 지시하며 강경 대응했다.

노 대통령은 국무회의를 주재하면서, "민간 집단에 의해 사회질서가 마비되는 것은 국가와 안전 사회에 대한 위협"이라며 물리력을 동원한 불법 집단행동에 단호히 대처할 것을 지시했다.

화물연대 2차 파업에 대하여 노무현 정부는 화물연대의 업무 복귀 없이는 대화도 없다(先 복귀 後 협상)고 밝히며 강경하게 대응했다. 결국 지도부 16명을 업무방해 혐의로 체포해 사법처리하였다. 반면에 운행 차량에 대해서는 고속도로 통행료 면제 등 인센티브를 주며 차별화했다. 2차 파업은 다수의 화물연대 노조원이 복귀하면서 16일 만에 끝났다. 이를 계기로 운송 거부자에 대한 업무 복귀를 강제할 수 있는 화물자동차운수사업법이 2003년 12월 개정되어 '업무개시명령'이 우리나라 역사상 처음 만들어졌다.

한편으로는 화물연대 1차 파업에 이어서 2003년 6월 철도노조 및 조흥은행 노조의 파업으로 민주노총과 노무현 정부 사이에 균열이 확연하게 벌어졌다.

당시까지만 해도 철도 민영화 유보라는 4·20 노정 합의가 이뤄진 만큼 철도

노조가 파업에 들어가지는 않을 것으로 노무현 대통령은 철석같이 믿었다. 그럼에도 6월 철도노조와 민주노총이 파업을 강행하자 노 대통령은 민주노총이 약속을 깬 것으로 받아들였고, 민주노총에 대한 감정의 골이 크게 깊어졌다.

철도노조가 2차 총파업을 선언하자 총파업 선언 3시간 만에 연세대 등 전국의 농성장 5곳에 공권력을 전격 투입해 조합원들을 해산시켰다. 노무현 정부의 원칙적 대처 기조에 따라 철도노조는 파업 나흘째에 손을 들었다. 이처럼 철도노조와의 험난한 힘겨루기 과정을 거치면서 더 이상 온정적인 대응에 미련을 두지 않게 되었다.

이러한 사정 변화에 이르기까지 노동부 차원에서 노사분규를 '법과 원칙'에 따라 노사가 자율적으로 해결하는 것이 바람직하다는 실무적 입장을 기회가 있을 때마다 꿋꿋하게 강조하였는데, 오래되지 않아 이것이 받아들여진 것이다.

이후 정부의 노동정책이 참여정부 초기와는 확연히 달라진 모습이 겉으로도 드러났다. 노무현 대통령은 "정부를 길들이려고 파업하는 노조에 본때를 보여주려고 했다"(6월 23일 노동부 지방 노동관서 근로감독관 특강), "노조 특혜는 해소돼야 한다"(6월 27일 포브스 편집장과의 대담) 등 강경 발언을 잇달아 내놓기까지 했다. 가히 코페르니쿠스적 전환이었고, 이는 엄청난 진전이었다.

영혼과 양심을 바쳐 1980년대 노동운동에 관심을 기울였던 분이 노무현 대통령이다. 노 대통령 스스로 진보를 자처하며 취임 초까지는 노사관계 주무 부처였던 노동부에서 법과 원칙에 따른 노사분규 대응 방침을 보고하자 그런 보고는 더 이상 꺼내지도 못하게 했었다. 하지만 노동계의 불법 파업과 국민경제에 해악을 끼치는 격렬한 투쟁을 접하면서 노동계를 가슴으로 껴안는 대응에서 벗어나 법적 대응 기조로 돌아섰고, 심지어 업무개시명령과 같은 초유의 대응 수단까지 마련하는 유산을 남겼다.

철도 민영화 유보라는 4·20 노정 합의가 이루어졌음에도 6월에 철도노조가 약속을 어기며 파업을 하자 노 대통령은 노동운동에 대한 신뢰를 거두었다. 화물연대가 불을 붙이기 시작하여 철도노조 파업으로 결정적인 전환점이 되고 말았다.

이를 계기로 노무현 대통령은 "노조에 손을 내밀었는데, 오히려 내 손을 물어뜯었다"라고 말했을 정도로[27] 심경의 변화가 왔고, 이후 법과 원칙대로 대응하는 분위기로 입장이 바뀌었으며 이념보다 국익을 중시하는 리더십을 발휘했다.

탈권위주의를 지향한 참여정부에서 권기홍 장관에 이어 2기 노동 장관으로 취임한 김대환 장관이 노사관계 정책의 방향으로 'LP 판 위의 CD'를 강조하며 현장에서 제대로 실행되도록 하는 데 앞장섰다. 하지만 이 원칙이 정부의 정책 기조로 자리잡히고 현장에서 지속적으로 작동되려면 이후 상당한 시간이 필요했다.

하지만 아쉽게도 'LP 판 위의 CD' 기조가 굳건하게 정착되지 못한 상태에서 (법과 원칙보다) 대화와 타협을 (무조건) 중시하는 정치인 출신의 후임 장관이 부임하면서 또다시 과거의 노사분규 해결 방식으로 회귀하고 말았다. 역시 역사는 그렇게 쉽사리 발전하는 것이 아니었다.

그러다가 이명박 정부의 첫 노동부 수장으로 이영희 장관이 취임한 이래 필자가 노사관계 업무 담당 국장으로 발탁되었다. 사무관 시절이던 1992년 7월 장·차관 주재 노동정책 토론회 시 정부의 직접 개입으로 '노사관계'가 '노정관계'로 전도하는 문제점을 비판적으로 지적한 바 있지만, 2002년 노사정책과장을 거쳐 2008년 국장으로 실무책임을 지게 되었다. 이때 실무 당국자로서 비로소 노조법의 취지에 맞게 '법치와 자치, 협치'를 노사관계 정책 기조로 설정

---

27. "성공한 노무현, 실패한 노무현⟨16⟩ 화물연대 파업", 중앙일보, 2025.2.6.

하고 이를 대내외에 공표할 수 있었다.

이후에 정부는 '법과 원칙'이 지켜지는 노사관계 확립을 위하여 각 지방 관서별로 「불법행위 예방팀」을 구성하여 불법행위에 엄정 대응하였다. 법 테두리 내에서 합법 파업과 정당한 노동조합 활동은 적극적으로 보장하고 보호하되, 사용자의 부당노동행위, 노동조합의 불법 파업이나 폭력·파괴·시설점거 등 불법행위에 대해서는 노사를 막론하고 엄중한 책임(민·형사, 징계)을 물었다.

일부 사업장에서는 노사관계가 불안하였으나, 산업현장은 1987년 민주화 이후 가장 안정적으로 나타났다. 2008~2012년도 연평균 노사분규 건수는 146건으로 지난 정부(307건) 대비 ▽52.4% 감소하여 1997년 외환위기 이후 최저치를 기록하였고, 파업으로 발생한 사회적 손실을 나타내는 근로손실일수는 연평균 66만 2천일로 2003~2007 연평균 101만 6천일 대비 ▽34.8% 감소하여 1987년 민주화 이후 최저 수준으로 나타났다.

특히 근로자 1,000명당 근로손실일수는 2003~2007 연평균 67.5일에서 2008~2012 연평균 39.1일로 OECD 국가 평균(34.7일, 2006~2008년)에 근접하는 수준으로 나타났다.

〈노사관계 주요 현황〉

연도	1987	1988~1992 연평균	1993~1997 연평균	1998~2002 연평균	2003~2007 연평균	2008~2012 연평균
노사분규 건수(건수)	3,749	856	103	227	307	146
근로손실 일수(천일)	6,947	4,208	905	1,475	1,016	662

* 노사분규 건수 산정 : 2005년까지는 사업장 단위 → 2006년 이후는 교섭 단위

파업은 주로 민주노총 소속 사업장에서 발생하였다. 2012년도 전체 노사분규 건수(105건)의 84.8%(89건)가 민주노총 소속 사업장이고 나머지 8.6%(9건)가 한국노총 소속 사업장에서 생겼다. 개별사업장의 노사 현안이 사회적으로 이

슈화되기는 하였지만, 노사관계의 안정세 유지는 노조법 개정에 따른 법과 원칙에 대한 인식 확산과 투쟁보다는 대화를 통하여 자율적으로 노사갈등을 해결하려는 분위기 형성에 힘입은 것으로 볼 수 있다.

산업현장에서의 노사협력 선언도 증가하여 2012년 말 기준 4,624건으로 나타나, 사업장 단위와 지역 단위에서의 사회적 책임 결의 및 실천이 확산되는 등 노사 상생의 저변이 확대되었다.

〈노사협력 선언 현황〉

연 도	2007	2008	2009	2010	2011	2012
건 수	749	2,574	2,672	4,012	4,685	4,624

나. 불합리한 노사 관행의 개선

불합리한 노사 관행 개선을 지속적으로 추진하여 노사관계가 뚜렷한 안정세를 유지하였다. 그러나 인사·경영권 제약, 위법한 단체협약·규약, 과도한 노조 전임자 유지 등 일부 불합리한 노사문화·관행이 여전히 남아있었다. 이러한 불합리한 노사 관행 개선의 필요성에 대한 공감대를 확산하기 위하여 언론 인터뷰(KBS라디오 등 14회), 각종 월·계간지 기고 및 노동조합, 사용자를 대상으로 하는 교육을 중점 실시하였다.

또한 합리적인 교섭·선진 쟁의질서 확립을 위한「임금·단체교섭 지도 지침」(2010년 2월)과 노동조합의 재정 및 쟁의행위 찬반투표의 투명성·공정성 보장, 운영비 지원의 부당노동행위 등 주요 쟁점 현안을 대폭 보완한「집단적 노사관계 업무매뉴얼」(2010년 10월)을 발간하였다.

그리고 노조 전임자 급여를 사용자가 지급해오던 불합리한 관행을 개선하고 자주적인 노동조합 활동을 할 수 있도록 2010년 7월 1일 도입된 근로시간면제 제도의 조기 정착을 지원하기 위해 「Q&A 근로시간면제 제도」(2010년 11월), 2011년 7월 1일부터 시행되는 복수노조 제도의 정착을 위해 「사업(장) 단위 복수노조 업무매뉴얼」(2010년 12월)을 발간 보급하는 등 단체교섭 및 단체협약상 불합리한 관행 개선을 위한 지도를 강화하였다.

특히 전국의 일선 지방관서에서 이러한 매뉴얼과 불합리한 노사 관행 유형 및 개선 여부 판단기준 등을 바탕으로 지도(시정 지도 및 불이행 시 노동위원회 의결 포함)한 결과 2010년 총 1,091개 사업장에서 2,275건의 불합리한 노사 관행을 개선하여 전년도(1,774건) 개선 건수 대비 28.2% 증가하는 등 노사관계 선진화에 힘을 쏟았다. 유형별로는 과도한 유급 전임자(844건), 위법한 단체협약·노조 규약(755건), 기타 불합리한 관행(385건), 인사·경영권 제약(229건), 기타(62건) 등이 개선되었다.

<참고> 노사관계 전문가 육성 사업(NALA Project)

2009년부터 노사단체 간부, 기업의 인사·노무 담당자 등에게 심층적·전문적인 노동교육을 실시하여 노사관계 선진화를 위한 전문가를 양성하는 '노사관계 전문가 육성사업'(NALA Project : New Advanced Labor Academy)'을 진행하였다.

민간 노사 관계자에 대하여 전문적이고 체계적인 노사관계 교육이 필요하였기에 인적·물적 인프라와 교육의 노하우를 갖춘 교육기관을 선정하고, 교육비용의 일부를 정부에서 지원하였다. 1년간 사업추진 중 드러난 문제점들을 개선하고 교육과정 운영의 합리성과 효과성 제고를 위해 2010년도에 관련 운영 규정을 개정하였다.

그 주요 내용은 그간 위탁 사업으로 운영된 것을 보조금 사업으로 사업 성격을 바꾸고, 교육생의 니즈(Needs)를 반영할 수 있도록 교육생 선발 후 수요 조사를 통한 교육과목 및 강사 변경이 가능하게 하였으며, 노사관계 및 고용 노동 분야(근로기준, 산업안전, 고용정책, 직업능력개발 등)의 교육 비중을 확대(노사관계 40%, 고용노동 20%)하였고, 수업 방식도 토론식 수업뿐만 아니라 발표형·세미나형·역할연기형 등 참여형·현장 중심형 교육을 더욱 강화하였다.

2009년 공모를 통해 처음 선정된 5개 교육기관(고려대, 부산대, 단국대, 한국외대, 한국경제신문)이 3년 기간으로 MOU를 체결(2009년 4월 28) 시행하였고, 효과적인 교육을 위해 2010년 이후에는 교육 과정당 120시간 이상, 20명 이상 30명 이내로 운영하였다. 기업의 인사·노무 담당자나 노동조합 중견 관리자 등이 교육에 참여하여 현장에서 필요한 다양한 내용을 학습하였으며, 국내의 선진 노사문화 기업을 방문하여 학습하는 시간도 가졌다.

추후 「노사관계 전문가 과정」 운영기관을 전국을 6개 권역별로 나누어, 서울권(고려대, 한국노동사회연구소, 공인노무사회), 부산·경남권(부산대, 경남경총), 경기·중부권(한경대), 대구·경북권(대구대), 광주·전라권(전남대), 대전·충청권(한남대)으로 확대 지정하였다.

이러한 노력의 결과 2010년에는 수료율이 98.6%(145명의 교육생 중 143명이 수료)에 이었고, 교육생 및 교육생 소속기관 만족도도 87.6점을 기록하는 등 2009년도 평가 지수(85.3점)에 비해 상승하여 교육사업이 기틀을 잡은 것으로 평가되었다. 이후에도 교육과정을 면밀히 평가하고 문제점을 보완하여 많은 현장의 노사관계 실무자들이 교육을 받을 수 있도록 하였다.

03
개별 노사관계에 대한 정치권의 선부른 개입

사회적으로 주목받는 노사 문제가 생기면 정치권에서는 현장으로 달려가 노사관계에 직간접적으로 개입하거나 이런저런 주문을 하는 경우가 많다. 당사자가 아니어서 내부 사정은 잘 알지도 못하면서 약자를 위한다는 명분으로 목소리를 내는 경우가 많다.

이해관계나 입장이 상이한 노사 간에 협상이 타결되려면 '절묘한' 균형점을 찾아야 하는데, 정치권에서 배 놔라 감 놔라 하는 식으로 주문하면 힘을 받는 쪽에서는 기대치가 높아지면서 해결이 지연되는 국면으로 바뀌기 마련이다.

한 예로 한진중공업의 경우 2010년 12월 20일부터 경영상 해고 문제를 둘러싼 노사 간 대립으로 6월 27일 190일 만에 노사 자율적 합의(1차 노사 합의 : 2011.6.27.)로 해결의 전기가 마련되었다.

그러나 정치권과 시민사회단체에서 "복직 시기를 더 앞당겨라, 위로금을 더 주라"라며 추가 양보를 강요하여 노사갈등 완화에 도움을 주기보다 의견 차이를 더 벌리는 형국이 되어, 이후 3차례 추가 합의하는(2차 노사 합의 : 2011.11.10, 3차 노사 합의 : 2012.9.26, 4차 노사 합의 : 2012.11.9.) 상황으로 치달았다.

결과적으로 '희망 고문'이 되어 어려운 처지의 당사자에게 불이익을 길게 안겨주는 사례를 여러 차례 확인할 수 있다.[28] 비록 선한 동기로 시작된 착한 정치였더라도 결과적으로 소선(小善)은 대악(大惡)과 닮은 형국이 되었다.

---

28. "정치권 개입 중단하라"라는 노조의 호소, 중앙일보, 2013.1.18.

한편으로는 국회 환노위에서 노사 문제 해결을 위한 진상조사단 구성과 청문회, 산업재해 소위원회 구성 안건이 한나라당의 반대로 부결되자 야당 의원들이 퇴장해 파행을 겪었다.

이날 김무성 한나라당 원내대표는 2011년 4월 14일 국회에서 열린 최고위원회의에서 "노사분쟁에 정치권이 개입하면 될 일도 안 된다", "지도자급 인사들이 노사 현장에 가서 정치 쇼만 벌이고 오는 것은 중단돼야 한다"라고 말했다. 그는 "노사 현장에서 벌어지는 문제는 어디까지나 법 테두리 내에서 노사 간 합의로 해결해야 한다"라는 입장을 밝힌 뒤, 노사 문제에 정치권이 개입하는 것을 '정치쇼'라고 폄하했다. "정치 쇼 하는 것은 그 사람의 수준을 드러내는 것인 만큼 지도자급의 인사들이 노사 현장에 가서 사진 찍고 오는 것은 중단되어야 한다"라고 말했다.[29]

그런데도 자신이 노사관계에 정치적으로 (잘못) 개입하는 우를 범했다.
자체적으로 해결 기미가 보이는데도 정치권이 섣불리 개입하여 좋지 않은 결과를 만든 사례이다. 2013년 12월 철도노조의 불법 파업(2013.12.9.~12.30. 수서발 KTX(SRT) 분할 반대 등)에 여야 정치권이 개입하여 국회에 철도산업발전소위원회를 구성하는 조건으로 철도노조 지도부와 파업 철회를 합의하였다.

철도노조 조합원들의 현장 복귀율이 상당하였고, 국민 여론도 '파업 반대'가 훨씬 많아 파업 동력을 상실한 상황에서 정치권에서 '숟가락' 얹기 식으로 개입하여 노조의 퇴로(退路)만 열어주어 "불법 파업과 타협하지 않는다"라는 '원칙론'과 불법 파업 관행을 뿌리 뽑을 기회만 놓쳤다.

당시 새누리당과 민주당이 철도노조 파업 철회를 이끌어 낸 것은 정치권이

---

29. 김무성, "정치권 노사개입은 쇼에 불과", 노컷뉴스, 2011.4.14.

오랜만에 "타협의 정치력을 보여줬다"라고 자화자찬하였으나 정치적 개입이 오히려 '원칙 대응' 기조를 훼손하여 도움이 되지 않은 결과였다.

특히 새누리당의 한 최고위원은 "이번 파업을 원칙대로 해결해 공기업 개혁의 신호탄으로 삼으려 했는데 엉클어졌다. 파업 문제가 온전히 해결된 것도 아니고 또다시 일거리를 남긴 미완(未完)의 상태가 돼 버렸다", "국회에 철도산업발전 소위를 만드는 것은 공방의 장을 연장한 것밖에 더 되나", "철도파업이 마무리되기 일보 직전이었는데 국회에서 끼어들었다. 타협할 필요가 없었다"라고 했다. 심지어 국회의원이 '자기 정치'를 위해 '독자 행동'을 했다는 시각도 나왔다.[30]

필자가 30년 넘게 공직 생활을 하면서 지켜보았지만, 쟁의행위를 하는 노동계에 대하여, 끝내 합의가 되지 않아 파업을 하더라도 "법령을 지키는 정당하고 합법적인(주체·목적·절차·수단 준수) 파업을 하도록 권유하거나 손배소나 가압류당할 불법행위를 저지르지 말도록 경고"하는 정치인을 나는 한 번도 본 적이 없다.

그만큼 객관적이고 중립적 입장에서 시시비비를 가려주지 않았다는 뜻이다.
반면에 정치권의 '희망 고문' 식 정치·사회적 이슈화로 노사갈등 해결이 더 어려워진 경우가 비일비재했다. 그렇다고 해서 정치가 노사관계에 일절 개입하지 말라는 것은 결코 아니다. 단지 여야 정치권에서 특정 노사 당사자 한쪽에 힘을 실어주는 것은 정치의 이름으로 행하는 국민 편 가르기이자 인기에 영합하는 정치의 고질병이기에 그것을 염려할 따름이다.

노사관계는 당사자가 가장 잘 알고 잘 풀 수 있기 때문에 정치권에서 개별

---

30. https://premium.chosun.com, html_dir 2014.1.1., "김무성의 철도노조 타협, 박근혜 살리기냐 죽이기냐" 공방

사업장의 노사 문제에 섣불리 개입할 경우 노사 간 원만한 타협을 방해하여 사태 해결을 지연시킬 우려가 있다. 따라서 법 테두리 내에서 노사가 책임 의식을 가지고 스스로 대화와 타협으로 해결하는 것이 바람직하다. 정부는 그 과정에서 교섭이 중단되거나 애로가 생겼을 때 다각도로 해결을 지원하고, 정치권은 흥정은 붙이고 싸움은 말리는 그런 역할이 절실하다.

근로자에게 해고는 가장 무서운 생존의 위협이다. 특히 IMF 이후 우리나라에서는 더욱 그렇다. 근로자의 입장에서 고용·해고가 자유롭다는 것은 취업·이직도 그만큼 쉬워진다는 뜻이다. 이는 기업에만 유리하고 근로자에게 일방적으로 불리한 제도가 아니다. 그만큼 노동시장(勞動市場)의 유연성(柔軟性)과 개별(個別) 근로자(勤勞者)에 대한 튼실한 고용안정(雇傭安定)이 중요하다.

건강한 노사관계를 이루는 사업장에서는 노사가 합심하여 경영난과 근로자의 고충을 해결하고, 어려운 상황이 호전되면 가장 빨리 최대한 많이 일터로 복귀해 일할 수 있게 (리콜)하는 현실적인 해법을 찾을 수 있다. 따라서 정부의 세심한 관심과 다양한 지원 및 각계의 따뜻한 손길이 필요하므로 노동조합의 울타리 밖에 존재하는 87%의 미조직 근로자에게 튼튼한 사회안전망 구축과 보강, 개별사업장 실정에 맞는 현실적인 지원을 하여야 한다.

정치권의 정치·사회적 이슈화가 진정으로 요구되는 영역은 노동조합의 세력이 강한 조직 근로자가 아니라 미조직 취약 근로자이며, 노조 활동이 아무리 강한 투쟁력을 가진다 해도 사회안전망 자체가 될 수는 없다. 하지만 정치권의 현실적인 관심은 이와 거꾸로 된 지 오래이며 그렇게 우물 안 개구리식 한국적 노사관계가 계속되었다.

04
노동조합의 운영 실태와 노동법의 비중 변화

1980년대 현대중공업 노조위원장을 지낸 권용목 씨 등이 쓴 『민주노총 충격 보고서』에 따르면 민주노총 창립 1년 만에 대형 횡령 사고가 터졌다. 민주노총 재정위원회 간부들이 쟁의용품 판매 등으로 모은 돈 5억여 원을 빼돌려 주식 투자 등에 유용하였다. 당시 민주노총 지도부는 손해를 일부 변상하는 선에서 쉬쉬했다.

채용알선은 부패 노조의 '돈줄' 중 하나였다. 2005년 기아차 노조는 생산직 근로자 120명 채용에 개입하여 24억 원의 뒷돈을 챙긴 사실이 드러나 관련자 19명이 구속됐다. 당시 민주노총은 자정 노력을 다짐했지만, 그 사건으로 해고된 기아차 노조 간부가 2018년 취업알선 명목으로 100여 명에게 37억 원을 챙겨 또다시 구속됐다. 그런데도 기아차 노조는 단협상 '고용세습' 조항의 삭제를 거부했다. 스스로 개혁하지 못하면 개혁의 대상으로 전락하는 건 시간문제였다.

미국의 대표적인 노조 부패 사례로 꼽히는 1950년대 미국의 '노동계 대통령' 소리를 들었던 전미트럭운수 노조위원장 제임스 리들 '지미' 호파(James Riddle 'Jimmy' Hoffa, 1913~1975)는 마피아와 손잡고 조직 확장을 위해 전국에 유령 지부를 만들고 사업주나 경영자가 걸림돌이 되면 살인, 방화도 서슴지 않았다.

그는 1957년부터 1971년까지 14년 동안 전미트럭운수 노조위원장으로 미국에서 가장 강력한 노조를 만든 전설적 인물로 유명하다. 강력한 카리스마와 협상력으로 노동자들의 우상이 되었으며 그가 위원장을 역임하는 동안 10만 명에 불과한 조합원은 230만 명에 달하는 거대 조합으로 성장했다.

그러나 그가 노조위원장으로 재임하면서 미국 내 전 근로자들의 권익 향상에 노력하기보다는 노조 자체의 이익이 걸린 일에 물불을 가리지 않았다고 한다.

케네디 정부에서 감옥에 들어갔다가 재기를 노리는 과정에서 행방불명이 되었는데 노조의 새 권력자가 그의 복귀를 막기 위해 암살했다는 설이 유력하다.

이러한 거대 노조의 부패상에 놀란 미국 정부는 1959년 노조 회계 공개 등을 의무화한 '랜드럼-그리핀 법'을 만들었다. 노조도 회계감사를 받고 회계보고서를 매년 노동부 장관에게 내도록 했다. 보고서에는 노조의 자산, 부채, 1만 달러 이상을 지급한 임원 연봉 내역, 250달러 이상의 조합원 대부금 내용 등을 모두 공개하도록 했다. 이후 미국 노조는 마피아와 연결된 고리가 끊기고 세 확장에도 제동이 걸렸다.

회계장부 제출을 거부하는 민주노총(금속노조) 등은 1995년 출범 직후부터 재정 비리로 얼룩졌다. 늦었지만 회계의 투명화로 노조의 부패 고리를 끊을 수밖에 없다.[31]

가. 노사관계 여건 변화와 미국·프랑스의 노동법 변천

노사관계의 요체는 집단적 노사 간 힘의 균형을 이루도록 하는 것이다. 우리나라는 근로의 권리와 의무(제32조)뿐만 아니라 외국과 달리 특별히 노동3권(제33조) 보장까지 직접 헌법에 규정하여 노동권을 두텁게 보호하고 있다.

하지만 국가안전보장·질서유지 또는 공공복리를 위하여 제한(제37조)될 수

---

31. 미국이 '노조 대통령' 부패 고리 끊은 방법, 조선일보(만물상), 2023.3.4.

있으며, 본질적인 내용이 침해되어서는 안 되지만 무제한 행사할 수 있는 것은 아니다. 노동권도 평등권·재산권·직업선택의 자유·재판청구권·대한민국의 경제 질서와 균형을 고려해야 하며, 정당한 쟁의행위에 한해 면책된다.

노사관계 여건 변화나 노사 간 힘의 균형 유지 여부에 따라 노동법제도 달라져야 한다. 이에 미국과 프랑스의 핵심적인 노동법 변천 요인을 간략히 살펴본다.

첫째, 미국의 경우 대공황의 경제위기 극복을 위해 '뉴딜'의 일환으로 1935년 전국노동관계법(NLRA, 소위 Wagner법)을 제정하여 '사용자의 부당노동행위(불공정한 행위)'를 금지하는 등 노동3권을 보호하고 단체교섭을 촉진함으로써 근로자의 사회경제적 지위 향상을 도모하였다.

이후 노사 간 힘의 대등성 확보와 균형 유지를 목표로 1947년 태프트하틀리(Taft-Hartley)법 제정을 통해 '노동조합의 부당노동행위'를 제도화했다. 이어서 1959년에는 노동조합의 민주적 운영과 투명성 보장을 위한 랜드럼그리핀(Landrum-Griffin)법을 제정하였다. 따라서 노동조합 설립·운영, 단체교섭 구조, 대체근로 사용의 범위, 사업장 점거 제한 등 법·제도 전반의 개선이 필요하다.

① **와그너법**(전국노동관계법, 1935)
  1. 노조를 자주적으로 조직할 수 있는 권리
  2. 단체교섭 장려
  3. 사용자의 부당노동행위 (노조를 지배하거나 간섭, 재정적 기타 지원, 노조활동을 하는 근로자에 대한 차별대우) 금지
  4. Closed shop 인정

② **태프트 하틀리법**(노사관계법, 1947)
  1. 노조의 사용자에 대한 보이콧을 제한함으로써 협상 테이블에서 사용자의 권

한을 강화
2. 사용자뿐만 아니라 노조(勞組)에도 부당노동행위(단체교섭권 남용, 조합비 과도한 요구, 생산제한 행위 및 대표성 인정을 목적으로 하는 피켓팅 금지) 적용
3. 국가비상 시 정부가 파업에 개입할 수 있는 권리 부여
4. Union shop 인정

③ 랜드럼 그리핀법(노사 보고 및 공개법, 1959)
1. 노조의 재정을 보고하고 공개하도록 의무화
2. 노조의 재정과 관리를 규제하는 측면에서 정기적으로 미국 노동부에 보고 의무화
3. 노조의 내부운영 규제

둘째, 프랑스에서는 2008년 8월 20일 단체교섭을 할 수 있는 노동조합은 "대표성"(représentativité)이 인정되는 노동조합이어야 하며, 공화국(共和國)의 가치를 존중해야 한다.

프랑스에서 노동조합의 대표성 판단기준은 ① 공화국(共和國) 가치의 존중 ② 자주성 ③ 재정적 투명성 ④ 노조로서의 경험과 역사 ⑤ 2차대전 독일 점령 당시의 애국적 행태 ⑥ 조합원 수 및 조합비 ⑦ 사업장 내 종업원 대표 선거 득표율(10% 이상, 초기업(2013년부터 시행)에서는 8% 이상) 등 모두 7가지를 2008년 노동법에 규정하였다. 다만, 전국 수준에서 대표성이 인정되기 위해서는 제조업, 건설업, 서비스업 및 상업 부문에서 동시에 대표성이 인정되어야 하며, 대표성은 4년마다 선거 결과를 반영하여 재평가한다.

나. 노조 정치활동의 내재적 한계

1997년 노조법 개정 이후 노동조합에도 조합원의 권익 보호를 위하여 정치활동을 허용하고 있다. 다원화 사회에서 노동조합 등 노동계 인사가 정계에 진출하는 등의 정치활동을 막아서는 안 된다. "주로 정치운동을 목적(目的)으로 하는 경우 노동조합의 결격사유(노조법 제2조 4호 마목)가 될 수 있다." 따라서 노동조합이 조합원의 권익 보호를 위한 목적이 아니라 정치적 목적에서 정치집단으로 변질(정치세력화)되거나 정치적 행위를 하여서는 안 된다.

이처럼 노동조합(勞動組合)은 정치활동이 가능하긴 해도 헌법이 보장한 노동3권이 위협받을 정도로 노동조합의 주체적 의사결정이나 정체성을 저해하는 정당(政黨)의 지배를 받아서는 안 되며, 정권 획득을 1차적 목적으로 하는 정당에 끌려가는 것은 정치적 노조로 향하는 불행한 사태로 연결될 수 있다. 무엇보다도 후진적인 정치가 노동운동을 포함한 나라 전체를 과잉 정치화시키지 않을까 우려되기 때문이다.

특히 남북이 대치하고 북이 핵을 개발한 상황에서 근로자의 근로조건 개선과 무관한 노동쟁의 투쟁을 벌이거나 북한의 지령을 받아 국가보안법 폐지, 주한미군 철수 등을 외치거나 대북 충성 맹세를 하는 등 대한민국의 정체성(正體性)을 부인하는 노조에까지 과연 우리나라 헌법이 보장하는 노동권을 누리게 하는 것이 타당한지 재검토가 필요하지 않을까?

생각해 보자. 프랑스에서는 왜 단체교섭을 할 수 있는 노동조합이 되려면 적어도 공화국(共和國)의 가치 인정, 자주성, 재정적 투명성 등을 노동조합의 대표성 판단기준으로 하고 있는지 곰곰이 되새겨야 보아야 한다.

05

복수노조 허용, 노조 전임자 문제에 대한 해결 의지

2008년 이명박 정부는 취임 초부터 집단적 노사관계에서 가장 핵심 이슈로 꼽힌 복수노조와 노조 전임자 문제를 반드시 해결하겠다는 의지로 개혁을 착실히 준비하였다.

2009년 1월 2일 대통령 시정연설에서 "우리가 경제위기를 맞았지만, 국가 경쟁력을 떨어뜨리고 있는 대립적인 노사문화를 혁신하는 계기가 되도록 하자"라고 하면서, 노사관계 선진화를 위해 최선을 기울이겠다고 천명하였다. 이명박 대통령은 우리 노사관계가 지난날의 잘못된 관행과 타성에서 벗어나 실용적인 자세로 함께 협력해야 하며 '투쟁과 대립'에서 '상생과 협력'으로 나가야 함을 강조하였다.

2008년 2월 29일 이명박 정부의 첫 노동부 장관으로 노동법을 전공한 학자 출신이자 한국노총(자동차노련 근무 포함)에서 일한 경험이 있는 이영희 장관이 취임하였다. 그는 복수노조·전임자와 관련하여 각종 언론 인터뷰와 강연 등을 통해 복수노조·전임자 문제는 "더 이상 연기할 수 없고, 연기해서도 안 될 상황"임을 강조하고, "노조 스스로 자립적으로 활동하려는 자세를 가져야 한다"라고 역설하였다.

같은 해 6월 중 언론과의 인터뷰에서 복수노조·전임자 문제는 1996년 12월 노동법 파동을 거쳐 1997년 입법이 되었으나 이후 13년간 시행이 유예되었고 노동기본권과 관련된 국민의 요구와 국제기준 등을 감안할 때 더 이상 연기하기 어려운 사안이며, 노사 간 논의를 거쳐 관련 법안을 제출하는 등 시행에 만전을 기하겠다는 입장을 밝혔다.

한편, 이명박 정부의 첫 노사협력정책국장으로 2008년 3월 10일 발령받은 필자는 부처 내부적으로 복수노조와 전임자 문제 개혁을 위한 본격 준비에 착수하였다.[32]

복수노조·전임자 문제 개혁에 대한 공감대 형성을 위하여 학계 전문가를 중심으로 공론화 작업을 추진하였다. '노사관계 정책 포럼'을 4월 16일, 4월 30일 각각 개최하고 주요 국가의 교섭대표 결정 제도와 시사점, 복수노조 하에서의 노동조합과 단체교섭의 변화 등 복수노조와 전임자 제도에 관한 논의 및 워크숍을 시작하였다.

특히 복수노조의 경우 교섭창구 단일화를 위한 입법과 관련하여 교섭단위, 교섭대표 노조의 결정 방식, 공정대표 의무 등 다양한 법률적 쟁점이 있기 때문에 2008년 6월부터 7월까지 법률 쟁점 검토회의를 매주 장관 주재로 개최하는 등 구체적 검토에 박차를 가하였다.

그러나 2008년 8월 27일 언론(경향신문)이 "올해 안에 입법화를 추진하겠다"라는 노동부 관계자의 말을 인용 보도하자, 한국노총은 정부의 일방적인 복수노조와 전임자 급여 지급금지 추진을 강력히 규탄하는 성명을 발표하는 등 노동계가 민감하게 반응하며 반대하는 흐름은 여전히 계속되었다.

---

32. 노조법 개정 실무를 담당하는 노동조합과장(추후 노사관계법제과장으로 명칭 변경)에 김경선, 한국노총과 민주노총 등을 비롯하여 노사관계 업무를 담당하는 노사갈등대책과장(추후 노사지원과장으로 명칭 변경)에 권혁태가 임명되었고, 나중에 필자가 기획조정실장으로 자리를 옮기면서 후임 노사협력정책국장으로 전운배가 합류하였는데, 법 개정뿐만 아니라 시행령, 시행규칙, 고시 마련 등 제도 개혁을 마무리할 때까지 함께 일하였으며, 역량이 출중한 이들의 헌신적 노력 덕분에 소기의 성과를 도출할 수 있었다.

06

노동 개혁 공감대 형성과 노사정위원회 논의
: 공익위원 합의안 도출

개혁의 공감대를 형성하는 차원에서 2008년 9월부터 이영희 노동부 장관이 경제단체 대표와의 회동을 개시하였다. 9월 5~6일 장관은 대한상의 회장, 한국경총 부회장과의 면담을 통해 더 이상 시행을 유예하지 않을 것임을 밝히는 등 제도 개혁에 대한 의지를 표명하고, 9월 29일 한국노총과 추미애 국회 환경노동위원회 위원장을 각각 방문하여 전임자·복수노조 문제에 대하여 충분한 협의를 통해 추진하겠다는 입장을 밝혔다.

노동법 교수 등 전문가를 대상으로 노사관계 정책 포럼 운영, 워크숍을 통해 조속한 공론화를 추진하였으나, 노동계와 경영계에서는 복수노조·전임자 관련 논의를 시작하는 것에 대하여 미온적인 태도를 보였다. 이는 최대한 논의 시기를 늦추어 시행 준비 부족 등을 이유로 또다시 시행을 유예하는 전철을 밟겠다는 의도였다.

이런 가운데 정부에서는 노사정위원회에 복수노조·전임자 관련 논의 기구를 마련하기 위한 협의를 시작하였고, 2008년 10월 29일 노사정위원회에 복수노조 허용·전임자 제도개혁 논의를 위한 부문별 위원회로 '노사관계선진화위원회'를 발족하였다. 노사관계선진화위원회는 위원장 1명, 노동계를 대표하는 위원 3명, 경영계를 대표하는 위원 3명, 정부위원 3명, 공익을 대표하는 위원 6명을 포함한 총 16명으로 구성하였다.

위원 구성은 최종태 서울대 경영학과 명예교수(당시 최저임금위원회 위원장)가 위원장을 맡고, 노동계 위원은 한국노총 손종흥 사무처장, 김종각 정책본부장, 조기두 조직본부장 등 3인, 경영계 위원은 한국경총 최재황 이사, 대한상의 박종남 이사, 전경련 한동률 팀장 등 3인으로 구성하고, 정부위원은 노동부 이채필 노사협력정책국장(→ 2009년 5월 1일 후임 전운배 국장으로 교체), 기획재정부 육동한 경제정책국장(→ 2009년 3월 후임 윤종원 국장으로 교체), 지식경제부 조석 산업경제정책관(→ 2009년 3월 후임 윤상직 국장으로 교체) 등 3인, 공익위원은 이철수 서울대 법학전문대학원 교수, 조준모 성균관대 경제학과 교수, 이승욱 이화여대 법학과 교수, 이인재 인천대 경제학과 교수, 이강성 삼육대 경영학과 교수, 배규식 노동연구원 연구위원(→ 나중에 조성재 노동연구원 연구위원으로 교체) 등 6인으로 심도 있는 논의를 계속했다. 민주노총에도 다각적으로 설득하고 공문을 보내 참여할 것을 요청하였으나 계속 거부하여 일단 한국노총 관계자들로 노동계 위원을 채울 수밖에 없었다.

가. 개혁 과제 추진의 노하우 : 정부 당국자의 자세

개혁 과제 추진의 노하우로 정부 당국자의 자세에 대하여 소개하면 이렇다.
노사관계선진화위원회는 2008년 11월 13일 제1차 회의를 시작으로 기존 연구 내용, 외국 사례에 대한 검토 및 관련 워크숍을 포함하여 진행하였다.

우리나라에서는 개혁에 대하여 정부가 앞장서서 구체적인 내용을 얘기하거나 논의 방향을 밝히면 비록 타당해도 잘 풀리지 않는 게 예나 지금이나 여전한 현실이다. 그 이유는 노사의 피해 의식과 정부의 꿍꿍이가 있을 것으로 생각하여 잘 믿지 않는 경향이 있기 때문이다.

공식 회의에서 매듭을 하나하나 정리해 나갈 필요가 있지만, 비공식적 교감을 이루는 것이 의미 있는 진전을 이루는 데 도움이 되었다. 필자의 경험에 의하면 중요한 아이디어는 공식적인 회의에서 불쑥 꺼내기보다는 신뢰받고 말발이 있는 위원에게 먼저 비공식적으로 조언하고, 이들이 공감하면 자발적으로 제안하기를 기대하는 방법으로 성심성의껏 지원하는 것이 주효(奏效)했다.

근로시간면제(타임오프) 제도 역시 이러한 절차와 방법으로 아이디어를 수면 위로 끌어올렸다. 대체로 앞에 나서거나 튀는 당국자를 사람들이 싫어하기 때문에 정부는 분위기가 무르익는 등 적당한 단계에 가서, 그것도 한번 검토해 보자는 식의 자세로 뒷받침하니 점차 공감을 얻게 되면서 공익위원 대안으로 채택·반영된 것이다. 이렇게 하니 노·사 위원들의 불만이 적고 공익위원들도 다양한 제안을 반기는 가운데 논의 분위기와 수용도가 높아져 긍정적으로 수렴되었다.

정부로서는 불필요한 저항을 줄이면서 까다로운 개혁을 추진할 수 있으니 효과적이었다. 국민에 대한 봉사자로서 뿌듯했다. 정부가 진정으로 개혁 과제를 추진하려면 당국자가 너무 나대는 자세는 반발을 가져오기 쉽다. 정부가 너무 설치면 될 일도 안 되는 게 국민 정서임을 유의할 필요가 있었다. 이것은 논란의 여지가 많거나 다양한 의견 수렴 절차가 중요한 정책일수록 해당 논의체(가령 00위원회 등)가 주인공(主人公)이 되어야 한다는 뜻이다.

노사관계선진화위원회에서 노동계와 경영계는 논의 참여에 대체로 소극적이었다. 노동계는 전임자 문제의 노사 자율 해결[33]을 희망하였고, 경영계는 복수노조 허용에는 소극적(사실상 반대)이면서 전임자 급여 지급금지의 엄격한 시행 주장만 원론적으로 되풀이했다. 2006년 복수노조·전임자 시행 연기 시 합의

---

33. 노사 자율의 의미는 명목상의 자율이고, 실제로는 노조가 힘을 배경으로 민간 사업장에서 전임자 인정 및 급여를 받아온 담합 관행을 계속할 것임을 우회적으로 표현한 것이었다.

했던 i) 복수노조 허용 시 혼란을 최소화하는 방안 ii) 전임자 급여를 스스로 부담할 수 있는 재정자립 방안 등 구체적인 제도 시행 방안에 대한 본격적인 논의에 참여하지 않으려는 등 제도개선의 공론화를 노사 모두가 반대하였다.

한편으로는 2008년 9월 글로벌 금융위기로 인해 해외 출장을 범정부적으로 자제하는 분위기 속에서도 2009년 2월 15일부터 2월 22일 기간 동안 노사관계선진화위원회 위원들이 복수노조 교섭창구를 배타적 교섭제로 하고 타임오프 제도를 시행하는 미국, 캐나다를 현지 방문할 수 있도록 적극적으로 뒷받침하였다. 이렇게 하여 위원들이 해당국 노사단체와 정부 기관을 상대로 복수노조 및 전임자 제도에 대한 운영 실태를 잘 파악하여 논의가 원활하게 진행될 수 있도록 하였다.[34]

노사관계선진화위원회 공익안의 핵심인 타임오프 제도의 도입은 이렇게 2009년 2월 미국, 캐나다 현지 조사를 통해 공감대가 깊어졌고, 공익위원 단일 합의안이 나오게 된 배경에는 선진 외국 제도에 대하여 핵심 위원들이 합동으로 실태조사를 통한 정확한 현지 확인으로 가능했다. 이러한 다양한 논의의 장을 통하여 노사 위원과 함께 공익위원들이 접점을 형성하는 데 의미 있는 시간과 계기가 되었을 것으로 평가한다.

당시 담당 국장이자 정부측 간사였던 필자는 수시로 공익위원 등 개별 위원들과 공식·비공식인 접촉을 통해 현실적 대안이나 해법을 조언하는 등 협의를 촉진하기 위한 노력을 하였다. 특히 고비마다 수면 아래에서 적절한 의견을 진지하게 교환하는 방법이 주효했다.

---

34. 미국 노동조합총연맹(AFL-CIO)의 샌프란시스코 지역지부 방문 시 노조 관계자에게 미국에서도 사업주가 노조 전임자에게 급여를 지급하는 경우가 있는지, 그리고 주면 어떻게 되는지에 대해 질문을 하자, 노조 관계자는 그런 경우는 없으며 그러한 행위는 불법적(illegal)이라고 강하게 부정하는 답변을 하였던 것으로 출장결과 보고서에 기록되어 있다.

나. 노사관계선진화위원회 공익위원 합의 도출

한국노총은 2009년 2월 25일 정기대의원대회에서 "복수노조 및 전임자 급여 자율 해결 쟁취를 결의하고 이를 해결하지 못할 경우 여당과의 정책연대를 파기 하겠다"라고 선언하였고, 한국경총도 2월 26일 정기총회에서 전임자 급여 금지가 2010년부터 시행되는 것을 주요 사업 목표로 삼는 등 노사관계선진화위원회 대안 도출을 위한 논의에는 적극 참여하지 않고 기존의 대외적 입장만 재확인하는 전략을 구사하였다.

정부에서는 노사관계선진화위원회 내에 공익위원 회의를 활용하여 국민적 합의 방식의 대안을 도출하고 2009년 3월 23일 노사관계선진화위원회 제9차 전체 회의에서 그간 물밑 접근된 내용을 수면 위로 드러내 공익위원 단일 합의안을 발표하였다. 지나고 보니 이 무렵이 당시 노사관계 개혁의 성패를 가른 역사적 전환점으로 생각되었다.

이날 공익위원 간사였던 이철수 서울대 법학전문대학원 교수가 김영삼 정부에서 시작한 노개위(노사관계 개혁위원회) 업무에 관여한 학자로 특유의 권위와 뛰어난 리더십을 발휘하여 복수노조와 전임자 제도 개혁을 위한 공익위원 단일 합의안을 발표하였다.

복수노조는 ⅰ) 교섭단위를 근로조건의 결정권이 있는 사업 또는 사업장을 원칙으로 하고 ⅱ) 조합원의 과반수를 차지하는 노조가 교섭대표가 되는 과반수 교섭대표제를 채택하였으며 ⅲ) 노동위원회가 교섭창구 단일화 업무를 관장하도록 하는 내용이었다.

전임자의 경우는 ⅰ) 선진국의 타임오프 제도를 도입하여 고충처리, 단체교섭, 산업안전보건 업무, 노사공동 설치 기관 운영 등 관련 시간은 유급 처리할 수 있도록 하고 ⅱ) 300인 미만 중소사업장에 대한 정부의 재정지원을 위한 특별법 제정 등을 건의하는 내용이었다.

공익위원 단일안에 대하여 노사는 구체적인 공익위원 합의안이 도출된 것 자체에 대해 당혹감을 표하면서, 공익위원 합의안을 공식화하지 말고 노사 합의를 위한 논의 기초안 정도로 하자고 주장하며 애써 합의안의 가치를 낮추려는 시도를 하였다.

장석춘 한국노총 위원장은 5.1 노동절 기념 마라톤 대회에서 전임자 급여 금지, 복수노조 허용 및 비정규직법, 최저임금법 개정이 정부에 의해 일방적으로 추진되고 노동자 서민의 희생을 강요한다면 조직의 모든 역량을 동원하여 저지할 것이라는 결의를 다지기도 하였다.

이후 5월 29일부터 30일까지 강원도 평창에서 개최된 노사관계선진화위원회 워크숍에서도 정부와 최종태 위원장을 비롯한 공익위원들이 공익위원 합의안을 토대로 심도 있는 논의를 할 것을 요구하였으나, 노사는 5월 18일 공익위원 합의안 일부 내용이 언론(중앙일보)에 보도된 것을 문제로 삼아 실질적인 논의를 거부하는 자세를 취하였다.

2009년 3월에 이미 사실상 굳혀진 노사관계선진화위원회 공익위원 합의안은 이렇게 노사의 공론화 거부, 기간제 및 단시간근로자 보호 등에 관한 법률 개정을 둘러싼 노사정 간의 치열한 논쟁 등으로 인해 5~6월 기간에는 처리되지 못하고 7월 이후로 넘어가게 되었다. 즉, 노사관계선진화위원회는 2008년 11월 13일 제1차 전체회의 이후 13차례, 간사회의 8차례, 공익위원회의 9차례, 주요 외국 실태조사 2차례, 워크숍 3차례를 진행하는 등 노사정 합의안을 도출하려고 노력했다.

그러나 노사의 공론화 거부에 따른 논의 지연, 비정규직법 개정을 둘러싼 갈등 등으로 합의가 되지 않았으나 정부 측의 다각적인 노력 끝에 마침내 2009년 7월 20일 제13차 전체회의에서 노사관계선진화위원회의 전체 논의 경과와 공익위원 합의안(복수노조 교섭창구 단일화 방안 및 근로시간면제 제도 도입)을 채택하고, 각 주체별로 의견을 병기하는 방식으로 복수노조·전임자 관련 논의를 모두 마무리하게 되었다.[35]

정부는 이후 교섭창구 단일화 방안과 노조 전임자 제도 개혁에 관한 합의 도출에 최선을 다하되, 합의가 이루어지지 않으면 노사관계선진화위원회 공익위원 합의안을 고려하여 정부안을 마련하겠다는 내용으로 공식적인 입장을 정리하였다.

노사관계선진화위원회 논의 종료 후에도 노사정위원회 차원에서 추가논의는 계속 진행되었다. 그러나 노사정위원회 내의 부대표급 회의체인 상무위원회에서 7월 29일부터 10월 8일까지 노사관계선진화위원회 공익위원 단일 합의안 등을 논의했으나, 노사단체의 원론적 입장 제시로 실질적인 논의가 이루어지지 않은 상태에서 한국노총의 일방적인 노사정위원회 탈퇴로 더 이상 논의가 진전되지 못한 채 노사정위원회에서의 논의는 종료되었다.

정치권의 반대로 비정규직법 개정이 무산되고 물러나게 된 이영희 노동부 장관은 퇴임 직전 자신이 장관직을 수행하면서 가장 중점적으로 완수하고 싶었던 것이 복수노조 시행과 전임자 폐지 문제라고 밝혔을 만큼 애착이 강했다.

그 결과 2008년 11월 13일 노사관계선진화위원회를 구성하고 대안을 도출하기 위한 다각적인 논의를 전개하여 2009년 3월 23일 의견 접근한 결과를

---

35. 이채필, 「복수노조와 전임자 문제, 개혁 및 과정」, 서울대학교 행정대학원 국가리더십포럼, 2013.12.30.

언론에 밝힐 수 있을 정도로 공익위원 단일안이 만들어졌고 7월 20일 합의에 공식 서명하였으니 이영희 장관 재임 중에 해법의 기본적 토대가 마련된 것이다. 이를 발판으로 후임인 임태희 장관의 취임 이후 정치력을 발휘하여 노사정 합의를 비롯해 많은 진전을 이루게 된다.

〈노사관계선진화위원회 공익위원 합의문 주요 내용〉

■ **복수노조 교섭창구 단일화 방안**
- 사업장 단위에서 노동조합 설립의 자유 보장
- 노조의 자율적 교섭창구 단일화를 원칙으로 하고, 합의가 되지 않을 경우 전체 조합원의 과반수 교섭대표제에 의해 교섭창구를 단일화
- 교섭단위는 사업 또는 사업장 단위를 원칙으로 하고, 예외적으로 노동위원회 결정으로 교섭단위 분리 인정
- 교섭대표는 공정 대표의무를 부담하고, 이를 위반할 경우 적절한 구제방안 마련
- 조합원 수 확인, 선거실시 등 교섭창구 단일화 관련 업무는 노동위원회 관장

■ **노조 전임자 제도 개혁 방안**
- 노조 전임자에 대한 사용자의 급여지급을 원칙적으로 금지하되, 합리적 노사관계의 발전을 위해 예외적으로 다음에 해당하는 시간은 유급처리 가능
  - 근로자의 고충처리를 위하여 필요한 시간
  - 단체교섭에 필요한 시간 및 그 결과를 설명하는 데 소요되는 시간
  - 노조와 사용자가 공동으로 설치한 기관의 운영과 활동 및 노사협의를 위하여 필요한 시간

- 사업장 내 산업안전보건과 관련한 사항의 처리를 위하여 필요한 시간
- 법원, 노동위원회 등 권리구제기관에 참석하거나 이와 직접 관련되는 업무를 위해 필요한 시간
- 기타 노사관계의 원활한 운영을 위하여 대통령령으로 정한 업무에 필요한 시간

○ 노조 전임자 제도 변화로 인해 건전한 노사관계의 형성이 어려워질 수 있는 300인 미만 사업장에 대해 재정지원 노력 등 조치 강구

■ **경과 조치**

○ 새로운 제도가 도입되기 이전에 이미 체결된 단체협약이 있는 경우 그 유효기간 동안 효력 유지

2009. 7. 20.

위 원 장 최 종 태
공익위원 이 철 수
공익위원 조 준 모
공익위원 이 승 욱
공익위원 이 인 재
공익위원 이 강 성
공익위원 조 성 재

07
탁월한 리더십과 정치력을 발휘한 임태희 장관과의 의기투합

2009년 9월 3일 임태희 의원이 노동부 장관 후보로 지명되었다.

서울 중구 장교동 서울고용노동청 회의실에서 임태희 장관 지명자를 간부들과 함께 처음 만났다. 지명자는 우리를 보자마자 서론은 생략하고 시급하게 해결해야 할 부처의 현안이 무엇인지부터 물었다.

그는 이어서 "대통령께서 노조법 문제를 해결하라고 이 자리를 맡겼을 것"이라고 말했을 정도로 노동부의 오랜 숙제가 복수노조 허용과 노조 전임자 문제임을 알고 있었다. 장관으로 입각하는 영광보다는 현안을 어떻게 풀어야 할지에 대한 책임감으로 마음이 아주 무거워 보였다.

당시 차관을 비롯한 간부들은 '노조법 개정은 헌법개정보다 어려운 일'이라며 쉽지 않음을 강조했다. 김영삼 대통령 시절 1996년 12월 26일 '노동법 파동'을 겪어가며 1997년 3월 13일 노동조합 및 노동관계조정법(약칭 노조법)이 제정·공포되었으나, 세 차례에 걸쳐 부칙을 개정하며 시행이 유예(1997년 제정 : 2001년까지 1차 유예 → 2006년까지 2차 유예 → 2009년 말까지 3차 유예)되는 등 출구를 찾지 못했다고 하며 이구동성으로 비관적인 얘기만 쏟아냈다.

하지만 내 생각은 달랐다.

2008년 3월 노사협력정책국장으로 발령받은 이래 그동안 노사관계선진화위원회를 발족(2008년 10월 29일)하고, 2009년 3월 23일 공익위원 전원 합의에 이를 정도로 준비와 대안이 이미 마련되어 있던 터였다.

그런 상황에서 장관 후보자가 당시 기획조정실장이었던 나와 노조법 개정에 관한 의견을 몇 차례 교환했다. 핵심은 다음과 같은 취지로 의견을 나누었다.[36]

"노조설립의 자유는 허용되어야 하고, 노조 전임자 급여는 노조에서 부담하는 것이 상식이자 원칙인데도, 그렇지 못한 것은 사업장의 혼란을 우려하는 경영계와 노조 활동이 어렵다는 노동계의 이해관계가 서로 맞아떨어지면서 정치권이 합세하여 시행을 미루어왔습니다."

"그러나 노조법 개정은 꼭 필요합니다. 국민이 공감할 수 있는 노사관계선진화위원회 공익위원 합의안이 도출되었으니, 해법은 준비되어 있습니다. 다만 노·사와 정치권을 어떻게 설득하느냐가 성패의 관건입니다."

"행정부 공무원을 경험하여 행정도 잘 알고, 3선 의원 정치인에다 친화력과 협상력이 풍부한 장관님께서 역사적 소명으로 생각하고 적극적으로 뛴다면 해결할 수 있습니다."

"하지만 갈 길이 험난하고 시간도 꽤 걸릴 것이며, 잘못되면 정치적 반대 세력이 늘어나 국회로 돌아가기 어려워질 수도 있습니다."
라고 하며, 과연 그럴 각오가 되어 있는지가 제일 궁금했다.

개혁 중에서도 가장 어려운 노조법 개정에 노·사가 반대하는 것은 불을 보듯 뻔하므로 어려움에 봉착하면 도중에 주저앉지 않고 끝장을 볼 의지와 배짱이 있는지를 가늠할 수 없었다. 괜히 호기를 부리며 섣불리 정치적으로 나섰

---

36. http://facebook.com/yimtaehee1 2016. 11. 4. 무엇을, 어떻게, 누구와

다가 여의치 않아 중단하게 되면, 앞으로 이 일에 나설 장관이 누가 있을까 하는 걱정이 앞섰기 때문이다.

그런데 임 장관은 고백하듯 자신의 심경 일부를 밝혔다.
"그렇지 않아도 섣불리 이 일을 시작했다가 자칫 잘못되면 정치인 출신 장관이 큰 타격을 받을 수 있으니, 무리하지 않는 게 좋겠다고 조언하는 사람도 있었다."

사실 우리 부의 여러 선배나 직원들도 엄두가 나지 않았던 현안이었으니 충분히 예상되는 정치인의 반응이었다. 그렇다면 이 일은 영구 미제가 될 운명인가 싶기도 하여 조바심이 났다. 나로서는 아쉬운 기분에 한 마디 안 보탤 수 없었다.

"이 문제는 우리 노사관계의 선진화를 위해 반드시 풀어야 할 숙제입니다."

얼마간의 침묵이 흘렀다.
결심이 섰는지 그는, "나는 국회로 못 돌아가는 한이 있더라도, 이 문제는 꼭 매듭을 짓겠다"라고 하였다. 소명으로 받아들이며 물러서지 않겠다는 임전무퇴(臨戰無退)의 각오가 느껴졌다. 마음속으로는 손뼉을 치고 싶었다.

"장관께서 그런 각오와 역사적 사명감으로 임한다면, 과업을 이룰 수 있도록 저도 최선을 다하여 보필하겠습니다" 하며 전의를 다짐하는 응답을 하였다.
이렇게 해서 이후 험난한 노동 개혁추진 과업을 우리는 함께하게 되었다.

임태희 장관 후보자는 곧바로 각 부서의 담당 간부와 실무 담당자들을 만나 직접 설득해 나가기 시작했다. 2009년 9월 22일 국회 인사청문회를 앞두고 "복수노조 허용 및 노조 전임자 급여 지급금지를 예정대로, 내년부터 시행하겠다"라고 환경노동위원회 위원들에게 서면 답변서를 보냈다.

2009년 10월 1일 장관 취임사에 "노조설립의 자유를 보장하고, 노조 전임자 급여를 기업에 의존하지 않는 것이 노사문화의 원칙"임을 밝혔다. 이어서 그는 진짜 상대해야 할 대상인 노조와 경제단체, 그리고 여야 정치권 인사를 맨투맨으로 설득하거나, 그들의 의사결정에 영향을 미칠만한 인물들에게 공식적으로나 비공식적으로 접촉하고 마음을 움직이려고 온갖 노력을 다했다.

2009년 11월 10일 임태희 장관은 노·사 단체의 반대가 계속되면 "법 개정이 아닌 시행령만 개정해서라도 원칙대로 추진하겠다"라고 밝히자, 노동계가 반발했다. 그러자 "노조 전임자에 대해 회사의 급여 지급을 금지하되, 회사 업무와 관련된 노조 업무에 대해서는 근무시간으로 인정해 임금손실이 없도록 하고, 복수노조 설립이 부담스러울 수 있으나, 전투적 강성노조와는 차별화된 합리적 노조의 탄생을 촉진하는 순기능도 있다"라고 주장하며 노·사 단체를 끈기 있게 설득해 나갔다.

그동안 어렵다고 대부분 지레 포기했다. 누군가는 나서야 했는데 이영희 장관에 이어서 임태희 장관과 함께 우리는 이 일을 추진하는 데 의기투합(意氣投合)했다.

험난한 과정에 사명감을 가지고 탁월한 정치력과 리더십을 발휘한 임태희 장관과 함께하면서 마침내 출구가 조금씩 열리기 시작했다. 임 장관은 도움을 청하는 활동을 낮에는 물론이고 밤에도 계속하였다. 점잖아 보이는 신사적인 외모와 달리 생각보다 집요했다.

08
노사정 합의 모색
: 전임자 폐지 대안과 복수노조 시행 안전판

노사관계선진화위원회 전체회의에서 공익위원 합의안이 채택되었으나, 노동계와 경영계는 여전히 전임자와 복수노조 제도 개혁에 대한 본격적인 공론화를 미루거나 반대하는 의견을 표명하였다.

정부 차원에서는 공익위원 합의안을 중심으로 입법 작업을 진행함과 동시에 정부 입장을 공식 확정하기 위한 부처 내 그리고 관계 부처 간 협의 절차를 진행하였다.

정부가 입법안을 먼저 제시할 경우 노사단체, 특히 노동계에서 정치적으로 추가 요구할 것이므로 입법 전략상 정부가 입법안을 제시하지 말자는 의견이 제기되기도 했다. 실제로 정부는 2가지 트랙을 가지고 전략적으로 접근하였다.
즉, ⅰ) 공익위원 합의안과 같이 법을 보완(개정)하여 추진하는 방안과 ⅱ) 기존 법을 그대로 시행하는 방안을 함께 활용하였는데, 법률 개정 작업과 기존 법을 그대로 시행하기 위하여 필요한 예규와 행정지침을 작성하는 방안을 실무적으로는 모두 준비하고 있었다.

예전에 3차례나 시행을 유예한 경험이 있으니, 또다시 이를 반복하지 않기 위해 노사정 간 고위급, 부대표급 회의도 각각 진행하였으나 실질적인 논의는 이루어지지 않았다.

한국노총 등 노동계는 2009년 8월 말부터 9월 초까지 경영계 대표와 연쇄 회동을 하였고, 법 시행 의지를 분명히 한 정부 입장과 달리 별도의 노사 간 합의를 끌어내기 위해 노력하였다. 이것은 과거 2006년 입법을 위한 노사정 논의 과정에서 노사 간에 직접 합의하고 법 시행을 유예(3년간)하기로 하였는데, 당시 이상수 장관이 전격적으로 합세하여 발표한 예를 답습하려 했던 의도로 보였다.

이와 같은 흐름에 힘을 실은 것은 8월 말 한나라당의 강성천, 김성태, 이화수, 현기환 의원이 이명박 대통령과의 면담 시 전임자·복수노조 관련 법 규정의 시행을 5년 더 유예하는 방안을 대통령에게 건의하였다는 언론 보도 때문이었다. 이때 또다시 무산될까 싶어 솔직히 긴장했던 것이 사실이다.

정부 차원에서는 노사정위원회 주관 토론회, 강성천 의원 주관 토론회 등 각종 토론회에서도 시행이 불가피하다는 입장을 계속 강조하면서, 기존 법대로 시행할 경우 오히려 노사에 우려되는 문제점(불이익)을 강조하고 그에 관한 의견 수렴 기회를 가졌다.

9월 3일 임태희 한나라당 의원이 노동부 장관으로 발표된 이후 청문회 인사말을 통해서 노조설립의 자유를 보장하여 서로 경쟁하고 전임자 급여를 기업에 의존하지 않고 노조 스스로 부담할 때 진정한 노사문화의 선진화가 이루어질 것이라며 법 시행 의지를 분명히 했다. 즉, 법 시행 의지를 밝히고, 혼란을 방지하는 방안을 강구할 것이며, 전임자·복수노조 관련 법률 시행을 재연기할 의사가 전혀 없음을 천명한 것이다.

또한 10월 5일 신임 장관 취임 인사차 한국노총과 한국경총을 방문하면서 "지난 13년간 '제자리 뛰기'만 계속해 온 만큼 이제 앞으로 나가야 할 때이고, 솔직히 인정할 부분은 인정하고 양보할 부분은 양보해야 함"을 강조하였다.

정부는 10월 13일 한나라당 대표 및 최고위원 면담을 시작으로 정치권 내 공감대 형성을 위한 활동을 추진하였다. 이후 10월, 11월 중 각 언론사 논설위원, 사회부장과의 연쇄 회동, 노동정책자문회의 등 여론 주도층과 지속적인 면담을 통해 전임자·복수노조에 대한 의견을 수렴하고 법 시행 의지를 밝히는 등 활발한 활동을 전개하였다.

"정권에는 도움이 안 될지라도 국가에 도움이 되면 해야"

이명박 대통령도 10월 17일 장·차관 워크숍에서 "국가의 백년대계를 위한 정책에는 적당한 타협이 있어서는 안 된다"라고 하며 "정권에는 도움이 안 될지라도 국가에 도움이 된다면, 한때 오해를 받는 한이 있더라도 그것을 택해야 한다"라며 노사관계의 선진화를 강조했다.

정부의 강력한 법 시행 의지 천명으로 여론 주도층을 포함한 일반 국민들이 점차 개혁의 불가피성을 인식하게 되었다. 이에 장석춘 한국노총위원장은 10월 8일 기자회견을 열어 양대 노총과 한국경총, 대한상의, 노동부, 노사정위원회로 6자 대표를 포함한 '노사정 6자 회의'를 제안하였다.

10월 15일 한국노총 지노부 5명은 삭발식을 단행하면서 특별 기자회견을 열어 전국적 총파업 투쟁 및 정책연대 파기를 결의하고 구체적인 시기와 방법은 지도부에 위임하였다. 한국노총은 노동위원회를 비롯한 정부위원회 회의체 참여 중단과 지역노사민정협의회 활동 전면 중단을 선언하였다.
게다가 이채필 기획조정실장을 비롯한 노동부 노정 라인의 전면 교체를 요구하였으며, 10월 21일 장석춘 한국노총위원장과 임성규 민주노총 위원장이 공조하여 양 노총 '연대투쟁' 방안에 대한 합의사항을 발표하기도 하였다.

한국노총은 한나라당과의 정책협의회를 통해 한나라당을 강하게 압박하고,

한나라당 내 초선 의원 모임인 민본21과의 간담회에서 법 시행 시 한나라당과의 정책연대를 파기할 것임을 선언했고, 10월 23일 김성조 정책위원회 의장은 한국노총과 정책연대를 계속할 것임을 약속하고, 복수노조 허용 시기에 대한 유예방안까지 논의할 것임을 밝혔다.

10월 26일부터 '노사정 6자 회의'를 '노사정 대표자 회의'로 명칭을 바꾸고 법 시행을 위한 혼란방지 방안을 논의하였지만 한 달간의 논의 일정이 끝나는 11월 25일까지도 원론적인 주장만 되풀이될 뿐 아무 진전이 없었다. 노사정 대표자 회의가 진행되는 과정에서 노사정은 각기 자신의 입장 관철과 공감대 확산을 위한 피나는 노력을 경주하였다.

먼저 정부는 법 시행의 당위성을 설득하기 위해 11월 1일 지역별 노사 간담회, 11월 2일 여당과의 당정 협의, 11월 9일 ILO와 OECD 등 노조 관계자가 참여한 국제세미나, 11월 10일 언론사 사회부장 간담회, 11월 12일 노사정위원회 위원장·민주노총 지도위원을 역임한 김금수 노동사회연구소 이사장과 한국노총위원장·새천년민주당 국회의원을 지낸 박인상 노사발전재단(당시 국제노동재단) 이사장을 비롯한 노동계 원로 간담회 등 제도 개혁을 위한 공감대 형성에 주력하였다.

한국노총은 11월 10일 지도부 기자회견을 통해 법 시행 강행 시 '정책연대 파기 및 총파업 투쟁을 벌일 것'임을 천명하였고, 이날부터 여의도 공원에서 천막농성에 돌입하였다. 같은 날 민주노총도 기자회견을 통해 항의하고 한국노총과 정식 협의하겠다는 입장을 밝혔다. 11월 23일부터는 전국적으로 총파업 찬반투표를 진행해 나가는 등 정부에 대한 압박 수위를 높여갔다.

한국경총 역시 토론회를 개최하였으나, 주요 기업들에 대하여 합리적인 노사관계로의 방향을 선도하기보다 기존의 복수노조 금지 관행에 매몰되어 복수노조 허용 시 예상되는 우려에 대해 언론을 통해 홍보하는 소극적인 자세였다.

정치권은 한국노총이 지도부 삭발과 천막 농성에 돌입하자, 여권 내에서도 법 시행에 대한 반대 움직임이 본격화되었다. 한나라당 내 초선 의원 모임인 민본21은 노동부에 복수노조·전임자 제도 개혁으로 오히려 노사관계가 악화될 수 있다는 우려를 표명하면서 복수노조·전임자 관련 법 시행에 반대하는 입장을 밝혔다.

한나라당은 11월 25일 최고·중진 연석회의를 열어, 복수노조·전임자 문제에 대해 정부는 무조건 시행해야 한다는 강박 관념에서 벗어나야 한다는 의견과 함께 한국노총과의 정책연대를 깨지 않는 범위에서 협상해 나가겠다는 안상수 원내대표의 입장 표명이 있기도 하였다.

11월 27일 한국노총이 한나라당 여의도 당사에서 점거 농성을 하면서 복수노조·전임자 제도 시행을 반대하는 입장을 강하게 표명하고 집권당인 한나라당 차원의 대안 모색을 촉구하였다.

노사정 대표자 회의에서 논의 시한을 넘기면서도 아무런 결실 없이 끝나자, 정부는 "현행법이 2010년 발효되는 것을 진제로 시행상의 혼란을 최소화할 수 있도록 만전을 기하겠다"라는 입장을 밝혔다. 그런 차원에서 연착륙 방안을 논의할 의사가 있다면 노사정 모두, 노-정, 사-정 등 어떠한 형태로든지 다시 논의할 수 있다는 입장을 표명하여 노사정 논의의 여지는 계속 열어놓았다.

09
「2009.12.4. 노사정 합의」

　노사정대표자회의 종료 시한을 앞두고 공식 노사정 대화가 어려워지면서, 법 시행을 전제로 혼란방지 방안을 마련하기 위해 노사정 대화의 물꼬를 트는 실무 협상을 진행하였다.

　이를 위해 노동부가 전면에 나서서 11월 14일 한국노총 부위원장을 만나, 유예된 노조법의 시행을 위하여 국민적 공감대를 얻을 수 있는 연착륙 장치를 노사정이 함께 마련하자고 제안하였다. 특히 노사정이 합의하지 못하거나, 설령 노사끼리 재유예를 합의하더라도, 유예기간(2009.12.31.)이 끝나면 정부로서는 결코 다른 선택의 여지가 없음(노조 전임자에 대한 회사의 급여 지급은 금지되고, 사업장 복수노조는 허용)을 재확인하는 '최후통첩'을 하였다. 그리고 '시한'에 쫓기면 정부가 '정치적인 접점'을 찾을 것이라는 기대를 하지 못하도록 더 이상 유예는 없다고 분명하게 입장을 밝혔다.

　그동안 노조법 시행을 5년마다 유예(1997년 법 제정 시 1차 유예 : 2001년까지, 2차 유예 : 2006년까지) 하는 과정에서 매번 다음 해에 대선을 앞둔 시점이어서, 여당이 한국노총의 요구를 들어주게 되는 정치적 타협을 반복하였다. 그러나 3차 유예는 2009년까지 3년만 유예하여 5년을 주기로 돌아오는 대통령 선거의 영향을 받지 않게 되었다. 그야말로 천우신조(天佑神助)였다.

　이날 정부의 입장을 재확인한 한국노총 집행부는 한나라당과 정책연대를 맺은 정권이 설마 그렇게 하겠느냐고 반신반의하면서도, 지난번 3차 유예 시 기간을 5년이 아닌 3년으로 합의(유예하기로 하는 방향에 대한 합의는 노사가 하였지만, 유예기간은 3년으로 장관이 절충 제안)한 것에 대하여 뒤늦게 후회하며 바짝 긴장하는 분위기가 느껴졌다.

그런 중 11월 21일(토) 개인적 용무(절친의 자녀 혼사)로 아침 9시 35분 KTX 광명역을 막 출발하여 대전으로 가던 중 임태희 장관의 전화를 받았다. 노조법 개정 실무 협상에 진전을 바라는 '독려성' 전화였다.
나는 곧바로 일정을 바꾸어 다음 역(천안아산역)에서 내려 상행선으로 KTX를 갈아타고 돌아왔다. 친구에게는 미안한 마음에 전화 양해를 구했지만, 공직자에게 업무보다 더 우선하는 것은 없었다. 선공후사(先公後私)는 주말이나 주중을 가리지 않았다. 이날 오후부터 이후 양재동 교육문화회관, 반포, 여의도 등지에서 밤낮을 가리지 않고 한국노총과 한국경총, 대한상의 등 관계자들을 만나 현실적 방안을 논의하였다.

11월 26일 한국경총 이동응 전무와 대한상의 박종남 상무 등 경영계 인사를 연속으로 만났고, 11월 27일 18시부터 다음 날 새벽 2시까지 한국노총 김주영 부위원장과 손종흥 사무처장을 함께 만나 실무 협상을 계속하였고, 11월 28일(토)과 29일(일) 주말에는 한국노총 장석춘 위원장, 김주영 부위원장, 백헌기 사무총장, 손종흥 사무처장과 협의를 계속하여 이견을 좁혀갔다.[37]
12월 1일 13시 30분부터 한국노총 김주영 부위원장과 한국경총 김영배 부회장을 함께 만나 막바지 실무 협상을 하였고(이날 경영계와 티격태격 논란을 벌이며 정회하기도 하였다), 이어서 18시에 식당(반포 토박이)으로 자리를 옮겨 임태희 장관이 주

---

37. 당시 협상 당사자는 노동부 이채필 기획조정실장, 전운배 국장과 한국노총 김주영 부위원장, 손종흥 사무처장, 한국경총 이동응 전무, 대한상의 박종남 상무였으며, 노-정 협상, 사-정 협상, 노사정 협상을 번갈아 진행하였고, 특히 11월 29일(일)은 대통령 주재로 국무위원 등이 참석한 공공기관선진화 워크숍 개최에 이어, 임태희 노동부 장관이 당일 오후 장녀 결혼식이 끝나고 저녁 9시 30분부터 3시간가량 확대 노-정 협상에 합류하여 힘을 실어주었다.

관하는 노동계 인사(장석춘 위원장, 김주영 부위원장, 백헌기 사무총장 등)와 저녁 자리를 겸해 협상을 마무리하기 위하여 무진 애를 썼다.

이 무렵 노동계의 동향은 11월 30일 한국노총 장석춘 위원장이 국회 정론관에서 ⅰ) 전임자 급여는 노조 스스로 부담한다는 원칙에는 동의하지만, 구체적인 대안과 프로그램을 만들 준비기간을 줄 것을 요청하고 ⅱ) 복수노조의 즉각적 시행을 반대한다는 대국민 선언을 하였다. 이 선언은 그동안 전임자 급여 지급 금지 규정 시행 반대, 복수노조는 허용하되 교섭창구 단일화 반대라는 명분 위주의 기존 입장에서 사실상 '재유예'를 주장하며, 민주노총과의 공동 대응 방침까지 철회할 정도로 자신의 요구를 최대한 얻어내기 위한 '협상 전선 흔들기'에 나섰다.

기자회견 직후 한나라당 안상수 원내대표실에서 임태희 노동부 장관, 장석춘 한국노총위원장, 김영배 한국경총 부회장이 참석한 4자회담이 열렸고, 안상수 원내대표는 12월 2일까지 한국노총과 한국경총 합의안을 마련해 올 것을 요청하였다.

11월 21일부터 12월 4일까지 밤샘을 거듭한 치열한 논의 과정이 전개되었는데 그동안 많은 제안과 뜨거운 공방이 노-정 또는 노사정 간에 오고 갔다.

법대로 시행하되 조합비를 인상하여 노조 재정을 확충할 수 있도록 조합비에 대해 정치 기부금과 같은 세금 공제 방안도 검토하였으나, 면세점 이하의 소득 근로자가 많은 중소기업 노조에는 별다른 도움이 되지 않고, 재정 당국에서도 조세법 체계에 맞지 않는다고 하여 난관에 봉착하여 현실적인 대안이 될 수 없었다.

그 외에 사업 규모별 단계적 시행 방안도 심도 있게 검토하였으나, 노동계와 경영계의 의견 차이로 회의가 결렬되는 등 협상이 중단되거나 재개하기를 반복했다.

참고로 당시에 나는 다른 유효한 대안으로 비장의 카드를 준비한 것이 있으나, 여태 개봉하지 않았다. 우리나라의 노사관계 여건상 나만의 영업비밀로 공개하지 않는다.

때로는 윤활유, 때로는 휘발유 역할

수많은 논의와 협상이 진행되면서 의견 대립과 고성이 오갈 즈음이면 임태희 장관이 현장에 합류하여 특유의 온화한 미소와 정성껏 설명하는 진정성, 끈질긴 설득력이 더해져 큰 가닥을 타 주었다. 때로는 윤활유, 때로는 휘발유와 같은 다양한 역할로 협상이 진전되게 해주었다.

사실 임태희 장관의 탁월한 정치력과 리더십이 없었다면 막바지 합의가 결코 성사되기 어려웠을 것이다. 그러니 노사정 합의의 일등 공신이자 최고의 주역은 누가 뭐래도 임 장관이다.

나는 노사관계 업무를 실무적으로 뒷받침하는 기획조정실장으로서 노·사와 중요한 실무 협상을 할 때마다 후임 국장인 전운배 국장과 호흡을 맞추어 진행하였다. 우리가 생각하는 노사관계 방향은 거의 일치했고 협상 전략과 전술을 구사하기 위한 대안(Plan A, B)이나 돌파할 수 있는 아이디어도 이심전심으로 통할 정도로 손발이 잘 맞았다. 명콤비였다. 그는 나중에 고용노동부의 각종 정책과 계획 수립·종합·조정, 예산과 기금, 국회 및 정당 관련 업무를 총괄하는 기획조정실장 역할도 맡아서 수행하였다.

이러한 수많은 논란과 논의 끝에 노사관계선진화위원회 공익위원 합의안의 타임오프 방식에 일정한 한도(상한)를 씌우는 정부의 수정 제시안을 12월 3일 노사 당사자가 받아들이면서 합의 가능한 국면으로 전환되었다.

서울대 노동법연구회 회장을 역임한 이철수 법학전문대학원 교수는 "경제사회발전노사정위원회 공익위원들이 제시한 복수노조·전임자 안은 노조의 자주성을 지키면서도 건전한 노사관계를 어떻게 형성할 것인가에 관한 현실과 명분을 접목시킨 것"이라며 "노사가 조화롭게 공존할 수 있는지에 관한 진지한 방법론을 제시하고 있다"라고 평가하였다. 결론적으로 노사정위원회 공익위원 합의안을 중심으로 복수노조·전임자 문제를 해결하는 데 힘이 실렸다.

전임자·복수노조 개혁은 (잘못된) 기득권 보장에 집착하는 노사단체와 노조에 포획(捕獲)된 정치권의 무원칙한 연대(連帶) 속에 국민 전체를 위한 책임과 원칙을 정부가 줄기차게 외치며 노사정 논의와 전략적 협상을 거듭한 끝에 당초 한나라당이 제안했던 12월 2일 시한을 지나, 12월 4일 극적 합의를 이루게 되었다.

「2009.12.4. 노사정 합의」의 주요 내용은 다음과 같다.

첫째, 노조 전임자 급여 금지 제도와 관련하여 중소기업의 합리적인 노조 활동이 유지될 수 있도록 노사교섭·협의, 고충 처리, 산업안전 등 관련 활동에 대해 사업장 규모별로 적정한 수준의 근로시간면제 제도를 운영할 수 있게 하고, 2010년 7월부터 시행한다.

둘째, 근로자의 단결선택권을 보장하기 위해 사업장 단위 복수노조 설립 규제는 폐지하되, 이에 따라 야기될 수 있는 부작용과 혼란을 최소화하기 위해 교섭창구는 단일화한다. 교섭창구 단일화를 위한 구체적인 방법·절차, 교섭비용 증가 방지 방안 등을 노사정이 협의하여 시행령에 반영하고, 산업현장 교육·지도 등을 위한 충분한 준비기간을 두고 2012년 7월부터 시행한다. 이후 '2009.12.4 노사정 합의안'을 바탕으로 국회 입법 과정을 거쳐 노조법이 개정되었다.

〈전임자·복수노조 제도 관련 노사정 합의문〉

오늘 노사정 대표는 노조 전임자 급여와 복수노조 규제 문제에 대해 극적인 합의를 이루었습니다. 수차례의 협의와 토론 끝에 일궈낸 이번 합의는 노사 모두 각자의 이해관계 고리에서 벗어나 지난 13년간 미루어왔던 숙제를 해결한, 우리나라 노사관계 발전의 큰 전환점입니다.

특히, 이번 합의는 어려운 경제여건을 타개할 출발점이 '노사관계 선진화'라는 점에 인식을 같이하고, 노사정 모두가 우리 노사관계의 현실을 고려하여 고심 끝에 내린 결단입니다.

이로써 우리나라는 세계 어느 국가와 비교해도 손색없는 선진 노사관계의 틀을 갖추게 될 것이며, 진일보한 노사관계는 경제사회 발전의 견인차 역할을 할 수 있으리라 확신합니다.

이번 합의를 계기로 우리의 노동운동은 변화될 것입니다. 경영의 투명성도 한층 높아질 것입니다. 이제 노사정은 온 국민의 열망이자 당면 현안인 일자리 창출을 위해 힘을 모을 수 있게 되었습니다.

우리는 이번 합의가 새로운 노사관계를 이끌어 내고, 21세기 선진 일류국가로 도약하는 데 중요한 디딤돌이 될 것으로 기대하면서, 노사정 합의사항이 산업현장에 연착륙되도록 최선의 노력을 다할 것입니다.

앞으로, 노사정은 합의 이행에 필요한 법 개정 등 제반 조치가 조속한 시일 내에 마무리될 수 있도록 적극 협력할 것이며, 합의정신이 산업현장 전반으로 확산되어 건강한 노사문화가 정착되도록 다 함께 노력할 것입니다.

〈노사정 합의사항〉

가. 노동조합 전임자 급여금지 제도와 관련하여, 중소기업의 합리적인 노조활동이 유지될 수 있도록 노사 교섭·협의, 고충처리, 산업안전 등 관련 활동에 대해 사업장 규모별로 적정한 수준의 근로시간면제 제도를 운영할 수 있도록 한다.
   ○ 위와 관련된 구체적인 세부사항은 노사정이 실태조사 등을 토대로 긴밀한

협의를 통해 합리적인 기준을 마련, 시행령에 반영하고 준비기간을 거쳐 2010년 7월부터 시행한다.

나. 근로자의 단결선택권을 보장하기 위해 사업장 단위 복수노조 설립 규제는 폐지하되, 이에 따라 야기될 수 있는 부작용과 혼란을 최소화하기 위해 교섭창구는 단일화한다.

○ 교섭창구 단일화를 위한 구체적인 방법·절차, 교섭 비용 증가 방지 방안 등을 노사정이 협의하여 시행령에 반영하고, 산업현장 교육·지도 등을 위한 충분한 준비기간을 두고 2012년 7월부터 시행한다.

다. 복수노조 교섭단위는 사업 또는 사업장으로 한다.

○ 소수 노조에 대한 불합리한 차별을 방지하기 위해 교섭대표 노조에게 공정대표 의무를 부여한다.

2009. 12. 4.

한국노동조합총연맹 위원장 장석춘

한국경영자총협회 회장 이수영

노동부 장관 임태희

2009년 12월 4일 노조 전임자 급여 금지 제도와 관련한 중소기업의 근로시간면제 제도 시행, 복수노조 설립 규제 폐지에 따른 부작용과 혼란을 최소화하기 위한 사업(장) 단위 교섭 창구 단일화에 합의한 노사정 대표(장석춘 한국노총위원장, 이수영 한국경총 회장, 임태희 노동부 장관)

10

험난했던 입법 과정
: 환노위 위원장의 정치적 과욕

2009년 12월 4일 노사정 합의를 바탕으로 한나라당은 의원총회를 거쳐 당내 노동관계법 T/F 논의를 하고 조문화하여 12월 8일 안상수 원내대표 외 한나라당 의원 168명 전원이 발의한 의원입법 방식으로 노조법 개정안이 국회에 제출되었다.

이후 당내 심의 과정에서 한국노총이 '통상적 노조 관리 업무'까지 타임오프에 포함시켜 달라고 요구하는 등 최대한 노동계에 유리한 내용을 추가하려고 시도하였다.

가. 8인 연석회의 제안(환노위 위원장)

한나라당이 법안을 제출하자 추미애 국회 환경노동위원회 위원장은 "노동부와 한국노총, 한국경총의 3자 합의는 이해 (관계) 조율에 실패한 것"이라며, 자신이 주도하는 새로운 합의로 단일안을 추진하겠다는 입장을 밝혔다.

이렇게 '12월 4일 노사정 합의'를 환노위 위원장이 부정함으로써 법 개정은 다시 원점으로 돌아갔다. 환노위 위원장의 의욕적인 입법정치가 시작되면서 '12·4 노사정 합의'에 따른 법 개정에 제동이 걸리는 상황으로 바뀌었다.

추 위원장은 조원진 한나라당 간사와 김재윤 민주당 간사, 장석춘 한국노총

위원장, 임성규 민주노총 위원장, 이수영 한국경총 회장, 손경식 대한상의 회장과 임태희 노동부 장관이 참여하는 '8인 연석회의'를 구성하고, 12월 15일부터 18일까지 노동단체와 경제단체를 순회 방문하고, 12월 22일부터 26일까지 국회에 모여 서로의 입장에 대한 의견을 묻고 거리를 좁히기 위한 활동을 하였다.

그렇지만 노사단체는 한나라당 발의안대로 통과를 주장하거나 반대입장을 고수하는 등 의견 차이만 확인된 채 12월 27일 8인 연석회의가 결론 없이 끝났고, 연말까지 노조법이 개정되지 않으면 큰 혼란이 우려되는 절박한 순간으로 하루하루 치닫고 있었다.

나. 6자 회의 결렬(한국노총위원장)과 여파

이와 비슷한 시도가 이에 앞서 이미 있었다.

장석춘 한국노총위원장의 제안으로 10월 29일부터 11월 25일까지 6자 회의(한국노총·민주노총, 한국경총·대한상의, 노동부·노사정위원회)가 열렸으나 아무런 합의를 이루지 못하였다.

파행 끝에 어렵게 이뤄낸 노·사·정 (3자) 합의라는 결실이 나왔는데도, 추 위원장이 더 나은 합의안을 도출하기 위하여 8인 연석회의를 제안한 것이다. 그러나 의견 차이만 드러난 채 결론 없이 끝났다. 민주노총까지 테이블로 불러내 합의를 도출하려는 의욕적인 시도였으나, '예고된 실패'와 다름없어 보였다.

입법권은 국회에 속하니 국회의원의 입법과 관련하여 이루어지는 활동은 모든 것이 가능하다. 하지만 상반되는 이해관계 속에서 복잡한 함수가 내포된 해법을 찾느라 무려 13년간 시행이 유예된 가운데 가까스로 균형점을 찾은 노사정 합의에 손을 대기 시작하면 아주 조금만 미세하게 흔들어도 역학관계가 깨지고 무너지게 된다는 점을 간과했다. 특히 당시 민주노총은 분파가 복잡하고 내부적으로도 상호 견제하는 등 이해관계가 첨예하게 대립되는 노사관계 사안에 합의를 기대하는 것은 현실성이 거의 없었다.

정치의 영역에서 비록 불가능은 없다고 하지만, 이 분야는 정교하고 치밀하게 준비한 대안이 뒷받침되어도 접점을 이루기 쉽지 않은 난제 중의 난제였다. 아무리 리더십이 뛰어난 정치인이라고 해도 정치력만으로는 풀리지 않는 대표적인 분야가 집단적 노사관계와 관련된 문제다. 그런데도 자신이 새로운 단일안을 만들겠다고 나선 것은 또 다른 기대감만 키우는 정치적 과욕이자 지금까지의 합의마저 파기하는 무모함으로 나타날 과유불급(過猶不及)이었다.

국회법상 상임위에 안건이 회부되면 위원장과 여야 간사가 협의하여 안건을 상정하고, 이를 소위에 넘겨 법안 심사를 하도록 규정되어 있다. 또한 단일안 여부는 상임위 여야 의원 전체의 의사로 결정하면 되고, 합의가 안 되면 각 법안을 심사한 뒤 표결로 결정하게 되어 있다. 그럼에도 단일안이 아니라는 이유로 위원장이 법안 상정을 거부하는 것은 국회법을 무시한 권한 남용으로 보이지만 정치라는 이름으로 감행되었다.

다. 현행법 시행(施行) 예고, '노사정 합의' 존중 압박

12월 27일 8인 연석회의가 최종 무산되자, 노동부는 곧바로 실무적으로 준비해 놓은 고시[38]를 노동부 홈페이지를 통해 12월 28일 자로 행정 예고하였다. 즉, 현행법대로 시행(施行)될 경우까지 대비하여 이익단체 눈치 보는 정치

---
38. '노동조합의 교섭창구 단일화 절차와 방법에 대한 규정'(노동부 장관 고시 제2009 - 103호)

권에 대해서도 '12월 4일 노사정 합의'를 존중토록 압박하는 지렛대효과도 동시에 고려하였다.

이명박 대통령도 2009년 12월 28일 아랍에미리트(UAE) 원전 건설공사 수주 지원 방문을 마치고 귀국하자마자 열린 수석비서관 회의에서 노조법 개정 상황을 가장 먼저 점검한 것으로 알려졌으며, 만약 노조법 개정안이 국회를 통과하지 못할 경우까지 대비하여 혼란이 발생하지 않도록 철저히 준비할 것을 당부하는 지시가 있었다.

한편, 이에 앞서 12월 22일 환경노동위원회에 한나라당의 노조법 개정안뿐만 아니라 민주당 김상희 의원안, 민주노동당 홍희덕 의원안도 함께 법안으로 상정되었고 12월 23일 환경노동위원회 법안 심사소위원회에 상정되었다.

국회 환경노동위원회 법안심사소위원회는 8인 연석회의와 연계하여 논의를 진행하였으나 결론을 내리지 못하는 상태였다. 노조법 개정안의 국회 통과가 불투명해지자 12월 28일 한국노총은 "노조법 개정안 연내 합의 촉구" 제목의 성명을 발표하였다. 민주노총은 복수노조·전임자 급여 지급 금지 규정의 시행을 1년 더 유예하자고 제안하면서 노조법 개정안의 국회 통과 시 총파업을 하겠다는 내용으로 기자회견을 하기도 하였다.

11
환노위 위원장의 결자해지

가. 소속 당의 반대에도 노조법 의결

　12월 29일 추미애 환경노동위원회 위원장과 임태희 노동부 장관, 차명진 법안 심사소위원회 위원장이 회동하여 노조법 개정안에 대한 입장을 조율하였고, 필자는 기획조정실장으로 필요한 실무적인 지원을 하였다. 이때 근로시간 면제 제도는 2010년 7월 1일부터, 복수노조 교섭창구 단일화 제도는 ('12·4 노사정 합의안'보다 1년 더 앞당긴) 2011년 7월 1일부터 시행(적용)하는 것으로 결론 냈다.

　당시 조율은 '12·4 노사정 합의안'을 중심으로 하되 추미애 위원장의 제안 의견을 절충하여 마무리하였다. 추미애 위원장의 제안은 한국노총이 수용한 근로시간면제 제도(Time-off)와 관련하여 ① 노조 전임자의 유급 근로시간을 정하는 권한과 세부 절차를 '노동부 장관에 위임'한 한나라당 안을 고쳐, 노동부에 '근로시간면제심의위원회'를 설치하여 심의하도록 수정하고 ② 한나라당 안에 포함된 근로시간면제 대상 업무 중 '통상적인 노동조합 관리 업무'에서 '건전한 노사관계 발전을 위한 노동조합의 유지·관리 업무'로 표현을 수정하자는 것이었다.

　한편 '통상적인 노동조합 관리 업무'는 12·4 노사정 합의 이후 한국노총이 한나라당에 직접 요구하여 정치적으로 포함된 것인데(이 또한 '건전한 노사관계 발전을 위한 노동조합의 유지·관리 업무'로 수정), 참고로 이것까지 사용자가 부담하는 근로시간

면제 대상 업무로 정하는 것은 노조의 자주성과 정체성을 본질적으로 포기하는 처사이므로 언젠가 (조속히) '삭제'하는 것이 마땅하다. 동네 친목회도 회원들이 필요한 경비를 스스로의 회비로 부담하지, 누군가 다른 이에게 부담시키지 않는 성격에 비추어 봐도 그렇다. 거지 근성이라고 지적하면 어떻게 변명할지 궁금하다.

이와 같은 내용으로 수정된 노조법 개정안은 환경노동위원회 민주당 위원들과 환경노동위원회 위원이 아닌 민주노동당 의원까지 상임위 회의장에 들어와 회의 진행을 방해하며 반대하였다. 그런 상황에서 2009년 12월 30일 14시 10분 위원장의 요청으로 질서유지권이 발동된 상태에서 표결로 환경노동위원회를 통과하였다.

이후 소속 민주당에서 추 위원장을 징계하겠다며 정치적 논란이 생겼고 그 처리 과정에 대하여 2010년 1월 4일 다음과 같은 취지로 해명한 바 있다.[39]

추미애 위원장은 노조법 시행 유예기간이 끝나기 전에 이 법을 개정해야 하는 일정의 불가피성을 강조하며, 12월 30일 10시 37분 환노위 회의를 시작했다.
이때 민주당 의원(김상희)과 환노위 소속이 아닌 민주노동당 의원(이정희)이 위원장석 주변에서 막무가내로 정회할 것을 요구하며 회의 진행을 막았다.
추 위원장은 당론을 떠나 국회법과 국회의원으로서의 양심에 따라 행동할 것을 요청하고, 끝장토론을 해서라도 설득하고 대결단을 내릴 것을 촉구하였으나, 민주당 위원들은 끝내 토론을 거부하고 모두 퇴장해 버렸다.

특히 추 위원장은 교섭창구 단일화를 받아들였는데, 민주당에서 산별 교섭권

---

[39]. https://poisontongue.tistory.com/1336, 2010년 1월 4일 국회의원 추미애, "노조법 개정에 대한 자세한 경위와 입장을 말씀드립니다"

2009년 12월 30일 추미애 환노위 위원장이 노조법 개정을 위한 상임위를 시작하였으나, 민주당 김상희 의원(서서 손가락질하는 여성)과 환노위 소속이 아닌 민주노동당 이정희, 강기갑 의원(우)이 위원장석 주변에서 정회를 요구하며 반대·방해하고 있다.

을 받아내지 못했다고 비판하는 것은 앞뒤가 맞지 않는 자가당착임을 강조했다.

하나의 사업장에서 노조가 난립할 수 있는 복수노조 시대에 교섭창구 단일화를 하면 산별 교섭권을 보장할 수 없고, 역으로 산별 교섭권을 주면 교섭창구 단일화의 틀이 무너지므로 교섭창구 단일화와 산별 교섭권 인정은 어느 하나를 선택할 문제이지 병행할 수 없는 것이다.

따라서 민주당의 비판은 복수노조 문제의 본질을 호도하는 것일 뿐만 아니라 형평에도 맞지 않는 주장임을 조목조목 풀이하며 설명하였다. 따라서 사업장 노조설립의 자유를 유예할 수 없고, 기득권 단체인 양대 노총만의 문제가 아니며 사용자단체와 정치권도 복수노조 창구단일화 절차 외에는 다른 방법을 찾을 수 없음을 법률가 출신답게 논리정연하게 짚어가며 강조했다.

추미애 위원장은 당시 "법대로 시행하면 전임자 급여 지원도 날아가 버리고, 복수노조 난립으로 인한 모든 책임을 정치권이 지는 상황이 된다. 그러므로 노조법처럼 산업현장은 물론 사회 전반에 대해 파급력이 큰 법에 대해서는 대안으로 이해관계자들을 설득하는 것이 정당과 정치인의 책무"라고 했다. 판사를 지낸 법조인 출신의 정치인이어서 그런지 노조법 처리의 불가피성을 아주 명확하게 설명했다.[40]

추미애 환경노동위원회 위원장은 자신이 '8인 연석회의'를 제안하고 논의하였으나 성과 없이 결렬되자 어렵게 성사된 노사정 3자 합의가 깨지는 역사의 인물로 기록될 순간 자신이 져야 할 책임을 외면하지 않고 용감하게 나선 정치인이다. 즉, 추 위원장은 소속 야당의 반대에도 불구하고 스스로 생각하는 법적 미비점도 지적하며 이를 보완하는 의견까지 제안하고 정부·여당과 협의하여 노조법을 통과시켰다. 나중에는 이를 방어하는 역할도 소홀히 하지 않았다.

추미애 환노위 위원장이 초기에는 의욕이 넘칠 만큼 정부가 한 일에 정치적으로 개입하여 '12·4 노사정 합의'를 부정하였지만 끝내 자신이 제안한 8인 연석회의에서 접점을 찾지 못하고 그나마 진전된 법 개정에 제동을 건 상황이 되자 결국에는 그동안 이룬 접점이라도 작동되게 하는 노조법 개정에 과감하게 힘을 보태는 용단으로 마무리하였다. 헌법개정보다 어렵다는 노조법 개정에 용감하게 나선 채 힘주어 시위를 당긴 독화살은 아쉽게도 자신의 아킬레스를 쏘고 말았다.

오랜 현안이자 고민과 논의를 거듭하여 마련한 대안(노사정위원회 공익위원 합의안)과 험난한 노–정, 사–정 협상을 거쳐 도출된 12·4 노사정 합의를 뒷바라지한 관계자의 일원이었던 당사자로서 그의 무모한 정치적 개입에 실망과 낭패

---

40. 추미애 환노위 위원장에 대한 어느 독자의 평가 : "2009년에 노조법 개정 때 일입니다. 당시 민주당이 야당이던 시절에 당에서 반대하는데도 불구하고 (추미애) 혼자 여당 및 한국노총과 협의하여 진행했었는데, 이 사람이면 한국의 메르켈이 될 수도 있겠단 생각이 들었습니다. 추미애를 강성인사라고 생각한다면 큰 오해입니다. 추미애는 필요하다면 언제든지 여야 구분 없이 합의할 수 있는 사람입니다."

감으로 곤혹스러웠다. 그렇지만 마지막 절체절명의 순간이 되자 법안 처리에 몸을 던짐으로써 많은 국민에게 안도의 숨을 쉬게 해주었다.

더러 선심성 주장으로 희망 고문을 가했다가 사태가 악화되면 슬그머니 꽁무니를 빼는 일부 정치인과 다르게 그는 책임감이 넘치는 정치인이었고 돌파력 또한 대단했다. 확신이 들면 두려워하지 않고 뭐든 실행할 수 있는 보기 드문 통 큰 리더였기에 오랜 전쟁으로 지친 프랑스인들에게 희망을 불어넣은 잔다르크를 마주하는 느낌마저 들었다. 영웅 잔다르크와 합성어인 '추다르크'라는 별명이 그냥 붙여진 것이 아니었다.

당시 민주당은, '복수노조 교섭권은 노사 자율(산별노조는 교섭창구 단일화 제외), 노조 전임자 급여 지급은 노사 자율(타임오프 제도는 수용하되, 단협으로 세부 한도 결정)'을 주장하였으나, 국회에서 법 개정을 해주지 않으면 어쩔 수 없이 또다시 정부와 여당이 네 번째 '시행 재유예'라는 정치적 타협을 반복할 것으로 짐작(기대)한 모양이었다. 당시 한국노총과 민주노총을 비롯한 노동계의 실질적 입장이자 노림수가 그러했기에 민주당은 그걸 대변하려 하였을 것이다.

그런데 차명진 환경노동위원회 법안심사소위원장(한나라당)이 2009년 12월 30일 상임위원회에서 발언한 바와 같이[41], 노조 전임자와 복수노조 문제가 하나가 되면 나머지 하나가 안 되는 이율배반의 (trade off) 관계가 아니었는데도, 노동조합 측은 노조 전임자의 급여 지급금지를 반대하고, 기업 측은 사업장 복수노조 허용을 반대하는 등 노조와 사용자의 이해관계가 맞아떨어지면서 정치권이 이를 서로 연동시켜 하나로 묶인 것이다.

결국 노사 양측을 테이블에 끌어들이려면 협상의 접점이 필요했는데, 그 절충안이 기업은 복수노조 부담에서 교섭창구 단일화를, 노동조합은 전임자 급

---

41. 제18대 국회회의록 제285회(임시회) 6차 환경노동위원회 2009.12.30.

여 지원금지 부담에서 일정한 노사 공동의 이해관계 활동에 국한하여 근로시간면제(타임오프) 제도로 절묘한 해법을 찾았다. 그래서 노동조합과 사용자가 상호 기득권 방어를 위해 더 이상 담합을 하지 못하도록 이를 분리하고, 이와 함께 정치권도 더 이상 끼어들기 어렵게 두 제도의 시행 시기를 다르게 정하여 그 연결고리를 원천 차단한 것에 의미가 있었다.

나. 짧지만 길었던 국회 본회의 의결 : 국회의장 직권상정

2009년 12월 30일 법제사법위원회에 이 법안이 상정되었으나, 여야 간 일정 논란으로 법제사법위원회를 통과하지 못했다. 12월 31일 10시에 법제사법위원장(유선호, 민주당)이 위원회 회의를 개의하자마자, 한나라당 단독으로 예산결산특별위원회에서 예산안을 통과시킨 것에 항의하며 산회(散會)를 선포하여 버렸다.

이것은 같은 날 또다시 회의 개의가 불가능하게 규정한 국회법을 근거로 노조법 개정안의 국회 통과 여부가 불투명하게 만드는 교묘한 처사였다. 이제 국회 통과는 국회의장의 직권상정 외에는 달리 방법이 없는 극한 상황으로 몰고 가버렸다.

결국 그날 밤 9시 이후 본회의에 직권 상정하기로 입장이 정해졌고, 김형오 국회의장은 비예산 부수 법안으로는 유일하게 노조법 개정안을 포함하여 예산 부수 법안과 함께 2010년 1월 1일 새벽 1시를 기한으로 심사를 마무리하도록 법제사법위원회에 통보하였고 법제사법위원회는 민주당 등 야당의 반대로 개최되지 못한 채 심사 기한이 경과되었다.

이에 김형오 의장은 2010년 1월 1일 새벽 1시 10분 노조법 개정안을 국회 본회의에 상정하여 조승수 의원 반대 토론, 이두아 의원 찬성 토론, 김상희·권영길·홍영표·이정희 의원의 추가 반대 토론을 거쳐 투표 끝에 재적 175명, 찬성 173명, 반대 1명(정동영), 기권 1명(최연희)으로 의결정족수를 충족함에 따라 새벽 2시 10분에 국회 본회의를 통과함으로써 마침내 노조법이 개정되는 역사적 순간을 맞이할 수 있었다.

김형오 의장은 이날 안건 처리 후 본회의 말미에 노조법을 직권 상정한 이유를 다음과 같이 설명하였다.[42]

"어제(12월 31일) 아침 10시 법제사법위원회가 회의를 열자마자 산회를 선포하여 회의가 원천 봉쇄되었다. 법사위원장의 산회 선포로 더 기다려봤자 무의미해졌고, 당장 1월 1일 이후 닥칠 엄청난 문제에 대해서 환경노동위원회에서 어렵게 처리한 법안을 국회가 손 놓고 있는 것은 직무유기였다. 그래서 여러 동료 의원들과 많은 외부 사람들의 전화도 받고, 고민 끝에 직권상정이 차선책이라는 결론에 도달했다"라고 밝혔다.

이명박 대통령도 12월 31일 김형오 국회의장이 직권상정 여부를 검토할 때 전화를 걸어 도움을 요청했다는 언론 보도가 있었다. 또한 당시 기존 법대로 시행할 경우 발생할 우려에 대하여 김형오 국회의장의 자문을 요구받은 노동계 출신 환경노동위원회 강성천 의원도 법안의 조속 처리가 필요하다고 설득했다는 얘기를 나중에 전해 들었다.

그런데 하마터면 법적 하자가 생길 뻔했다. 본회의 의결 시점이 12월 31일 이전이 아니라 유예기간을 경과한 시점(2010년 1월 1일 02시 10분)에 이루어졌기 때문에, 2009년 12월 31일 직후부터 법 개정 공포 사이에 노조 전임자에 대한

---

42. 제18대 국회회의록 제285회(임시회) 4차 본회의 2010.1.1.

급여 금지와 복수노조 설립 관련 법적 공백이 발생하게 된 것이다. 본회의 처리가 지연되면서 한 치 앞을 내다볼 수 없는 시계(視界) 제로(0) 상황에서 미처 꼼꼼하게 살피지 못하여 미비점이 발생하였다.

그 와중에 이병길 환노위 수석전문위원이 이런 문제점을 귀띔해 주었다. 덕분에 본회의 안건을 표결하기에 앞서 부칙(경과규정)으로 '노동조합 전임자에 대한 적용 특례'와 '노동조합 설립에 관한 경과조치'(제7조 및 제8조) 규정을 추가하는 수정 대안을 발의하여 보완할 수 있었다.

이 수석은 필자와 대학원에서 같이 동문수학하였는데, 그는 입법고시 출신으로 입법 과정에 관한 전문성이 뛰어났고, 국회 의사국장을 지낸 경험이 있어서 그런지 본회의장의 구조를 누구보다 잘 알았기에, 국회 속기사가 다니는 통로를 이용하여 환노위 법안심사소위원회 위원장인 차명진 의원에게 이러한 사정을 설명하고 수정 대안을 제안하도록 요청하여 필요한 보완 절차를 마무리할 수 있었다.

당시 의사일정이 지연되면서 법안에 흠결이 생길 뻔했으나 결정적 순간에 적절한 도움을 받아 수정하게 되었으니 고맙기 그지없다. 천지신명께서 감읍하였는지 여러 사람의 도움으로 성과를 거둘 수 있게 되었다.

다. 관계자의 반대의견과 관계 부처의 협조로 하위법령 개정

노조법 개정 이후 후속 조치로 근로시간면제심의위원회 구성 및 복수노조 교섭창구 단일화 제도의 세부 절차를 규정하기 위해 노조법 시행령 개정 작업을 하였다. 2010년 7월 1일 근로시간면제 제도가 적용되기 위해서는 면제 한도를 정해야 하고, 이를 심의하는 근로시간면제심의위원회가 구성 운영되는 근거는 노조법 시행령에 위임하였다. 또한 입법예고, 부처 자체 규제심사, 규제개혁위원회 규제심사, 법제처 법제 심사, 차관회의와 국무회의를 거쳐야 하는 관계로 이 절차를 모두 거치면 관계기관과 사전협의를 하더라도 최소한 2개월 이상 소요될 것으로 예상되었다.

그래서 2010년 1월 4일까지 밤샘 작업을 해가며 노조법 시행령 개정안 초안을 마련하였고 그 이후 법령검토 회의를 거쳐 1월 8일 개정안을 확정하였다.
입법예고 기간도 통상 20일이었지만 법제처와 협의하여 10일로 단축하여 1월 11일부터 1월 21일 기간 동안 예고하였다. 또한 법제처 법제 심사도 규제개혁위원회 규제심사를 거친 후 진행하는 것이 일반적인 관행이었지만 입법의 시급성을 감안하여 규제 심사와 병행하여 사전 심사를 하고, 규제심사 내용을 반영하여 법제 심사를 마무리하는 방향으로 법제처, 국무총리실과 협의하였다.

1월 25일부터 2월 1일까지 노사관계법제과장과 오영민 사무관(나중에 안전보건감독국장 역임)이 매일 법제처로 출근하여 대면 심사를 받았다. 법제 심사 중 마지막까지 남은 쟁점은 근로시간면제심의위원회에서 근로시간 면제 한도를 심의·의결할 때 '시간' 외에 이를 사용할 수 있는 '인원'을 함께 정하는 규정에 대하여 법제처 담당 법제관과 의견 차이가 좁혀지지 않았다.

입법 취지상 '시간'과 이를 사용하는 환산 '인원'을 함께 정하는 것이 타당함을 설명하고, 법제처 각 업무 단계별로 법제처장까지 모두 설득하였으나 유독 담당 법제관은 완고하게 반대입장을 고수하는 바람에 법제 심사는 계속 지연되었다.

그래서 부득이 모색한 대처 방안은 차관회의에 상정하는 시행령안에는 '시간' 외에 이를 사용할 수 있는 '인원'을 정할 수 있는 조항을 일단 삭제하고 올렸다. 그 대신 차관회의나 국무회의에서 공식적으로 문제를 제기하는 절차를 밟아 이를 문안에 다시 포함하기로 하는 전략을 세웠고, 이것이 수용되어 2010년 2월 12일 노조법 시행령이 관보에 공포됨으로써 마무리되었다. 즉, 2월 5일 차관회의에 상정하여 권태신 국무조정실장이 이 문제를 지적하고, 국무회의에 부의하기 전 관계부처 차관회의를 개최하여, 2월 10일 국무회의에 수정 제안하고, 수정안대로 의결되었다.

전문가로서의 입장이나 소신은 다를 수 있으므로 담당 법제관의 의견도 충분히 존중하였고, 정부의 종합적 판단에 따른 지혜로운 대처로 시행령 제정도 시일 내에 마칠 수 있었다. 이후 8월 9일 노조법 시행규칙 개정을 완료하여 노사관계의 숙원이었던 전임자·복수노조 제도 개선이 마무리될 수 있었다.

12
근로시간면제심의위원회 위원 위촉과 노동계의 꼼수 대응

가. 위원 위촉

　노조법 부칙에 따라 2010년 7월 1일부터 적용될 근로시간 면제 한도를 근로시간면제심의위원회에서 4월 30일까지 정해야 하며 그에 앞서 근로시간면제심의위원회 차원의 노동조합 실태조사 실시와 위원 간 논의 기간 등을 고려하여 근로시간면제 한도를 정하기 위한 근로시간면제심의위원회(이하 '근면위'라 한다)를 최대한 서둘러 2월 26일 발족하였다.

　근면위 위원은 정부 추천 공익위원과 노동계 추천 근로자위원, 경영계 추천 사용자위원 각 5인으로 하되, 근면위 결정이 향후 우리나라 노사관계의 중대한 전환점이 될 사항이자 노·사 및 일반 국민 모두에게 중요한 이슈였다.
　따라서 노동계와 경영계 위원 모두 각 단체의 전·현직 임원으로만 위촉되면 자신이 소속된 노사 조직의 논리에 지나치게 매몰될 우려가 예상되어 객관적인 입장에서 논의를 진행할 수 있도록 노사문제 '전문가'를 반드시 함께 포함하여 추천할 것을 요청했다.

　민주노총에도 공문을 보내 참여를 요청하였으나 계속 거부하여 근로자위원을 일단 한국노총 관계자들만으로 정수(인원)를 채웠다. 이후 민주노총이 기한을 넘겨 위원(2명)을 추천하였기에, 한국노총 추천위원 중 2명이 사퇴하고 그 자리에 민주노총 추천위원으로 교체 위촉하였다.

이는 근로자(민주노총 몫)위원 일부를 (노동계 인사들로) 모두 채울 수 있음을 직접 보여주면서, 노동계에서 위원 구성이 되지 않았다는 이유를 핑계로 대며 회의를 공전(空轉)시키는 수법을 써먹지 못하도록 막았다. 아울러 회의체에 끝내 들어오지 않으면 스스로 발언권을 행사할 수 있는 장(場)이 없어질 수 있음을 보여준 경고가 포함된 것이었다.

　누군가 꼼수를 부리는 것이 못마땅하면 정부는 최선을 다해 대응조치를 하면 되는 것이고, 꼼수의 달인에 대한 피해 예방책을 강구하는 것 역시 우리에게 주어진 임무이자 숙제였다.

나. '근심위' vs '근면위'

　근로시간면제심의위원회(위원장 김태기, 단국대 교수)는 2월 26일 위원 15명(근로자위원, 사용자위원, 공익위원 각 5명)이 참석한 가운데 제1차 전체회의를 개최하였다. 이 자리에 임태희 노동부 장관과 이채필 노사정책실장이 참석하여 위원들에게 역사적 책임감을 가지고 노사관계 선진화에 디딤돌을 놓는다는 자세로 적극 활동할 것을 주문하였다.

　근로시간 면제 한도 결정을 위한 논의를 시작하고, 매주 1회 정기회의와 필요시 수시회의를 개최하였으며, 4월 2일 제6차 전체회의에서 근로시간면제심의위원회의 향후 운영 방향과 관련한 기본 원칙, 노동조합 활동 실태조사, 위원회 운영 방식과 일정 등에 대한 논의를 통해 '근로시간면제심의위원회 운영 방향 합의안'을 심의하였다.

　그런데 회의체의 명칭을 노동계에서는 '근심위'라고 불러 '근심덩어리'인 것처럼 이미지가 비치도록 프레임을 짰다. 정부는 약칭을 '근면위'로 부르며 긍정적 의미가 희석되지 않도록 하였다. 언론도 초기에는 노동계의 주장대로 '근심위'로 보도하였으나, 점차 '근면위'라는 명칭으로 굳혀졌다.

한편, 근로시간면제심의위원회는 3월 3일 간사위원(근로자위원, 사용자위원, 공익위원) 회의를 열어 근로시간 면제 한도 의결에 필요한 기초자료 수집을 위한 「노동조합 활동 실태조사를 위한 실태조사단」 구성 및 계획을 논의하여 근면위 위원장이 지명하는 전문가 3명과 노동계·경영계가 추천하는 전문가 각 1인으로 실태조사단을 구성하고, 3월 10일 노동조합 활동 실태조사표와 매뉴얼이 확정됨에 따라 3월 11일 고용노동부와 근면위는 조사대상 사업장 노·사 대표에게 공문을 발송하는 것을 시작으로 실태조사를 실시하였다.

근로시간면제심의위원회는 현장 실태조사 등을 토대로 노사의 입장을 제시하면서 전체회의 16회, 소위원회의 7회, 실태조사단 회의 7회 등 총 34차례 회의를 개최하였고, 4월 30일 15시 06분부터 시작된 제16차 전체회의는 노·사·공익 위원 간 격렬한 논의로 5월 1일까지 계속되었으며, 5월 1일 새벽 2시 50분경 무기명·비밀 투표를 통해 '근로시간 면제 한도'를 의결하였다.

근면위 회의 진행과 의결을 방해하려는 노동계의 끈질긴 시도가 있었다. 근면위는 근로시간 면제 한도를 의결하기 위하여 제16차 전체회의를 4월 30일 오후에 개최하였다. 그날 회의가 시작되기 전부터 한국노총은 4월 30일 근로시간 면제 한도 강행처리 결사반대 성명을 발표하였고, 민주노총도 21세기판 단결금지법을 획책한다면서 기자회견을 하였으며, 160여 명의 조합원(공공노조 위원장 등)이 산업인력공단 회의실(8층) 복도를 점거 농성한 채 고함을 치는 등 심리적 압박을 가하며 회의 진행을 기술적으로 방해하였다.

어쩔 수 없이 경찰까지 불러서 회의장을 정리한 후, 부득이 위원장은 같은 건물 내에 소회의실(3층)로 회의 장소를 옮기고 근면위 위원과 회의 운영 지원 인력만 입장하여 5월 1일 새벽 2시 50분 위원 15명 전원이 참석한 가운데 찬성 9표, 반대 1표, 기권 5표로 전체 과반수 찬성을 얻어 '근로시간 면제 한도'를 의결하였다.

어수선한 상황에서 개최된 전체회의는 간사회의, 공익회의 등을 위해 여러 차례 정회를 반복하던 중 민주노총 출신의 노동계 위원(강O규)은 위원들이 검토하던 회의 자료를 탈취하려고 시도하는 등 심의를 방해하였다. 만약의 방해 책동이 있을 경우를 대비하기 위하여 우리는 온갖 대비를 하였다. 그야말로 우여곡절 끝에 4월 30일을 넘긴 채 5월 1일 새벽에 면제 한도가 의결되었다.

근면위 위원장과 기자들의 (5월 1일 새벽) 심야 인터뷰를 끝으로 나는 모처로 향했다. 그때까지 장관은 회의장 인근에 머물면서 필요한 보고를 받으며 상황을 주시하고 있었다. 근면위 운영을 뒷받침한 정부 측 간사였던 필자에게 실무적인 대응을 맡기고, 필요하면 언제든지 달려올 수 있는 곳(1km 거리의 서울가든 호텔)에서 대기하던 장관을 만나 주요 국면을 복기(리뷰)하며 역사적 순간을 성찰하는 시간이 되었다.

그런데 노조법 부칙 제2조에서 근면위는 근로시간 면제 한도를 2010년 4월 30일까지 심의·의결해야 하는 (훈시) 규정을 위반하였다며, 노동계에서는 효력에 대한 문제 제기를 하였다.

* **노조법 부칙 제2조**(최초로 시행되는 근로시간 면제 한도의 결정에 관한 경과조치)
  ① 근로시간면제심의위원회는 이 법 시행 후 최초로 시행될 근로시간 면제 한도를 2010년 4월 30일까지 심의·의결하여야 한다.
  ② 근로시간면제심의위원회가 제1항에 따른 기한까지 심의·의결을 하지 못한 때에는 제24조의2제5항에도 불구하고 국회의 의견을 들어 공익위원만으로 심의·의결할 수 있다.

다. 근로시간 면제 한도 시행 합의 및 고시

근로시간면제 제도는 개정 노조법에 따라 사용자의 노조 전임자에 대한 급여 지급은 금지하고 이를 노동조합이 스스로 부담하도록 하면서, 노사교섭·협의, 고충 처리, 산업안전 등 임금의 손실 없이 노사 공동의 이해관계 활동을 할 수 있게 한 제도이다.

근로시간면제 제도는 실시를 의무적으로 강제(強制)하는 것이 아니다. 노사 간에 단협으로 정하거나, 사용자가 동의할 경우 실시 가능한 임의적(任意的)인 근거(根據) 조항이므로 노조의 자주성 확립 의지나 노사관계 여건 변화에 따라 적용하지 않을 수 있다.

'근로시간 면제 한도' 고시 내용은 개정 노조법의 취지에 맞게 하되, 중소사업장의 노조 활동이 위축되지 않도록 현행 수준에서 크게 벗어나지 않는 한도를 설정하였고, 대규모 노조의 경우 노조의 재정 능력과 과다한 전임자 수를 고려하여 결정했다.

2010년 7월 1일부터 시행하는 면제 한도 결정 세부내용은 노사 공익이 공동으로 추진한 노조 활동에 관한 실태조사 결과를 반영하여 객관적이고 공정한 한도 기준을 설정하여 11개 구간의 조합원 규모별로 정했다.

즉, 노조 조합원 수에 따라 연간 1,000시간(50명 미만 규모)에서 3만 6,000시간(1만 5,000명 이상 규모)까지 근로시간 면제가 가능하다. 그리고 시간 한도에 대한 사용가능 인원은 조합원 수 300명 미만(未滿)의 구간은 파트타임으로 사용할 경우 그 인원은 풀타임으로 사용할 수 있는 인원의 3배를 초과할 수 없으며, 조합원 수 300명 이상(以上)의 구간은 파트타임으로 사용할 경우 그 인원은 풀타임으로 사용할 수 있는 인원의 2배를 초과할 수 없다.

이에 따라 근로시간 면제자는 근로시간 면제 한도 내에서 근무를 면제받고 노조법에 규정된 근로시간 면제 대상에 속하는 업무를 수행할 수 있으며, 이러한 근로시간 면제자의 활동에 대해서는 유급 처리할 수 있게 되었다.

근면위가 근로시간 면제 한도를 의결(5월 1일)하자, 한국경총, 대한상의, 전경련, 한국무역협회 등 경제단체는 근로시간 면제 한도 결정에 대한 (소극적인) 유감 표명을 하였다. 한국노총과 민주노총은 5월 4일과 5월 6일 각각 기자회견을 열어 법정시한을 넘겨 통과된 근면위의 의결은 무효라고 주장하며 원천무효 선언과 함께 대정부 투쟁에 돌입하였다. 아울러 한국노총은 국회에서의 논의를 요구하면서 근로시간 면제 한도 고시를 강행할 경우, 즉각적인 정책연대 파기와 함께 6월 2일 지방선거에서 한나라당 심판 투쟁을 전개하겠다고 하는 등 장석춘 한국노총위원장이 무기한 단식농성에 들어갔다.

5월 6일 국회 환경노동위원회는 전체회의를 개최하여 근면위의 근로시간 면제 한도 의결에 대해 긴급 현안질의를 하였다. 이날 회의에서 근면위 의결의 적법 여부 등에 대해 치열한 공방을 주고받았으며, 추미애 환경노동위원장은 회의를 마무리하면서 사업장의 지역적 분포, 교대제 등을 감안하여 근로시간 면제 한도를 조정해 줄 것을 노동부 장관에게 요청하였다.

5월 10일 정부는 근로시간 면제 한도 의결과 관련된 갈등을 해소하기 위하여 '2009.12.4. 노사정 합의' 당사자인 노동부 장관, 한국노총위원장, 한국경총 회장과 대한상의 회장을 포함하여 회담을 진행하고, 제도 연착륙을 위해 노사정위원회 내에 노사 상생협력 차원에서 풀어나가기 위한 별도 협의기구 신설을 통한 문제 해결 방안을 제안하였다.[43]

한국노총은 5월 10일 정부의 제안을 받아들여, 그다음 날인 5월 11일 중앙집행위원회를 열어 표결 끝에 '근로시간면제심의위원회 의결을 수용'하기로 결정하였다. 노동부는 근로시간면제심의위원회에서 의결한 내용을 토대로 '근로시간 면제 한도'를 5월 14일 고시하고, 부칙에 '최초로 적용되는 근로시간 면제 한도에 관한 특례 규정'을 두어, "노동부 장관은 근로시간면제심의위원

---

43. 근로시간 면제제도와 복수노조 교섭제도 등의 제도 시행 과정에서 혼란을 최소화하는 연착륙과 노사문화를 선진화하기 위해 노동계 대표 3인, 경영계 대표 3인, 정부 대표 3인, 공익위원 2인으로 노사문화선진화위원회(위원장 박준성)를 2010년 6월 10일 발족하여, 2010년 9월 27일 노동단체의 공익목적 사업(노사협력 증진을 위한 교육·홍보·상담 등 8개 사업)에 관한 권고문을 채택하고, 2011년 12월 8일 종료했다.

회가 심의 의결한 근로시간 면제 한도를 최초로 적용하게 되는 점을 고려하여 근로시간면제심의위원회에 근로시간 면제 한도의 적정성 여부를 심의 요청할 수 있다"라고 명시하여 개혁 입법에 대한 탄력성과 노사단체의 수용 여지가 높아졌다.

이로써 집단적 노사관계법 제도의 핵심 이슈인 복수노조·전임자 문제에 대한 제도 개혁이 마무리되었다. 김영삼, 김대중, 노무현 정권에서 이루지 못한, 이른바 '헌법개정보다 어렵다는 노조법 개정'을 이명박 정부에서 마무리함으로써 오랜 논란에 비로소 종지부를 찍은 것이다.

한편으로 김대환 인하대 명예교수는 노무현 정부에서 노동부 장관을 지냈고 박근혜 정부에서 노사정위원회(현 경사노위) 위원장을 지낸 원로 노동 전문가로, 2020년 11월 18일 열린 한국경제연구원 좌담회에서 정부의 노동정책과 노동조합법 개정추진을 다음과 같이 비판했다.

"지금 정부가 말하는 노동 존중의 실체는 노동이나 노동자가 아니라 노동조합 존중이다. 노조는 더 이상 사회적 약자가 아니라, 사회적 영향력이 커진 정치세력으로 정치적 조합주의 행태마저 보이고 있다"라고 강조하며, 사용자의 노조 전임자에 대한 급여 지급 허용은 "ILO가 규정하는 근로자단체에 대한 사용자의 지배·개입 행위에 해당한다"라고 지적했다.[44]

미국·캐나다는 노조에 대한 사용자의 재정지원을 금지하고, 일본도 이들 급여 지급을 사용자의 부당노동행위로 처벌하는 규정을 두고 있다. 따라서 노사 교섭·협의, 고충 처리, 산업안전 등 노사 공동의 이해관계 활동에 국한한 근로시간면제 제도가 이러한 취지에 충실하게 예외적으로 최소한의 수준으로 운영되도록 노사정 모두 깊이 유념할 필요가 있다.

---

44. 盧 정부 장관 김대환 "文 정부 노동정책, 좌우 신발 바꿔 신는 것", 조선일보, 2020.11.19.

〈근로시간 면제 한도 고시 내용(고용노동부 고시 제2010-39호, 2010.5.14)〉

○ 노·사·공익 공동으로 추진한 노조 활동에 관한 실태조사 결과를 반영, 객관적이고 공정한 한도 기준 설정

○ 「12·4 노사정 합의」 취지를 반영, 합리적 노조 활동이 유지될 수 있도록 기준 설정

ⅰ) 중소규모 노조에 대해서는 최대한 활동시간 보장

ⅱ) 대규모 노조의 경우 노조 재정능력을 고려하여 결정

【면제 한도 결정 세부내용('10.7.1 시행)】

조합원 규모	시간 한도	사용가능 인원
50명 미만	최대 1,000시간 이내	○조합원수 300명 미만의 구간 : 파트타임으로 사용할 경우 그 인원은 풀타임으로 사용할 수 있는 인원의 3배를 초과할 수 없다 ○조합원수 300명 이상의 구간 : 파트타임으로 사용할 경우 그 인원은 풀타임으로 사용할 수 있는 인원의 2배를 초과할 수 없다
50명~99명	최대 2,000시간 이내	
100명~199명	최대 3,000시간 이내	
200명~299명	최대 4,000시간 이내	
300명~499명	최대 5,000시간 이내	
500명~999명	최대 6,000시간 이내	
1,000명~2,999명	최대 10,000시간 이내	
3,000명~4,999명	최대 14,000시간 이내	
5,000명~9,999명	최대 22,000시간 이내	
10,000명~14,999명	최대 28,000시간 이내	
15,000명 이상	2012년 6월 30일까지 : 28,000시간+매 3,000명마다 2,000시간씩 추가한 시간 이내 2012년 7월 1일 이후 : 최대 36,000시간 이내	

※ 조합원 규모는 사업 또는 사업장의 전체 조합원 수를 의미함

　　○ 최초로 적용되는 면제 한도임을 고려, 부칙으로 특례 마련

　　　　- 장관은 지역적 분포, 교대제 근로 등 사업장 특성에 따른 시행상황을 점검

　　　　→ 근면위에 면제 한도의 적정성 여부를 심의 요청할 수 있도록 규정

13
근로시간면제 제도 도입과 노조 활동 실태

한국노사관계학회의 '근로시간면제 제도 도입과 노사관계 변화'에 대한 연구결과 발표(2012.6.15.)에 의하면, 근로시간면제 제도 도입 이전에 사업장 평균 유급 전임자 수는 풀타임 2.44명, 파트타임 0.82명이었다.

그러나 근로시간면제 제도 도입 이후에는 풀타임 1.53명, 파트타임 1.16명으로 나타났다. 풀타임을 2,000시간으로 환산할 경우 유급 전임자 수는 2.8명에서 1.9명으로 ▽32.1%가 감소하였다.

또한 타임오프 제도 이후 노조 활동에 대한 변화 없음이 78%, 조합비 인상 없음이 94.5%로 나타나 근로시간면제 제도 시행에 따른 노동조합의 활동이나 노사관계에 큰 변화는 없으나, 일부 사업장은 업무를 조정하는 등 변화하는 여건에 잘 적응하고 있는 것으로 분석되었다.

이는 근로시간면제 제도가 중소기업의 노동조합 활동은 위축시키지 않았고, 과도하게 많은 전임자를 두고 있던 일부 대기업을 중심으로 유급 전임자를 축소시키는 방향으로 영향을 미치는 등, 기업 규모별 노동조합 활동의 격차 완화에도 기여한 것으로 해석할 수 있다. 말하자면 전임자가 자신의 존재를 부각시키기 위해 해오던 과거의 과도한 요구나 외부 정치활동, 상급단체 활동 등 거품성 활동은 줄었어도 단체교섭이나 조합원 고충처리 등 조합원을 위한 노동조합 활동에는 별다른 변화가 없는 것으로 분석된 것이다.

정부는 흔들림 없는 자세로 개정된 법에 따라 원칙에 맞게 제도를 시행할 것임을 대내외에 확고히 천명하였다. 그리고 현장 지도점검 등을 통해 이면(裏面) 합의 등을 적발하여 법 위반 당사자에 대해서는 사법처리 하는 등, 엄정하게 대처함으로써 노사의 불법·편법 행위를 제도 시행 초기부터 철저히 차단시켰다.

이러한 노력으로, 2013년 6월 말 당시 근로자 수 100인 이상 유 노조(금속, 공공기관은 100인 미만 포함) 사업장 3,028개소 중 근로시간 면제 한도 도입에 합의한 사업장은 3,013개소로 도입률은 99.5%이며, 이 중 한도를 준수한 사업장은 민주노총 소속 사업장 1개소를 제외한 3,012개소로, 준수율 99.9%로 나타나고 있다.

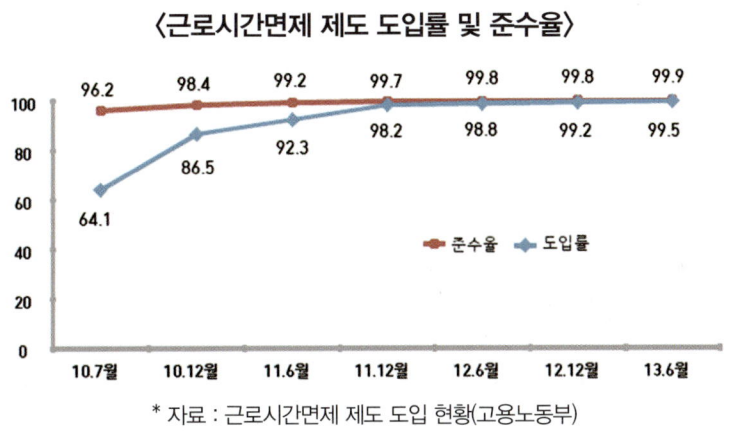

* 자료 : 근로시간면제 제도 도입 현황(고용노동부)

2010년 7월 1일 이후 근로시간 면제 한도 도입에 합의(잠정합의 포함)한 사업장을 대상으로 단협을 모니터링하였으며, 면제 한도를 초과한 사업장 71개소에 대하여 시정조치를 하였고, 55개소는 시정이 완료되었으나, 기한 내 미이행된 16곳(인지컨트롤스경주, 제철세라믹, 유성기업 등)은 사법처리 하였다. 따라서 대체로 법 준수가 이루어지고 있었으나 일부 노사의 편법 운영 등 잘못된 관행이 상존하고 있어서 엄격한 현장 지도 관리가 지속될 필요가 있다.

2010년 노조 전임자 수는 근로자 수 100인 이상 유 노조(금속, 공공기관은 100

인 미만 포함) 사업장 3,028개소 중 근로시간 면제 한도 도입에 합의한 3,013개 사업장에서 6,408명이었으나, 근로시간 면제 제도(타임오프) 시행 3년이 지난 2013년 6월 30일 4,637명으로 ▽1,771명(▽27.6%)이 줄었다.

이를 사업장 규모별로 보면 근로자 300인 미만 사업장 1,897개소에서 전임자가 1,999명이었으나 타임오프 제도로 노사 간 합의 후 1,894.5명으로 ▽104.5명(▽5.2%)이 감소했고, 300인 이상 1,000인 미만 사업장 757개소에서 전임자가 1,527.5명이었으나 1,298.5명으로 ▽239명(▽15%)이 감소하였다.

그리고 1,000인 이상 유(有)노조 사업장 359개소에서 전임자는 2,881.5명에서 (근로시간 면제자) 1,444명으로 ▽1,437.5명(▽49.9%)이 감소한 것으로 나타나, 당초의 취지대로 중소기업은 대체로 유지되고 대규모 사업장 위주로 줄어든 것으로 집계되고 있다. 정부에서 노조 전임자 폐지와 타임오프 제도 정착을 위한 실태 확인과 운영비 지원에 대한 지도 감독을 꾸준히 실시한 결과였다.

노조 상급단체별 유급 전임자 수는 한국노총이 3,262.5명에서 합의 후 2,722명으로 ▽540.5명(▽16.6%)이 줄었다. 이에 반해 대규모 사업장이 많은 민주노총은 2,509.5명에서 1,381명으로 ▽1,128.5명(▽45%)이 줄어 감소 폭이 훨씬 큰 것으로 나타났다. 그밖에 국민노총과 상급단체 미가입 노조는 각각 54.5명에서 53명으로 ▽1.5명(▽2.8%)이, 581.5명에서 481명으로 ▽100.5명(▽17.3%)이 줄어든 수준이다.

사용자로부터 급여를 지급받으면서 노조 업무에 종사하는 자는 모두 '근로시간 면제자'로 규율하고, 근로시간 면제 한도를 초과(超過)하는 사용자의 급여 지급만 부당노동 행위로 처벌할 수 있고(2년 이하의 징역 또는 2천만 원 이하의 벌금), 면제 한도를 초과하는 급여 지급을 정한 단체협약과 사용자 동의는 그 부분에 한해 무효로 규정하였다.

그런데 필자가 공직에서 나온 2013년 상반기 이후, 근로시간면제 제도 및 운영비 지원 관련 법령 준수 여부에 대한 정부의 확인 점검이나 지도 감독은 거의 이루어지지 않았다. 더구나 2021년 7월 문재인 정부에서는 예전에 만들어진 노조 전임자 급여 지급금지 규정과 형사처벌(부당노동 행위 금지 사유) 규정을 삭제하고, 노조 전임자 급여 지원을 요구(要求)하는 쟁의행위 금지 및 그 처벌 규정(1천만 원 이하 벌금)까지 삭제하였다. 노사 간에 권리와 의무가 균형이 이루어져야 함에도 그런 장치가 깨져 아주 심각한 문제이다.

2023년 9월 고용노동부에서 발표한 1,000인 이상 유(有)노조 사업장(480개소)의 근로시간 면제자는 3,886명(당해 사업장 면제자 3,834명 + 2010년 근로시간 면제 제도 도입 당시 인정되지 않던 상급단체 파견 52명, Full Time 1,824명 + Part Time 2,062명)으로 2013년(1,444명)보다 무려 2,442명(169%)이나 폭발적으로 증가하여 충격적이다.[45]

〈참고〉 노조 전임자·근로시간 면제자 실태 변화(2010~2023년)

* 고용노동부 조사 결과, 2010년, 2013년, 2023년

사업장 규모별 구분	2010년 전임자(A)	2013년 근로시간 면제자(B)	타임오프 시행 3년 증감(A-B)	2023년 근로시간 면제자(C)	타임오프시행 13년 증감(B-C) (확인감독 미실시 10년)
100~299인 사업장	1,897개소 1,999명	1,894.5명	▽104.5명 감소(▽5.2%)	조사 미실시	
300~999인 사업장	757개소 1,527.5명	1,298.5명	▽239명 감소(▽15%)	조사 미실시	
1,000인 이상 사업장	359개소 2,881.5명	1,444명	▽1,437.5명 감소(▽49.9%)	근면자 합계 480개소, 3,886명 (FT 1,824, PT 2,062) / (가)당해사업장 근면자 3,834명 (FT 1,778 PT 2,056) / (나)상급단체 파견 근면자 52명 (FT 46 PT 6)	2,442명 증가(169%) * 그외 무급전임 804명 (완전전임659, 부분145) =당해사업장 무급전임 762 (완전전임618 부분144)+ 상급단체 파견 무급전임 42 (완전전임41 부분1) 별도 활용

---

45. 고용노동부 보도자료, (1,000인 이상) 기업의 근로시간면제 제도 운영 현황 등 실태조사 주요 결과, 2023.9.3.

	3,013개소 6,408명	4,637명	▽1,771명 감소(▽27.6%)	조사 미실시
100인 이상 사업장 전 규모	①한노총 3,262.5	2722	▽540.5명 감소(▽16.6%)	
	②민노총 2,509.5	1381	▽1,128.5명 감소(▽45%)	
	③국민노총 54.5	53	▽1.5명 감소(▽2.8%)	
	④상급 미가입 581.5	481	▽100.5명 감소(▽17.3%)	

그 외에도 무급 근면자 804명(완전 전임 659명 + 부분 전임 145명, 당해 사업장 무급 762명 + 상급단체 파견 42명)을 별도로 활용하고 있는 것으로 나타나 지난 10년간 정부의 확인이나 지도 감독이 방치된 기간에 노조 근면자 등이 많이 늘어났다.[46]

이번 실태조사 결과 서울교통공사는 조합원 수가 14,000명으로 최대 면제 한도 인원이 32명임에도 실제 근로시간 면제자가 315명(파트타임)으로 면제 한도를 283명이나 초과(9배)하였고, 서울교통공사 노조 간부들은 '근로시간 면제 한도'를 어기고 무단결근하면서도 노조는 '인력 부족'을 주장하며 파업을 예고한 가운데, 회사는 평소에 근태관리를 안 해서 가중된 재정난을 시민이 부담하는 지하철 요금만 올리려는 뻔뻔함을 보여주고 있다.

게다가 이를 그대로 두고 보는 지도·감독 당국의 한심한 대응이 현실로 드러났다. 또한 IT 서비스사업을 운영하는 한 회사는 조합원 수가 200여 명으로

---

46. 기업별 노조 위주인 우리나라 노동조합 체계상 상급 연합단체는 해당 사용자와 노사교섭 등 직접적인 (노사 공동의 이해관계) 활동이 없으므로 사용자가 지급해야 하는 근로시간 면제 대상 업무의 성격에 포함되지 않는다. 따라서 문재인 정부에서 '건전한 노사관계 발전을 위한 연합단체에서의 활동 등 운영 실태를 고려하여 근로시간 면제 한도를 심의'하게 한 것은 이 제도의 취지에 맞지 않게 변질된 것이다(2021.1.5. 노조법 부칙 제3조 제2항 개정).

최대 면제 한도 인원이 6명(최대 2명 × 3배)임에도 실제 145명(파트타임)으로 면제 한도를 139명이나 초과하는 등 조사 대상의 14.2%(68개소)가 근로시간면제 제도 운영 및 운영비원조 관련 위법(면제 한도 위반 63, 무급 노조 전임자 급여 지원 등 9, 중복 4)으로 드러났다.

심지어 노조 사무실 직원의 급여까지 지급받은 사례, 노조 전용 자동차 10여 대와 현금 수억 원을 사용자로부터 받은 사례도 확인되어 노조가 사측과 짜고 사리사욕을 챙긴 것이어서 정상적인 노조 활동으로 볼 수 없는 지경이다.

그간 우리나라 노사관계에서 노사 간 '짬짜미'는 고질적인 악습이었다.
사용자가 노조 전임자의 급여를 지급하는 뿌리 깊은 관행을 없애기 위해 2010년 노조 전임자를 폐지하고 근로시간면제(타임오프) 제도를 도입하는 노사 관계 개혁을 하였다.

2010년 100인 이상 전체 유노조 사업장의 노조 전임자는 6,408명에서 3년이 지난 2013년 근로시간 면제자 4,637명으로 ▽1,771명 (▽27.6%) 감소하였다. 이는 물론 개혁의 취지에 부합하기 위하여 정부에서 현장 지도를 충실히 한 결과이기도 했다.

필자가 공직에서 물러난 2013년 이후 10년 만에 실시한 1,000인 이상 사업장의 근면자 등 조사 결과를 보면 정부에서 고시한 면제 한도나 인원보다 더 많이 인정하거나 운영비를 원조한 경우가 많은 것으로 드러났다.

지난 10년간 노사 자율이라는 미명이 가져온 결과는 법령을 우습게 보는 노사 담합의 유혹 소지만 더한 것이었음이 입증되었다. 법 위반과 도덕적 해이가 만연한 것은 입으로는 노사 자율을 부르짖으며 실제로는 법령과 고시 한도를 어기는 노사를 방관한 채 관리 감독을 소홀히 한 정부의 책임이 아주 크다.

현행 노동조합 및 노동관계조정법은 사용자가 노조의 자주성과 독립성을 해칠 정도로 지원하는 것을 금지하고 있다. 노조가 자주성과 독립성을 유지하고 건전한 노사관계를 확립하기 위해서는 노사 '법치'가 밑바탕이 되어야 한다.

불법적인 노사 담합행위가 때로는 노골적으로, 때로는 은밀하게 이어져 온 것도 '노사 자율'이라는 명분 아래 법을 우습게 생각하는 관행을 눈감아주었기 때문이다. 그 결과 때로는 구걸(求乞)하고 때로는 거래(去來)하는 노조로 전락하거나 노조의 과도한 요구에 끌려다니는 사용자가 되어 노사 모두 망가진다.

흔히 보는 바와 같이 견제와 균형이 이루어지지 않는 조직이나 사회는 건강성을 지속하기 어려운 것처럼 노사관계 역시 힘의 균형이 깨지거나 건강성을 잃으면 노사정 모두에 바람직하지 않은 결과를 초래하게 된다.

정부는 노사 담합의 고리가 끊어지도록 철저한 현장 확인과 관리 감독을 상시적으로 하여야 한다. 2023년 전수조사한 1,000인 이상 사업장에 국한하지 말고 모든 규모의 노조가 있는 사업장을 대상으로 노조뿐만 아니라, 그 당사자인 회사까지 포함하여 조사하고 지도·감독해야 하는 의무에 충실할 필요가 절실하다.

집단적 노사관계는 법과 원칙의 토대 위에서 노사가 자율적으로 문제를 풀어가야 하며, 관련 규정(근로시간 면제 한도 준수 여부나 운영비 지원 등)을 준수하고 노사 간에 힘의 균형추가 기울어지지 않도록 하는 것은 기본 중의 기본이다.

14
복수노조 허용과 교섭창구 단일화 제도 시행

2011년 7월 1일부터 근로자들은 초기업단위 노동조합은 물론 사업(장) 단위에서 2개 이상의 노동조합을 자유롭게 설립하거나 가입할 수 있게 되었다.

또한 복수노조를 허용하면서 중복교섭 등 교섭 질서의 혼란, 근로조건의 통일성 훼손과 노동조합 간 과도한 세력다툼 및 분열과 같은 산업현장의 혼란방지를 위해 하나의 사업(장)에 하나의 단체협약이 적용되도록 하기 위한 '1사 1교섭 원칙'의 교섭창구 단일화 및 공정대표 의무 도입으로 교섭상 혼란 및 소수노조 차별을 방지하도록 한 것이다.

그간 13년간 유예되어 오던 복수노조 제도의 시행으로 해묵은 노동 현안의 해결은 물론 근로자들의 단결권을 제한 없이 보장하고 '1사 1교섭 원칙' 확립으로 우리의 노사관계가 원칙을 지키면서 균형과 조화 속에 안정적으로 발전할 수 있는 디딤돌을 마련하였다.

이러한 복수노조 제도는 ILO와 OECD 등 국제기구로부터 지속적인 개선 권고를 받아왔던 노동 현안을 해소함으로써 국제기구에 부합하는 선진적인 노사관계 제도를 갖추게 되었고, 노동조합 간 건전한 경쟁을 바탕으로 조합원이 중심이 되는 민주적 노동조합 활동이 활성화되고 기업의 경영 투명성과 효율성도 한층 높아지는 등 '경쟁과 책임'의 성숙한 노사관계로 진일보하는 전기를 마련하였다.

가. 복수노조 (교섭창구 단일화) 제도의 주요 절차

교섭창구 단일화 절차도

① 노동조합의 교섭신청, 사용자의 교섭신청 사실 공고 및 다른 노조의 교섭절차 참여(7일)

⇩

② 노조 간 자율단일화(20일 내)
※ 노조 간 연합이나 위임도 가능   → 성공 시 →   ③ 교섭대표노동조합 결정
(단일노조 또는 복수노조)

⇩ 실패 시

④ 과반수 노조 유무   → 있고 이의 없으면 →   ⑤ 과반수 노조가 교섭대표노동조합으로 결정

⇩ 없거나 이의 있으면(7일 이내)

⑥ 노동위원회에 교섭대표노조결정 신청

⇩

⑦ 노동위원회의 조합원 수 조사·확인(과반수 노조 유무) (약 10일)   → 있으면 →   ⑧ 과반수 노조가 교섭대표노동조합으로 결정

⇩ 없거나 확정할 수 없으면

⑨ 교섭대표노조결정 선거 실시
(약 10~15일)   ⑩ 과반수 득표 노조를 교섭대표노조로 결정
(없으면 결선투표)

사업(장) 단위에서 조직 대상 중복 여부와 관계없이 2개 이상의 복수노조를 자유롭게 설립할 수 있도록 허용하면서 동시에 복수의 노동조합이 사용자와 교섭하기 위해서는 모든 노동조합이 교섭창구를 단일화하여 교섭대표 노동조합을 결정하도록 하였다. 다만 예외적으로 교섭대표 노동조합을 자율적으로

결정하는 기한 내에 사용자가 교섭창구 단일화 절차를 거치지 않기로 동의한 경우에는 개별교섭을 할 수 있도록 하였다.

교섭창구 단일화 절차는 교섭요구 노조 확정 절차와 교섭대표 노조 결정 절차로 구분되며 이러한 절차를 통해 결정된 교섭대표 노동조합만이 사용자를 상대로 단체교섭 및 단체협약을 체결할 수 있으며, 단체교섭이 결렬된 경우 적법절차에 따라 쟁의행위를 할 수 있다.

우선 교섭요구 노조 확정 절차는 ① 단체협약 유효기간 만료일 3개월 전 교섭요구 → ② 사용자의 교섭요구사실 공고(7일간) → ③ 다른 노조의 교섭참여 신청(교섭요구 사실 공고 기간 중) → ④ 사용자의 참여노조 확정 공고(5일간) 순이다.
다음 교섭대표 노조 결정 절차로는 ① 노조 간 자율적 단일화(교섭요구 노조 확정 후 14일 이내) → ② **과반수 노동조합**(자율적 단일화가 되지 않을 경우 교섭 창구 단일화 절차에 참여한 노조의 전체 조합원 수의 과반수로 조직된 노조) → ③ **공동 교섭대표단 구성**(과반수 노조가 없는 경우 창구단일화 절차에 참여한 노조의 전체 조합원 수의 10% 이상인 노동조합이 자율적으로 공동 교섭대표단을 구성하되 자율적으로 구성하지 못한 경우 노동조합의 신청에 따라 노동위원회가 결정) 순으로 진행된다.

단일노조가 아닌 경우에도 노조 간 연합이나 위임도 가능하므로 자율적 단일화도 가능하다. 따라서 산업별, 업종별, 지역별로도 노조의 자율적 단일화가 가능하며 소정의 교섭창구 단일화 절차를 밟아 교섭할 수 있게 제도적으로 열려 있다.

또한 교섭창구 단일화의 예외로서 노동조합과 사용자의 쌍방이나 일방은 사용자의 교섭요구 사실 공고 전이나 교섭대표 노동조합 결정 이후 노동위원회에 교섭단위 분리 신청을 할 수 있으며, 교섭단위 분리 신청을 받은 노동위원회는 현격한 근로조건의 차이, 고용형태, 교섭관행 등을 고려하여 교섭단위를 분리할 필요가 있다고 인정되는 경우 30일 이내에 교섭단위의 분리(통합)를 결정할 수 있다.

교섭대표 노동조합과 사용자는 교섭창구 단일화 절차에 참여한 모든 노동조합과 조합원에 대해 합리적 이유 없이 차별하지 않아야 할 공정대표 의무를 부담하며, 이를 위반할 경우 교섭창구 단일화 절차에 참여한 노동조합은 차별행위가 발생한 날로부터 3개월 이내에 노동위원회에 공정대표의무 위반에 대한 시정을 신청할 수 있다.

또한 하청 근로자의 권익도 보호해 주어야 하는데, 이를 위한 교섭 질서를 만들어 주지 않으면 교섭에 부담을 느끼는 사업장이 생길 수밖에 없다. 교섭대표 노조가 교섭 요구사항을 성실하게 반영할 수 있게 하여 실질적인 권익을 확보할 수 있도록 하지 않으면 경영계의 불안 역시 없애기 어려울 것이다.

나. 복수노조 허용과 교섭창구 단일화 시행 : 만드는 것보다 어려웠던 시행

제도의 형성은 정책적 과제였던 반면에, 시행(施行)할 수 있게 하는 것은 정치적 난관 속에 전략적 과제로 추진해야 했기에 그 달성이 쉽지 않았다.

복수노조 허용이 노동단체로서는 명분상 노동기본권을 반대하기 어려웠지만, 기존 노동단체가 조직 경쟁에 대한 부담과 기득권을 지키려고 내심 반대하였다.

사용자단체는 오랜 기간 1사 1노조 체제에 익숙하여 노사관계 관리에 대한 두려움으로 반대하였기 때문에 노사가 이해관계를 같이할 수 있는 사안이어서 담합(談合)하며 시행 유예를 시도할 수 있었다.

특히 노동계에서 '노조법 재개정 형식'을 통해 복수노조 금지 또는 창구단일화 제도를 폐지하는 것은 물리적으로 시간에 쫓겼지만, (복수노조 교섭창구 단일화가 적용되는) 2011년 7월 1일 이전까지 "일단 유예(猶豫)시키고 더 논의(論議)하자"라는 식으로 복수노조 문제를 여론과 정치권에서 사회적 쟁점으로 공론화하게 하는 것은 어렵지 않았다. 따라서 정부가 법 시행(施行)을 하기 위해서는 노조법 '재개정'을 막는 것보다, '재개정 논의(論議)' 자체에 대응하는 어려움이 더 컸다.

2011년 1월 25일 실시되는 한국노총위원장 선거에서 모든 후보가 노조법 재개정을 공약으로 내걸었기 때문에 누가 선출되든 차기 지도부는 노조법 재개정을 위한 강경 입장을 유지할 가능성이 높았다.

당시 한국노총은 노조법 재개정을 위해 정책연대를 매개로 대정부, 국회 설득 및 압박을 병행하며 '노동법 개정 T/F'를 발족, 법 개정안 마련 후 한국노총 출신 국회의원들을 통한 발의를 추진할 계획이었다.

이용득 후보(전 한국노총 위원장 출신)는 장석춘 한국노총 집행부의 복수노조·근로시간 면제 제도 합의를 비판하며 노조법 전면 재개정 요구를 이슈화하여 득표 전략화하는 입장이었고, 한국노총 내 교통운수연합(KTF)은 근로시간 면제 제도보다는 복수노조 시행에 대해 더 강력한 반대를 주장하며 항운노조를 중심으로 복수노조 반대를 위한 서명운동으로 집행부 출신 후보를 압박하였다.

민주노총은 선명성 경쟁상 복수노조 시행을 대외적으로 반대하기 어려워 교섭창구 단일화 제도 시행에 따른 산별노조 무력화와 기업별 노조 고착화를 명분 삼아 한국노총이 복수노조 시행 유예에 앞장서기를 기대하고 있었다.

민주노총은 강성이라는 특징이 있었으나 조직화 측면에서 기존 노조가 유리할 것은 없다고 판단하여 야당·시민단체와의 연계하에 노조법 재개정 투쟁을 전개하며 현장 단위에서의 개별교섭 확보 등 무력화 투쟁을 병행한다는 방침이었다. 또한 공세적 전략이 최선의 조직 보호라는 입장에서 당시 한국노총 및 무노조 사업장을 겨냥한 조직 확대에 집중한다는 계획이었다.

경영계는 무노조 대기업이 복수노조에 부담을 가져 기업에 따라 이해관계가 서로 달라 노동계의 노조법 재개정 움직임에 별다른 대응 없이 소극적으로 임하였고 신규노조 난립 가능성, 교섭창구 단일화 과정에서의 노사, 노노 간 갈등 등 경영 부담 증가를 우려하여, 현장 노무관리 강화에 부심하고 있었다.

이러한 상황에서 한국노총의 새 집행부 선거에서 노조법 재개정, 정책연대 파기 등을 공약으로 내세운 이용득 후보가 위원장에 당선되어 향후 복수노조 시행 국면에 큰 변수로 작용하게 되었다. 이용득 후보는 위원장 당선 직후 홍준표 한나라당 대표를 찾아가는 등 정치권을 상대로 발 빠르게 움직이기 시작했고, 심재철 한나라당 정책위 의장도 이에 부응하여 2월 11일 한국노총을 방문할 예정이었다.

이에 2011년 2월 10일 당시 차관이었던 필자는 홍준표 대표와 심재철 정책위 의장실을 각각 찾아가, 한국노총의 노조법 재개정 주장의 부당성과 개정법 시행의 필요성 등을 설명하였다. 결과는 2월 11일 한나라당은 한국노총 새 집행부와의 첫 만남에서 한국노총의 입장만 확인하는 수준에서 마무리되고, 정치적 선물로 의심될 만한 발언을 하지 않았다. 다행이었다.

고용노동부는 당정 협의(2.21, 3.29.) 및 범정부 공조를 강화(3.16. 경제정책조정회의)하고, 노동계 및 경영계와 간담회(2.22, 2.23.)를 가지며 장·차관이 직접 법 시행 의지를 전달하고 원칙 대응한다는 기본 방침을 확고히 하는 가운데 법 시행을 위한 전략을 차근차근 추진하였다.

이후에도 고용노동부는 한나라당 중진 의원들에 대한 개별 접촉을 통해 정부 입장을 알려주고, 노동계와 만남이 예정되어 있을 경우 사전에 찾아가 선제적으로 상황을 설명하는 등 발빠른 대응이 계속되었고, 여당은 점차 고용노동부와 인식을 같이하는 방향으로 접점이 늘어났다.

한편, 야당은 2010년 10월 25일 정부가 제출한 노동위원회법 개정안이 교섭창구 단일화를 전제로 하고 있었기 때문에 야당의 노조법 재개정안 발의 후 논의하자고 주장하면서 2011년 2월 임시국회에서 노동위원회법 개정을 위한 정부안의 환경노동위원회 상정을 거부했다.

이에 따라 2월 환경노동위원회에 노동위원회법 개정 정부안이 상정되지 못하였고, 고용노동부는 즉시 노동위원회법 미개정시 대응 전략을 마련하여 노동위원회 자체 규칙 개정안 및 노동위원회 운영방식 개선 방안을 모색하고, 복수노조 창구단일화 제도가 시행되기 위한 조직 인프라를 갖추었다. 3월 2일 행정안전부와 협의를 마쳐 중앙노동위원회를 비롯한 서울, 경기, 부산, 경북 지방노동위원회에 각각 '교섭대표결정과'(부서)를 설치하고 인력도 추가 보강(21명)하는 등 복수노조 시행을 준비해 나갔다.

한국경총은 경영계를 대표하여 3월 31일 야당의 노조법 재개정 추진에 대한 경영계 입장을 발표하여 노조법 재개정은 산업현장에 혼란만 초래할 것이라고 주장하며 야당의 노조법 재개정 시도 중단을 촉구하는 성명서를 발표했다. 이는 형식적 수준의 대응이었지만 그나마 경영계의 입장을 '공식화'하였다는 점에서 의미가 있었다.

이렇듯 한국노총 새 집행부 출범 이후 노동계와 야당의 노조법 재개정 논의가 급물살을 타는 가운데, 한나라당은 '4·27 재보선'을 앞두고 있는 상황이므로 정부 입장에 동조하면서도 확고한 입장 표명은 하지 않았다.

주요 언론은 개정법대로의 시행을 당연시하는 분위기로 흘렀고, 대부분 노동계의 노조법 재개정 요구에 대해 비판적 논조로 보도하였다. 특히 주요 일간지 사설에서도 이러한 지적은 이어졌다. "이용득 위원장의 노조법 무효화 선언은 자가당착이다", "한국노총 위원장의 시대역행적 투쟁선언"(한국경제, 1.27), 진보언론인 매일노동뉴스도 3월 25일 "복수노조 100문 100답"을 발간한 것은 법 시행을 전제로 한 것이기 때문에 역설적이지만 오히려 더 특징적인 상황으로 기정사실로 되었다.

한편, ILO 부국장 카렌커티스는 이철수 서울대 법학전문대학원(노동법) 교수 등 경제연구소 산학합동 공동조사단과 만난 자리에서, 한국의 교섭창구 단일화 제도가 바람직하다는 입장을 밝혔다는 기사가 언론에 보도되기도 하였다.

고용노동부는 노조법 재개정 논쟁을 종식하고 '노조법 시행상황 점검 T/F'를 운영하고 정치권과 노동계의 움직임에 대해 상황에 맞는 자료를 신속하게 마련하여 주요 인사에 대한 개별 설명도 확대해 나갔다. 특히 노동계와 야당의 적극적인 법 재개정 추진, 경영계와 여당의 소극적 태도 등 전반적인 여건이 복수노조 시행을 뒷받침해 주지 않는 상황에서 우호적 여론 분위기 조성은 중요한 과제였다.

이에 전문가 인터뷰와 언론 기고 등 시기별로 차별화된 입체적 홍보를 추진하였다. 복수노조 제도 안내를 위한 외부 강연 및 교육을 확대하여 주한 미상공회의소, 서울대 법학전문대학원, 서울시노사정모델협의회, 주한 유럽상공회의소, 국가경영전략연구원 등에서 제도 준비 상황과 필요성을 설명하였다.

한편, 한국노총 위원장의 독단적 행동이 계속됨에 따라 한국노총 내부의 불만이 고조되며 갈등과 분열이 확산되었다. 급기야 2011년 3월 10일 노총 창립기념행사에는 산하 연맹 위원장 27명 중 8명만 참석하였고, 3월 31일 산별대표자 회의가 KTF 등의 반대로 야권 통합후보 지지안 등의 처리가 무산된 바 있다.

경영계는 노조법 재개정 반대 관련 대응 없이 정치권과 노동계의 움직임을 관망하는 가운데 일부에서 복수노조 시행에 따른 불안감을 표출하기도 하였다. 그러나 강성노조 사업장인 현대차와 기아차는 한국경총에서 탈퇴하는 등 한국경총의 복수노조에 대한 미온적 대처에 항의하기도 하였다.

이에 정부는 4월 26일 경제정책조정회의에서 노조법 시행을 위해 관계부처가 공동 대처키로 하였다. 또한 양 노총 위원장이 국정쇄신, 노조법 재개정, 민생대책 마련 등을 주장하며 공동 시국선언을 하였으나, 당시 주요 언론에서는 사설을 통해 "한노총, 민노총 꽁무니 쫒아"(조선일보), "뜬금없는 시국선언"(파이낸셜 뉴스), "양대 노총의 무리한 대정부 공동투쟁"(한국일보) 등 부정적 반응을 보였다. 특히 양 노총과 야당의 노조법 재개정 투쟁에 대하여 현장의 관심과 참여가 저조함을 보도하고, 정부의 노조법 재개정 불가 입장 게재와 함께 노조법 재개정은 명분도 없고 가능성도 낮다는 전문가 의견을 부각시켜 주었다.

고용노동부는 여당 지도부와 환경노동위원회 여당 의원을 찾아가 노동계의 노조법 재개정 주요 내용과 문제점을 설명하고, 외부 전문가 및 일반 국민에 대해서는 복수노조 창구단일화 제도 관련 주요 쟁점을 알기 쉽게 정리한 책자, 『복수노조 – 그 궁금증을 풀어드립니다』를 발간·제공하여 노사관계 여론 주도층의 제도 이해도를 높였다. 아울러 '노사관계 정책포럼'을 계속 열어 제도 정착을 위한 전문가 및 현장 실무자의 의견을 수렴하며 제도의 안정적 운영을 도모하였다.

한나라당은 4월 27일 재보선에 따른 내홍 수습, 지도부 교체 등으로 주춤한 상황이었으며, 5월 16일 황우여 원내대표 등은 한국노총을 방문하여 이용득 위원장 등 집행부와 간담회를 갖고 노조법 재개정 문제를 논의하였고, 별도의 '노조법 재개정 T/F'를 구성하여 논의하기로 하였다. 이 자리에서 한국노총위원장은 복수노조 유예(猶豫) 방안을 제안하기까지 하였다.

이에 고용노동부는 대응 전략과 대외 설명자료를 마련하여 국회의원에 대한 설명을 통해 향후 한나라당 새 지도부가 한국노총의 부당한 요구에 휘말리지 않도록 설득하고, T/F의 명칭도 법 개정 의미가 크게 부각되지 않도록 '노사관계 T/F'로 바꾸도록 건의하여 수용되었다.

한편, 홍영표 민주당 의원이 대표발의하고 81명의 의원 공동발의로 전임자 급여 노사 자율, 교섭창구 단일화 폐지 등을 내용으로 하는 야 4당 공동의 노조법 재개정안이 발의되었다.[47]

5월 31일 제3대 고용노동부 장관으로 취임한 필자는 취임사 등을 통해 밝힌 바와 같이 2011년 7월 1일부터 복수노조 창구단일화를 앞두고 2010년 1월 1일 개정된 노조법의 흔들림 없는 시행에 역점을 두고 최선을 다했다.

6월 2일 김성태 의원은 민본21을 대표한 국회 브리핑에서 복수노조 허용에 대한 재검토가 필요하며, 한나라당은 당 차원에서 재개정에 대한 입장을 밝혀야 한다고 하여 노조법 재개정안 발의가 임박했음을 알렸다.

이에 고용노동부와 한나라당이 당정 협의를 개최하고 노조법 재개정의 부당성을 설명하며 과정 관리에 집중하였고, 6월 7일 한나라당과 한국노총은 제2차 노사관계 T/F 회의를 개최하여 노조법 재개정을 논의하였으나, 한나라당은 복수노조는 시행하되 타임오프 제도를 보완하는 수준에서 방안을 마련하는 것이 현실적이라고 하는 등 결론 없이 넘어가게 되었고, 한국노총은 한나라당의 소극적 태도로 인해 불만을 표출하며 냉소적인 분위기로 끝났다.

이날 국회에서의 재개정 논의 자체가 야당 및 노동계에 노조법이 재개정 가능성이 있다는 그릇된 시그널을 줄 수 있음을 강조하며 막은 것이다. 그러나 6월 10일 김성태 의원 대표발의로 한나라당 의원 49명이 서명하고 미래희망연대 의원 공동발의로 노조법 재개정안이 발의되었다. 조직 형태와 조직 대상을 같이 하는 복수노조의 설립 금지를 주요 내용으로 하였기에 복수노조 금지

---

47. 그러나 민주당에서도 강봉균, 박상천, 이강래, 추미애, 홍재형 의원 등 15명은 이 법안의 재개정 내용이 옳지 않다고 보아 동의하지 않고 발의에 참여하지 않았다. 진영논리가 아닌 합리적인 판단을 해주어 당국자의 입장에서 감사한 마음이다.

범위가 예전보다 더 넓어지는 등 개정안의 문제점을 이론적으로 지적하며 발의 의원들을 일일이 방문하여 설명하였다. 대부분 의원들이 내용을 정확히 모르고 친분 등에 의해 서명한 것으로 파악되었으며, 일부 의원실에서 서명 철회 의사를 표시하기도 하여 법안에 대한 전반적 신뢰가 떨어지게 되었다.

주요 언론에서도 예정대로 법 시행을 해야 한다는 입장이었고, 여야 정치권의 노조법 재개정 움직임에 대해 비판적 반응을 보였다. "정치권, 근로자보다 노동단체가 더 두렵나"(조선일보. 6.11), "복수노조 해보지도 않고 재개정 요구하나", "복수노조 반대는 기득권 향유다"(중앙일보. 6.16), "노조법 재개정, 누구를 위한 건가"(동아일보. 6.14), "노조법 재개정은 포퓰리즘"(매일경제. 6.14), "혼란만 부추기는 노조법 재개정"(한국경제. 6.17), "복수노조 흔들림 없이 추진해야"(서울경제. 6.17), "노동법 개정 오락가락 의원 50명"(내일신문. 6.10) 등의 보도가 있었다.

한편, 6월 13일 스위스 제네바에서 개최된 ILO 제100차 총회에서 '사회정의의 새로운 시대(New Era of Social Justice)'를 기치로 각국 장관의 연설이 진행되었는데, 필자는 한국을 대표하여 '일을 통한 따뜻한 공정사회' 실현을 위하여 일자리를 국정의 최우선 과제로 정하고, '일자리를 더하는 노동시장'과 '일자리를 더하는 노사관계'로의 발전에 역점을 둔 기조연설을 하였다.[48]

6월 20일 한국노총 위원장과 민주노총 위원장은 국회 앞에서 노조법 재개정안의 국회 상정과 노사정 논의를 촉구하는 공동 기자회견을 한 후 국회 환경노동위원회 위원장을 방문하였으나, 김성순 환노위 위원장은 한나라당이 반대하고 있음을 설명하고 양당 간사 간 합의하도록 촉구하겠다고 답변하여

---

48. ILO 제100차 총회(스위스 제네바)에서 이채필 장관의 기조연설에 한나라당 강성천, 손범규, 조해진, 민주당 이미경, 자유선진당 김용구, 민주노동당 홍희덕 등 여야 의원 6명도 함께 참석하여 방청하였다. 또한 이 총회에 노사 대표로 이용득 한국노총위원장, 김영배 한국경총 부회장도 같이 참가하였다.

그 불씨를 꺼주었다. 김 위원장은 민주당 출신임에도 노사관계의 건강한 발전과 나라를 먼저 생각하는 우국충정하는 정치인이었다.

고용노동부는 노조법 재개정안 미상정 사유와 그간의 노조법 재개정 관련 언론 보도를 모은 기사 모음집을 책자로 만들어 한나라당 의원실을 각각 방문하여 제공하고 재개정안의 국회 상정에 대한 문제점을 설명하였다.

그러나 6월 23일 오후 환경노동위원회 한나라당 간사 이범관 의원은 야당의 노조법 재개정안 상정 요구를 받아들여 6월 24일 환경노동위원회 전체회의에 노조법 재개정안을 상정하기로 야당 간사와 덜컥 합의해 버렸다. 한마디로 정치적 대형 사고였다. 이것은 바로 노조법 재개정 논의가 다시 시작되는 절체절명(絕體絕命)의 순간이라는 의미였다.

이에 6월 24일 저녁 9시 삼청동 국무총리 공관에서 긴급 당·정·청 회의를 열었다. 이날 김황식 국무총리, 정의화 비대위원장, 황우여 원내대표, 이주영 정책위 의장, 임태희 대통령실장, 백용호 정책실장, 김효재 정무수석과 임채민 국무조정실장 등이 참석한 자리에서 노조법 재개정안은 상정하지 않기로 결정했다. 그러나 이날 특임장관은 무슨 사정이 있었는지 참석하지 않았다.

이렇게 해서 한나라당 간사 이범관 의원이 환경노동위원회 야당 간사인 홍영표 의원에게 법안을 상정하지 않겠다는 입장을 다시 통보하게 되었다. 이로써 6월 24일 환경노동위원회 전체회의에서 노조법 재개정안은 상정되지 않았고 7월 1일 복수노조 창구단일화 제도 시행 전에 노동계에서 추진했던 노조법 재개정 시도를 막아낼 수 있었다. 정말 법 개정 못지않게 어려웠던 것이 시행(施行) 그 자체였다.

6월 28일 대통령 주재 국무회의에서 필자는 노사관계 주무장관으로서 복수노조 창구단일화 제도 시행 방안을 안건으로 상정하여 그간의 준비 상황과 제도 정착을 위한 향후 대책을 보고하면서, 취지와 필요성, 범정부적 대응이 필요함을 강조하였다.

이날 보고를 받은 대통령도 복수노조 창구단일화 제도의 조기 정착의 중요성을 강조하며 관련 부처와 경제단체가 협조하여 공동 노력할 것을 지시하였다. 국무회의 직후 고용노동부 장관이었던 필자가 주관하여 기획재정부 장관, 법무부 장관, 행안부 장관, 지경부 장관, 문화부 장관, 국토부 장관, 경찰청장을 위원으로 하는 '노사관계선진화 상황점검 회의'를 구성하고 앞으로의 시행상황을 공유하며 필요한 대응을 하기로 하였다.

한편, 한국노총위원장은 독단적 노선으로 한국노총과 민주당과의 통합 추진 등 정치 노선에 따른 문제로 임기 중에 하차(2012년 7월)하였다. 그러나 이어서 선출된 후임 한국노총위원장도 2013년 10월 취임 1주년을 맞아 노조법 재개정을 위해 전력을 다할 것이라고 주장하는 등 노동 개혁(노동법 시행 포함)에 대한 노동계의 저항과 퇴행적 시도는 여전히 멈추지 않았다.

〈참고〉 복수노조 (교섭창구 단일화) 제도의 산업현장 조기 정착

복수노조 교섭창구 단일화 절차 역시 산업현장에서 안정적으로 정착되었다. 초기에는 제도 시행 이후 노조가 난립하고, 노조 설립 과정에서 노노 간 및 노사 간 갈등 증폭 등 분규가 엄청나게 많이 발생할 것으로 크게 우려하였다.

그러나 이런 우려와는 달리 노조 설립신고 건수는 2011년 7월 복수노조 허용 이후 2013년 6월 말까지 총 1,257개 노조가 설립신고를 하였다.

시행 첫 달인 2011년 7월에는 322개가 신고하는 등 하루 평균 10.4개가 신고하였으나 2011년 8월에는 하루 평균 3.5개 설립, 2011년 9월에 하루 평균 2.3개였다가 2011년 10월 하루 평균 1.7개를 거쳐 그 이후에는 계속해서 매월별 하루 평균 1개 내외로 2012년 12월에는 총 38개의 노조가 설립신고를 하는 등 현장에서 순조롭게 일상화되는 국면으로 접어들었고, 복수노조를 통한 노조의 민주적 운영 분위기도 확산되었다.

2011년 7월 복수노조 허용 이후 2013년 6월 30일 현재 설립된 신규 복수노조 사업장 수는 총 631개소이며, 2011년 6월 30일 이전에도 사업장 인수·합병이나 산별노조 지부와 기업별 노조는 조직 대상이 다른 것으로 보아 법원에서 복수노조 설립이 인정된 경우 등 기존의 복수노조 사업장 273개소를 포함하면 모두 904개가 되는 셈이다.

복수노조 제도 시행의 영향으로 노조 조직률은 2010년 말 9.8%(164만 명)에서 2011년 말 10.1%(172만 명), 2012년 말 10.3%(178만 명)으로 나타나, 2년간 14만 명의 조합원이 증가하는 등 1989년 이후 지속적으로 감소하던 추세에서 복수노조 제도의 시행으로 2년간 0.5%p 상승하여 어느 정도 긍정적 영향을 미친 것으로 평가할 수 있다.

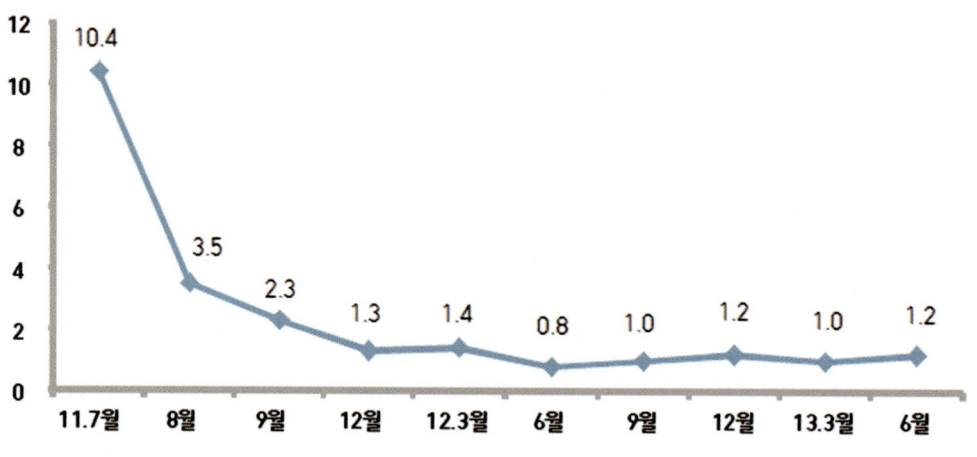

* 자료 : 복수노조 설립신고 현황(고용노동부)

〈복수노조 제도 도입 이후 일평균 노조 설립신고 현황〉

　노조설립 양태를 보면 무노조 기업에서 비조합원에 의한 '신설형 노조'는 455개(36.2%)에 그쳤고, 기존 노조의 분화에 의한 '분할형 노조'가 712개(56.6%)로 많이 늘어나 총 1,257개의 신설 노조의 대부분을 차지하였다.

　또한 노조설립 후 상급단체 미가맹이 무려 1,063개소(84.6%)에 이를 정도로 기존 상급 노동단체에 가입하지 않고 대부분 독립노조의 길을 걷고 있으며, 상급단체 가입은 194개(15.4%)에 그쳤다. 이러한 경향은 상급 노동단체가 정치 지향적인 활동에 중점을 둔 점에 대한 일반 조합원의 부정적 인식에 기인한 것으로 보였다.

　상급 노동단체의 노조법 재개정 투쟁 움직임에도 불구하고, 교섭창구 단일화 절차 이행률은 2011년 말 93.0%(한국노총 91.3%, 민주노총 85.7%) → 2012년 말 98.7%(751개 중 741개) → 2013년 6월 말 99.9%(793개소 중 792개소)로 크게 향상되었다. 대부분의 사업장에서 법령에서 정한 절차에 따라 교섭창구를 단일화하여 교섭(사용자와 교섭하거나 사용자의 동의에 의해 개별교섭)을 진행하여, 산업현장에서 복수노조 교섭창구 단일화 제도는 순조로운 정착을 보여주었다.

15
복수노조 허용과 노조 전임자 개혁의 의미

가. '폭탄 돌리기' 13년

오랫동안 우리나라 노사관계는 사업장 단위 복수노조 금지와 노조 전임자 급여의 사용자 지급이라는 비정상적 관행이 만연했다. 회사 일은 하지 않고 노동조합 일만 하는 '노동조합 전임자' 급여를 노동조합 스스로 부담하는 것이 기본이자 상식인데도 우리나라에서는 그렇지 않았다.

복수노조의 금지는 기존 노조가 지위를 독점하도록 보장하는 제도로 변질되었고, 이것이 노동조합 전임자에게 노조가 아닌 사용자가 급여를 지급하는 잘못된 관행과 맞물리면서 노동운동 발전을 지연시키고 노동시장을 더 경직시키는 요인이 되었다. 결과적으로 노사 간에 힘의 균형이 무너져 신기술 도입, 해외공장 설립 등 고유한 경영권 행사도 노사 합의 없이는 추진할 수 없는 실정이 되었다.

한편, 노조설립과 선택의 자유를 보장하는 복수노조 허용과 노조 전임자 급여 지급 관행 개선에 대한 제도 개혁은 1996년부터 논의되어 왔다.

1996년 4월 24일 김영삼 대통령이 '신노사관계 구상'을 발표하고, 1996년 5월 9일 대통령 직속으로 노사관계개혁위원회(위원장은 현승종 전 국무총리, 부위원장에 이세중 전 대한변협 회장, 상임위원에 배무기 서울대 교수)를 발족하고, 학계·노동계·경영계를 망라한 위원 30명으로 구성하여 노동관계법 개혁에 대해 논의하여 노사관계개혁위원회 합의사항(미합의 사항은 공익안)을 중심으로 법률안을 마련하여 1996년 12월 11일 국회에 제출하였다.

노동 개혁 없이는 기업 개혁 또한 어렵다는 문제의식으로 6개월 동안 노력했으나 노사 간 합의에는 이르지 못했다. 결국 공익위원들이 낸 절충안을 중심으로 정부가 노동법 개정안을 마련했다. 복수노조 금지, 제3자 개입금지, 노조의 정치활동 금지 등의 조항(3禁)을 삭제하되 정리해고제, 탄력근로제, 근로자파견제 등을 허용(3制)함으로써 노사 간 균형을 맞춘 법안이었다.

신한국당은 12월 26일 새벽 5시 50분 노동조합법 개정안을 여당 단독으로 처리했다. 그러나 김대중을 비롯한 야당 정치권과 노동계가 합세하여 총파업으로 맞서 결국 전면 개정(제정) 법률안을 1997년 3월 13일 공포하여 사태가 일단락되었다.[49]

당시의 노동법 재개정 논의는 입법 파동과 관련한 정치권이 중심이었다. 신한국당 이상득 정책위 의장, 새정치국민회의 이해찬 정책위 의장, 자민련 허남훈 정책위 의장 세 사람이 3월 10일 단일안을 만들었다.

이날 합의에 근접했으나 새정치국민회의에서 "내일 아침에 하자"라고 했으며 다음 날 "노조 전임자 폐지는 일단 5년간 유예하고, 전임자 수를 줄이는 만큼 그 임금에 해당하는 금액을 노조 기금으로 만들어 주자"라는 뜻밖의 제안이 나왔다. 이상득 의장을 비롯한 다른 사람들은 난감해하면서도 어쩔 수 없

---

49. 입법 과정에서의 절차 등을 이유로 초유의 '노동법 파동'이라는 야권과 노동계의 반발을 초래하여 이전 법률을 1997년 3월 10일 여야 합의로 폐지하고 전면 개정한 '노동조합 및 노동관계조정법' 제정 법률안을 의결하게 된다.

이 받아들였다. 형식적으로는 원칙을 지켜냈지만 5년 뒤로 시행을 미룬 어정쩡한 노동법이 이때부터 시작되었다.

정부의 노동 개혁추진에 반대하며 개혁 입법을 중지하라고 할 때 노동계는 흔히 "정부와 여당은 1996년 12월 노동법 파동 때도 (노동계와) 합의되지 않은 내용을 날치기했다가 결국 정권이 교체됐다는 사실을 역사로부터 배워야 할 것"이라는 준엄한 경고를 전가의 보도처럼 사용한다.

하지만 이들이 말하지 않는 대목이 하나 있다.
그것은 노동계 사상 초유의 총파업이라는 정치투쟁으로 맞서는 바람에 김영삼 대통령이 항복하고 새 법안을 처리했지만, 그해 말 외환위기가 닥쳐 결국 또 고쳐야 했다는 사실이다. 국제통화기금(IMF)은 정리해고제를 넣어 노동시장의 유연성을 높인 노동법을 다시 만들겠다고 약속하기까지 구제금융을 주지 않았다. 따라서 처음부터 제대로 노동 개혁을 추진했더라면 외환위기도, 정권 교체도 없었을지 모른다.

한편으로는 김영삼 대통령은 퇴임 후 2000년 고려대 강연에서 "금융위기의 원인은 (위기) 전부터 추진한 노동법 개정과 금융개혁을 김대중 씨가 반대했기 때문"이라고 말했을 정도로 아쉬움을 토로했다.[50] [51]

이와 같이 핵심 이슈였던 복수노조 허용 및 노조 전임자 문제는 1997년 3월 13일 '노동조합 및 노동관계조정법'에 명시하고도 막후에서 노동계의 의견을 대변한 정치권의 반대로 일단 5년간 시행을 유예(김영삼 정부, 진념 장관 : 2001년 말까지 5년간)하였다. 노동법 재개정을 앞두고 노동계의 영향력 행사는 그뿐만이 아니

---

50. "YS의 노동 개혁 실패, DJ 탓도 컸다", 동아일보(김순덕 칼럼), 2015.11.23.
51. 손병두의 "IMF 위기 파고를 넘어", 중앙일보, 2023.11.25.

었다. 노동조합의 회계 공개와 관련한 제도 역시 노동계에 유리하게 대폭 완화하고 그마저 위반 시 벌칙도 형벌에서 과태료로 전환되는 등 형해화되었다.

이후에도 '시행 유예'라는 추억을 잊지 못한 노동계는 2001년 3월 28일(김대중 정부, 김호진 장관 : 2006년 말까지 5년간) 및 2006년 9월 11일(노무현 정부, 이상수 장관 : 2009년 말까지 3년간) 추가로 두 차례에 걸쳐 8년간 유예를 더 얻어내 결과적으로 '폭탄 돌리기'로 해결하지 못한 채 무려 시간만 흘러갔다. 말하자면 방 안의 코끼리를 계속 보고만 있었던 셈이다.

1997년 노조법에서 노동조합 전임자 급여의 사용자 지급금지를 명시하면서 노사가 협의하여 점진적으로 전임자 수를 축소하도록 노력 의무를 부과하였다. 그러나 13년간의 오랜 기간 시행 유예에도 불구하고, (노조가 아닌) 사용자로부터 급여를 받는 노조 전임자가 오히려 증가하였고, 단체협약상 공식적으로 인정되는 전임자 외에도 교육위원, 안전위원 등의 명칭으로 실제 근무가 면제되는 조합원들이 상당수 있어서 전임자 수가 그만큼 늘어나는 추세였다. 현장에서 전개된 우리 노사관계는 노사 간에 겨루는 '힘'이 법(法)보다 우선이었던 것이 본모습이었다.

결국 이명박 정부에 들어와서야 노조법 개정을 마무리함으로써, 우리나라 노사관계의 해묵은 숙제이면서 노사관계 선진화에 걸림돌로 작용하고 있던 복수노조·전임자 문제를 해결하게 되었다. 더욱이 공익적 중지를 모은 노사정 합의를 통해 노조법을 입법함으로써 제도의 수용성을 높인 의미가 있었다.

그간 우리나라는 헌법에서 단결권, 단체교섭권, 단체행동권을 보장하고 있으면서도 1993년 이래 ILO로부터 지속적으로 한국의 노동관계법 개정을 요구받았고, 1996년 이후에는 OECD로부터 한국의 노동관계법에 대한 모니터링을 받으며 개선을 요구받는 수모를 받는 등 국격의 실추는 뼈아픈 것이었다.

드디어 2007년 OECD 모니터링을 종료하면서 약속한 노조법 개정을 이렇게 마무리함으로써 우리나라도 국제기준에 부합하는 선진적인 노사관계제도를 갖추게 되었다. 그리고 노동권이 교역 조건화되고 있는 글로벌 경제에서 ILO 이사국이자 OECD 회원국과 G20 정상회의 개최국으로서 국격에 맞게 '노동후진국'이라는 꼬리표를 떼고 국제사회에서 당당하게 활동할 수 있게 되었다.

나. 용기 있게 도전하고 실행하는 사람의 몫

노조 전임자 급여 금지와 교섭창구 단일화를 통한 복수노조 허용은 노사단체의 거센 반대와 담합으로 번번이 막혔다. 하지만 노조의 자주적 운영과 자유로운 노조설립 및 선택권 보장을 더 이상 미룰 수 없다는 각오로 임하여, 13년 넘게 서랍 속에 잠자고 있던 노조 전임자 급여 금지와 복수노조 허용 법안이 드디어 (근로시간면제 제도는 2010년 7월, 교섭창구 단일화는 2011년 7월부터 적용) 시행되며 세상에 빛을 발하게 되었다.

한편, 노조법 처리가 '노사정 3자 합의' 프레임에 갇혀 정부에 끌려갔다는 칼럼에서 보듯,[52] 2009년 노사정위 선진화위원회 공익위원 합의안(7.20.)과 '12·4 노사정 합의'가 국회의 노조법 처리를 가능하게 한 토대였음은 분명하다.

이처럼 역사는 뜻이 있는 자에 의해 세상의 틀(frame)이 만들어지는 것처럼, 노조법 개정은 용기 있게 도전하고 실행하는 사람의 몫임을 재확인하게 되었다.
한국노총과 한나라당이 '정책연대'를 매개로 노동계와 정치권이 어우러져 불가능할 것으로 비관했던 노조법 개정을 이뤄냈다는 점에서 그 의미가 각별했다.
역시 국가의 흥망성쇠는 공동체의 발전을 향한 문제의식과 사명감이 넘치는

---

52. 이병훈 중앙대 교수 칼럼, '추미애 노조법'은 올바른 선택이었나, 창비 주간논평, 2010.1.13.

몇몇 개인의 헌신과 희생이 좌우하는 것 같다. 또한 "악마는 디테일에 있다"라고 말하는 것처럼, 비전을 구체적인 전략으로 담을 수 있는 역량이 뒷받침되어야 개혁을 이룰 수 있음을 재확인했다.

김영삼·김대중·노무현 정부에서 13년간 세 차례 유예된 노동 개혁이 이명박 정부에서 어렵사리 빛을 볼 수 있었던 이유는 대략 다음과 같다.

첫째, 무엇보다 2008년부터 노동부에서 노사관계선진화위원회를 구성하여 국민적 공감을 할 수 있는 공익위원 합의안(대안 : 12·4 노사정 합의)을 마련한 것이 결정적으로 중요한 발판이었다. 왜냐하면 역대 정부에서 이러한 대안 마련 자체에 실패하여, 법 개정안조차 만들 수 없었기 때문이다.

둘째, 법안을 국회에 제출한다고 해서 결코 법안이 처리되지는 않는다. 개정안 제출 이후에도 국회에서 통과되려면 지난한 과정을 거쳐야 한다.
특히 "노동조합법 개정은 헌법 개정보다 어렵다"라고 할 정도로 노·사와 이익단체는 물론 국민 각계각층 사이에 다양한 이해관계가 얽혀 있다. 그만큼 정치적인 측면을 물론, 고도의 종합적인 셈법을 통해 절묘한 균형점을 맞추어야 한다.

셋째, 정부의 2009.12.4. 노사정 합의 도출 이후 국회에서 법 개정안이 통과되기까지 김형오 국회의장의 직권상정 결정(유선호 법사위원장의 방해 극복 포함)과 이를 처리하기 위한 야당 소속 추미애 환경노동위원회 위원장의 새로운 합의 시도 실패 사고와 결자해지 차원의 결단이 큰 힘이 되었고, 그 과정에서 조원진 환노위 간사(한나라당)와 차명진 환노위 법안심사소위원장의 공식·비공식적인 협상을 위한 정치적 역할 발휘도 큰 도움이 되었다.

넷째, 사업장 단위 복수노조의 설립·운영이 가능하도록 교섭창구 단일화 절차를 마련했다. 또한 전면 금지된 노조 전임자 급여는 일정한 노사 공동의 이해관계 활동에 대한 근로시간면제 제도를 통해 노동운동이 노조(勞組) 간부(幹部)의 기득권 추구가 아닌 조합원(組合員)에 대한 서비스경쟁과 노사관계 선진화에 보탬이 되기를 기대하는 국민적 염원이 간절하기 때문이다.

다섯째, 그 외에도 ㉠ 합의 대안의 형성 ㉡ 개정 법안의 마련과 수정 ㉢ 법안처리 통과 및 보완 ㉣ 제도 시행 차원의 애로 해소 등 단계마다 결정적인 지원을 공식·비공식적으로 하며 기여한 분들이 아주 많다. 노사관계 선진화를 위한 발걸음에 용기를 불어넣어 주거나 힘을 보태준 분들이 정당한 평가를 받게 되길 바란다.

다. 노사관계 패러다임 전환

우리나라 노조가 산별노조를 지향하였지만, 실제 기업별 노조로 고착된 것은 상당 부분 사업장 단위 복수노조 허용을 유예하기 위하여 노동계와 경영계가 거래(3차례 13년간)한 노조 전임자 급여 지급금지 유예에 기인한다. 그 결과 13.1%의 노조 조직률(2022년), 대기업과 공공부문 중심의 기업별 노조가 노동시장 양극화를 더욱 촉진해 왔음을 부인할 수 없다.

복수노조·노조 전임자 제도 개혁은 정부가 노동계와 경영계, 여야 국회 등과의 적극적인 소통과 협상을 통해 산고(産苦) 끝에 마무리하였다. 이를 통해 우리나라 노사관계를 한 단계 도약시키는 것은 물론 '경쟁과 책임', '협력과 상생'으로 노사관계의 패러다임을 전환하는 계기가 된다.

노조법 개정의 성과로 일부 사업장에서는 과도기적으로 노사관계가 불안정하기도 했으나, 이 무렵은 1987년 민주화 이후 산업현장은 가장 안정적으로 나타났다. 2008~2012년 연평균 노사분규 건수는 146건으로 이전 노무현 정부(307건) 대비 ▽52.4% 감소하여 1997년 외환위기 이후 최저치를 기록하였고, 파업으로 발생한 사회적 손실을 나타내는 근로손실일수는 연평균 66만 2천 일로, 2003~2007년 연평균 101만 6천 일 대비 ▽34.8% 감소하여 1987년 민주화 이후 최저 수준을 기록했다.

특히 근로자 1,000명당 연평균 근로손실일수는 2003~2007년 연평균 67.5일에서 2008~2012년 연평균 39.1일로, OECD 국가 평균(34.7일, 2006~2008년)에 근접하는 수준이었다. 이후 우리나라 근로자 1,000명당 2013~2022년 연평균 근로손실일수는 35.5일로 개선되는 추세이다.

제도 개혁 이전에는 기존 노조가 독점적 지위를 누림으로써 현장 근로자의 이익보다는 노조 간부의 이익이 우선시되었으나, 정부의 (법과 원칙에 기반한 노사 자율적 해결) 노사관계 정책 기조가 앞으로도 계속 이어진다면 현장 근로자 중심의 노동운동이 촉진될 것이다. 노동조합 운영을 민주적이고 투명하게 하지 않으면 근로자의 지지를 받을 수 없도록 제도화되어 우리 노동운동의 고질적 문제점인 정치권을 볼모로 한 투쟁적 노동운동이 현장 근로자 중심의 합리적 노동운동으로 전환되는 계기가 되길 바란다.

주요 언론에서도 노조법 개정의 최대 성과로 정부의 '법과 원칙' 기조, 노사 상생문화 확산 등 노동계가 달라진 점을 부각하는 등 긍정적으로 평가하였다.

◉ 주요 언론 기사
- 「노조간부가 조합원 위에 군림하는 문화 사라져」(문화일보 2010.10.8.)
- 「타임오프 시행 100일, 민노총 사업장도 속속 도입, 걱정했던 노사충돌 없었

다」(매일경제 2010.10.8.)
- 「타임오프 100일 … 연착륙 성공하였다」(한국경제 2010.10.4.)
- 「타임오프 연착륙 … 머리띠 풀고 노사협력 '끈' 조인다」(헤럴드경제 2010.9.12.)
- 「달라진 노동계, 정부 '법과 원칙' 기조, 노사 상생문화 확산, 노조법 개정 최대 성과」(연합뉴스 2010.8.23.)
- 「직업 노동운동가들의 '완장 기득권' 사라져야」(동아일보 2010.5.3.)
- 「노조전임자 줄이는 '타임오프', 타당하다」(한국일보 2010.5.3.)
- 「타임오프제 시행, 노사선진화 출발점 삼아야」(한국경제 2010.5.3.)
- 「노조전임자 숫자 상한제, 이번엔 제대로 해봐라)」(조선일보 2010.5.3.)
- 「타임오프 정착, 사용자 의지에 달렸다」(중앙일보 2010.5.3.) 등

라. 일자리 친화적인 노사관계로의 과제

노사관계 분야의 세계적인 석학 토마스 코칸(Thomas A. Kochan) MIT 교수는 "앞으로 일자리 창출과 고용안정을 위해 노사가 힘을 합쳐야 한다"라고 강조하였는데, 이는 노사관계의 안정과 합리적인 노사문화의 정착이 경제발전을 이끄는 중요한 요소임을 의미했다.

하지만 이 모 한국노총위원장은 독단적 노선, 한국노총과 민주당과의 통합 추진 등 정치 노선에 따른 문제로 임기 중에 하차(2012년 7월)하였다. 이어서 선출된 한국노총위원장도 2013년 10월 취임 1주년을 맞아 노조법 재개정을 위해 전력을 다할 것이라고 주장하는 등 노동 개혁(노동법 시행 포함)에 대한 노동계의 저항과 퇴행적 시도는 멈추지 않았다.

노동조합은 자주적으로 운영하고 조합원에게 책임을 지는 건강한 노동조합으로 재정립되고, 기업은 노동조합을 경영의 동반자로 삼아 투명한 경영으로 상호 불신을 해소해야 한다. 정부는 노사관계의 '암세포'에 해당하는 사용자의 부당노동행위나 노조의 다른 조합원 권리 방해, 회사의 인사·경영권 침해 등 불공정한 행위가 발생하지 않도록 적극 지도해야 한다.

근로시간면제 제도는 노사교섭·협의 등 사업장 내 노사 공동의 이해관계에 속하는 건전한 노사관계 발전을 위한 활동에 대하여 의무적 강제 적용이 아니라, 노사 간 단협으로 정하거나 사용자가 동의할 경우 실시할 수 있는 조치이다. 따라서 '예외성(例外性)'과 '최소성(最小性)'이라는 출발 취지에 맞게 운영되는 원칙(原則)을 지키는 가운데 노사가 책임 있는 경제·사회 주체로서 건강한 기업 생태계의 기반을 넓혀 일자리 친화적인 노사관계로의 전환을 앞당겨야 한다.

노동계와 일부 정치권이 담합하여 기득권에 안주하는 노동운동은 더 이상 반복되지 않기를 바라며, 노사정은 관련 제도가 합리적으로 운영·정착되도록 대승적으로 협력해야 한다. 실패한 역사가 다시 반복되지 않기를 바랄 뿐이다.

〈참고〉 관련 법률 개정 : 세 차례의 부칙 개정 및 2010년 노조법

1. 노조법 1997.3.13. 제정 부칙

제5조 (노동조합 설립에 관한 경과조치)

① 하나의 사업 또는 사업장에 노동조합이 조직되어 있는 경우에는 제5조의 규정에 불구하고 2001년 12월 31일까지는 그 노동조합과 조직대상을 같이하는 새로운 노동조합을 설립할 수 없다.

② 노동부장관은 설립하고자 하는 노동조합이 제1항의 규정에 위반한 경우에는 그 설립신고서를 반려하여야 한다.

③ 노동부장관은 2001년 12월 31일까지 제1항의 기한이 경과된 후에 적용될 교섭창구 단일화를 위한 단체교섭의 방법·절차 기타 필요한 사항을 강구하여야 한다.

제6조 (노동조합 전임자에 관한 경과조치)

① 이 법 시행 당시 사용자가 노동조합 전임자의 급여를 지원하고 있는 사업 또는 사업장의 경우에는 제24조제2항 및 제81조제4호의 규정(勞動組合의 前任者에 대한 給與支援에 관한 規定에 한한다)을 2001년 12월 31일까지 적용하지 아니한다.

② 제1항의 규정에 해당하는 사업 또는 사업장의 노동조합과 사용자는 전임자에 대한 급여지원 규모를 노사협의에 의하여 점진적으로 축소하도록 노력하되, 이 경우 그 재원을 노동조합의 재정자립에 사용하도록 한다.

2. 노조법 2001.3.28. 개정 부칙

법률 제5310호 노동조합및노동관계조정법 부칙 제5조제1항 및 제3항 중 "2001

년"을 각각 "2006년"으로 하고, 동법 부칙 제6조의 제목 "(勞動組合 責任者에 관한 經過措置)"를 "(勞動組合 專任者에 관한 적용의 특례)"로 하며, 동조제1항 중 "이 법 시행 당시 사용자가 노동조합 전임자의 급여를 지원하고 있는 사업 또는 사업장의 경우에는 제24조제2항 및 제81조제4항의 규정(勞動組合의 責任者에 대한 給與支援에 관한 규정에 한한다)을 2001년"을 "제24조제2항 및 제81조제4호의 규정(勞動組合의 專任者에 대한 급여지원에 관한 규정에 한한다)은 이를 2006년"으로 하며, 동조제2항 중 "제1항의 규정에 해당하는 사업 또는 사업장의 노동조합과"를 "노동조합과"로 한다.

3. 노조법 2006.12.30. 개정 부칙

복수노조 허용 및 노동조합 전임자 급여지원 금지규정은 2007년 1월 1일부터 시행하기로 되어 있으나, 노사 모두 이에 대한 준비가 부족하고 구체적 시행방안에 대한 공감대의 형성도 미흡하여 동 제도의 전면 시행 시 산업현장의 혼란은 물론 국민경제에 큰 부담으로 작용할 우려가 있음.

이러한 상황에서 노·사·정이 사회적 통합과 지속적인 국가발전을 위하여 그 시행시기를 3년간 유예하기로 합의함에 따라 노사관계를 안정화시키면서 유예기간 중 노·사·정 간의 심도 있는 논의를 통해 구체적인 시행 기준과 방법을 마련할 수 있을 것으로 기대됨.

부칙

제1조 (시행일) 이 법은 2007년 7월 1일부터 시행한다. 다만, 복수노조 허용 및 노동조합 전임자의 급여지원 금지 규정(법률 제5310호 부칙 제5조제1항 및 제3항 중 "2006년 12월 31일"을 각각 "2009년 12월 31일"로 하고, 동 부칙 제6조제1항 중 "2006년 12월31일"을 "2009년 12월 31일"로 한다)은 시행시기를 3년 유예한다.

제5조 (노동조합 설립에 관한 경과조치)

① 하나의 사업 또는 사업장에 노동조합이 조직되어 있는 경우에는 제5조의 규정에 불구하고 2009년 12월 31일까지는 그 노동조합과 조직대상을 같이 하는 새로운 노동조합을 설립할 수 없다. 〈개정 2001. 3.28, 2006.12.30.〉

② 행정관청은 설립하고자 하는 노동조합이 제1항의 규정에 위반한 경우에는 그 설립신고서를 반려하여야 한다. 〈개정 1998.2.20.〉

③ 노동부장관은 2009년 12월 31일까지 제1항의 기한이 경과된 후에 적용될 교섭창구 단일화를 위한 단체교섭의 방법·절차 기타 필요한 사항을 강구하여야 한다. 〈개정 2001.3.28, 2006.12.30.〉

제6조 (노동조합 전임자에 관한 적용의 특례 〈개정 2001.3.28.〉)

① 제24조제2항 및 제81조제4호의 규정(勞動組合의 專任者에 대한 급여지원에 관한 규정에 한한다)은 이를 2009년 12월 31일까지 적용하지 아니한다. 〈개정 2001.3.28, 2006.12.30.〉

② 노동조합과 사용자는 전임자에 대한 급여지원 규모를 노사협의에 의하여 점진적으로 축소하도록 노력하되, 이 경우 그 재원을 노동조합의 재정자립에 사용하도록 한다. 〈개정 2001.3.28.〉

4. 노조법 2010.1.1. 개정

1997년 「노동조합 및 노동관계조정법」 제정 시 사업 또는 사업장 단위에서 노동조합의 설립의 자유를 보장하고 사용자가 노동조합 전임자에 대한 급여를 지급하는 것을 금지하는 내용을 규정하여 2002년 1월 1일부터 시행하기로 한 후 「노동조합 및 노동관계조정법」을 2차례 더 개정(2001.3.28, 2006.12.30)하여 시행시기를 다시 정함에 따라 2010년 1월 1일부터 관련 제도가 시행될 예정임.

그러나 입법적인 보완 없이 2010년 1월 1일부터 시행될 경우, 사업 또는 사업장 단위에서 근로조건 통일을 위한 교섭창구 단일화 절차에 대한 효력이 문제되고, 노동조합 전임자에 대한 급여지원을 금지함에 따라 중소규모 노동조합의 활동이 위축될 우려가 있다는 지적이 있었음. 이에 사업 또는 사업장 단위의 노동조합 설립 규제를 철폐하면서 교섭창구를 단일화하도록 하여 근로조건의 통일성 확보 및 교섭이 효율적으로 이루어질 수 있도록 하고, 노동조합의 전임자 급여의 사용자 지급금지 원칙 하에 예외적으로 임금의 손실 없이 사용자와의 협의·교섭, 고충처리, 산업안전 활동 등과 건전한 노사관계발전을 위한 노동조합의 유지·관리업무를 할 수 있도록 함으로써 합리적인 노사관계가 산업현장에 정착되도록 하려는 것임.

제24조 (노동조합의 전임자)

① 근로자는 단체협약으로 정하거나 사용자의 동의가 있는 경우에는 근로계약 소정의 근로를 제공하지 아니하고 노동조합의 업무에만 종사할 수 있다.

② 제1항의 규정에 의하여 노동조합의 업무에만 종사하는 자(이하 "專任者"라 한다)는 그 전임기간 동안 사용자로부터 어떠한 급여도 지급받아서는 아니 된다.

③ 사용자는 전임자의 정당한 노동조합 활동을 제한하여서는 아니 된다. 〈신설 2010.1.1.〉

④ 제2항에도 불구하고 단체협약으로 정하거나 사용자가 동의하는 경우에는 사업 또는 사업장별로 조합원 수 등을 고려하여 제24조의2에 따라 결정된 근로시간 면제 한도(이하 "근로시간 면제 한도"라 한다)를 초과하지 아니하는 범위에서 근로자는 임금의 손실 없이 사용자와의 협의·교섭, 고충처리, 산업안전 활동 등 이 법 또는 다른 법률에서 정하는 업무와 건전한 노사관계 발전을 위한 노동조합의 유지·관리업무를 할 수 있다. 〈신설 2010.1.1.〉

⑤ 노동조합은 제2항과 제4항을 위반하는 급여 지급을 요구하고 이를 관철할 목적으로 쟁의행위를 하여서는 아니 된다. 〈신설 2010.1.1.〉

제24조의2 (근로시간면제심의위원회)

① 근로시간 면제 한도를 정하기 위하여 근로시간면제심의위원회(이하 이 조에서 "위원회"라 한다)를 노동부에 둔다.

② 근로시간 면제 한도는 위원회가 심의·의결한 바에 따라 노동부장관이 고시하되, 3년마다 그 적정성 여부를 재심의하여 결정할 수 있다.

③ 위원회는 노동계와 경영계가 추천하는 위원 각 5명, 정부가 추천하는 공익위원 5명으로 구성된다.

④ 위원장은 공익위원 중에서 위원회가 선출한다.

⑤ 위원회는 재적위원 과반수의 출석과 출석위원 과반수의 찬성으로 의결한다.

⑥ 위원의 자격, 위촉과 위원회의 운영 등에 필요한 사항은 대통령령으로 정한다.

[본조신설 2010.1.1.]

제90조 (벌칙) 제44조제2항, 제69조제4항, 제77조 또는 제81조의 규정에 위반한 자는 2년 이하의 징역 또는 2천만 원 이하의 벌금에 처한다.

제92조 (벌칙) 다음 각호의 1에 해당하는 자는 1천만 원 이하의 벌금에 처한다. 〈개정 2001.3.28, 2010.1.1.〉

1. 제24조제5항을 위반한 자 (이하 각호 생략)

부칙 〈법률 제9930호, 2010.1.1.〉

제1조 (시행일) 이 법은 2010년 1월 1일부터 시행한다. 다만, 제24조제3항·제4항·제5항, 제81조제4호, 제92조의 개정규정은 2010년 7월 1일부터, 제29조제2항·제3항·제4항, 제29조의2부터 제29조의5까지, 제41조제1항 후단, 제42조의6, 제89조제2호의 개정규정은 2011년 7월 1일부터 시행한다.

제2조 (최초로 시행되는 근로시간 면제 한도의 결정에 관한 경과조치)

① 근로시간면제심의위원회는 이 법 시행 후 최초로 시행될 근로시간 면제 한도를 2010년 4월 30일까지 심의·의결하여야 한다.

② 근로시간면제심의위원회가 제1항에 따른 기한까지 심의·의결을 하지 못한 때에는 제24조의2제5항에도 불구하고 국회의 의견을 들어 공익위원만으로 심의·의결할 수 있다.

제3조 (단체협약에 관한 경과조치) 이 법 시행일 당시 유효한 단체협약은 이 법에 따라 체결된 것으로 본다. 다만, 이 법 시행에 따라 그 전부 또는 일부 내용이 제24조를 위반하는 경우에는 이 법 시행에도 불구하고 해당 단체협약의 체결 당시 유효기간까지는 효력이 있는 것으로 본다.

제4조 (교섭 중인 노동조합에 관한 경과조치) 이 법 시행일 당시 단체교섭 중인 노동조합은 이 법에 따른 교섭대표노동조합으로 본다.

제5조 (필수유지업무협정 또는 노동위원회의 필수유지업무 유지·운영 수준 등의 결정에 관한 경과조치) 이 법 시행일 당시 유효한 필수유지업무협정 또는 노동위원회의 필수유지업무 유지·운영 수준 등의 결정은 이 법에 따라 체결된 것으로 본다.

제6조 (하나의 사업 또는 사업장에 2개 이상의 노동조합이 있는 경우의 경과조치) 2009년 12월 31일 현재 하나의 사업 또는 사업장에 조직형태를 불문하고 근로자가 설립하거나 가입한 노동조합이 2개 이상 있는 경우에 해당 사업 또는 사업장에 대하여는 제29조제2항·제3항·제4항, 제29조의2부터 제29조의5까지, 제41조제1항 후단, 제89조제2호의 개정규정은 2012년 7월 1일부터 적용한다.

제7조 (노동조합 설립에 관한 경과조치)

① 하나의 사업 또는 사업장에 노동조합이 조직되어 있는 경우에는 제5조에도 불구하고 2011년 6월 30일까지는 그 노동조합과 조직대상을 같이 하는 새로운 노동조합을 설립할 수 없다.

② 행정관청은 설립하고자 하는 노동조합이 제1항을 위반한 경우에는 그 설립신고서를 반려하여야 한다.

제8조 (노동조합 전임자에 관한 적용 특례) 제24조제2항 및 제81조제4호(노동조합의 전임자에 대한 급여지원에 관한 규정에 한한다)는 2010년 6월 30일까지 적용하지 아니한다.

[출간후기]

고용노동,
그 중심에서 진심을 던지다

권선복 (도서출판 행복에너지 대표이사)

『이채필이 던진 짱돌』은 단순한 개인의 회고록이 아닙니다. 이 책은 '대한민국 고용노동 개혁 시리즈'의 첫 권으로, 대한민국 고용노동 행정의 최일선에서 치열하게 일했던 한 공직자의 치열한 삶을 담고 있습니다. 특히 '고용노동부 내부 출신 1호 장관'인 저자 이채필의 생생한 체험과 고뇌는, 그 자체로 하나의 '노동사(勞動史)'라 해도 과언이 아닙니다.

이 시리즈는 우리 사회의 뿌리 깊은 고용노동 문제를 정책·행정·현장 중심으로 풀어낸 체험형 기록물로, 행정가의 시선과 실천이 어떻게 정책과 제도, 그리고 사람의 삶을 바꿀 수 있는지를 보여주는 중요한 지적 자산입니다.

처음 원고를 접했을 때, 저는 한참 동안 책상 앞을 떠나지 못했습니다. 저자의 고백은 숨김이 없고, 미화도 없었습니다. 불편한 과거조차 덮지 않았고, 부족했던 순간들을 정직하게 드러냈습니다.

특히 어린 시절 몸이 불편했던 저자가, 조롱을 멈추게 하려 돌을 던졌던 장면은 이 책의 제목과도 절묘하게 연결됩니다. 그 짱돌은 누군가를 다치게 하려던 것이 아니라, 침묵을 깨고, 자기 자신을 지키기 위한 '의지의 돌'이었습니다.

　이후 공직자가 되어 사회적 약자, 특히 실직자와 비정규직, 산업재해 피해자 등 가장 취약한 계층의 곁을 지키며 사회적 병리 현상과 싸울 때도, 그는 또 다른 짱돌을 들었습니다. 바로 '제도와 정책, 그리고 실천'이라는 이름의 짱돌이었습니다.

　책 전반에 걸쳐 흐르는 그의 자세는 한결같습니다. 무엇이 되기보다, 무엇을 할지를 고민했던 사람. 높이보다 깊이를 추구한 사람. 그리고 고용노동을 단지 정책이 아닌 사람의 생애 전체를 품는 행정이라 여긴 사람입니다.

　책 속에는 장관이기 이전에, 실무자로서 기피 부서를 전전하며 일했던 고단한 공직생활이 고스란히 담겨있습니다. 사무관 시절 간부회의에서 던졌던 한마디가 평생을 옥죄는 '말 감옥'이 되었고, 어떤 자리에 있든 그는 늘 최종 결재권자의 시각으로 일하려 했습니다. 이런 실천의 태도는 단지 경력의 결과가 아니라, 매번 현장에서 싸우고 부딪친 경험의 산물입니다.

　『이채필이 던진 짱돌』은 회고록이면서도, 동시에 하나의 행동 매뉴얼이자 정책적 기록물입니다. 실무에 있는 공무원, 노사관계와 인적자원관리 종사자, 그리고 노동과 사람을 진심으로 고민하는 모든 이들에게 큰 시사점을 안겨줄 책입니다.

　특히 요즘처럼 공직에 대한 신뢰가 흔들리고, 노동의 가치가 종종 희생되는 시대일수록, 이채필 전 장관의 진정성과 실천력이 재조명되어야 한다고 생각합니다. 그의 짱돌은 무모한 반항이 아니라, 사회의 관성을 깨는 용기의 상징입니다.

　『이채필이 던진 짱돌』은 이제 시작입니다. 그가 고용노동의 중심에서 던진 이 작은 짱돌이 이 사회의 오래된 제도적 관성과 사회적 편견의 벽에 균열을 내고, 진심이 통하는 정책과 현장 중심 행정으로 이어지길 바랍니다.

　'대한민국 고용노동 개혁 시리즈'의 이 첫 권이, 우리 시대의 고용과 노동을 다시 생각하게 하는 의미 있는 기록으로 오래 남기를 기원합니다.

〈이채필이 던진 짱돌〉 2권

추천 서문
추천사

제5장
안전과 정의 – 산업재해와 중대재해법의 이면

01 전자부품 회사의 직업병 사고와 생식독성 물질 규명
02 언론사상 초유의 사태 : 8개 사 무더기 기소
03 산업보건과장 부임과 오염(汚染)의 유혹
04 '산업의학전문의' 배치 · 활용과 감사 서신
05 개념은 의미를 담는 그릇 : '대행' 기관 제도 폐지
06 백화점 개 · 보수 공사 사고
07 안전문화 확산 : 김우수 안전헬멧 전달 및 안전수칙 선포
08 삼성반도체 백혈병 사태와 보건관리 개선 모니터링
09 산재보험 제도 시행 49년 만의 첫 '업무상질병 인정 기준' 개정
10 중대산업사고 예방센터 시범 설치
11 제30차 세계산업보건대회(ICOH) 기조연설 : '산업재해 예방 및 근로환경 개선을 위한 한국의 전략'
12 "처벌 강도가 낮아 산재 예방이 안 된다" : '반은 맞고, 반은 틀렸다'
13 중대재해처벌법 개편 방향 : 무거운 형사벌 vs 경제적 제재
14 기업의 안전의식은 어디까지 왔는가?
15 '안전한 나라'는 가능한가?

제6장
이상한 나라의 국회와 행정부 – 행정과 정치, 관료제의 책무성

01 '정치 예산' 계상 요구와 '뒤끝'
02 시행규칙을 법 개정으로 바꾸려는 의원입법 시도
03 공직을 마감할 뻔했던 잡월드 설립
04 세상에 이런 국회? 여의도 정치와 표(票)퓰리즘
05 비정규직 보호법은 과연 입법목적을 달성하였나?
06 번갯불에 콩 볶듯 선심성 정년 연장
07 이상한 나라의 국회와 행정부 : '존경하는 의원님' 남발
08 혼돈(Chaos)의 여의도, 폭주하는 괴물
09 최저임금 과속 인상과 또 다른 정책 실패
10 최저임금 결정과 심의 준거
11 장시간 근로를 이유로 한 사상 최초의 수시 근로감독
12 현대차 등 완성차업체의 주간연속 2교대제 시행
13 길고도 험난한 근로시간 단축의 역사
14 실근로시간 단축 근로기준법 개정 추진과 제동
15 행정과 정치, 관료제의 책무성 : 내 사전에 차선은 없다

제7장
개혁의 그늘 – 짱돌 이후, 성찰과 책임

01 '노조 아님 통보'와 노조설립 신고 제도 개편
02 노동 개혁의 후과
03 대질조사와 영상녹화 조사 요구를 모두 거부한 검찰
04 검찰 출석 시, 나는 왜 휠체어를 타게 되었나
05 적폐 재판의 진면목
06 대법원장의 '좋은 재판' 주문과 여론재판
07 '무죄 추정의 원칙'? : 실무에선 오직 '유죄 추정'만 있을 뿐
08 미리 보여준 '유죄 예단' 재판(1)
09 미리 보여준 '유죄 예단' 재판(2)
10 반대 증거는 애써 무시한 '유죄 예단' 재판

11 인생을 나락에 빠뜨린 엉터리 수사와 자의적 판결
12 암장(暗葬) 수사와 기교(奇巧) 재판
13 구치소장의 전언 : "이 장관은 사기 당했어"
14 기울어진 사법부 개혁, 어떻게? : 판결문 전면 공개(증거 기록 포함)
15 로스쿨 다이어리 207(2020.2.7.~8.31.)

제8장
우문현답 – 밑바닥 정신으로

01 그때도 틀리고 지금은 발등의 불
02 현실판 삼고초려
03 발탁 인사와 일선 직원 특별승진으로 조직의 활력 도모
04 "승진했다기보다 직위해제 당한 기분입니다"
05 노동부에서 고용노동부로의 개편(Ⅰ) : 고용정책 총괄 업무 중점 추진
06 노동부에서 고용노동부로의 개편(Ⅱ) : 고객과 소통하는 고용노동 행정
07 밑바닥 정신 : 평생 사무관으로도 감사
08 직원들이 일 잘하게 만드는 방법
09 공무원이 업무에 전념토록 하는 정치권 대처법 : 책임(責任)은 장관이, 공(功)은 실무자에
10 대통령과의 첫 독대 : "이 장관, 대통령 할 생각 있나?"
11 우문현답(愚問賢答) : (우)리의 (문)제는 (현)장에 (답)이 있다
12 잦은 공무원 순환 전보 문제 : 국장급 공무원 교육 제도 고쳐야
13 공공기관 임원 임용과 위선적 공모제 : 누구를 위하여 종은 울리나?
14 친(親) 노동, 친(親) 경영, 친(親) 일자리 장관
15 "아직도 한국에서 기업을 하십니까?" : 기우(杞憂)가 되길

에필로그 가지 않은 길
출간후기

좋은 **원고**나 **출판 기획**이 있으신 분은 언제든지 **행복에너지**의 문을 두드려 주시기 바랍니다.
ksbdata@hanmail.net   www.happybook.or.kr   문의 ☎ 010-3267-6277

'행복에너지'의 해피 대한민국 프로젝트!

<모교 책 보내기 운동> <군부대 책 보내기 운동>

한 권의 책은 한 사람의 인생을 바꾸는 힘을 가지고 있습니다. 한 사람의 인생이 바뀌면 한 나라의 국운이 바뀝니다. 그럼에도 불구하고 많은 학교의 도서관이 가난하며 나라를 지키는 군인들은 사회와 단절되어 자기계발을 하기 어렵습니다. 저희 행복에너지에서는 베스트셀러와 각종 기관에서 우수도서로 선정된 도서를 중심으로 <모교 책 보내기 운동>과 <군부대 책 보내기 운동>을 펼치고 있습니다. 책을 제공해 주시면 수요기관에서 감사장과 함께 기부금 영수증을 받을 수 있어 좋은 일에 따르는 적절한 세액 공제의 혜택도 뒤따르게 됩니다. 대한민국의 미래, 젊은이들에게 좋은 책을 보내주십시오. 독자 여러분의 자랑스러운 모교와 군부대에 보내진 한 권의 책은 더 크게 성장할 대한민국의 발판이 될 것입니다.